한 방에 합격하는

정보처리
산업기사

필기 | 단기완성

시대에듀

단기에 완성하는 정보처리산업기사

정보처리산업기사 시험은 국가기술자격 중 하나로 IT의 대표적인 자격증 시험으로도 손꼽힙니다. 그래서 많은 수험생이 응시하지만, 반대로 합격률은 저조한 편입니다. 응시 인원의 절반가량에 그치는 합격자 수를 보며 '어떻게 하면 미래의 후배들에게 좀 더 쉽게 자격증을 취득할 수 있게 도와줄 수 있을까?'라는 고민을 하게 되었고 '이 분야의 전문가를 모아 수험서를 만들면 되지 않을까?'라는 결론을 내리고 정보처리 분야에서 최고라 손꼽히는 4명이 의기투합하여 집필을 시작했습니다.

정보처리산업기사 시험은 2022년 NCS 기반 전면 개편되어 과목 변경 및 시험 시간 등에 많은 변화가 있었습니다.

저희 집필진은 NCS 기준으로 출제 문제들을 분석하여 개편된 정보처리산업기사 시험에 맞에 이 책을 준비했습니다. 시험에 출제될 확률이 높은 문제로만 구성했으니 본 수험서로 시험을 준비한다면 어렵지 않게 정보처리산업기사 자격증을 취득할 수 있을 것입니다.

⊘ 핵심 이론만 빠르게 공부한다.

변경된 출제 범위를 기준으로 수험생들이 꼭 학습해야 하는 핵심 이론들을 수록하였으며, 짧은 시간에 공부를 마무리할 수 있습니다.

⊘ NCS 기반 본 시험에 나올 내용만 본다.

오랫동안 나왔던 기출문제 중심이 아닌 NCS 기반 시험 범위 내로 개편하여 구성하였습니다.

⊘ 멘토 코멘트 · 알아두기 등 전문가의 목소리에 귀 기울여라

앞으로 시험 문제는 지금까지 다루지 않은 내용도 나올 수 있습니다. 그래서 시험 합격을 위해 알아야 할 내용과 더불어 멘토들의 다양한 현장 경험도 추가하였습니다.

이 책을 통해 짧은 기간 안에 정보처리산업기사를 효율적으로 학습하기를 바라고 수험생 여러분들 모두 합격의 기쁨을 누리시기를 기원합니다. 저희 집필진은 앞으로도 IT 전반 여러 분야에서 도움을 드릴 수 있는 다양한 활동을 찾아보고 연구하겠습니다.

감사합니다.

기술사 박주형, 조숙향, 홍관석, 안응원

NCS 안내

■ NCS 개념

NCS(국가직무능력표준, National Competency Standards)는 산업 현장에서 직무를 수행하기 위해 요구되는 지식·기술·태도 등의 능력을 국가가 산업부문별·수준별로 체계화한 것이다.

■ NCS 분류

- 직무의 유형을 중심으로 국가직무능력표준의 단계적 구성을 나타냈으며, 국가직무능력표준 개발의 전체적인 로드맵을 제시한다.
- 한국고용직업분류(KECO, Korean Employment Classification of Occupations) 등을 참고해 분류하였으며 '대분류(24) → 중분류(81) → 소분류(273) → 세분류(1,093개)'의 순으로 구성되어 있다.

분류	하위능력
대분류(24)	직능 유형이 유사한 분야(한국고용직업분류 참조)
중분류(81)	– 대분류 내에서 직능 유형이 유사한 분야 – 대분류 내에서 산업이 유사한 분야 – 대분류 내에서 노동시장이 독립적으로 형성되거나 경력개발경로가 유사한 분야 – 중분류 수준에서 산업별인적자원개발협의체(SC)가 존재하는 분야
소분류(273)	– 중분류 내에서 직능 유형이 유사한 분야 – 소분류 수준에서 산업별인적자원개발협의체(SC)가 존재하는 분야
세분류(1,093)	– 소분류 내에서 직능 유형이 유사한 분야 – 한국고용직업분류의 직업 중 대표 직무

■ 능력단위

능력단위는 국가직무능력표준 분류의 하위단위로서 국가직무능력 표준의 기본 구성 요소에 해당하며, 능력단위요소(수행준거, 지식·기술·태도), 적용 범위 및 작업 상황, 평가지침, 직업기초능력으로 구성되어 있다.

■ 수준체계

- 국가직무능력표준의 수준체계는 산업현장 직무의 수준을 체계화한 것으로, '산업현장·교육 훈련·자격' 연계, 평생학습능력 성취 단계 제시, 자격의 수준체계 구성에서 활용한다.

• 국가직무능력표준 개발 시 8단계의 수준체계에 따라 능력단위 및 능력단위요소별 수준을 평정하여 제시한다.

※ NCS의 수준체계는 총 수준8이지만 정보처리산업기사의 NCS 수준은 최고 수준7이기 때문에 이 책에서는 수준1~7까지만 안내한다.

수준	항목	내용
7	정의	해당 분야의 전문화된 이론 및 지식을 활용하여, 고도의 숙련으로 광범위한 작업을 수행할 수 있으며 타인의 결과에 대하여 의무와 책임이 필요한 수준
	지식기술	– 해당 분야의 전문화된 이론 및 지식을 활용할 수 있으며, 근접분야의 이론 및 지식을 사용할 수 있는 수준 – 고도의 숙련으로 광범위한 작업을 수행할 수 있는 수준
	역량	타인의 결과에 대하여 의무와 책임이 필요한 수준
	경력	수준6에서 2~4년 정도의 계속 업무 후 도달 가능한 수준
6	정의	독립적인 권한 내에서 해당 분야의 이론 및 지식을 자유롭게 활용하고, 일반적인 숙련으로 다양한 과업을 수행하고, 타인에게 해당 분야의 지식 및 노하우를 전달할 수 있는 수준
	지식기술	– 해당 분야의 이론 및 지식을 자유롭게 활용할 수 있는 수준 – 일반적인 숙련으로 다양한 과업을 수행할 수 있는 수준
	역량	– 타인의 결과에 대하여 의무와 책임이 필요한 수준 – 독립적인 권한 내에서 과업을 수행할 수 있는 수준
	경력	수준5에서 1~3년 정도의 계속 업무 후 도달 가능한 수준
5	정의	포괄적인 권한 내에서 해당 분야의 이론 및 지식을 사용하여 매우 복잡하고 비일상적인 과업을 수행하고, 타인에게 해당 분야의 지식을 전달할 수 있는 수준
	지식기술	– 해당 분야의 이론 및 지식을 자유롭게 사용할 수 있는 수준 – 매우 복잡하고 비일상적인 과업을 수행할 수 있는 수준
	역량	– 타인에게 해당 분야의 지식을 전달할 수 있는 수준 – 매우 복잡하고 비일상적인 과업을 수행할 수 있는 수준
	경력	수준4에서 1~3년 정도의 계속 업무 후 도달 가능한 수준
4	정의	일반적인 권한 내에서 해당 분야의 이론 및 지식을 제한적으로 사용하여 복잡하고 다양한 과업을 수행하는 수준
	지식기술	– 해당 분야의 이론 및 지식을 제한적으로 사용할 수 있는 수준 – 복잡하고 다양한 과업을 수행할 수 있는 수준
	역량	일반적인 권한 내에서 과업을 수행할 수 있는 수준
	경력	수준3에서 1~4년 정도의 계속 업무 후 도달 가능한 수준
3	정의	제한된 권한 내에서 해당 분야의 기초이론 및 일반 지식을 사용하여 다소 복잡한 과업을 수행하는 수준
	지식기술	– 해당 분야의 기초이론 및 일반 지식을 사용할 수 있는 수준 – 다소 복잡한 과업을 수행하는 수준
	역량	제한된 권한 내에서 과업을 수행하는 수준
	경력	수준2에서 1~3년 정도의 계속 업무 후 도달 가능한 수준

2	정의	일반적인 지시 및 감독하에 해당 분야의 일반 지식을 사용하여 절차화되고 일상적인 과업을 수행하는 수준
	지식기술	– 해당 분야의 일반 지식을 사용할 수 있는 수준 – 절차화되고 일상적인 과업을 수행할 수 있는 수준
	역량	일반적인 지시 및 감독하에 과업을 수행할 수 있는 수준
	경력	수준1에서 6~12개월 정도의 계속 업무 후 도달 가능한 수준
1	정의	구체적인 지시 및 철저한 감독하에 문자 이해, 계산 능력 등 기초적인 일반 지식을 사용하여 단순하고 반복적인 과업을 수행하는 수준
	지식기술	– 문자 이해, 계산 능력 등 기초적인 일반 지식을 사용할 수 있는 수준 – 단순하고 반복적인 과업을 수행할 수 있는 수준
	역량	구체적인 지시 및 철저한 감독하에 과업을 수행하는 수준

• NCS를 기반으로 구성된 정보처리산업기사 시험

과목	NCS 세분류	NCS 능력단위	NCS 수준
1과목 정보시스템 기반 기술	응용 소프트웨어 엔지니어링	응용 소프트웨어 기초 기술 활용	NCS 3
		개발자 개발 환경 구축	NCS 2
	UI/UX 엔지니어링	UI/UX 환경 분석	NCS 6
		UI 테스트	NCS 2
2과목 프로그래밍 언어 활용	응용 소프트웨어 엔지니어링	프로그래밍 언어 응용	NCS 3
		프로그래밍 언어 활용	NCS 2
		서버프로그램 구현	NCS 5
3과목 데이터베이스 활용	데이터베이스 엔지니어링	개념데이터 모델링	NCS 7
		SQL 활용	NCS 3
		SQL 응용	NCS 5

자격증 안내

🟦 정보처리산업기사(Industrial Engineer Information Processing)

우리 사회는 정보화 사회로 이행함에 따라 지식과 정보의 양이 폭발적으로 증가하고 있다. 작업량과 업무량이 급속하게 늘어나면서 각종 업무의 전산화 요구가 증대되었고 개인 컴퓨터 사용이 보편화되며 컴퓨터 산업은 급속도로 확대되었다. 이에 따라 풍부한 소프트웨어 지식으로 우수한 프로그램을 개발해 업무의 효율성을 높이고, 궁극적으로 국가 발전에 이바지하기 위해서 컴퓨터에 관한 전문적인 지식과 기술을 갖춘 사람을 양성할 목적으로 정보처리산업기사 시험이 제정되었다.

🟦 시행 기관

한국산업인력공단(www.q-net.or.kr)

🟦 자격증 취득 과정

필기 응시 자격 조건 확인	필기 원서 접수 (www.q-net.or.kr)	필기 시험	합격 여부 확인 (www.q-net.or.kr)
실기 원서 접수 (필기 합격자에 한 함)	실기 시험	합격 여부 확인 (www.q-net.or.kr)	자격증 신청 (www.q-net.or.kr)

※ 응시 수수료 및 시험 일정은 큐넷 홈페이지를 참조한다.

이 책의 구성

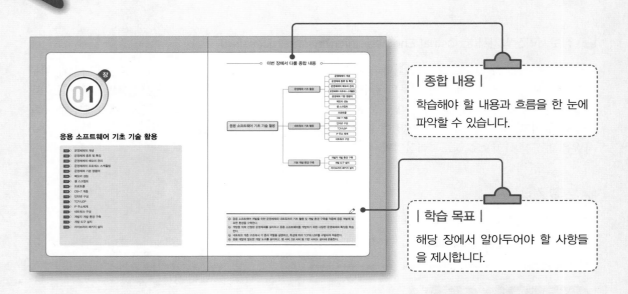

| 종합 내용 |

학습해야 할 내용과 흐름을 한 눈에 파악할 수 있습니다.

| 학습 목표 |

해당 장에서 알아두어야 할 사항들을 제시합니다.

| 알아두기 |

학습에 추가로 알아두면 좋은 내용을 소개합니다.

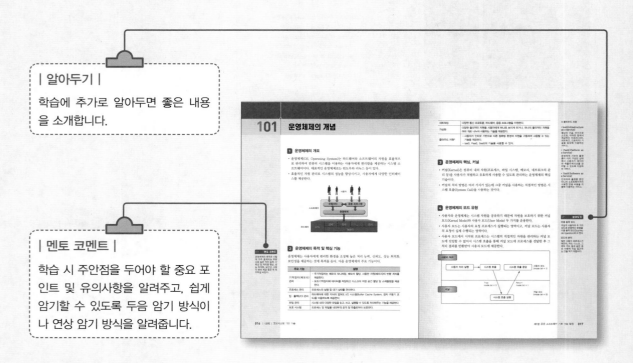

| 멘토 코멘트 |

학습 시 주안점을 두어야 할 중요 포인트 및 유의사항을 알려주고, 쉽게 암기할 수 있도록 두음 암기 방식이나 연상 암기 방식을 알려줍니다.

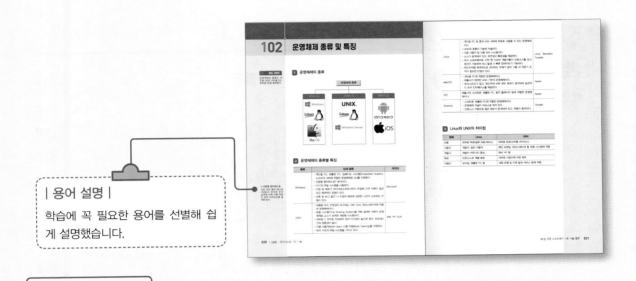

| 용어 설명 |

학습에 꼭 필요한 용어를 선별해 쉽게 설명했습니다.

| 실력 점검 문제 – 기출 유형 문제 |

기출 유형 문제는 반드시 풀어보고, 이해해두도록 합니다.

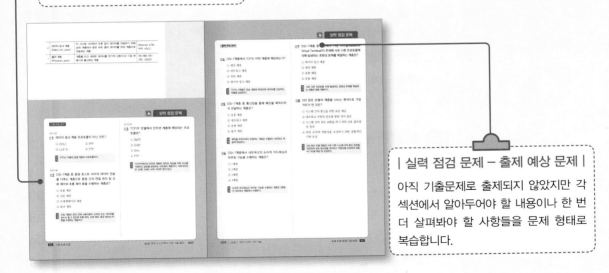

| 실력 점검 문제 – 출제 예상 문제 |

아직 기출문제로 출제되지 않았지만 각 섹션에서 알아두어야 할 내용이나 한 번 더 살펴봐야 할 사항들을 문제 형태로 복습합니다.

목차

과목

01

정보시스템 기반 기술

응용 소프트웨어 기초 기술 활용

이번 장에서 다룰 종합 내용

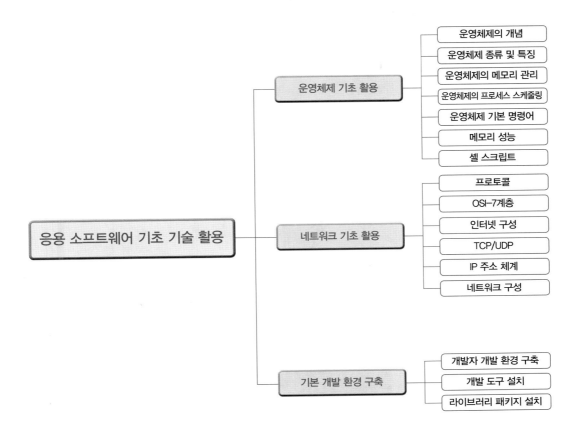

응용 소프트웨어 기초 기술 활용

운영체제 기초 활용
- 운영체제의 개념
- 운영체제 종류 및 특징
- 운영체제의 메모리 관리
- 운영체제의 프로세스 스케줄링
- 운영체제 기본 명령어
- 메모리 성능
- 셸 스크립트

네트워크 기초 활용
- 프로토콜
- OSI-7계층
- 인터넷 구성
- TCP/UDP
- IP 주소 체계
- 네트워크 구성

기본 개발 환경 구축
- 개발자 개발 환경 구축
- 개발 도구 설치
- 라이브러리 패키지 설치

- ⊘ 응용 소프트웨어 개발을 위한 운영체제와 네트워크의 기초 활용 및 개발 환경 구축을 적용해 응용 개발에 필요한 환경을 구축한다.
- ⊘ 개발을 위해 선정된 운영체제를 설치하고 응용 소프트웨어를 개발하기 위한 다양한 운영체제의 특징을 학습한다.
- ⊘ 네트워크 계층 구조에서 각 층의 역할을 설명하고, 특성에 따라 TCP와 UDP를 구별하여 적용한다.
- ⊘ 응용 개발에 필요한 개발 도구를 설치하고, 웹 서버, DB 서버 등 기반 서버도 설치해 운용한다.

운영체제의 개념

1 운영체제의 개요

- 운영체제(OS, Operating System)는 하드웨어와 소프트웨어의 자원을 효율적으로 관리하여 컴퓨터 시스템을 이용하는 사용자에게 편리함을 제공하는 시스템 소프트웨어이다. 대표적인 운영체제로는 윈도우와 리눅스 등이 있다.
- 효율적인 자원 관리로 시스템의 성능을 향상시키고, 사용자에게 다양한 인터페이스를 제공한다.

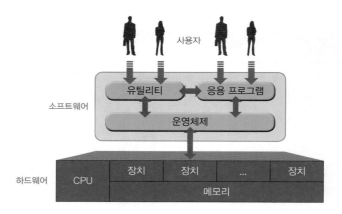

멘토 코멘트

운영체제의 목적은 시험에 자주 출제되는 부분으로 높은 처리 능력, 신뢰성 및 처리량 향상, 성능 최적화, 보안성, 사용자 편의 제공 등은 꼭 숙지하길 바란다.

2 운영체제의 목적 및 핵심 기능

운영체제는 사용자에게 편리한 환경을 조성해 높은 처리 능력, 신뢰도, 성능 최적화, 보안성을 제공하는 것에 목적을 둔다. 다음 운영체제의 주요 기능이다.

주요 기능	설명
기억장치(메모리) 관리	– 주기억장치는 메모리 모니터링, 메모리 할당, 사용한 자원(메모리)의 반환 처리를 제공한다. – 보조기억장치에 데이터를 저장하고 디스크의 저장 공간 할당 및 스케줄링을 제공한다.
프로세스 관리	프로세스의 실행 및 대기 상태를 관리한다.
입 · 출력(I/O) 관리	하드웨어에 대한 지식이 없어도 I/O 시스템(Buffer Cache System, 장치 구동기 코드)을 이용하도록 제공한다.
파일 관리	시스템 내의 다양한 파일을 읽고, 쓰고, 실행할 수 있도록 처리해주는 기능을 제공한다.
보호 시스템	프로세스 및 파일을 내외부의 공격 및 유출로부터 보호한다.

네트워킹	다양한 통신 프로토콜, 하드웨어, 응용 프로그램을 지원한다.
가상화	다양한 물리적인 자원을 사용자에게 하나로 보이게 하거나, 하나의 물리적인 자원을 여러 개로 나누어 사용하는 기술을 제공한다.
클라우드 지원*	– 사용자가 인터넷 기반으로 다른 컴퓨팅 환경의 자원을 구동하여 사용할 수 있는 기술을 제공한다. – IaaS, PaaS, SaaS의 기술을 사용할 수 있다.

★ 클라우드 지원

▪ IaaS(Infrastructure as a Service)
웹상의 구글, 마이크로소프트, 아마존 등에서 제공하는 인프라(서버, 네트워크, 스토리지) 기술을 임대해 이용하는 서비스.

▪ PaaS(Platform as a Service)
운영체제 기반의 플랫폼이 이미 구성된 상태에서 사용자가 데이터와 애플리케이션을 관리할 수 있도록 지원하는 서비스.

▪ SaaS(Software as a Service)
인프라와 플랫폼 뿐만 아니라 소프트웨어까지 사용한 만큼 비용을 지불해 이용하는 서비스.

3 운영체제의 핵심, 커널

- 커널(Kernel)은 컴퓨터 내의 자원(프로세스, 파일 시스템, 메모리, 네트워크의 관리 등)을 사용자가 적법하고 유효하게 사용할 수 있도록 관리하는 운영체제의 핵심 기술이다.
- 커널의 처리 방법은 여러 가지가 있는데 그중 커널을 사용하는 직접적인 방법은 시스템 호출(System Call)을 사용하는 것이다.

4 운영체제의 모드 유형

- 사용자와 운영체제는 시스템 자원을 공유하기 때문에 자원을 보호하기 위한 커널 모드(Kernel Mode)와 사용자 모드(User Mode) 두 가지를 운용한다.
- 사용자 모드는 사용자의 요청 프로세스가 실행되는 영역이고, 커널 모드는 사용자의 요청이 실제 수행되는 영역이다.
- 사용자 모드에서 시작된 프로세스는 시스템의 직접적인 자원을 관리하는 커널 모드에 진입할 수 없어서 시스템 호출을 통해 커널 모드에 프로세스를 전달한 후 그 처리 결과를 반환받아 사용자 모드에 제공한다.

🖉 알아두기

이중 동작 모드
커널과 사용자의 두 가지 모드로 운용하는 방법을 이중 동작 모드(Dual-Mode Operation)라고 한다.

모드의 분리
일반 사용자 프로세스가 메모리, 하드 디스크, 그래픽 카드 등과 같은 중요 자원에 직접 접근하는 것을 막기 위함이다.

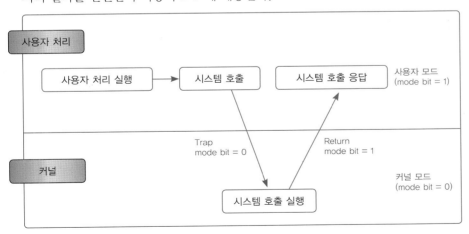

★ 스레드
CPU가 독립적으로 처리
하는 하나의 작업 단위

★ 스택
처리할 데이터를 쌓아
놓는 공간

★ 특권 수준
커널 모드에 직접 접근
및 실행할 수 있는 단계

모드	설명
사용자 모드 (User Mode)	– 사용자 애플리케이션 코드가 실행된다. – 시스템 데이터에 제한된 접근만이 허용되며 하드웨어에 직접 접근할 수 없다. – 사용자 애플리케이션은 시스템 호출을 통해 사용자 모드에서 커널 모드로 전환된다. – CPU는 사용자 모드 특권 수준*으로 코드를 실행한다. – 사용자 모드에서 실행하는 스레드*는 자신만의 사용자 모드 스택*을 가진다.
커널 모드 (Kernel Mode)	– 사용자가 접근할 수 없는 접근 모드이다. – 시스템의 모든 메모리에 접근할 수 있으며, CPU 명령을 직접적으로 실행할 수 있는 모드이다. – 운영체제 코드나 장치 드라이버와 같은 커널 모드의 코드를 실행한다. – CPU는 커널 모드 특권 수준에서 코드를 직접 실행한다.

5 성능 평가 기준

운영체제의 목적에는 처리 능력 향상, 사용 가능도 향상, 신뢰도 향상, 반환 시간 단축 등이 있다. 운영체제의 목적은 곧 운영체제의 성능을 평가하는 기준이 된다.

성능 평가	설명
처리 능력(Throughput)	일정 시간 내에 시스템이 처리하는 일의 절대적인 양이다.
반환 시간 (Turn Around Time)	시스템에 작업을 의뢰한 시간부터 처리가 완료될 때까지 걸린 시간으로 빠를수록 좋은 지표이다.
사용 가능도(Availability)	시스템을 사용할 필요가 있을 때 즉시 사용 가능한 정도로 가용성이라고도 한다.
신뢰도(Reliability)	주어진 문제를 시스템이 얼마나 정확하게 해결하는지의 비율이다.

2021.03

01 운영체제의 목적으로 옳지 않은 것은?

① 응답 시간 증가　② 사용자 인터페이스 제공

③ 신뢰성 향상　④ 처리량의 향상

> **해설** 운영체제는 사용자에게 편리한 환경을 조성해 높은 처리 능력과 신뢰도 향상, 성능 최적화, 사용자 인터페이스를 제공하는 데 목적을 둔다.

2021.03

02 UNIX에서 커널의 기능이 아닌 것은?

① 명령어 해독 기능　② 출력 관리 기능

③ 프로세스 관리 기능　④ 주기억장치 관리 기능

> **해설** UNIX에서 커널은 가장 핵심 부분으로 컴퓨터 부팅 시 주기억장치에 적재되어 상주하며 실행된다. 커널은 프로그램과 하드웨어 간의 인터페이스를 담당하며 프로세스 관리, 주기억장치 관리, 파일 및 입·출력 관리, 프로세스 간 통신, 데이터 전송 관리 등의 기능을 수행한다. ①번의 명령어 해독은 셸의 기능이다.

2019.03

03 운영체제에 관한 설명으로 틀린 것은?

① 운영체제는 고급 언어로 작성된 프로그램을 컴파일하여 기계어로 만들어준다.

② 운영체제는 사용자와 컴퓨터 시스템 간의 인터페이스 기능을 제공한다.

③ 운영체제는 CPU, 주기억장치, 파일 및 입·출력 장치 등의 자원을 관리한다.

④ 운영체제는 사용자가 쉽게 하드웨어에 접근할 수 있도록 한다.

> **해설** 고급 언어로 작성된 프로그램을 컴파일하여 기계어로 만들어주는 것은 컴파일러의 역할이다.

04 현행 시스템 분석 시 운영체제 고려사항으로 알맞지 않은 것은?

① 신뢰도

② 성능

③ 기술 지원

④ 데이터 압축 및 복원

> **해설** 데이터 압축 및 복원은 데이터 및 데이터 관리 부분으로 현행 시스템 분석 시 운영체제의 고려사항은 아니다.

05 운영체제의 기능으로 거리가 먼 것은?

① 사용자의 편리한 환경 제공

② 처리 능력 및 신뢰도 향상

③ 컴퓨터 시스템의 성능 최적화

④ 언어 번역 및 자원의 효율적 사용

> **해설** 운영체제는 메모리 관리, 보조기억장치 관리, I/O 관리, 파일 관리, 보안, 보호 기능을 제공한다. ④번의 언어 번역은 컴파일러의 기능으로 운영체제의 기능으로 보긴 어렵다.

운영체제 종류 및 특징

멘토 코멘트

운영체제의 종류는 개인용 OS와 서버용 OS, 모바일 OS로 분류한다.

1 운영체제의 종류

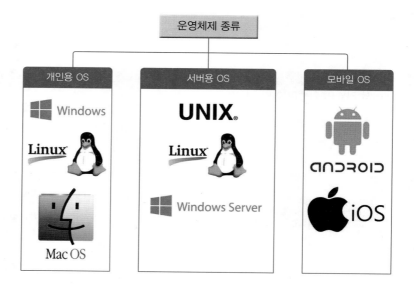

2 운영체제의 종류별 특징

★ 선점형 멀티태스킹
이미 처리 중인 태스킹 (작업)이 있지만 우선 순위에 의해 다른 작업이 먼저 처리되도록 설계한 방식

종류	상세 설명	저작자
Windows	– 개인용 PC, 태블릿 PC, 임베디드 시스템(Embedded System), 소규모의 서버에 적합한 운영체제로 GUI를 지원한다. – 선점형 멀티태스킹* 방식이다. – FAT32 파일 시스템을 사용한다. – 수정 및 배포가 마이크로소프트사만이 유일해 고객 지원이 일관되고 체계적인 장점이 있다. – 오류 및 버그 발견 시 수정과 배포에 상당한 시간이 소요되는 단점이 있다.	Microsoft
UNIX	– 대용량 처리, 안정성이 요구되는 서버, NAS, 워크스테이션에 적합한 운영체제이다. – 분할 시스템(Time Sharing System)을 위해 설계된 대화식 운영체제로 소스가 공개된 개방형 시스템이다. – 대부분 C 언어로 작성되어 있어 이식성이 높으며 장치, 프로세스 간의 호환성이 높다. – 다중 사용자(Multi-User), 다중 작업(Multi-Tasking)을 지원한다. – 트리 구조의 파일 시스템을 가지고 있다.	IBM, HP, SUN

Linux	– 개인용 PC 및 중대 규모 서버에 무료로 사용할 수 있는 운영체제이다. – UNIX와 호환이 가능한 커널이다. – 다중 사용자 및 다중 처리 시스템이다. – 소스가 공개되어 있고, 유연성과 확장성을 제공한다. – 프리 소프트웨어로 수천 명 이상의 개발자들이 오픈소스를 보고 갱신이 가능하며 버그 발생 시 빠른 업데이트가 가능하다. – 윈도우처럼 체계적으로 관리하는 주체가 없어 그룹 내 전문가 조직이 필요한 단점이 있다.	Linus Benedict Tovalds
MacOS	– 개인용 PC에 적합한 운영체제이다. – 애플사가 제작한 UNIX 기반의 운영체제이다. – 레지스트리가 없고, 윈도우에 비해 권한 체계가 엄격하며 일관적인 유저 인터페이스를 제공한다.	Apple
iOS	애플사의 스마트폰, 태블릿 PC, 음악 플레이어 등에 적합한 운영체제이다.	Apple
Android	– 스마트폰, 태블릿 PC에 적합한 운영체제이다. – 운영체제 커널이 리눅스로 되어 있다. – 오픈소스 지향으로 많은 정보가 공개되어 있고, 적용이 용이하다.	Google

3 Linux와 UNIX의 차이점

항목	Linux	UNIX
비용	대부분 무료(일부 유료서비스)	대부분 유료(고비용 라이선스)
사용자	개발자, 일반 사용자	메인 프레임, 워크스테이션 등 대형 시스템에 적합
개발사	개발자 커뮤니티 중심	IBM, HP 등
배포	오픈소스로 개별 배포	대부분 사업자에 의한 배포
사용도	모바일, 태블릿 PC 등	대형 은행 및 티켓 발권 서비스 등에 적합

2019.04

01 개인용 컴퓨터(PC) 운영체제가 아닌 것은?

① Adobe Photoshop ② UNIX

③ Windows 10   ④ Linux

> 해설 Adobe Photoshop은 사진 파일을 보정 또는 합성하는 응용 프로그램이다.

02 개인용 컴퓨터(PC) 및 중대 규모 서버에 무료로 사용할 수 있는 운영체제는?

① MacOS   ② UNIX

③ Windows 10   ④ Linux

> 해설 개인용 컴퓨터와 중대 규모 서버에 무료로 사용할 수 있는 OS는 Linux이다.

03 UNIX 운영체제에 대한 설명으로 올바르지 않은 것은?

① 분할 시스템(Time Sharing System)을 위해 설계된 대화식 운영체제이다.

② 대부분 C 언어로 작성되어 있어 이식성이 높으며 장치, 프로세스 간의 호환성이 높다.

③ 다중 사용자(Multi-User), 다중 작업(Multi-Tasking)을 지원한다.

④ 소스가 공개되어 있고, 유연성과 확장성을 제공한다.

> 해설 소스가 공개되어 있고 유연성과 확장성을 제공하는 건 Linux에 대한 설명이다.

04 서버용 운영체제로 적합하지 않은 것은?

① iOS

② UNIX

③ Windows

④ Linux

> 해설 iOS는 모바일에 적합한 애플사의 운영체제이다.

103 | 운영체제의 메모리 관리

1 메모리 관리의 필요성

메모리 관리는 컴퓨터의 원활한 처리를 위해 꼭 필요한 부분으로 다음 네 가지의 방법이 있다.

필요성	설명
멀티 프로그래밍	주기억장치의 크기에 제한을 받지 않아 효율적인 프로그래밍 가능
동적 공유	다수의 사용자에 의한 주기억장치의 동적 공유
분할 관리	프로그램의 부분 적재를 통한 실행 환경 제공
공간 확보	주기억장치 용량보다 더 넓은 공간 확보

2 메모리 관리 전략

프로그램이 요구하는 처리 속도는 높지만 메모리 용량은 한계가 있어 언제나 부족하다. 이에 따라 제한된 물리 메모리를 효율적으로 사용하기 위한 전략으로 할당(Allocation), 반입(Fetch), 배치(Placement), 교체(Replacement) 기법이 있다.

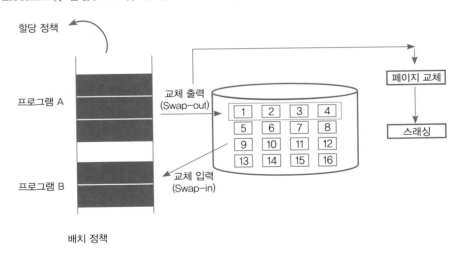

필요성	설명	종류
할당 기법 (How Much)	프로그램이나 데이터를 실행하기 위해 각 프로세스에 주기억장치를 얼마나 할당할 것인지와 프로세스 실행 중 주기억장치의 할당량을 어떻게 변화할 것인지 결정하는 기법	– 고정(정적) 할당 기법 – 가변(동적) 할당 기법
호출 기법 (When)	프로그램의 한 블록을 주기억장치에 언제 적재할 것인지 정하는 기법	– 요구 호출(Demand Fetch) 기법 – 예상 반입(Anticipatory Fetch) 기법
배치 기법 (Where)	프로그램의 한 블록을 주기억장치의 어디에 적재할 것인지 정하는 기법	– First, Best, Next, Worst Fit
교체 기법 (Who)	주기억장치에 적재할 공간이 없을 경우 어느 블록을 교체할 것인지 정하는 기법	– FIFO, OPT, LRU, LFU, NUR

■ 할당 정책

종류	설명
고정 할당	사용자의 이용 가능한 메모리 범위 내에서 특정 크기로 나누어 분할하는 방식
가변 할당	고정된 경계를 없애고 각 프로세스가 필요한 만큼 메모리를 할당하는 방식

■ 호출 정책

종류	설명
요구 호출	실행 프로그램이 요구할 때 참조된 페이지나 세그먼트만 주기억장치로 옮기는 기법
예상 호출	실행 프로그램에 참조될 것을 예상해 미리 주기억장치로 옮기는 기법

■ 배치 정책

🎓 멘토 코멘트

가변 할당 시 프로세스를 어느 메모리에 적재할 지 고민하는데 이때 필요한 것이 배치 정책이다.

구분	First Fit	Best Fit	Worst Fit
예시	메모리 공간: ■ □ □ □ ■ ■ □ □ ■ □ □ □ ■　　적재: ■ ■		
	■ ■ □ ■ □ □ ■ □ □ □ ■	■ □ □ ■ ■ ■ □ □ □ ■	■ □ □ □ □ □ ■ □ ■ ■ ■ □ □ ■
설명	가장 첫 번째로 발견한 여유 공간에 할당하는 방법	스캔을 통해 최적의 공간에 할당하는 방법	가장 적합하지 않은 공간에 할당하는 방법
장점	효율성이 높음	최적의 공간 할당	없음
단점	단편화 발생	단편화 발생	비효율적

■ 교체 정책

종류	설명
FIFO (First In First Out)	메모리 내에 가장 오래있던 페이지를 먼저 내보내는 정책
LFU (Least Frequently Used)	– 참조된 횟수가 가장 적은 페이지를 교체 하는 정책 – 참조 횟수가 동일하다면 LRU 기법에 따라 수행
LRU (Least Recently Used)	– 참조된 시간을 기준으로 가장 최근에 사용되지 않은 페이지를 교체하는 정책
OPT (OPTimal replacement)	– 가장 오랫동안 사용하지 않은 페이지를 교체하는 정책 – 호출 순서와 참조 상황 예측이 필요해 구현이 어려움
NUR (Not Used Recently)	– 최근에 사용하지 않은 페이지를 교체하는 방법 – 참조 비트와 변형 비트에 따라 순서를 결정하는 방법
SCR (Second Chance Replacement)	– FIFO 기법의 단점을 보완한 방법 – 페이지별 참조 비트가 1일 때 0으로 변경하고, 0일 때 페이지를 교체하는 방법 – FIFO 방법보다 한 번의 기회를 더 부여하는 방법

3 페이징 기법과 세그먼테이션 기법

■ 페이징(Paging) 기법

- 가상기억장치를 모두 같은 크기의 페이지로 편성해 운용하는 기법이다.
- 주소 공간을 페이지로 나누고 실제기억공간은 프레임으로 나누어 사용한다.
- 내부 단편화(Internal fragmention)와 같은 문제점이 존재한다.

> **알아두기**
>
> **단편화**
> 기억 장치의 빈 공간 또는 자료가 여러 개의 조각으로 나뉘는 현상을 말한다.

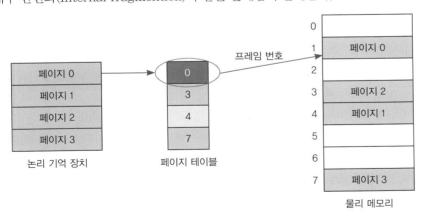

논리 기억 장치　　　페이지 테이블

물리 메모리

■ 세그먼테이션(Segmentation) 기법

- 가상기억장치를 크기가 서로 다른 논리적 단위인 세그먼트로 분할하는 기법이다.
- 미리 분할하지 않고 메모리가 사용될 시점에 빈 공간을 찾아 할당하는 사용자 관점 기법이다.
- 블록의 크기가 가변적이어서 외부 단편화가 빈번히 발생하는 문제점이 존재한다.

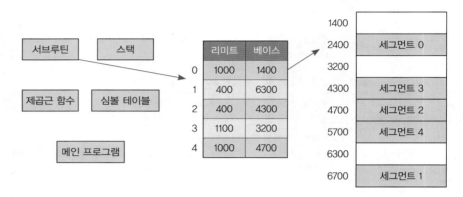

4 사상 기법

■ 사상(Mapping) 기법의 정의

- 메모리에서 주기억장치로 정보를 옮기는 과정을 사상(Mapping)이라고 한다.
- 사상에는 직접 사상, 연관 사상, 집합 연관 사상이 있다.

■ 직접 사상(Direct Mapping)

- 순서대로 블록과 캐시를 하나씩 매치하는 방법을 직접 사상이라고 한다.
- 캐시 0라인에는 블록 0을, 캐시 1라인에는 블록 1을, 캐시 4라인에는 블록 0이 매핑되는 방식이다.
- 메모리 참조 요청 시 CPU 번지의 태그 필드와 캐시의 태그 필드를 비교한다.
- 메모리의 각 블록이 캐시의 특정 라인으로 적재(캐시 메모리와 1:1 대응)한다.
- 주기억장치의 블록이 캐시기억장치의 특정 라인에만 적재될 수 있기 때문에 캐시 기억장치의 적중 여부는 그 블록이 적재될 수 있는 라인만 검사한다.
- 회로 구현이 용이하고 간단하며 처리 속도가 빠르다는 장점이 있지만, 적중률이 떨어질 수 있으며 캐시 부적중률이 크다는 단점이 있다.

메모리 엑세스

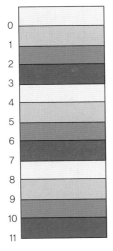

인덱스
(캐시 주소)

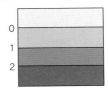

알아두기

캐시 적중률(Cache Hit)
CPU가 참조하고자 하는
메모리가 캐시에 존재하
고 있을 경우에만 캐시
적중률이라고 한다.

■ 연관 사상(Associative Mapping)

- 직접 사상의 단점을 보완해 메모리의 각 블록이 캐시 라인에 상관없이 적재 하도
록 만드는 기법이다.
- 캐시 부적중률이 높아져 회로가 복잡해지고 처리 속도가 느리다는 단점이 있다.

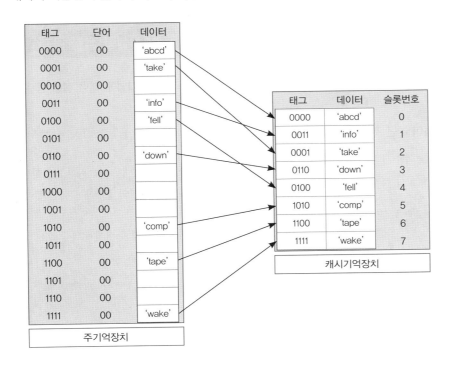

■ 집합 연관 사상(Set Associative Mapping)

- 직접 사상과 연관 사상의 장점만 취한 기법으로 캐시 메모리를 세트로 구성하고, 주기억장치가 세트에 대응되어 세트 내에서 자유롭게 매핑이 가능한 캐시 사상 기법이다.
- 캐시 메모리와 대응이 N:1(N-waw Set Associative)로 된다.
- 메모리 블록은 특정 세트 내에 어느 곳이나 적재 가능하나 회로 구현이 복잡하고 비용이 고가이다.

집합	필드	데이터		필드	데이터
000	00	1220		00	5678
001	01	2340		01	7213
110	00	6512		00	2187
111	01	4580		01	1234

슬롯 1   슬롯 2

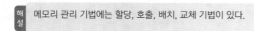

실력 점검 문제

출제 예상 문제

01 다음 중 메모리 관리 기법이 아닌 것은?

① 할당 기법   ② 호출 기법

③ 배치 기법   ④ 순차 기법

> **해설** 메모리 관리 기법에는 할당, 호출, 배치, 교체 기법이 있다.

02 다음 중 메모리 관리의 필요성이 아닌 것은?

① 멀티 프로그래밍   ② 동적 공유

③ 메모리 한계 극복   ④ 주소 관리

> **해설** 메모리 관리의 필요성에는 멀티 프로그래밍, 동적 공유, 분할 관리, 메모리 한계 극복이 있다. 주소 관리는 메모리 관리의 주요 필요성이 아니다.

03 다음 중 메모리 관리 기법에 대한 설명 중 틀린 것은?

① 배치 정책으로는 First Fit, Best Fit, Worst Fit 기법이 있다.

② 세그먼테이션 기법은 내부 단편화가 발생한다.

③ 직접 사상과 연관 사상의 장점을 결합한 것이 집합 연관 사항이다.

④ 호출 정책에는 요구 호출 정책과 예측 호출 정책이 있다.

> **해설** 세그먼테이션 기법은 외부 단편화가 발생한다. 내부 단편화가 발생하는 것은 페이징(Paging) 기법이다.

---

104 | 운영체제의 프로세스 스케줄링

1 프로세스의 개념

컴퓨터에서 연속 실행되는 프로그램으로 CPU에 의해 처리된다.

2 프로세스의 상태

필요성	설명
생성 상태	사용자에 의해 프로세스가 생성된 상태
준비 상태	CPU를 할당 받을 수 있는 상태
실행 상태	프로세스가 CPU를 할당 받아 동작 중인 상태
대기 상태	프로세스 실행 중 순차적으로 작업을 처리하는 입출력 처리 장치의 작업이 완료될 때까지 기다리는 상태
완료 상태	프로세스가 CPU를 할당 받아 주어진 시간 내에 수행을 종료한 상태

3 프로세스의 구성 요소

프로세스 정보는 프로세스 제어 블록(PCB) 또는 프로세스 기술자(Process Descriptor)라고 부르는 자료 구조에 저장된다.

구성 요소	설명
PID	운영체제가 각 프로세스를 식별하기 위해 부여한 식별번호이다.
프로세스 상태	CPU는 프로세스를 빠르게 교체하면서 실행하기 때문에 프로그램의 수행에 따라 변경되는 프로세스의 상태를 말한다.
프로세스 카운터	– CPU가 다음에 실행할 명령어를 가리키는 값이다. – CPU는 기계어를 한 단위씩 읽어서 처리하기 때문에 다음에 실행할 기계어가 저장된 메모리 주소를 가리키는 값이다.

4 문맥 교환(Context Switching)

- 멀티 프로세스 환경에서 실행 프로세스의 상태를 보관하고 새로운 프로세스의 상태를 CPU에 적재하는 과정을 문맥 교환이라고 한다.
- 문맥 교환은 디스패치, 타임아웃 등의 실행 상태가 전이되는 과정에서 발생한다.

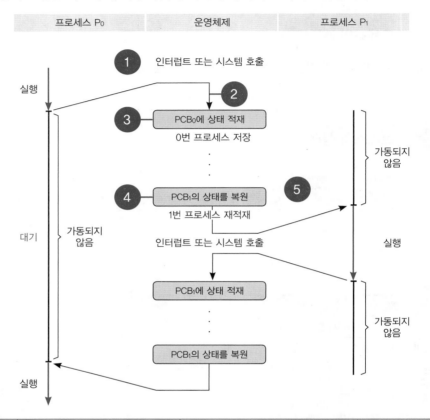

단계	절차	설명
1	인터럽트/시스템 호출	운영체제에서 프로세스 스케줄러에 의해 인터럽트 발생
2	커널 모드 전환	프로세스가 실행되는 사용자 모드에서 커널 모드로 전환
3	현재 프로세스 상태 PCB 저장	기존 실행되는 프로세스 정보를 PCB에 저장
4	다음 실행 프로세스 로드	PCB에 있는 다음 실행 프로세스 상태 정보 복구
5	사용자 모드 전환	커널 모드에서 사용자 모드로 전환하여 프로세스 실행

5 프로세스 스케줄링 기법

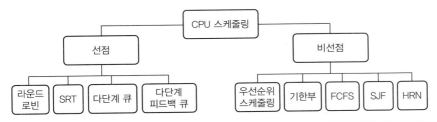

구분	선점 스케줄링	비선점 스케줄링
개념	한 프로세스가 CPU를 점유했을 때 우선순위가 높은 다른 프로세스가 현재 실행 중인 프로세스를 중지하고 CPU를 점유할 수 있도록 하는 것	프로세스가 CPU를 점유하면 프로세스가 종료되거나 CPU 반환 시까지 다른 프로세스는 CPU 점유 불가
특징	– 특수 하드웨어(Timer) 필요 – 공유 데이터에 대한 프로세스 동기화 필요	– 특수 하드웨어(Timer) 필요 없음 – 종료 시까지 CPU 점유
알고리즘	RR(Round Robin), SRT, 다단계 큐(Multi-Level Queue), 다단계 피드백 큐(Multi-level Feedback Queue), RM, EDF	우선순위 스케줄링, 기한부 스케줄링, FCFS(FIFO), SJF(SPN), HRN

■ 선점 스케줄링

(1) 라운드 로빈(RR, Round Robin)

- 분할 시스템을 위해 설계된 선점형 스케줄링의 하나로 프로세스들 사이에 우선순위를 두지 않고 시간 순서 단위로 CPU를 할당하는 스케줄링이다.
- 시간 할당량 또는 Time Slicing 기법이라 부른다.
- 할당 시간이 크면 FCFS와 같고 작으면 문맥 교환이 자주 발생한다.
- 준비 큐(FCFS)에 의해 보내진 프로세스가 할당된 CPU 시간 내에 처리 되지 못하면 준비 큐(FCFS) 리스트의 맨 뒤로 보내지고 대기 중이던 다음 프로세스로 넘어간다.

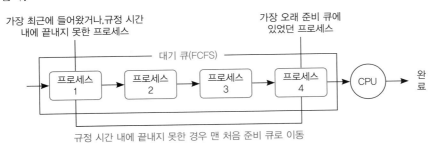

| 사례 |

시간 간격 : 4ms

도착 시간	0	1	2	3
작업	A	B	C	D
CPU 사이클	8	4	9	5

0	4	8	12	16	20	24	25	26
작업 A	작업 B	작업 C	작업 D	작업 A	작업 C	작업 D	작업 C	

- 평균 대기시간 : (12 + 3 + 15 + 17) / 4 = 11.75
- 평균 반환시간 : (20 + 7 + 24+ 22) / 4 = 18.25

(2) SRT(Shortest Remaining Time)

- 가장 짧은 시간이 소요된다고 판단되는 프로세스를 먼저 수행하는 스케줄링이다.
- 남은 처리 시간이 더 짧다고 판단되는 프로세스가 준비 큐에 생기면 언제라도 프로세스가 선점된다.

| 사례 |

작업	도착 시간	실행 시간
A	0	15
B	1	6
C	2	3

→

A	B	C	B	A
1초	1초	3초	5초	14초

(3) 다단계 큐(Multi-level Queue)

- 각각의 그룹으로 작업들을 나누어 여러 개의 큐를 이용하는 정적 스케줄링이다.
- 각 그룹의 특성에 따라 서로 다른 스케줄링 기법을 사용한다.
- 특정 그룹의 준비 큐에 들어간 프로세스는 다른 그룹의 준비 큐로 이동할 수 없다.

▲ 다단계 큐 동작 방식

(4) 다단계 피드백 큐(Multi-level Feedback Queue)

- 각 단계별 준비 큐마다 시간 할당량을 부여하고 그 시간 동안 완료하지 못한 프로세스는 다음 단계의 준비 큐로 이동하는 동적 스케줄링이다.
- 우선순위 개수만큼 여러 단계의 큐가 존재하며 각 단계마다 서로 다른 CPU의 시간 할당량을 가진다(상위 단계의 준비 큐일수록 우선순위는 높고, 시간 할당량은 낮다).

| 동작방식 |

① 새로운 프로세스는 최상위 단계의 준비 큐에 들어간 후 FCFS의 순서로 CPU를 할당 받아 실행되다가 큐의 시간 할당량이 끝나면 한 단계 아래의 준비 큐로 들어가며 우선순위도 한 단계 낮아진다.
② 각 단계에서도 큐의 시간 할당량을 다 사용할 때까지 프로세스가 실행된다면 다음 단계의 큐로 들어가게 된다. 어느 단계이든 시간 할당량이 끝나기 전에 입출력으로 CPU를 내려놓으면 다시 준비 상태가 되었을 때 한 단계 위의 큐에 들어가 우선순위를 높인다.
③ 마지막 단계에서는 더 내려갈 단계가 없으므로 라운드 로빈 방식으로 실행된다.

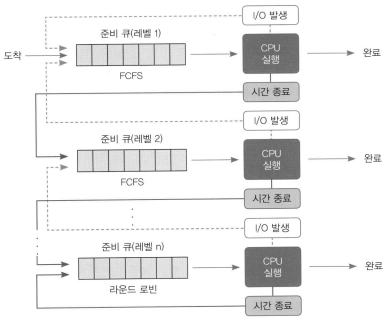

▲ 다단계 피드백 큐 동작 방식

■ 비선점 스케줄링

(1) 우선순위 스케줄링
- 각 프로세스의 우선순위를 정한 후 CP를 할당하는 스케줄링이다.
- 우선순위 결정 요소는 관리자, 자원 요구량, CPU 처리 시간, 시스템에서 보낸 시간 등이다.
- 우선순위가 높은 프로세스가 계속 들어오면 우선순위가 낮은 프로세스는 Starvation★이 발생하게 되는데 Aging★ 기법으로 해결이 가능하다.

(2) FCFS(First Come First Serve)
- 프로세스가 준비 큐에 도착한 순서에 따라 CPU를 할당하는 스케줄링이다.
- 가장 단순한 형태의 스케줄링 정책으로 FIFO라고도 한다.
- 단독으로 사용하는 경우는 거의 없으며 다른 스케줄링 알고리즘에 보조(우선순위 스케줄링, RR 스케줄링 등)로 사용한다.

| 사례 |

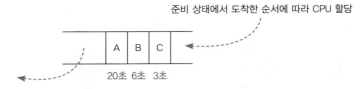

준비 상태에서 도착한 순서에 따라 CPU 할당

A B C

20초 6초 3초

실행시간	A(20초), B(6초), C(3초)	평균 실행시간 = 29/3
대기시간	A(0초), B(20초), C(26초)	평균 대기시간 = 46/3
반환시간	A(20초), B(26초), C(29초)	평균 반환시간 = 75/3

(3) SJF(Shortest Job First)
- 준비 큐에서 실행 시간이 가장 짧은 작업을 먼저 실행해 평균 대기 시간을 최소화하는 스케줄링이다.
- 작업이 종료까지 실행 시간 추정치가 가장 짧은 작업을 먼저 실행한다.
- FIFO보다 평균 대기 시간이 짧지만, 긴 작업의 경우 FIFO 기법보다 더 길고 예측이 어렵다.

| 사례 |

실행시간 : A(20초), B(6초), C(3초) ⟶

	3초	6초	20초
	C	B	A

실행시간	C(3초), B(6초), A(20초)	평균 실행시간 = 29/3
대기시간	C(0초), B(3초), A(9초)	평균 대기시간 = 12/3
반환시간	C(3초), B(9초), A(29초)	평균 반환시간 = 41/3

*제출(도착) 시간이 주어졌을 경우 : A(0초), B(1초), C(2초) ⟶

	20초	3초	6초
	A	C	B

실행시간	A(20초), C(6초), B(20초)	평균 실행시간 = 29/3
대기시간	A(0초), C(3초), B(9초)	평균 대기시간 = 40/3
반환시간	A(20+0초), C(3+20-2초), B(6+23-1초)	평균 반환시간 = 69/3

(4) HRN(Highest Response Ratio Next)

- CPU 처리 기간과 해당 프로세스의 대기 시간을 고려해 각 작업의 우선순위를 정한 후 진행하는 스케줄링이다.

> 우선순위 = (대기 시간 + 서비스 처리 시간) / 서비스

- SJF의 단점을 보완한 기법으로 작업 기간의 불평등을 완화한다.

| 사례 |

작업	대기시간	서비스시간
A	5	5
B	10	6
C	15	7
D	20	8

① A → (5+5)/5 = 2

② B → (10+6)/6 = 2.67

③ C → (15+7)/7 = 3.14

④ D → (20+8)/8 = 3.5

- 우선순위 : D, C, B, A 순으로 CPU 점유

6 스레드

■ 스레드(Thread)의 개념
프로세스보다 가벼운 개념의 독립적으로 수행되는 제어 흐름 기본 단위이다.

■ 스레드의 특징
- **자원 공유:** 부모 프로세스의 데이터 영역을 공유함
- **동기화:** 한 프로세스 내의 다른 스레드와 동기화
- **병렬성:** 각각의 스레드는 상호 간섭 없이 독립 수행이 가능한 병렬 처리됨
- **독립적 스케줄링:** 독립적 스케줄링의 최소 단위로 프로세스의 기능과 역할을 담당
- **분할과 정복:** 프로세스의 실행 역할만 분리함
- **다중 스레드:** 한 개의 프로세스에 여러 개의 스레드가 존재 가능

■ 스레드의 유형
스레드의 유형에는 하나를 이용하는 단일 스레드 시스템과 다중 스레드를 이용하는 멀티 스레드 시스템으로 구분할 수 있다.

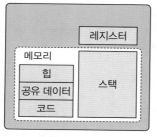

단일 스레드 시스템

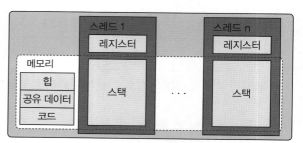

멀티 스레드 시스템

7 인터럽트

■ 인터럽트(Interrupt)의 개념

컴퓨터 시스템의 내·외부 및 소프트웨어 원인으로 CPU가 처리하던 프로그램을 중단하고 컴퓨터 제어를 통해 특수 사건이나 환경을 먼저 처리할 수 있도록 보내는 제어 신호이다.

■ 인터럽트의 종류

분류	종류	설명
HW 인터럽트 (외부)	전원 이상 인터럽트	정전 또는 전원 이상에 의하여 발생하는 인터럽트
	기계 착오 인터럽트	CPU의 기능적인 오류 동작으로 발생하는 인터럽트
	외부 신호 인터럽트	타이머에 의해 규정된 시간을 알리는 경우나 키보드 신호로 발생하는 인터럽트
	입/출력 인터럽트	입출력 데이터의 오류나 이상 현상으로 발생하는 인터럽트
HW 인터럽트 (내부)	프로그램 검사 인터럽트	0으로 나누기가 발생한 경우나 Overflow, Underflo가 발생한 것과 같이 부당한 기억 장소의 참조와 같은 프로그램상의 오류로 발생하는 인터럽트
SW 인터럽트	SVC 인터럽트	사용자가 SVC 명령을 사용해 의도적으로 인터럽트를 발생하거나 기억 장치 할당 및 오퍼레이터와의 통신이 필요한 경우 발생하는 인터럽트

■ 인터럽트의 동작 절차 및 구성 요소

인터럽트가 발생하면 인터럽트 벡터 테이블 조회/분기, 처리 루틴 수행, 복귀의 3단계 절차로 동작한다.

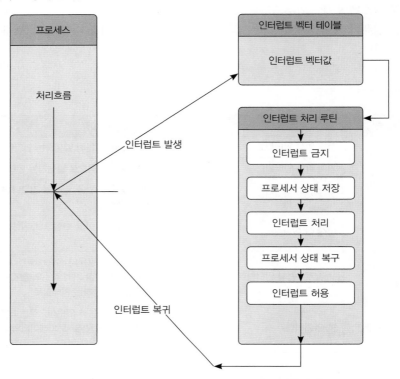

구성 요소	상태	설명
인터럽트 벡터 테이블 (IVT)	인터럽트 발생	요청 신호 모니터링 및 검출
	인터럽트 벡터 조회	– IVT에 인터럽트 ID 조회 – 인터럽트 ID에 대응하는 인터럽트 서비스 루틴으로 분기
인터럽트 서비스 루틴 (ISR)	인터럽트 금지	인터럽트 처리 루틴 진입 후 상호 배제(Lock)
	프로세스 상태 저장	이전 프로세스 정보 저장(문맥 교환)
	인터럽트 처리	인터럽트 요청 작업수행
	프로세스 상태 복구	이전 프로세스 정보 복구(문맥 교환)
	인터럽트 허용	상호 배제 자원 반납(Unlock), 인터럽트 루틴 종료

출제 예상 문제

01 다음 중 프로세스 상태가 아닌 것은?

① 생성　　　　② 준비
③ 전달　　　　④ 실행

> 해설 프로세스 상태 중 전달은 없다.

02 다음 중 선점 프로세스 스케줄링 기법이 아닌 것은?

① 라운드 로빈　　　② SRT
③ Multi-Level Queue　④ FCFS

> 해설 FCFS는 비선점 프로세스 스케줄링이다.

03 다음에서 설명하는 알고리즘은 무엇인가?

> – 가장 짧은 시간이 소요된다고 판단되는 프로세스
> 를 먼저 수행
> – 남은 처리 시간이 더 짧다고 판단되는 프로세스가
> 준비 큐에 생기면 언제라도 프로세스가 선점됨

① 라운드 로빈　　　② SRT
③ Multi-Level Queue　④ FCFS

> 해설 SRT 알고리즘은 가장 짧은 시간이 소요된다고 판단되는 프로세스를 먼저 수행하는 알고리즘으로 SJF 스케줄링과 라운드 로빈 스케줄링을 혼합한 방식이다.

04 다음에서 설명하는 것은 무엇인가?

> 컴퓨터 시스템 외부, 내부, 소프트웨어적인 원인으로 CPU가 처리하던 프로그램을 중단하고 컴퓨터 제어를 특수 사건이나 환경을 처리하도록 보내는 제어 신호

① 이벤트
② 타이머
③ 인터럽트
④ 어보이드

> 해설 인터럽트는 CPU가 프로그램을 실행 중일 때 예외 상황이 발생해 처리가 필요할 경우 CPU에게 알려줘 처리하도록 하는 작업을 말한다.

05 다음 중 인터럽트의 종류가 아닌 것은?

① 전원 이상 인터럽트
② 기계 착오 인터럽트
③ 프로그램 검사 인터럽트
④ 문맥 교환 인터럽트

> 해설 문맥 교환은 프로세스 자원을 바꾸는 절차이다.

06 다음 중 인터럽트 서비스 루틴(ISR)의 액션이 아닌 것은?

① 인터럽트 금지
② 프로세스 상태 저장
③ 인터럽트 처리
④ 인터럽트 벡터 조회

> 해설 인터럽트 벡터 조회는 인터럽트 벡터 테이블에 속한다.

07 다음에서 설명하는 프로세스 스케줄링은?

> 최소 작업 우선(SJF) 기법의 약점을 보완한 비선점 스케줄링 기법으로 다음과 같은 식을 이용해 우선순위를 판별한다.

① FIFO 스케줄링
② RR 스케줄링
③ HRN 스케줄링
④ MQ 스케줄링

> 해설 – HRN 스케줄링은 운영체제가 여러 프로세스 입력이 들어왔을 때 프로세스 실행 우선순위를 정하기 위한 기법이다.
> – HRN의 우선순위 선정 방법은 다음과 같다.
> 우선순위: (대기시간 + 서비스(실행)시간) / 서비스(실행)시간 = 시스템 응답시간
> $$우선순위 = \frac{대기시간 + 서비스(실행)시간}{서비스(실행)시간}$$

105 | 운영체제 기본 명령어

1 운영체제의 기본 명령어

■ CLI(Command Line Interface)
- 사용자가 직접 명령어를 입력하여 컴퓨터에게 명령을 내리는 방식이다.
- 명령어 창이 필요하며 명령 프롬프트를 호출하여 사용한다.

■ GUI(Graphic User Interface)
- 마우스로 화면을 클릭하여 컴퓨터를 제어하는 방식이다.
- 윈도우의 제어판과 같은 아이콘을 클릭해 사용자가 선택사항을 제어할 수 있다.

📝 **알아두기**

UNIX / Linux 매뉴얼
명령어 창에 'help', '-h', '#man' 명령어를 입력하면 실행 가능한 명령어 종류를 모두 확인할 수 있다.

2 UNIX / Linux 운영체제의 기본 명령어

명령어	설명
man	– manual – 명령어에 대한 사용 매뉴얼을 보여준다.
ls	– list – 파일이나 디렉터리의 목록을 확인한다.
cat	– concatenate – 파일 안에 담겨 있는 내용을 화면에 출력한다.
pwd	– printing working directory – 현재 작업 중인 디렉터리 정보를 출력한다.
uname	– unix name – 시스템에 대한 정보를 확인한다. – 커널 이름, 네트워크 호스트명, 커널 릴리즈 번호, 프로세서 아키텍처 정보, 시스템 운영체제 이름 정보 등을 확인할 수 있다.
cd	– change directory – 절대 경로 혹은 상대 경로로 이동한다.
mkdir	– make directory – 디렉터리를 생성한다.
cp	– copy – 파일 및 디렉터리를 복사한다.
mv	– move – 파일을 다른 파일이나 디렉터리로 이동시키거나 파일의 이름을 변경할 수 있다.

rm	– remove – 파일을 삭제하거나 디렉터리를 삭제한다.
head	파일의 앞부분을 보여주고 싶은 줄 수만큼 출력한다.
tail	파일의 뒷부분을 보여주고 싶은 줄 수만큼 출력한다.
date	시스템의 날짜와 시간을 표시하고 이를 수정할 수 있다.
cpio	특정 디렉터리 아래 모든 파일을 지정한 백업 장치로 백업한다.

■ UNIX / Linux 운영체제의 User에 관한 명령어

명령어	설명

chmod	– change mode
	– 파일에 대한 개인, 그룹, 타인에 대한 접근 권한을 변경할 수 있다.
	– r: 읽기 권한(4), w: 쓰기 권한 설정(2), x: 실행 권한 설정(1)
	– 숫자를 이용하여 권한을 지정한다(읽기(4)+쓰기(2) = (6)).
	  예 chmod 755 staff → staff라는 파일에 소유자는 모든 권한(7), 다른 그룹과 다른 사용
	      자에게는 읽기, 실행 권한(5)

chown	파일의 소유권 또는 그룹을 변경한다.
chgrp	그룹 소유권만 변경한다.
su	시스템에 접속한 상태에서 재로그인 없이 다른 사람 ID로 접속한다.
who	시스템에 어떤 사람이 로그인하고 있는가를 보여준다.
find	디스크에서 특정 파일을 찾아낸다.
ln	특정 파일의 링크 파일을 만든다.
grep	주어진 패턴에 매칭되는 파일의 라인을 출력시킨다.
finger	사용자 계정 정보와 최근 로그인 정보, 이메일, 예약 작업 정보 등을 확인할 수 있는 명령어 이다.

📎 **멘토 코멘트**

파일에 대한 읽기, 쓰기, 실행 권한을 설정하는 chmod 명령어는 시험 빈출 명령어로 반드시 숙지하길 바란다.

■ UNIX / Linux 운영체제의 시스템 명령어

명령어	설명
df	– disk free – 디스크의 남은 공간을 확인할 수 있다.
du	특정 디렉터리에서 하부 디렉터리까지 포함해 디스크의 사용량을 보여주는 명령어이다.
env	현재 시스템 사용자들의 환경 변수를 보여준다.
free	가상 메모리를 포함한 메모리의 사용 현황을 보여준다.
id	자신의 ID번호와 자신이 속한 그룹의 ID를 보여준다.
kill	특정 프로세스에 특정 시그널을 보낸다.
ps	– process status – 사용자나 시스템 프로세서의 상태에 관한 정보를 출력한다.

3 Windows 운영체제의 기본 명령어

명령어	설명
call	하나의 일괄 프로그램에서 다른 일괄 프로그램을 호출한다.
cd	현재 디렉터리 이름을 보여주거나 바꿔준다.
chkdsk	디스크를 검사하고 상태 보고서를 표시한다.
cls	화면을 지운다.
cmd	명령 프롬프트 창을 열어준다.
dir	파일 목록을 나열한다.
copy	파일을 복사한다.
ren	파일 이름을 변경한다.
del	파일을 삭제한다.
md	디렉터리를 생성한다.
attrib	속성을 변경한다.
find	파일을 찾아준다.
format	트랙, 섹터를 초기화한다.
move	파일을 이동한다.
exit	cmd, exe 프로그램을 종료한다.

기출 유형 문제

2021.03

01 UNIX에서 파일의 내용을 화면에 표시하는 명령어는?

① chmod   ② ps

③ cat   ④ ls

> 해설 ①번의 chmod는 파일에 대한 개인, 그룹, 타인에 대한 접근 권한을 변경하는 명령어이며, ②번의 ps는 현재 프로세스의 상태를 확인하는 명령어이다. ④번의 ls는 파일이나 디렉터리의 목록을 확인하는 명령어이다.

2019.08

02 UNIX에서 파일의 권한 모드 설정에 관한 명령어는?

① chgrp   ② chmod

③ chown   ④ cpio

> 해설 ①번의 chgrp는 그룹의 소유권만 변경하기 위한 명령어, ③번의 chown은 파일의 소유권 또는 그룹을 변경하는 명령어, ④번의 cpio는 백업하기 위한 명령어이다.

2019.04

03 UNIX에서 현재 프로세스의 상태를 확인할 때 사용하는 명령어는?

① ps   ② cp

③ chmod   ④ cat

> 해설 ②번의 cp는 복사 명령어, ③번의 chmod는 파일의 개인, 그룹, 타인에 대한 접근 권한을 변경하는 명령어이며, ④번의 cat은 파일에 담겨있는 내용을 화면에 출력하는 명령어이다.

2019.04

04 UNIX 명령어 중 파일에 대한 액세스(읽기, 쓰기, 실행) 권한을 설정하는데 사용하는 명령어는?

① chmod   ② pwd

③ mkdir   ④ ls

> 해설 chmod는 파일에 대한 개인, 그룹, 타인에 대한 접근 권한을 변경하는 명령어이며 읽기 권한(4), 쓰기 권한(2), 실행 권한(1)을 숫자를 이용해 지정할 수 있다.

2018.03

05 UNIX에서 현재 디렉터리 내의 파일 목록을 확인하는 명령어는?

① find   ② ls

③ cat   ④ finger

> 해설 ①번의 find는 디스크에서 특정 파일을 찾아내는 명령어, ③번의 cat은 파일의 내용을 화면에 출력하는 명령어, ④번의 finger는 사용자 계정 정보와 최근 로그인 정보를 확인하는 명령어이다.

106 | 메모리 성능

1 지역성

■ 지역성(Locality)의 개념

기억 장치 내의 정보를 집중 참조한다는 개념으로 CPU의 메모리에서 데이터를 가져올 때 데이터 적중률(Hit Rate)을 높이기 위한 원리이다.

멘토 코멘트

운영체제에서 지역성은 가장 중요한 개념으로 지역성의 유형은 반드시 숙지하길 바란다.

■ 지역성의 유형

- **공간적 지역성:** CPU가 요청한 주소 영역과 근접한 영역의 데이터들이 참조될 가능성이 높은 현상
- **시간적 지역성:** 가장 최근에 사용된 데이터들이 참조될 가능성이 높은 현상
- **순차적 지역성:** 주기억장치에 저장된 순서대로 데이터들이 인출되고 실행될 가능성이 높은 현상

알아두기

순차적 지역성은 공간적 지역성에 포함되기도 한다.

■ 지역성의 적용 사례

사례	설명	유형
캐시 메모리	– 페이지 재배치 알고리즘 구현에 이용 – Fetch 알고리즘 구현에 이용	시간적 지역성
가상 메모리	– 스래싱 해결 – 페이지 교체 알고리즘	공간적 지역성
CDN	공간적 지역성 원리를 이용해 콘텐츠를 신속하게 전달	

2 스래싱

■ 스래싱(Thrashing)의 개념

지속해서 발생하는 페이지 부재로 프로세스의 처리 시간보다 페이지 교체 시간이 더 많이 소요되는 현상이다.

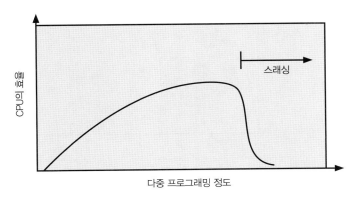

■ 스래싱 발생 원인

① CPU 사용 체크

② 프로세스 추가

③ 전역 페이지 교체 알고리즘 이행

④ 페이지 부재율 상승 및 CPU 사용률 하락

⑤ 새로운 프로세스 추가

원인	설명
부적절한 페이지 교체	– 지역성 및 페이지 빈도를 고려하지 않음 – 메모리 크기가 너무 작음
과도한 다중 처리	프로세스를 교환할 때마다 페이지 부재 처리 발생

■ 스래싱 해결 방법

원인	설명
Working set	매번 참조할 때 마다 Resident Page Set 조정 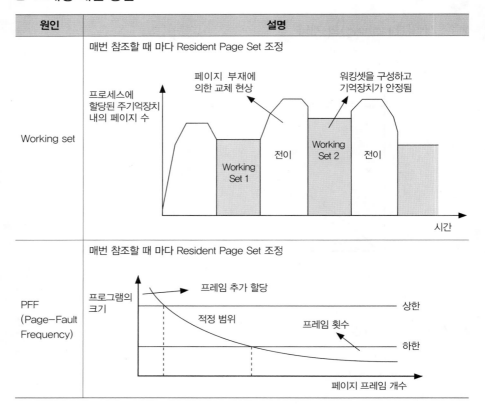
PFF (Page-Fault Frequency)	매번 참조할 때 마다 Resident Page Set 조정

3 교착 상태

■ 교착 상태(Deadlock)의 개념

멀티 프로세스 환경에서 두 개 이상의 프로세스가 자원을 사용할 수 없는 무한 대기 상태임을 의미한다.

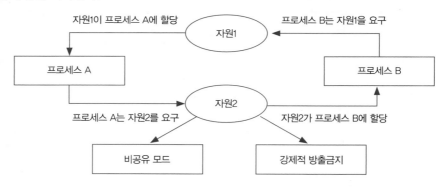

■ 교착 상태 발생 원인

- **상호배제(Mutual Exclusion):** 자원 배타 점유, 타 프로세스 사용 차단
- **점유와 대기(Hold and Wait):** 특정 자원 할당 점유 후 다른 자원을 요구
- **비선점(Non-Preemption):** 할당된 자원의 사용이 끝날 때까지 회수 불가
- **환형 대기(Circular Wait):** 프로세스 간 자원 요구가 하나의 원형을 구성

■ 교착 상태 해결 방법

- **예방(Prevention):** 상호배제 조건, 점유와 대기 조건, 비선점 조건 및 환형 대기 조건의 부정
- **회피(Avoidance):** 교착 상태의 발생 조건을 없애기보다는 발생하지 않도록 적용하는 방법(예 Banker's 알고리즘, Wait-die, Wound-Wait 알고리즘)
- **발견(Detection):** 시스템의 상태를 감시 알고리즘으로 교착 상태 검사
- **회복(Recovery):** 교착 상태가 사라질 때까지 프로세스를 순차적으로 종료하여 제거

■ 교착 상태 예방 방법

- **상호배제 부정:** 공유 불가 자원을 사용 시 성립
- **점유와 대기 부정:** 프로세스의 자원 요청 시 다른 자원 점유 금지를 보장
- **비선점 부정:** 자원을 가진 프로세스가 자원 할당 요구를 거절하면 점유 자원을 반납
- **환형 대기 부정:** 모든 프로세스에 각 자원의 유형 별로 할당 순서를 부여

■ 교착 상태 발견 및 회피 방법

교착 상태를 확인하기 위해 자원 할당 그래프를 이용할 수 있으며 은행가 알고리즘으로 자원의 상태를 감시해 교착 상태를 회피할 수도 있다.

유형	설명	
자원 할당 그래프 (Resource allocation graph)	– 프로세스와 자원 간의 관계를 나타내는 그래프 – 간선의 형태	
	요청선 (Request edge)	프로세스 정점에서 자원 정점으로 연결된 선
	할당선 (Assignment edge)	자원 정점에서 프로세스 정점으로 연결된 선
Banker's 알고리즘 (은행가 알고리즘)	– 운영체제가 자원의 상태를 감시하고 프로세스가 사전에 필요한 자원의 수를 제시 관리하는 교착 상태 회피 알고리즘 – 종류별 자원이 여러 개인 경우 프로세스의 최대 자원 요구량, 현재 할당된 자원의 수 등을 이용해 프로세스의 자원 할당이 안전한지 확인한 후 할당하는 방식 – 자료 구조	
	available	사용 가능한 자원의 수
	Max	각 프로세스의 최대 요구
	Need	프로세스를 마치기 위해 남은 요구
	Allocation	각 프로세스에 할당된 자원의 수

01 다음에서 설명하는 것은 무엇인가?

> – 프로세스는 국지적(Local) 부분을 집중 참조한다는 개념
> – 작은 용량의 고속 메모리에서 데이터 적중률(Hit Rate)을 높이기 위한 원리

① Locality
② Reference
③ Thrashing
④ Caching

> **해설** 지역성(Locality)은 기억 장치 내의 정보를 균일하게 접근하는 것이 아닌 어느 한순간에 특정 부분을 집중적으로 참조하는 특성이다.

02 다음 중 공간적 지역성이 아닌 것은?

① Fetch 알고리즘 구현에 이용
② 스래싱 해결
③ 페이지 교체 알고리즘
④ 페이지 재배치 알고리즘 구현에 이용

> **해설** 페이지 재배치 알고리즘 구현에 이용하는 건 시간적 지역성이다.

03 다음 중 스래싱(Thrashing) 해결 방법은?

① Working set
② Multi processing
③ Cache memory
④ Locality

> **해설** 스래싱의 해결 방법으로는 Working set과 PFF(Page-Fault Frequency) 방식이 있다.

04 다음 중 교착 상태가 발생하기 위한 조건에 해당하지 않는 것은?

① 상호배제(Mutual Exclusion)
② 점유와 대기(Hold and Wait)
③ 비선점(Non-Preemption)
④ 자원의 선점 가능(Preemption)

> **해설** 교착 상태가 발생하기 위한 4가지 조건은 상호배제, 점유와 대기, 비선점, 환형 대기이다. "자원의 선점 가능"은 교착 상태를 예방하거나 회복하는 데 사용되는 방법으로 교착 상태의 발생 조건이 아니다.

107 | 셸 스크립트

1 셸 스크립트의 개요

- 셸 스크립트(Shell Script)*는 운영체제의 명령어 창에서 실행 가능한 텍스트 파일이다.
- 언제, 어떤 조건에 어떠한 명령을 실행하거나 파일을 읽어 처리할 것인가를 정의할 수 있는 사용자 중심의 프로그래밍이다.
- 상황에 따른 변수와 각 환경에서의 서로 다른 처리 및 반복을 컴포넌트를 이용해 처리할 수 있도록 한 명령어 파일이다.

★ 셸 스크립트
리눅스에서는 BASH 셸을 주로 사용하고, 유닉스에서는 Bourne Shell을 주로 사용한다.

셸 스크립트의 특징

- 셸 스크립트는 사용자의 요청을 기다렸다가 요청 즉시 결과값을 출력해주는 대화형 구조를 가진다.
- 복합적인 작업을 수행할 수 있도록 일련의 명령어들을 묶어서 사용할 수 있다.
- 운영체제의 환경을 사용자가 원하는 대로 변경할 수 있다.

셸 스크립트의 주요 기능

- **바로가기**: 파일의 위치 또는 디렉터리에 바로 가게 설정할 수 있다.
- **배치 Job**: 일괄 작업을 자동으로 연속 실행하여 사용자가 일일이 작업할 필요가 없다.
- **일반화**: 단순한 그림 파일을 일괄 작업을 통해 변환할 수 있다.

2 셸 스크립트의 주요 문법

입·출력

- read로 입력, echo로 출력할 수 있다.

작성	결과

`#!/bin/sh`
`read NAME`
`echo "Hello, $NAME"`
	`$ ./test.sh`
	`Hanbang`
	`Hello, Hanbang!`

■ 변수(Variable)

- 영문자, 숫자, 언더바를 이용해 변수를 선언한다.
- 하나의 변수에는 하나의 값만 보존된다.
- 변수를 선언하고, 변수의 값을 참조할 때 변수명 앞에 $를 사용한다.
- 중괄호를 이용해 ${변수} 식으로도 묶어서 사용한다.

작성	결과
#!/bin/sh a="변수1" b="변수2" echo "출력할 변수는 $b" echo ${a}	$ ./test.sh 출력할 변수는 변수2 변수1

■ 예약변수

이미 시스템에 정의된 변수로써 사용자가 사용 가능한 변수이다.

예약변수	설명
HOME	사용자 홈 디렉터리를 의미한다.
PATH	실행 파일의 경로이다. chmod, mkdir 등의 명령어들은 /bin에 위치하는데, 이 경로들에 PATH를 지정하면 굳이 /bin/chmod를 입력하지 않고도 사용 가능하다.
LANG	프로그램 실행 시 지원되는 언어이다.
UID	사용자의 ID이다.
SHELL	사용자가 로그인 시 실행되는 셸이다.
USER	사용자의 계정 이름을 의미한다.
FUNCNAME	현재 실행되고 있는 함수 이름을 의미한다.
TERM	로그인 터미널을 의미한다.

■ 배열(Array)

- 배열은 1차원 배열만 지원하며 중괄호를 사용한다.
- 배열 원소는 소괄호 안에 공백으로 구분한다.
- 배열 안에 원소는 문자열이나 정수 모두 사용할 수 있다.

■ 함수(Function)

이미 정의된 함수를 사용하거나 새로운 함수를 정의하여 호출해 사용할 수 있다.

■ 비교문

eq(=), ne(=!), gt(〉), ge(〉=), lt(〈), le(〈=)를 사용해 비교할 수 있다.

■ 반복문

for문을 사용해 반복된 연산을 수행할 수 있다.

기출 유형 문제

2019.03

01 UNIX의 셸(Shell)에 대한 설명으로 틀린 것은?

① 사용자와 커널 사이에서 중계자 역할을 한다.

② 스케줄링, 기억장치 관리, 파일 관리, 시스템 호출 인터페이스 등의 기능을 제공한다.

③ 다양한 내장 명령어를 가지고 있다.

④ 사용자 명령의 입력을 받아 시스템 기능을 수행하는 명령어 해석기이다.

> **해설** 스케줄링, 기억장치 관리, 파일 관리, 시스템 호출, 인터페이스 등의 기능을 제공하는 것은 운영체제(OS)의 역할이다.

2019.08

02 UNIX의 계층 구조 중 사용자의 명령을 입력받아 그 명령을 해석하는 역할을 하는 계층은?

① 커널　　　　② 셸

③ 기억장치 관리기　　④ 스케줄러

> **해설** 사용자의 명령을 입력받아 그 명령을 해석하는 역할을 하는 계층은 셸이다.

출제 예상 문제

03 셸 스크립트에 대한 설명으로 틀린 것은?

① 변수를 선언하고, 변수 앞에 $를 붙여 사용한다.

② 2차원 배열까지 지원하며 중괄호를 사용한다.

③ 이미 정의된 함수를 사용하거나 새로운 함수를 정의해 사용할 수 있다.

④ for문을 사용해 반복된 연산을 수행할 수 있다.

> **해설** 셸 스크립트는 1차원 배열만 지원한다.

108 | 프로토콜

1 프로토콜의 개요

★ 프로토콜
프로토콜은 서로 다른 개체 간에 원활한 통신을 위한 규칙 및 약속이다.

- 프로토콜*은 중앙 컴퓨터와 단말기 사이에서 또는 복수의 컴퓨터 간에 데이터 통신을 원활하게 하기 위한 통신규약이다.
- 통신규약은 컴퓨터나 원거리 통신 장비 사이에서 메시지를 주고받을 수 있도록 송수신의 순서와 데이터의 표현법 등을 규정한다.

■ 프로토콜의 구성 요소

구성 요소	설명
구문(Syntax)	데이터의 구성 형식, 구체적인 코딩 방법, 신호 레벨 등에 대한 형식을 규정해 정해진 문법과 구조를 따르도록 한다.
의미(Semantic)	데이터의 전송 조작이나 오류 등의 제어를 처리할 수 있는 정보와 규정을 제공한다.
타이밍(Timing)	서로 주고받는 데이터의 속도를 조절해주고 여러 데이터가 동시에 통신하는 경우 순서 관리 기법을 정의하기도 한다.

■ 프로토콜의 기능

기능	설명
캡슐화 (Encapsulation)	− 주소, 오류 검출 코드, 프로토콜 제어 정보 등을 전송하려는 데이터에 헤더를 붙이는 것을 캡슐화라고 한다. − 캡슐화는 해커로부터 자신의 통신 내용을 숨길 수 있게 해준다.
흐름 제어 (Flow Control)	송신 측으로부터 전송하는 데이터의 양이나 속도를 조절한다.
연결 제어 (Connection Control)	두 시스템 간에 서로 데이터를 교환할 때 연결을 설정하여 연결 설정, 데이터 전송, 연결 해제 등의 제어를 할 수 있다.
오류 제어 (Error Control)	패리티 비트(Parity Bit), 잉여도 검사(CRC)를 통해 오류를 체크하여 재전송할 수 있다.
주소 설정 (Addressing)	두 시스템 간에 데이터를 전송하려면 상대의 이름을 알아야 하며, 이때 프로토콜에는 각 전송 계층에 맞는 주소를 지정하는 기능을 제공한다.
순서 설정 (Sequence)	프로토콜 데이터 단위가 전송될 때 보내지는 순서를 명시하는 기능을 제공한다.
동기화 (Synchronization)	데이터 전송 시에 각 개체는 타이머 값이나 윈도우 크기 등을 기억하고 공유해 데이터를 안전하게 전송한다.

세분화와 재합성 (Fragmentation and Reassembly)	대용량 크기의 파일은 그대로 전송할 수가 없어서 이를 작은 단위로 나누어 보내고 수신 측에서는 재조합 또는 재합성하는 기능을 한다.
다중화(Multiplexing)	하나의 통신 선로에 여러 시스템이 동시에 통신할 수 있는 기능이다.

2 프로토콜의 계층 구성

프로토콜 계층은 데이터 전송에 관한 계층과 통신 처리에 관한 계층으로 나뉘며 가장 대표적인 것은 TCP/IP와 국제표준화기구 ISO에서 정한 OSI-7계층이다.

■ 대표 프로토콜

구분	설명
TCP	전송 제어 프로토콜로 근거리 통신망이나 인트라넷, 인터넷에 연결된 컴퓨터에서 실행되는 프로그램 간의 오류 제어와 혼잡 제어를 해주는 프로토콜이다.
IP	송신 호스트와 수신 호스트가 패킷 교환을 할 수 있도록 정보를 주고받는 데 사용하는 정보 위주의 프로토콜이다.
FTP	TCP/IP 프로토콜을 기반으로 서버와 클라이언트 사이에서 파일을 송수신하기 위한 프로토콜이다.
ARP	네트워크 상에서 IP 주소를 물리적 네트워크 주소로 대응하기 위해 사용하는 프로토콜이다.
RARP	ARP 프로토콜의 반대 개념으로 MAC 주소로 IP 주소를 가져오는 방식의 프로토콜이다.

3 DHCP

● DHCP(Dynamic Host Configuration Protocol)의 개념

네트워크 관리자가 IP 주소와 같은 네트워크 설정 정보를 클라이언트에게 자동 제공하는 프로토콜이다. 네트워크에 연결된 컴퓨터, 스마트폰 서버, 게이트웨이, IP 주소 등을 할당하며 해당 클라이언트에게 일정 기간 임대하는 동적 주소 할당 프로토콜이다.

● DHCP 순서 및 동작원리

순서	동작 원리	설명
1	Discover	DHCP 클라이언트는 부팅 시 IP 주소를 갖고 있지 않아 TCP/IP를 초기화하기 위하여 DHCP 서버를 찾는 요청을 브로드캐스트 하는 과정
2	Offer	Discover 메시지를 받은 DHCP 서버가 사용 가능한 IP 주소와 서브넷, DNS 등의 정보를 담아 클라이언트로 브로드캐스트 하는 과정
3	Request	DHCP 클라이언트는 서버로부터 할당 받은 IP 주소와 임대해 준 서버의 IP를 포함하여 네트워크 내의 DHCP 서버로 승인 요청을 보내는 과정
4	Ack	DHCP Request 메시지를 받은 DHCP 서버는 자신이 보낸 IP 주소가 채택되지 않으면 IP를 데이터베이스에 유지하고 채택되면 IP 임대 기간, DNS, Default Gateway 등의 DHCP 옵션값을 포함해 확인(Acknowledgement)을 위한 브로드캐스트하는 과정

01 TCP/IP에서 사용되는 논리적 주소를 물리적 주소로 변환시켜 주는 프로토콜은?

① TCP

② ARP

③ FTP

④ IP

> 해설 ARP는 네트워크 상에서 IP 주소를 물리적 네트워크 주소로 변환시키기 위해 사용되는 프로토콜이다.

02 다음에서 설명하는 프로토콜의 기능은?

> – 송신 데이터에 필요한 정보(헤더)를 붙여서 다음 계층에 보내는 기술
> – 해커로부터 자신의 통신 내용을 숨길 수 있게 해준다.

① 다중화

② 캡슐화

③ 세분화

④ 오류 제어

> 해설 주소, 오류 검출 코드, 프로토콜 제어 정보 등을 전송하려는 데이터에 헤더를 붙이는 것을 캡슐화라 한다.

03 프로토콜의 기능으로 올바르지 않은 것은?

① 다중화 - 하나의 통신 선로에 여러 시스템이 동시에 통신할 수 있게 해준다.

② 캡슐화 - 해커로부터 자신의 통신 내용을 숨길 수 있게 해준다.

③ 연결 제어 - 송신 측으로부터 전송하는 데이터의 양이나 속도를 조절하는 기능을 제공한다.

④ 오류 제어 - 패리티 비트를 통해 오류를 체크하여 재전송할 수 있다.

> 해설 송신 측으로부터 전송하는 데이터의 양이나 속도를 조절하는 기능을 제공하는 것은 흐름 제어이다.

04 프로토콜에 대한 설명으로 올바르지 않은 것은?

① FTP - 서버와 클라이언트 사이에서 파일 송수신을 하기 위한 프로토콜이다.

② TCP - 연결된 컴퓨터에서 실행되는 프로그램 간에 오류 제어와 혼잡 제어를 해주는 프로토콜이다.

③ ARP - 네트워크 상에서 IP 주소를 물리적 네트워크 주소로 대응시키기 위해 사용되는 프로토콜이다.

④ RARP - ARP 오류 또는 장애 시 보조로 사용되는 프로토콜이다.

> 해설 RARP는 ARP 프로토콜의 반대 개념으로 MAC 주소로 IP 주소를 가져오는 방식의 프로토콜이다.

109 | OSI-7계층

★ OSI-7계층
Open Systems Intercon
nection의 약자로 개방
형 시스템이라는 뜻이며,
OSI 참조 모델은 말 그
대로 참조 모델일 뿐 실
제 사용되는 인터넷 프로
토콜은 대부분 TCP/IP를
따른다.

1 OSI-7계층*의 개요

- 국제 표준화 기구(ISO)가 1977년에 정의한 국제 표준 통신규약이다.
- 통신의 접속에서부터 수신까지를 7단계로 구분한 통신규약으로 현재 다른 모든 통신규약의 지침이 되고 있다.
- 7계층의 통신규약군에 대해 각 계층별로 설명하고 정의한 것이 OSI 기본 참조 모델이다.

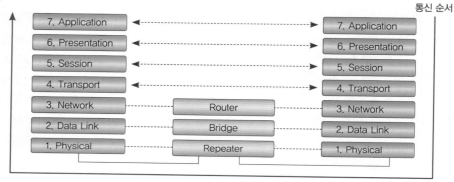

▲ OSI 7계층 구성도

알아두기

OSI-7계층
(아) Application
(파) Presentation
(서) Session
(티) Transport
(네) Network
(다) Data link
(피) Physical
'아파서 티내(네)다 피본
다'로 암기

■ 네트워크의 OSI-7계층 및 종류

	계층	설명	종류
7	응용 계층 (Application Layer)	- 사용자가 OSI 환경에 쉽게 접근할 수 있도록 프로토콜 간에 호환성을 제공하는 계층 - 프로그램 등으로 서비스(전자우편, 정보 교환 등)를 제공하는 계층	HTTP, SSH, SIP, FTP, TELNET, MODBUS
6	표현 계층 (Presentation Layer)	압축과 암호화 기능을 제공하며, 응용 계층 간에 전송 데이터의 표현을 담당하는 계층	MIME, SMTP, IMAP, SSL
5	세션 계층 (Session Layer)	응용 프로그램 간의 대화를 유지하기 위해 프로세서들의 논리적 연결을 담당하는 계층	NetBIOS, RPC, Winsock
4	전송 계층 (Transport Layer)	종단 간에 사용자들이 신뢰성 있는 데이터를 송수신할 수 있도록 흐름 제어, 오류 제어, 혼잡 제어의 역할을 수행하는 계층	TCP, UDP
3	네트워크 계층 (Network Layer)	송수신자 간에 논리적 주소를 지정해 데이터를 전달하고 라우팅을 수행할 수 있도록 지원하는 계층	ARP, IGMP, ICMP, IP

2	데이터 링크 계층 (Data Link Layer)	두 시스템 사이에서 오류 없이 데이터를 전송하기 위해 상위 계층에서 받은 비트 열의 데이터를 하위 계층으로 전송하는 계층	Ethernet, ATM, PPP, HDLC
1	물리 계층 (Physical Layer)	계층을 타고 내려온 데이터를 전기적 신호('0'과 '1')로 변환시켜 통신하는 계층	RS-485, RS-232, X25/21

 실력 점검 문제

기출 유형 문제

2021.03

01 데이터 링크 계층 프로토콜이 아닌 것은?

① HDLC   ② PPP

③ LAP-B   ④ FTP

> 해설 FTP는 7계층인 응용 계층의 프로토콜이다.

2020.08

02 OSI-7계층 중 종점 호스트 사이의 데이터 전송을 다루는 계층으로 종점 간의 연결 관리 및 오류 제어와 흐름 제어 등을 수행하는 계층은?

① 응용 계층

② 전송 계층

③ 프레젠테이션 계층

④ 물리 계층

> 해설 전송 계층은 종단 간에 사용자들이 신뢰성 있는 데이터를 송수신 할 수 있도록 흐름 제어, 오류 제어, 혼잡 제어의 역할을 수행하는 계층이다.

2020.08

03 TCP/IP 모델에서 인터넷 계층에 해당되는 프로토콜은?

① SMTP

② ICMP

③ SNA

④ FTP

> 해설 TCP/IP에서의 인터넷 계층은 데이터 전송을 위한 주소를 지정하고 경로를 설정하는 네트워크 계층이다. 대표적으로 IP, ICMP, IGMP, ARP, RARP 등이 있다.

04 OSI-7계층에서 TCP는 어떤 계층에 해당되는가?

① 세션 계층

② 네트워크 계층

③ 전송 계층

④ 데이터 링크 계층

> **해설** TCP는 4계층인 전송 계층에 해당되며 데이터를 전송하는 역할을 담당한다.

05 OSI-7계층 중 통신망을 통해 패킷을 목적지까지 전달하는 계층은?

① 응용 계층

② 네트워크 계층

③ 표현 계층

④ 물리 계층

> **해설** 패킷을 목적지까지 전달하는 계층은 3계층인 네트워크 계층에 해당한다.

06 OSI-7계층에서 네트워크의 논리적 어드레싱과 라우팅 기능을 수행하는 계층은?

① 1계층

② 2계층

③ 3계층

④ 4계층

> **해설** 논리적 어드레싱과 라우팅 기능을 수행하는 계층은 3계층인 네트워크 계층에서 수행한다.

07 OSI-7계층 중 네트워크 가상 터미널(Network Virtual Terminal)이 존재해 서로 다른 프로토콜에 의해 발생되는 호환성 문제를 해결하는 계층은?

① 데이터 링크 계층

② 세션 계층

③ 표현 계층

④ 응용 계층

> **해설** 서로 다른 프로토콜 간에 발생되는 호환성 문제를 해결하는 계층은 응용 계층이다.

08 OSI 참조 모델의 계층을 나누는 목적으로 가장 거리가 먼 것은?

① 시스템 간의 통신을 위한 표준 제공

② 네트워크 자원의 공유를 통한 경비 절감

③ 시스템 간의 정보 교환을 하기 위한 상호 접속점의 정의

④ 관련 규격의 적합성을 조성하기 위한 공통적인 기반 조성

> **해설** OSI 참조 모델 계층은 서로 다른 시스템 간의 통신 표준을 제공하여 상호 접속점을 정의하고 적합성을 조성하여 공통적 기반을 제공 및 조성한다.

110 | 인터넷 구성

1 인터넷의 개요

- 인터넷은 컴퓨터가 서로 연결되어 TCP/IP라는 통신 프로토콜을 이용해 정보를 주고받는 컴퓨터 네트워크를 말한다.
- 인터넷이란 이름은 '네트워크의 네트워크'를 구현해 모든 컴퓨터를 하나의 통신망에 연결하고자 하는 의도에서 시작했다.

인터넷의 구성 요소

- **종단 시스템:** 통신 링크와 패킷 스위치 등의 네트워크로 연결된 모든 장치이다.
- **통신 링크:** 정보를 송수신할 목적으로 두 지점을 연결하는 물리적인 수단을 말하며, 동축 케이블, 구리선, 광케이블과 같은 다양한 전송 매체로 구성된다.
- **IP 주소:** 인터넷에 연결된 모든 컴퓨터 자원을 공유하기 위한 고유한 주소이다.

2 네트워크의 개요

- 네트워크(Network)는 지리적으로 멀리 떨어진 위치에서도 데이터를 주고받을 수 있도록 연결한 전송로를 지칭한다.
- 컴퓨터 간에 정보 교환과 처리를 위한 데이터 통신망이다.

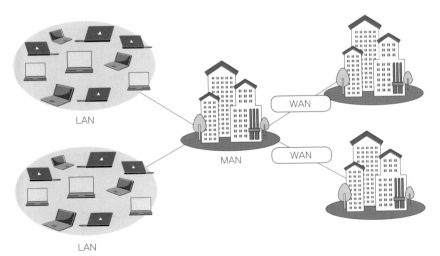

▲ 네트워크 개념도

● 네트워크의 유형

유형	설명	모델
LAN	학교, 사무실 등 같은 건물 또는 가까운 거리에 분산 설치되어 있는 컴퓨터 및 네트워크 장치들을 연결해주는 근거리 통신망	– 이더넷(Ethernet) – 무선랜(Wireless LAN)
MAN	– 대도시를 중심으로 한 통신망 – LAN의 발전된 형태인 고속화 기반 기술로 거리뿐만 아니라 엑세스 망과 백본망 사이 그리고 CATV와 전기 통신까지 담당하는 네트워크 구간망	DQDB(Distributed Queue Dual Bus)
WAN	도시와 도시, 국가와 국가 등의 원격지 사이를 연결하는 광역 통신망	– 전용선 – 회선 교환 방식 – 메시지 교환 방식 – 패킷 교환 방식

● LAN의 토폴로지 유형

알아두기

LAN 토폴로지 유형
(버) 버스형
(스) 스타형
(허) 허브형
(링) 링형
'버스 허리'로 암기

구분	구성도	설명
버스형		– 모든 노드들이 버스에 T자형으로 연결되어 구성 – 정보는 RIU(Ring Interface Unit)를 거쳐 단일 방향으로 순환
스타형 (성형)		– 몇 개의 점대점 방식으로 접속 – 중심 센터는 각 기기들이 공유하는 교환기를 내장
허브형 (트리형)		– 하나의 중심 네트워크에 작은 허브들이 연결되어 있는 방식으로 접속 – 각 기기는 BIU(Basic Information Unit)를 통해 접속
링형		– RIU에서 결정된 점대점 전송 링크로 구성 – RIU는 데이터 소스에 가깝게 위치하며 짧은 액세스 선로에 의해 기기에 연결

● WAN의 유형

유형	설명
전용선	가입자의 송수신 양단 간에 통신 회사의 장비를 거쳐 통신
회선 교환 방식	송수신 단말 장치 간에 데이터를 전송할 때마다 물리적인 통신 경로를 설정하는 방식
메시지 교환 방식	전송된 데이터를 버퍼에 저장하였다가 에러 검출 등의 처리 후 수신자에게 전달하는 축적 교환 방식
패킷 교환 방식 (데이터그램 방식)	연결 설정 과정 없이 각각의 패킷을 독립적으로 취급하여 전송하는 방식
패킷 교환 방식 (가상 회선 방식)	패킷이 전송되기 전에 송수신 단말기에 논리적인 통신 경로를 먼저 설정하고 패킷을 경로에 따라 보내는 방식

2020.08

01 LAN의 토폴로지 형태에 해당하지 않는 것은?

① 스타형

② 버스형

③ 링형

④ 스패어형

> **해설** LAN의 토폴로지 유형에는 스타형, 버스형, 링형, 허브형이 있다.

2020.08

02 근접 거리의 여러 컴퓨터 물리 자원들 간에 다양한 정보 자원 공유가 가능한 통신망은?

① LAN

② VAN

③ WAN

④ ATM

> **해설** 학교, 사무실 등 같은 건물 또는 가까운 거리에 분산 설치되어 있는 컴퓨터 및 네트워크 장치들을 연결해주는 근거리 통신망은 LAN이다.

03 다음 중 LAN에 대한 설명으로 틀린 것은?

① 독립적인 다수의 컴퓨터 기기들 간에 통신이 가능하도록 하는 기술이다.

② 기존 공중망과는 달리 점대점 링크로 연결되지 않는다.

③ 근거리의 모든 노드가 동일한 전송 매체를 공유한다.

④ 사전 동의 아래 연결되는 접속 유형의 서비스이다.

> **해설** LAN은 사전 동의 아래 연결되는 서비스가 아니다.

04 다음에서 설명하는 WAN의 유형은 무엇인가?

> 연결 설정 과정 없이 각각의 패킷을 독립적으로 취급하여 전송하는 방식

① 전용선

② 회선 교환 방식

③ 패킷 교환 방식

④ 메시지 교환 방식

> **해설** 패킷 교환 방식은 패킷이 중계 교환기를 거쳐 최종 목적지까지 전송되며 축적 전송 방법을 이용한다.

111 | TCP/UDP

1 TCP/UDP의 개요

구분	설명
TCP (Transmission Control Protocol)	전송 계층에서 신뢰성 있는 바이트 스트림 전송을 위해 흐름 제어, 혼잡 제어, 오류 제어를 하는 연결지향형 프로토콜
UDP (User Datagram Protocol)	전송 계층에서 속도에 중점을 둔 메시지 스트림 전송을 위해 오류를 체크 하는 비연결지향형 프로토콜

2 TCP

■ TCP의 통신 절차

정상적인 TCP 연결을 수립하려면 다음의 세 가지 핸드셰이크*가 필요하다.

★ 핸드셰이크
통신 분야에서 채널에 대한 정상적인 통신이 시작되기 전에 두 지점 간에 확립된 통신 채널의 변수를 동적으로 설정하는 과정

❶ SYN

❷ SYN/ACK

❸ ACK

SYN = SYNCHRONIZATION　　　　　　　　　　ACK = ACKNOWLEDGEMENT

핸드셰이크	설명
SYN	클라이언트가 서버에게 SYN 메시지를 보낸다.
SYN-ACK	서버가 클라이언트에게 SYN-ACK 메시지로 응답한다.
ACK	클라이언트가 서버에게 ACK 메시지를 보낸다.

■ TCP의 특징

- **신뢰성:** 패킷 손실, 중복, 순서 바뀜 등이 없도록 보장
- **연결지향적:** 양단 간에 애플리케이션/프로세스는 TCP가 제공하는 연결성 회선을 통하여 상호 통신
- **양방향(Full-Duplex):** 종단 간에 양 프로세스가 서로 동시에 세그먼트를 전달할 수 있음

- **혼잡 제어:** 데이터의 흐름이나 혼잡 제어를 제공
- **세그먼트 단위:** 바이트를 세그먼트화하고 이에 TCP 헤더를 붙여, 이들의 순서를 제어

■ TCP의 흐름 제어

- 송신 측과 수신 측의 데이터 처리 속도 차이를 해결하기 위한 기법이다.
- 데이터를 수신하는 노드가 전송하는 노드에게 현재 자신의 상태에 대한 정보를 보내주는 방식이다.

유형	설명
정지 – 대기 (Stop and Wait)	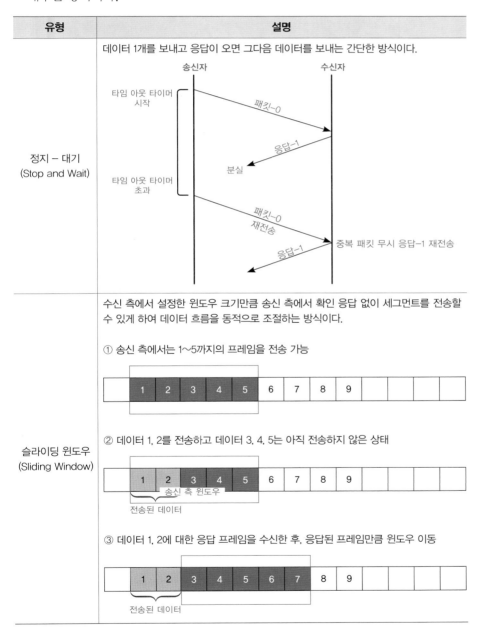 데이터 1개를 보내고 응답이 오면 그다음 데이터를 보내는 간단한 방식이다.
슬라이딩 윈도우 (Sliding Window)	수신 측에서 설정한 윈도우 크기만큼 송신 측에서 확인 응답 없이 세그먼트를 전송할 수 있게 하여 데이터 흐름을 동적으로 조절하는 방식이다. ① 송신 측에서는 1~5까지의 프레임을 전송 가능 ② 데이터 1, 2를 전송하고 데이터 3, 4, 5는 아직 전송하지 않은 상태 ③ 데이터 1, 2에 대한 응답 프레임을 수신한 후, 응답된 프레임만큼 윈도우 이동

■ TCP의 혼잡 제어

- 송신 측과 네트워크의 데이터 처리 속도 차이를 해결하기 위한 기법이다.
- 네트워크의 혼잡 상태를 파악하고 그 상태를 해결하기 위해 데이터 전송을 제어하는 방식이다.

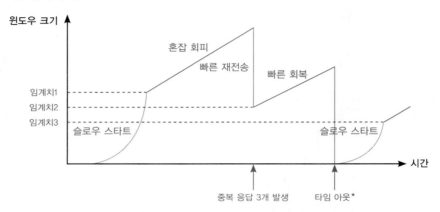

★ 타임 아웃
데이터를 전송한 후 타이머를 설정하고 해당 타이머의 종료 시까지 응답(ACK)을 받지 못하면 프로토콜의 혼잡 상태로 파악한다.

유형	설명
슬로우 스타트(Slow Start)	지수적(Exponential)으로 윈도우 크기를 증가시키는 방식이다.
혼잡 회피 (Congestion Avoidance)	혼잡이 감지되면 지수적이 아닌 가산적인 증가 방식을 채택하는 것으로 윈도우의 크기 및 전송할 세그먼트의 수를 최솟값으로 감소시켜 혼잡을 회피한다.
빠른 재전송(Fast Retransmit)	정상적인 재전송 큐 과정을 따르지 않고 중간 누락된 세그먼트를 빠르게 재전송하는 방식이다.
빠른 회복(Fast Recovery)	혼잡 상태가 되면 윈도우의 크기를 최솟값으로 줄이지 않고 절반으로 줄여 선형적으로 증가시키는 방식이다.

■ TCP의 오류 제어

TCP의 오류 제어는 전송 도중에 발생한 부호 오류를 검출하고 정확한 정보를 재현하는 방식이다.

✎ 알아두기

ARQ
(Automatic Repeat Request)
신뢰성 있는 데이터 전달을 위하여 수신 측의 오류 검출 기술을 이용해 수신된 데이터의 오류 유무를 판단하고, 오류가 검출되면 송신 측에게 해당 데이터의 재전송을 요청하는 에러 제어 방식이다.

유형	설명
Stop and Wait ARQ	- 송신 측에서 한 번에 한 개의 프레임을 송신한 후, 수신 측에서 프레임을 검사해 긍정 응답(ACK) 혹은 부정 응답(NAK)을 전송하는 방식이다. - 수신 측에서 긍정 응답 시 다음 프레임을 전송하고 부정 응답이면 이전 프레임을 다시 재전송한다.
Go-Back N ARQ	송신 측에서 데이터 프레임을 연속 송신하고, 수신 측에서 부정 응답을 보내오면 부정 응답이 발생한 프레임부터 재전송을 시작한다.
Selective Repeat ARQ	동시에 여러 프레임을 전송하고, 수신 측에서 부정 응답을 보내오면 송신 측은 오류가 발생한 프레임만 재전송하는 방식이다.
Adaptive ARQ	전송 효율을 최대로 높이기 위해서 데이터 프레임(블록)의 길이를 동적으로 변형시켜 전송하는 방식이다.

3 UDP

- 비연결지향적 프로토콜로 데이터를 주고받을 때 한쪽에서 일방적으로 데이터를 보내는 프로토콜이다.
- 연결 과정이 없기 때문에 TCP보다 빠른 전송이 가능하지만 데이터를 보내는 쪽에서 받는 쪽이 잘 받았는지 확인할 수 없어 데이터 전달의 신뢰성 보장은 어렵다.

■ UDP의 특징

- **비연결성:** 논리적인 가상 회선을 연결하고 있지 않음
- **비신뢰성:** 데이터가 정확히 도달했는지 확인하는 절차가 없음
- **단순 헤더:** 헤더는 고정 크기의 8바이트만 사용
- **멀티캐스팅:** 1:다의 여러 다수 지점에 전송 가능

4 TCP/UDP의 프로토콜 비교

비교 항목	TCP	UDP
연결성	연결지향형 프로토콜	비연결지향형 프로토콜
표준	RFC 793	RFC 768
스트림	Byte Stream Service	Message Stream Service
단위	Segment	Datagram
혼잡	혼잡 제어 지원	혼잡 제어 미지원
흐름	슬라이딩 윈도우로 흐름 제어	흐름 제어 미지원
오류	체크썸, 재전송 요청	체크썸
순서	순서 재조립	순서 미지원
대상	1:1 통신	1:1, 1:다, 다:다
속도	상대적으로 느림	상대적으로 빠름
애플리케이션	HTTP, SMTP 등	DNS, DHCP 등
보안	TLS	DTLS

기출 유형 문제

2021.03

01 TCP는 OSI 7계층 중 어느 계층에 해당하는가?

① 응용 계층　　② 전송 계층

③ 세션 계층　　④ 물리 계층

> 해설 TCP는 OSI 7계층 중 4계층인 전송 계층에 해당된다.

2021.03

02 전송 효율을 최대로 높이기 위해 데이터 블록의 길이를 동적으로 변경시켜 전송하는 ARQ 방식은?

① Adaptive ARQ　　② Stop and Wait ARQ

③ Positive ARQ　　④ Distribute ARQ

> 해설 TCP 오류 제어 네 가지 방식 중에서 전송 효율을 최대로 높이기 위해 데이터 블록의 길이를 동적으로 변경해 전송하는 ARQ는 Adaptive ARQ이다.

2020.08

03 UDP 프로토콜에 대한 설명으로 틀린 것은?

① 비연결형 전송　② 적은 오버헤드

③ 빠른 전송　　④ 신뢰성 있는 데이터 전송 보장

> 해설 TCP는 SYN – ACK로 정상 응답 여부를 확인하여 신뢰성 있는 데이터 전송 방식이며, UDP는 수신 측의 응답을 기다리지 않고 빠르게 전송하는 것이 대표적 특징이다.

출제 예상 문제

04 TCP 프로토콜에 대한 설명으로 거리가 먼 것은?

① 신뢰성 있는 연결지향형 전달 서비스이다.

② 기본 헤더 크기는 100바이트이고, 160바이트까지 확장 가능하다.

③ 스트림 전송 기능을 제공한다.

④ 순서 제어, 오류 제어, 흐름 제어 기능을 제공한다.

> 해설 TCP 기본 헤더 크기는 20바이트이다.

05 TCP의 흐름 제어 기법 중 프레임이 손실되었을 때, 손실된 프레임 한 개를 전송하고 수신자의 응답을 기다리는 방식으로 한 번에 한 개의 프레임만 전송할 수 있는 기법은?

① Slow Start

② Sliding Window

③ Stop and Wait

④ Congestion Avoidance

> 해설 Stop and Wait 방식은 송수신 측 크기가 모두 1인 슬라이딩 윈도우를 사용한다. 송신 측은 한 번에 하나의 패킷을 전송하고 확인 응답이 들어오기 전까지는 다음 패킷을 전송하지 않는다.

06 UDP 특성에 해당되는 것은?

① 데이터 전송 후, ACK를 받는다.

② 송신 중에 링크를 유지 관리하므로 신뢰성이 높다.

③ 흐름 제어나 순서 제어가 없어 전송 속도가 빠르다.

④ 제어를 위한 오버헤드가 크다.

> 해설 UDP는 TCP와 달리 흐름 제어나 순서 제어가 없어 전송 속도가 빠르다.

112 | IP 주소 체계

1 네트워크 주소 식별체계

멘토 코멘트

IPv4는 현재 가장 많이 사용하는 IP 주소 방식이다.

■ IP(Internet Protocol) 주소의 정의

인터넷에 있는 수많은 호스트를 구분하기 위해 각 호스트마다 유일한 32비트(IPv4 기준) 값 또는 128비트(IPv6 기준) 값을 할당하는데, 이것을 인터넷 주소 또는 IP 주소라 부르며 NIC(Network Information Center)에서 할당 및 관리한다.

■ IP 주소의 특징

특징	설명
IPv4	2진수를 각각 8비트씩 4부분으로 나누고 각 부분을 점(.)으로 구분하여 10진수로 표시한다.
IPv6	2진수를 각각 16비트씩 8부분으로 나누고 각 부분을 콜론(:)으로 구분하여 16진수로 표시한다.

2 IPv4의 주소 클래스 구조 및 주소 체계

■ IPv4의 주소 클래스 구조

- IPv4 주소는 인터넷 주소 자원 관리 기관에서 사용자의 개별 호스트를 식별하기 위해 8비트 주소 네 개로 구성된 32비트 주소이다.
- IPv4 주소는 네트워크의 용도와 크기, 호스트 수에 따라 A, B, C, D, E 클래스로 나누어지며 A, B, C 클래스는 일반 사용자에게 부여하는 네트워크 구성용, D 클래스는 멀티캐스트용, E 클래스는 향후 사용을 위해 예약된 주소이다.
- 우리가 흔히 말하는 IP 주소 '192.80.0.126'은 4바이트 2진수(11000000 01010000 00000000 01111110)의 형태로 표현한다.

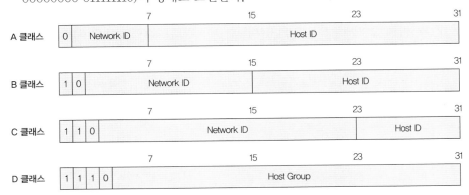

■ IPv4의 주소 체계

클래스명	초기 비트	Net ID	Host ID	주소 영역
A	0xxx	7비트	24비트	0.0.0.0~127.255.255.255
B	10xx	14비트	16비트	128.0.0.0~191.255.255.255
C	110x	21비트	8비트	192.0.0.0~223.255.255.255
D	1110	다중방송용 주소(멀티캐스트)		224.0.0.0~239.255.255.255
E	1111	예약 주소(향후 사용)		240.0.0.0~255.255.255.255

3 IPv4의 문제점과 해결방안으로의 IPv6

■ IPv4 주소 체계의 문제점

구분	내용
주소 공간 고갈	– 32비트의 체계를 가지고 있어, 주소의 수량에 한계가 있음 – 국내의 IPv4 할당은 약 79%이고 2011년 9월에 신규 할당이 중단됨
암호화와 인증 기능 미제공	– 인증 및 보안 기능을 미제공 – IP Sec 등의 보안 기술을 적용하는데 많은 노력이 필요함
이동성에 대한 지원 미비	– 이동성에 대한 별도의 설계가 없기 때문에 모바일 IP를 지원하지 않음 – 모바일 IP 지원을 위한 삼각 라우팅 기법의 한계점이 있음
품질관리 미비	최소 지연과 자원 예약 등 QoS 등의 품질관리가 불가능함
웹 캐스팅의 한계	Anycast, Unicast 등의 지원이 불가능

→ IPv4의 한계로 새로운 인터넷 프로토콜인 IPv6 등장

4 IPv6의 주소 클래스 구조 및 주소 종류

• IPv4의 주소 고갈 문제를 해결하기 위하여 기존의 IPv4 주소(32비트) 체계를 128비트 크기로 확장한 차세대 인터넷 프로토콜 주소이다.

• IPv6 주소의 경우 16비트 단위로 나누어지며, 각 16비트 블록은 다시 네 자리 16진수로 변환되어 콜론(:)으로 구분되는데 불필요한 0은 축약할 수 있다(예 2001:0db8:85a3:0000:0000:8a2e:0370:7334 → 2001:db8:85a3::8a2e:370:7334).

• 총 128비트 중 일반적으로 앞의 64비트는 네트워크 주소이고 뒤의 64비트는 네트워크에 연결된 장비의 인터페이스 주소로 활용한다.

■ IPv6의 주소 종류

종류	설명
Unicast	단일 인터페이스를 지정하고 유니캐스트로 보내진 패킷은 해당 패킷으로 전달하는 방식
Multicast	인터페이스의 집합을 지정하며 이 주소로 보내진 패킷은 해당되는 모든 인터페이스에 전달하는 방식
Anycast	복수의 인터페이스에 배정되며 서로 다른 링크에 속한 인터페이스에 집합을 지정하는 방식

■ IPv4와 IPv6의 헤더 구성 비교

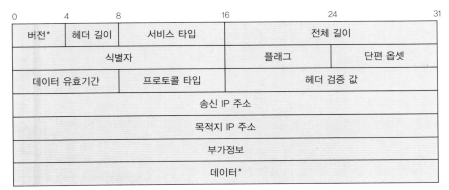

▲ IPv4(복잡)

▲ IPv6 기본 헤더(단순)

★ 버전(Version)
IP 버전 표시(버전 4 또는 6)

★ 데이터(Data)
IP 상위 프로토콜에서 사용하는 부분으로 TCP 세그먼트나 UDP 데이터그램 등이 될 수 있음

★ 트래픽 클래스 (Traffic Class)
송신 장치에 송신 우선순위를 요청하는 기능

★ 페이로드 길이 (Payload Length)
데이터의 길이 표시

★ 홉 제한(Hop Limit)
패킷 전송 시 포워딩 제한 표시

★ 확장 헤더(부가사항)
추가적인 전송 기능이 필요할 때 사용되며 기본 헤더 뒤에 선택적으로 추가

구분	IPv4	IPv6
주소 길이	32비트	128비트
표시 방법	8비트씩 4부분으로 10진수로 표시 예 202.30.64.22	16비트씩 8부분으로 16진수로 표시 예 2001:0230:abcd:ffff:0000:0000:ffff:1111
주소 개수	약 43억 개	약 43억×43억×43억×43억 개
주소 할당	A, B, C 등 클래스 단위의 비순차적 할당	네트워크 규모 및 단말기 수에 따른 순차적 할당
품질 제어	지원 수단 없음	등급별, 서비스별로 패킷을 구분할 수 있어 품질 보장이 용이
보안 기능	필요 시 IPsec 프로토콜 별도 설치	확장 기능에서 IPsec 기본으로 제공
플러그 앤 플레이	지원 수단 없음	지원 수단 있음
모바일 IP	곤란	용이
웹 캐스팅	곤란	용이

실력 점검 문제

01 IPv6에 대한 설명으로 틀린 것은?

① 128비트의 주소 공간을 제공한다.

② 인증 및 보안 기능을 포함하고 있다.

③ 패킷 크기가 64K 바이트로 고정되어 있다.

④ IPv6 확장 헤더를 통해 네트워크 기능 확장이 용이하다.

> 해설 IPv4의 패킷 크기는 64K 바이트로 제한되어 있지만, IPv6의 경우 점보그램(Jumbogram) 옵션을 사용하면 임의로 큰 크기의 패킷을 주고받을 수 있다.

02 IPv6의 주소 체계로 거리가 먼 것은?

① Unicast ② Anycast
③ Broadcast ④ Multicast

> 해설 IPv6에서는 브로드캐스트가 멀티캐스트로 대체되었기 때문에 IPv4와 다르게 브로드캐스트 주소가 없다.

03 IPv6의 헤더 항목이 아닌 것은?

① 흐름 라벨 ② 페이로드 길이
③ 홉 제한 ④ 섹션

> 해설 IPv6 헤더에는 버전, 트래픽 클래스, 흐름 라벨, 페이로드 길이, 다음 헤더, 홉 제한 등이 포함되어 있다.

04 다음 중 IP에 대한 설명 중 틀린 것은?

① 인터넷에 연결된 모든 컴퓨터 자원을 구분하기 위한 고유한 주소이다.

② IPv4 주소 체계를 주로 사용하고 있으나 주소가 부족해짐에 따라 IPv6 주소 체계를 사용하는 추세이다.

③ IPv4는 32비트로 되어 있고, IPv6은 256비트로 되어 있다.

④ IPv4는 약 43억개의 주소를 생성할 수 있다.

> 해설 IPv6는 128비트로 구성되어 있다.

1 서브넷팅

■ 서브넷팅(Subnetting)의 개념

하나의 네트워크에 호스트가 몰려 있는 경우 원활한 통신이 불가능하여 이를 해결하기 위해 브로드캐스트(네트워크) 영역을 나누는 기법이다.

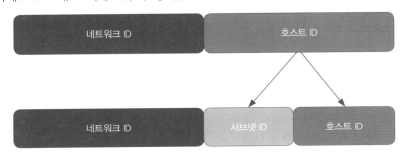

- **네트워크 ID:** 전체 네트워크에서 각각의 네트워크를 구분하기 위해 사용하는 주소
- **호스트 ID:** 하나의 네트워크에서 각 호스트를 구분하기 위해 사용하는 주소

■ 서브넷 마스크

- 서브넷 마스크는 32비트의 값으로 네트워크 ID와 호스트 ID를 AND 연산하여 IP 주소를 효율적으로 구분하기 위해 사용한다.
- 네트워크 ID 부분의 비트를 1로 치환한다.

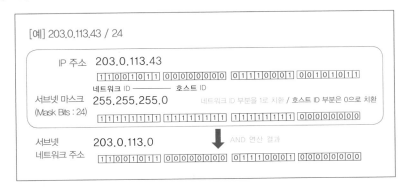

📖 **멘토 코멘트**

서브넷팅을 실시하여 분리된 네트워크 단위를 서브넷이라고 한다.

📖 **멘토 코멘트**

서브넷 마스크(Subnet mask)는 서브넷팅(Subnetting)으로 생성된 IP가 속한 네트워크 ID를 구분하기 위한 기준값으로 서브넷 마스크의 값을 IP 주소와 '&' 연산하여 네트워크 ID를 추출한다.

■ 서브넷팅을 이용한 네트워크 ID 산정 방법

① 서브넷별 호스트 ID의 범위를 계산한다. ② 네트워크 ID에 해당하는 모든 비트는 1로 설정하고 호스트 ID에 해당하는 모든 비트는 0으로 설정한다. ③ 서브넷 마스크 (User defined subnet mask)를 계산한다. ④ 필요로 하는 네트워크의 수를 산정한다(필요 네트워크의 수와 향후 1년 이내 확장 가능한 네트워크의 수를 고려한다). ⑤ 필요한 네트워크 ID를 만들기 위해 전환할 비트 수를 결정한다.

■ FLSM (Fixed-Length Subnet Masking)

• 고정된 길이의 서브넷 마스크를 사용하는 방법이다.

• 서브넷의 크기는 동일하며 네트워크(Major network)에서 같은 크기로 나뉘어진 경우에만 라우팅 업데이트를 해준다.

■ VLSM(Variable Length Subnet Mask)

• 서브넷(Sub-Network)마다 가변 길이의 서브넷 마스크를 적용하는 방식으로 각각 다른 크기의 서브넷을 가질 수 있다.

• 호스트가 적은 네트워크에는 긴 마스크, 반대에는 짧은 마스크 적용 등 동일한 네트워크 주소 공간에서 다른 크기의 서브넷팅 사용을 허용한다.

2 슈퍼네팅(Supernetting)

• 여러 네트워크에 할당된 주소 범위를 그룹화하여 하나로 묶어 표현하는 방법이다.

• 여러 네트워크 주소를 마치 하나의 큰 주소(Supernet)처럼 그룹화한다.

| 사례 |

> 192.168.4.0~192.168.7.0/24 IP 대역을 슈퍼네팅하여 네트워크 ID, 서브넷마스크, 유효 IP 호스트 수를 산출하시오.

(1) 네트워크 ID 도출

① 할당 받은 IP(192.168.4.0~192.168.7.0/24)를 2진수로 변환

> 192.168.4.0 : 11000000. 10101000. 00000100. 00000000
> 192.168.5.0 : 11000000. 10101000. 00000101. 00000000
> 192.168.6.0 : 11000000. 10101000. 00000110. 00000000
> 192.168.7.0 : 11000000. 10101000. 00000111. 00000000

② 공통 비트 도출(22bit)

```
11000000. 10101000. 00000100. 00000000 → 192.168.4.0/22 (네트워크 ID)
```

(2) 서브넷 마스크 도출

변환된 이진수에서 공통 부분자리까지 1로 채운 후 서브넷 마스크 생성

```
11111111. 11111111. 11111100. 00000000 → 255.255.252.0 (서브넷 마스크)
```

(3) 유효 IP 호스트 수 도출

① 슈퍼네팅 전 호스트 수 : 8비트 → 2^8 = 256

```
192.168.4.0~255(256)
192.168.5.0~255(256)
192.168.6.0~255(256)
192.168.7.0~255(256)
```

② 슈퍼네팅 후 호스트 비트 수 : 10비트 → 2^{10} = 1024

③ 최종 유효 IP 수 : 256*4 −2 = 1024−2 = 1022개

(네트워크 주소(0), 브로드캐스트(255) 주소 제외)

실력 점검 문제

출제 예상 문제

01 다음 중 서브넷 마스크에 대한 설명 중 잘못된 것은?

① 목적지 호스트가 로컬 서브넷에 있는지 원격 네트워크에 있는지 확인할 때 사용한다.

② 서브넷 마스크와 IP를 OR 연산 이후 같은 값이면 같은 네트워크이다.

③ 서브넷 마스크는 사용되지 않는 0으로 된 자릿수 부분의 IP를 나눠 쓴다는 개념이다.

④ 서브넷팅(Subnetting)을 통해서 생성된 IP가 속한 네트워크 ID를 구분하기 위한 기준값이다.

해설 ②번의 서브넷 마스크는 IP를 AND 연산한 이후 같은 값이면 동일한 네트워크인지 확인한다.

02 서브넷 마스크가 '/26'일 때, 하나의 서브넷에서 사용할 수 있는 최대 유효 호스트 수는 얼마인가?

① 32

② 62

③ 64

④ 126

해설 서브넷 마스크가 /26이라면 호스트 부분에 남은 비트 수는 6비트로 최대 유효 호스트 수는 2^6-2 = 62이다(여기서 −2는 네트워크 주소와 브로드캐스트 주소를 제외한 값이다).

114 | 개발자 개발 환경 구축

1 개발 환경 구축의 개요

- 현재 진행 중인 프로젝트의 구축 목적과 설계에 대한 이해를 바탕으로 개발자와 사용자에게 필요한 하드웨어 및 소프트웨어를 선정해 제공하는 절차이다.
- 제품 성능, 라이선스, 사용 편의성 등에 대한 파악도 요구된다.

멘토 코멘트

웹 서버와 WAS의 기능이 혼동되지 않도록 정확히 이해해 두어야 한다.

2 개발 환경 유형

■ 웹 서버(Web Server)

클라이언트(웹 브라우저)로부터 HTTP 요청을 받아들인 후, 웹 페이지(HTML 문서)를 반환하는 프로그램이다.

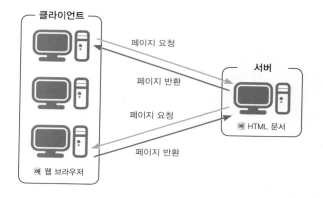

기능	설명
HTTP	하이퍼텍스트를 빠르게 교환하기 위해 요청과 응답 처리를 수행하는 기술
HTTPS 지원	HTTP에서 보안이 강화된 버전으로 주로 전자상거래에서 사용하는 기술
통신 기록	처리 기능을 로그화 시켜 추적성을 보장하는 기술
인증	허용된 사용자와 관리자에게만 인증을 제공하는 기술
정적 콘텐츠 관리	동적 콘텐츠보다 빠른 동작과 캐시에 사용되어 신속성이 중요한 서비스에 활용

■ 웹 애플리케이션 서버(WAS, Web Application Server)

🎓 **멘토 코멘트**

한국에서는 WAS 서버로 통칭되지만 영어권에서는 Application Server로 불린다.

- HTTP를 통해 사용자 컴퓨터나 장치에 애플리케이션을 수행해주는 미들웨어(소프트웨어 엔진)이다. 동적 서버 콘텐츠를 수행한다는 것으로 일반 웹 서버와 구별되며, 주로 데이터베이스 서버와 같이 수행된다.
- 웹 서버의 기능들을 구조적으로 분리해 처리하고자 하는 목적으로 제시되었으며, 크게 웹 서버의 기능과 컨테이너의 기능으로 구성된다.

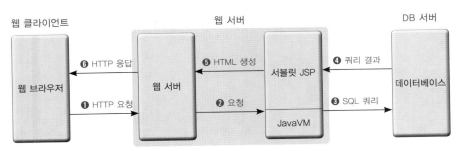

■ 데이터베이스 서버

- 중복 저장을 피하고 정보를 효율적으로 처리하기 위한 데이터의 집합 서버이다.
- 대표적으로 MySQL, Oracle, MS-SQL 등 데이터베이스가 설치된다.

주요 유형	설명
RDBMS	관계형 데이터베이스 관리 시스템
NoSQL	빅데이터 처리를 위한 비관계형 데이터베이스 관리 시스템

■ 파일 서버

데이터베이스에 저장하기에는 비효율적이거나 서비스 제공 목적이 아닌 파일들을 저장 및 공유하는 서버이다.

3 개발 환경 구축 절차

절차	상세 설명	주요 활동
요구사항 분석	대상이 되는 시스템의 요구사항을 분석해 어떠한 도구들이 필요할지 준비하는 과정	시스템 환경 분석
도구 설계	구현 도구, 빌드 도구, 테스트 도구, 형상관리 등 요구사항에 맞는 시스템 구축을 위한 환경 설계	관련 도구 현황 파악
개발 언어 선정	개발 대상의 업무 성격에 적합한 특성을 확인하고 적합한 언어를 선정	- 개발 언어 선정 - 기준 점검
개발 도구 선정	개발 언어에 따른 적합한 구현 도구를 파악	Java, C 등 언어에 따른 도구 선정
빌드 및 테스트 구축	구성원의 경험과 개발 환경에 맞는 빌드 및 테스트	CI/CD 구축

01 다음 중 웹 서버 기능이 아닌 것은?

① HTTP

② 통신 인증

③ 통신 기록

④ 속도 향상

> 해설 웹 서버를 구성했다고 속도가 향상 되는 것은 아니다.

02 다음 보기에서 설명하는 것은 무엇인가?

> 웹 브라우저와 같은 클라이언트로부터 HTTP 요청을 받아들이고, HTML 문서와 같은 웹 페이지를 반환하는 프로그램

① 웹 서버

② Proxy 서버

③ WAS

④ CDN

> 해설 웹 서버의 주된 기능은 웹 페이지를 클라이언트로 전달하는 것이다. 주로 그림, CSS, 자바스크립트를 포함한 HTML 문서가 클라이언트로 전달된다.

03 다음 개발 환경 구축 절차로 올바른 것은?

① 개발 도구 선정 → 도구 설계 → 개발 언어 선정 → 요구사항 분석 → 빌드 및 테스트 구축

② 도구 설계 → 요구사항 분석 → 개발 언어 선정 → 개발 도구 선정 → 빌드 및 테스트 구축

③ 도구 설계 → 개발 언어 선정 → 요구사항 분석 → 개발 도구 선정 → 빌드 및 테스트 구축

④ 요구사항 분석 → 도구 설계 → 개발 언어 선정 → 개발 도구 선정 → 빌드 및 테스트 구축

> 해설 개발 환경 구축 시에는 가장 먼저 요구사항을 분석한 후, 구현에 필요한 도구를 설계한다. 다음 요구사항에 가장 적합한 개발 언어를 선정하고 그 언어에 맞는 최적의 개발도구를 선정한다. 그리고 마지막으로 빌드 및 테스트를 구축한다.

04 개발 환경 구축 절차 중 요구사항 분석 시에 주로 하는 활동은 무엇인가?

① 시스템 환경 분석

② 관련 도구 현황 파악

③ Java, C 등 언어에 따른 도구 선정

④ 개발 언어 기준 점검

> 해설 시스템 환경 분석은 요구사항 분석 시 가장 중요한 활동으로 해당 요구사항에 가장 적합한 언어와 필요한 도구들이 무엇인지 준비하는 과정이다.

115 | 개발 도구 설치

1 개발 도구

■ 개발 도구의 개념

- 시스템 개발을 위해 사용되는 하드웨어 및 소프트웨어 도구이다.
- 개발 환경 구축 시 개발 활동을 테스트 및 배포하고 모니터링 할 수 있는 도구이다.

■ 세부 개발 도구

도구	설명	예시
요구사항 관리도구	요구사항의 수집과 분석, 추적 등을 편리하게 도와주는 소프트웨어	JIRA, IBM DOORS, inteGREAT, Reqtify, Trello 등
구현 도구	개발 언어를 통해 실제 구현할 수 있는 기능 및 환경을 제공하는 도구	IntelliJ IDEA, Eclipse, Visual Studio, Node.js 등
빌드 도구	개발된 코드에 대해 컴파일하고 빌드할 수 있는 도구	Ant, Maven, Gradle 등
테스트 도구	개발된 모듈이 요구사항에 적합하게 구현되었는지 확인할 수 있는 도구	Junit, Spring Test 등
형상관리 도구	개발된 산출물을 저장하면서 버전 및 히스토리를 확인할 수 있는 도구	CVS, SVN, Git, Subversion 등

알아두기

개발 도구

개발 도구는 크게 두 가지로 클라이언트/서버 운영을 위한 시스템 소프트웨어와 개발에 사용되는 개발 소프트웨어로 구성된다.

2 기타 협업 도구

■ 협업 도구의 개념

협업 도구는 여러 사용자가 서로 다른 작업 환경에서 하나의 프로젝트를 동시에 수행할 수 있도록 지원해주는 도구이다.

■ 협업 도구의 기능

- **프로젝트 관리:** 프로젝트 진행 상태, 이슈, 일정 등에 대한 공유가 가능하다.
- **일정 관리:** 프로젝트, 개별 업무들의 상태, 일정 등에 대한 공유가 가능하다.
- **업무 흐름 관리:** 업무의 구성, 순서, 추적 등의 기능을 제공한다.
- **지식 및 정보 공유:** 주제별 구성원들 간에 지식 및 정보 공유 기능을 제공한다.
- **커뮤니케이션:** 구성원들 간의 작업, 의견 등 의사소통 기능을 제공한다.

■ 협업 도구의 종류

프로젝트 관리 및 일정 관리 도구	프로젝트 진행 상태, 이슈, 일정 등을 공유하는 기능을 제공한다. 종류: 지라(Jira), 레드마인(Redmine), 플로우(Flow), 트렐로(Trello), 구글 캘린더(Google Calendar), 컨플루언스(Confluence) 등
정보 공유 도구	구성원들 간에 지식, 정보 공유, 기사 스크랩 등의 기능을 제공한다. 종류: 에버노트(Evernote), 슬랙(Slack), 잔디(Jandi), 태스크월드(Taskworld) 등
디자인 공유 도구	디자이너들의 디자인 공유 및 공동 작업을 지원하는 도구이다. 종류: 레드펜(Red Pen), 스케치(Sketch), 제플린(Zeplin) 등
문서 공유 도구	구성원들 간에 문서를 공유하고 공동 작성하는 도구이다. 종류: 구글 드라이브, 슬라이드, 네이버 오피스
소스 공유	오픈소스 프로젝트 및 프로그래머들의 공동 작업 공간이다. 종류: Git(여러 사용자 간의 작업 조율 및 버전 관리), GitHub(클라우드 방식의 소스 공유)

출제 예상 문제

01 프로젝트의 전체 일정 및 개별 업무 일정의 진행 상태를 공유하고 협업하는 도구는?

① Jira ② Slack
③ GitHub ④ Sketch

> **해설** 슬랙(Slack)은 정보 공유 및 대화, 깃허브(GitHub)는 클라우드 방식으로 관리되는 버전 관리, 스케치(Sketch)는 디자이너가 설계한 UI나 이미지를 코드화해 개발자와 공유할 수 있는 도구이다.

02 소프트웨어 개발 시 여러 사용자 간에 작업을 조율하기 위하여 버전 관리 시스템을 제공하는 도구는?

① Jira ② Jandi
③ Git ④ Sketch

> **해설** 지라(Jira)는 프로젝트 일정 관리, 잔디(Jandi)는 정보 공유, 스케치(Sketch)는 디자인 관련 요구사항 관리 도구이다.

03 개발된 코드를 컴파일하고 빌드 및 배포할 수 있는 도구로 적절하지 않은 것은?

① Ant ② Maven
③ Eclipse ④ Gradle

> **해설** Eclipse는 개발 언어를 통해 실제 구현할 수 있는 기능과 환경을 제공하는 구현 도구이다.

04 개발된 산출물을 저장하면서 버전 및 히스토리를 확인할 수 있는 도구로 적절하지 않은 것은?

① CVS ② Subversion
③ SVN ④ Junit

> **해설** Junit는 개발된 모듈이 요구사항에 적합하게 구현되었는지 확인할 수 있는 테스트 도구이다.

116 | 라이브러리 패키지 설치

1 라이브러리 패키지

◼ 라이브러리 패키지의 개요
라이브러리 패키지 개발 방식은 기존의 여러 성공 사례를 바탕으로 만들어진 소프트웨어 제품(Package)을 설치해 시스템을 신속하게 구축하는 방식이다.

✎ **알아두기**

패키지
패키지는 미리 정의된 공통 소스로 개발의 신속성을 가져다 주고 제공 모듈의 관리를 용이하게 한다.

◼ 라이브러리 패키지 개발의 특징

특징	설명
표준화	전반적 공통 소스를 통한 표준화 가능
신속성	신속한 목적 제품을 개발할 수 있음
업그레이드	패키지의 신속한 수정 및 버전 관리
관리 용이	전문가를 통한 관리가 용이

2 라이브러리와 패키지의 관계

- 모듈이 함수의 집합이라면 패키지는 모듈을 모아놓은 집합이다. 패키지는 종종 라이브러리라고 혼재하여 부르기도 하나 엄밀히 말하면 라이브러리는 패키지의 집합이다.
- '함수 ⊂ 모듈 ⊂ 패키지 ⊂ 라이브러리'의 관계가 성립된다.

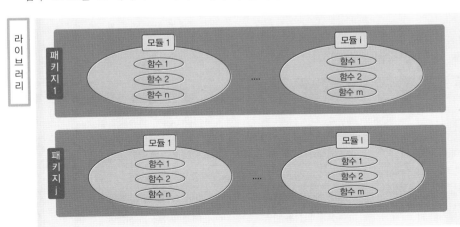

③ 사용자 중심의 패키징 설치 작업의 이해

■ 사용자 실행 환경의 이해

- 사용자 환경은 OS부터 시작해 시스템 사양 및 고객의 사용 방법까지 상세히 분류하며 실행 환경을 사전 정의한다.
- 여러 가지 실행 환경이 존재할 시 해당 경우에 맞는 배포본을 분류하면 여러 번 패키징 작업 수행이 가능하다.

■ 사용자 관점에서의 패키징 고려사항

고객 편의성을 위해 사용자 환경을 확인하고 사전에 여러 케이스를 고려한다.

고려사항	설명
사용자의 시스템 환경	OS, CPU, 메모리 등의 수행 최소 환경을 정의한다.
직관적인 UI 제공	직관적인 UI를 제공하고 매뉴얼과 일치시켜 패키징한다.
제공 형태 고려	애플리케이션은 하드웨어와 함께 통합 적용될 수 있도록 매니지드 서비스 형태의 패키징을 제공한다.
안정적 배포	다양한 사용자 집단의 요구사항을 반영하기 위해 패키징의 변경 및 개선 관리를 고려해 배포한다.

④ 사용자 중심의 모듈 패키징 작업 수행 프로세스

■ 패키징 작업의 수행 프로세스

■ 패키징 작업별 설명

작업	설명
기능 식별	신규 개발 소스의 목적 및 기능을 식별한다.
모듈화	모듈 단위 분류 및 모듈화를 순서에 맞게 진행한다.
빌드 진행	제품 소프트웨어의 빌드 도구를 활용해 빌드를 단위별로 진행한다.
사용자 환경 분석	고객 편의성을 위한 사용자 요구사항 및 사용 환경은 사전에 분석한다.
패키징 적용 시험	최종 패키징에 대하여 사용자 입장에서 테스트를 수행한다.
패키징 변경 개선	사용자 입장을 반영해 패키징에서 변경 및 개선을 진행한다.

01 다음 중 패키지 개발의 특징이 아닌 것은?

① 표준화

② 신속성

③ 업그레이드

④ 보안성

> **해설** 라이브러리 패키지 개발의 특징에는 표준화, 신속성, 업그레이드, 관리 용이성이 있다. 보안성은 라이브러리 패키지 개발의 특징이 아니다.

02 소프트웨어 패키징 도구 활용 시 고려사항으로 틀린 것은?

① 반드시 내부 콘텐츠에 대한 암호화 및 보안을 고려한다.

② 보안을 위하여 이기종 연동을 고려하지 않아도 된다.

③ 사용자 편의성을 위한 복잡성 및 비효율성 문제를 고려한다.

④ 제품 소프트웨어 종류에 적합한 암호화 알고리즘을 적용한다.

> **해설** 다양한 이기종 연동에 대한 고려가 반드시 필요하다.

03 소프트웨어 패키징 도구 활용 시 고려사항과 거리가 먼 것은?

① 패키징 시에 사용자에게 배포되는 소프트웨어이므로 보안을 고려한다.

② 사용자 편의성을 위한 복잡성 및 비효율성 문제를 고려한다.

③ 보안상 단일 기종에서만 사용할 수 있도록 해야 한다.

④ 제품 소프트웨어 종류에 적합한 암호화 알고리즘을 적용한다.

> **해설** 소프트웨어 패키징 시에는 다양한 기종에서도 사용 가능하도록 해야 한다.

04 패키징 작업의 수행 순서로 알맞은 것은?

① 사용자 환경 분석 - 패키징 적용 시험 - 기능 식별 - 빌드 진행 - 모듈화 - 패키징 변경 개선

② 기능 식별 - 모듈화 - 빌드 진행 - 사용자 환경 분석 - 패키징 적용 시험 - 패키징 변경 개선

③ 사용자 환경 분석 - 모듈화 - 빌드 진행 - 기능 식별 - 패키징 적용 시험 - 패키징 변경 개선

④ 기능 식별 - 패키징 적용 시험 - 빌드 진행 - 사용자 환경 분석 - 모듈화 - 패키징 변경 개선

> **해설** 패키징 작업의 순서는 다음과 같다.
> 기능 식별 → 모듈화 → 빌드 진행 → 사용자 환경 분석 → 패키징 적용 시험 → 패키징 변경 개선

애플리케이션 설계

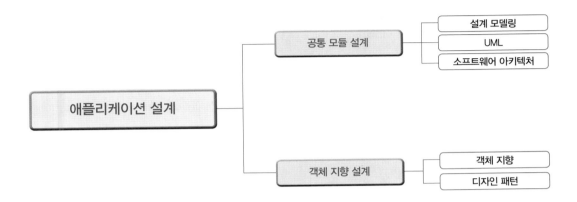

공통 모듈 설계
- 설계 모델링
- UML
- 소프트웨어 아키텍처

애플리케이션 설계

객체 지향 설계
- 객체 지향
- 디자인 패턴

☑ 요구사항 확인 및 분석 결과를 소프트웨어 아키텍처 가이드라인과 소프트웨어 아키텍처 산출물에 따라 애플리케이션에 최적화된 상세 설계를 할 수 있다.

☑ 재사용성 확보와 중복 개발을 피하기 위하여 전체 시스템과 단위 시스템 차원의 공통 부분을 식별해 이에 대한 상세 명세를 작성할 수 있다.

☑ 개발할 응용 소프트웨어의 전반적인 기능과 구조를 개발자가 이해하기 쉬운 단위로 공통 모듈을 설계할 수 있다.

☑ 소프트웨어 측정 지표에서는 모듈 간의 결합도는 줄이고 개별 모듈들의 내부 응집도를 높이기 위한 공통 모듈을 설계할 수 있다.

☑ 전반적인 처리 논리 구조에 예기치 못한 상황을 대비해 공통 모듈 인터페이스의 인덱스 번호나 기능 코드를 설계할 수 있다.

설계 모델링

1 모델링의 개념

- 현실 세계의 요구사항 분석을 쉽게 하기 위하여 그래픽을 이용해 소프트웨어 구성 요소를 간단한 물리적 모형이나 도해로 만들어 표현한 것을 말한다.
- 모델링(Modeling)으로 가시화하는 기법을 OMT(Object Modeling Technique)라고 한다.
- 모델링은 구조적 분석 기법과 객체 지향 분석 기법으로 구분한다.

2 구조적 분석 기법

구조적 분석 기법은 도형 중심의 분석용 도구와 분석 절차를 이용해 사용자의 요구사항을 자료의 흐름과 처리를 중심으로 분석하는 체계적인 분석 방법이다.

■ 분석 도구

(1) 자료 흐름도(DFD, Data Flow Diagram)

- 사용자 업무의 비즈니스 및 요구사항을 도형 중심으로 표현한다. 기능이 복잡하거나 중요한 시스템을 표현할 수 있어 사용자와 분석가 사이의 의사소통을 원활히 할 수 있는 모형화 도구이다.
- 하향식 분할 원리를 적용하여 다차원적으로 표현이 가능하다.

구성 요소	설명	표기법
프로세스 (Process)	- 입력된 데이터를 원하는 형태로 출력하기 위한 과정 - 원(○)으로 표시	프로세스 이름
데이터 흐름 (Data Flow)	- DFD 구성 요소들 간의 오가는 데이터 흐름 - 화살표(→)로 표시	→
데이터 저장소 (Data Store)	- 데이터가 저장된 장소 - 평행선(=)으로 표시	자료 저장소 이름
단말 (Terminator)	- 시스템과 교신하는 외부 개체 - 데이터의 입·출력 주체를 사각형(□)으로 표시	단일이름

(2) 자료 사전(DD, Data Dictionary)

자료 흐름도에 나타나는 데이터의 흐름과 저장소 등의 데이터 항목을 약속된 기호를 사용해 알아보기 쉽게 정의한 집합체이다.

표기법 기호	의미
=	자료의 정의 및 구성
+	자료의 연결(AND)
[ ]	자료의 선택
{ }	자료의 반복
( )	자료의 생략
**	설명(Comment)

작성 원칙	설명
자료 의미 기술	자료의 의미를 주석을 통해 상세하게 기술
자료 구성 항목 기술	구성 항목을 그룹화하여 각 그룹을 다시 정의
동의어	동의어 해석 및 동의어 사용 최소화
자료 정의 중복 제거	자료 정의는 중복성을 제거하고 간단하게 작성

(3) 소단위 명세서(Mini Specification)

- 입력 자료를 출력 자료로 변환하기 위해 수행되어야 하는 정책이나 규칙을 구체적으로 기술한 도구이다.
- 프로세스 명세서라고도 한다.

(4) 개체 관계도(E-R Diagram)

현실 세계에 존재하는 데이터와 그들 간의 관계를 사람이 이해할 수 있는 형태로 나타내는 도구이다.

(5) 상태 전이도(State Transition Diagram)

시스템에 이벤트가 발생할 경우 시스템의 상태와 변화를 나타낼 수 있는 도구이다.

3 객체 지향 분석 기법(럼바우 모델링)

- 사용자의 요구사항을 분석하여 이와 관련된 모든 클래스(객체) 및 속성들의 관계를 정의해 모델링하는 작업이다.
- 럼바우의 분석 기법(OMT)은 모든 소프트웨어 구성 요소들을 그래픽 표기법을 이용해 객체를 모델링하는 기법이다.

멘토 코멘트

럼바우 모델링은 시험에 자주 출제되는 부분으로 꼭 숙지하길 바란다.

● 객체 지향 분석 기법(럼바우 모델링)의 절차

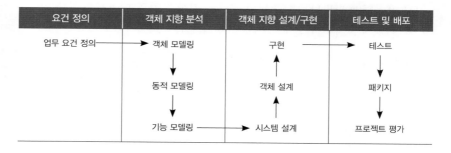

● 객체 지향 분석 기법(럼바우 모델링)의 상세 절차

절차	핵심 산출물	설명
객체 모델링	객체 다이어그램	- 정보 모델링이라고도 한다. - 시스템에 필요한 객체를 찾고 속성과 연산 식별 및 객체들 간의 관계를 규정한다. - 시스템 구조를 파악해 추상화, 분류화, 일반화, 집단화를 다이어그램으로 표현한다.
동적 모델링	상태 다이어그램	- 상태도를 이용해 시간의 흐름에 따른 객체 간의 제어 흐름, 상호작용, 동작 순서를 모델링한다. - 시간의 흐름에 따라 객체 사이의 변화, 상태, 사건, 동작 등을 표현한다.
기능 모델링	자료 흐름도(DFD)	자료 흐름도(DFD)를 이용하여 다수의 프로세스들 간의 자료 흐름을 정리하고 입·출력을 표현한다.

기출 유형 문제

2021.03

01 자료 사전에서 자료의 연결(AND) 시 사용되는 기호는?

① = ② { }

③ ( ) ④ +

> 해설 자료 사전에서 자료의 연결은 +로 표시한다. ①번은 자료의 정의 및 구성 ②번은 자료의 반복 ③번은 자료의 생략을 나타낸다.

2021.08

02 자료 사전에서 사용되는 기호 중 자료 항목이 생략될 수도 있음을 나타내는 기호는?

① ( ) ② #

③ & ④ !

> 해설 자료 사전에서 자료의 생략은 ( )로 표시한다. ②, ③, ④번은 모두 자료 사전에서 사용하지 않는 기호이다.

2020.08

03 객체 지향 분석 기법(럼바우 모델링)에서 자료 흐름도가 활용되는 모델링 단계는?

① 객체 모델링 ② 기능 모델링

③ 정적 모델링 ④ 동적 모델링

> 해설 객체 지향 분석 기법(럼바우 모델링)에서 자료 흐름도 (DFD)가 활용되는 모델링 단계는 ②번의 기능 모델링 단계이다.

2020.08

04 자료 흐름도(DFD)에 대한 설명으로 옳지 않은 것은?

① 구조적 분석용 문서화 도구

② 도형 중심의 표현

③ 상향식 분할의 표현

④ 자료 흐름 중심의 표현

> 해설 자료 흐름도(DFD)는 구조적 분석이 용이하도록 하기 위해 도형 기반의 그림 중심이며, 하향식 분할의 원리를 적용하여 다차원적으로 표현이 가능한 방법이다.

출제 예상 문제

05 자료 흐름도(DFD)에 대한 설명으로 틀린 것은?

① 자료 흐름 그래프 또는 버블(Bubble) 차트라고 한다.

② 구조적 분석 기법에 이용된다.

③ 시간의 흐름을 명확하게 표현할 수 있다.

④ DFD의 요소는 화살표, 원, 사각형, 직선(단선/이중선)으로 표시한다.

> 해설 자료 흐름도(DFD)는 시간의 흐름을 명확히 표현할 수 없다.

06 객체 지향 분석 기법(럼바우 모델링)에서 동적 모델링에 활용되는 다이어그램은?

① 객체 다이어그램

② 패키지 다이어그램

③ 상태 다이어그램

④ 자료 흐름도

> 해설 객체 지향 분석 기법(럼바우 모델링)의 동적 모델링은 상태 도를 이용하여 제어 흐름을 모델링하고 시간의 흐름에 따라 객체 사이의 변화 조사, 상태, 사건, 동작을 표현한다.

| # UML

1 UML(Unified Modeling Language)의 개념

- 소프트웨어 청사진을 작성하는 표준 언어로 소프트웨어 중심 시스템의 산출물을 가시화하고 명세화해 구축할 수 있는 모델링 언어 표기법이다.
- 시스템 개발 과정에서 생산되는 산출물을 시각화하여 객체 지향적 분석이 용이하도록 OMG*에서 만든 통합 모델링 언어이다.

2 UML의 특징

특징	설명	비고
가시화 언어	개념 모델 작성 시 오류가 적고 의사소통이 용이함	그래픽 언어
구축 언어	다양한 프로그래밍 언어와 연결 및 순환 공학 가능	실행 시스템 예측 가능
문서화 언어	시스템 평가, 통제, 의사소통 문서 작성 가능	산출물, 기록
명세화 언어	정확한 모델 제시, 완전한 모델 작성 분석, 설계 표현 가능	정확성

3 UML의 구성 요소

UML은 모델의 기본 요소인 사물, 사물 간의 연결을 나타내는 관계, 관계를 도식화한 다이어그램으로 구성되어 있다.

사물	관계	다이어그램(Diagram)
− 구조 사물 − 행동 사물 − 그룹 사물 − 주석 사물	− 연관 관계 − 일반화 관계 − 실체화 관계 − 의존 관계	− 구조 다이어그램 클래스 다이어그램 컴포넌트 다이어그램 − 행위 다이어그램 유스케이스 다이어그램 활동 다이어그램 상태 머신 다이어그램 인터렉션 다이어그램

▲ UML의 구성도

특징	설명		비고
사물 (Things)	구조 사물	시스템의 구조적 측면을 나타내는 사물 예) 클래스, 인터페이스, 컴포넌트, 노드 등	
	행동 사물	액터의 동작이나 행동을 나타내는 사물 예) 상호작용, 상태 머신	
	그룹 사물	그룹화된 구조 또는 행동을 나타내는 사물 예) 패키지, 모델, 서브시스템, 프레임워크 등	
	주석 사물	노트 또는 설명을 대신하는 사물	
관계 (Relationship)	연관 관계 (Association)	두 클래스 간에 서로 어떠한 연관이 있음을 의미	예) 학생 – 학교
	직접 연관 관계 (Directed Association)	연관 관계에서 참조하는 쪽과 참조 당하는 쪽을 화살표로 표현 (참조 후 클래스는 유지)	예) 사용자 – 주소 ⟶
	의존 관계 (Dependency)	한 클래스의 변화가 다른 클래스에 영향을 미치는 관계 (참조 후 클래스는 사라짐)	예) 게시판 – 게시 랭킹 ⇢
	집합 관계 (Aggregation)	클래스와 클래스 간의 1:N, N–N, 부분–전체 관계를 의미	예) 부서 – 직원 ◇
	합성 관계 (Composition)	집합 관계와 비슷하지만 부분 클래스가 전체 클래스에 종속 관계를 보이며, 전체 클래스 소멸 시 부분 클래스도 소멸되는 관계를 의미	예) 테이블 – 다리 ◆
	일반화 관계 (Generalization)	공통점을 가진 여러 클래스가 하나로 모여 아래에서 위로 추상화된 관계를 의미하며 상속으로 구현	예) 일정 게시판 – 게시판 ▷
	실체화 관계 (Realization)	하나의 클래스가 다른 클래스에 의해 실행되도록 지정한 관계를 의미하며 인터페이스로 표현	예) 키보드 – 타자 기능 ⇢▷
다이어그램 (Diagram)	정적/동적 다이어그램	– 사물들 간의 관계를 도형으로 표현한 것 – 여러 관점에서 시스템을 가시화한 뷰(View)를 제공함으로써 의사소통에 도움을 줌	

멘토 코멘트

UML 구성 요소
사물, 관계, 다이어그램의 세 가지 요소로 구성되어 있다.

4 UML의 유형

■ UML 다이어그램의 유형

구성 요소를 표현하기 위한 구조 다이어그램(Structure Diagrams)과 행위를 표현하기 위한 행위 다이어그램(Behavior Diagrams)으로 분류된다.

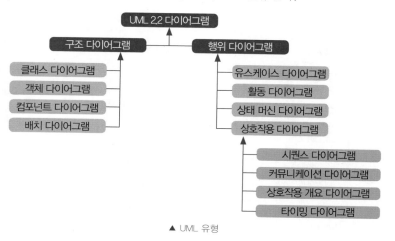

▲ UML 유형

■ 구조(정적) 다이어그램(Structure Diagrams)

(1) 클래스 다이어그램(Class Diagram)

- 시스템을 구성하는 클래스와 인터페이스 사이의 정적인 관계를 나타낸 다이어 그램이다.

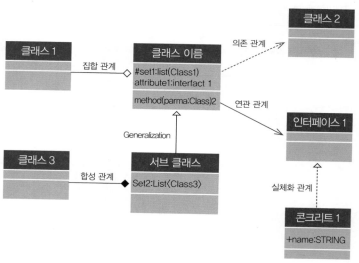

▲ 클래스 다이어그램 개념도

구성 요소	설명
클래스	클래스 이름, 속성(Attribute), 기능 및 동작(Operation)을 표현
관계	의존, 연관, 일반화, 실체화 관계 등
접근자	private, public, protected 등 접근자

멘토 코멘트

구조(정적) 다이어그램
(클) 클래스
(객) 객체
(컴) 컴포넌트
(배) 배치
(복) 복합 구조
(패) 패키지
'축구 클럽 객으로 온 배컴
이 복잡해 패함'으로 암기

(2) 객체 다이어그램(Object Diagram)

- 클래스 다이어그램에 포함된 사물들의 인스턴스를 특정 시점의 객체와 객체 사이의 관계로 표현한 다이어그램이다.
- 객체 이름에 밑줄 표시를 하며 관계 있는 모든 인스턴스를 표현한다.

(3) 컴포넌트 다이어그램(Component Diagram)

- 실제 구현 모듈인 컴포넌트 간의 관계를 표현하는 다이어그램이다.
- 컴포넌트와 인터페이스로 구성된다.

(4) 배치 다이어그램(Deployment Diagram)

- 시스템을 구성하는 하드웨어 및 하드웨어 간의 연결 상태를 표시하고 각 하드웨어에 배치된 소프트웨어 컴포넌트를 표시하는 정적 다이어그램이다.
- 노드와 노드 사이에 존재하는 컴포넌트 들의 물리적인 구성 표현(컴포넌트 사이의 종속성 표현)이 가능하다.

(5) 복합 구조 다이어그램(Composite Structure Diagram)

클래스 모델 생성 시 각 컴포넌트 클래스를 전체 클래스 내부에 위치시킴으로 클래스의 내부 구조가 어떻게 이루어졌는지 표현한 다이어그램이다.

(6) 패키지 다이어그램(Package Diagram)

클래스나 유스케이스 등을 포함한 여러 모델 요소를 그룹화하여 패키지를 구성하고 패키지 내부의 요소 및 관계를 표현한 다이어그램이다.

■ 행위(동적) 다이어그램(Behavior Diagrams)

(1) 유스케이스 다이어그램(Use Case Diagram)

- 시스템의 기능적인 요구사항을 유스케이스 단위로 표현하고 액터(Actor)와 이들 간의 관계를 표현한 다이어그램이다.
- 유스케이스(Use Case), 행위자(Actor), 시스템(System), 관계(Relationships)로 구성된다.

멘토 코멘트

행위(동적) 다이어그램
(유) Use Case
(액) Activity
(스) State Machine
(시) Sequence
(커) Communication
(인) interaction overview
(타) Timing
'행위는 유액스시커인타'
로 암기

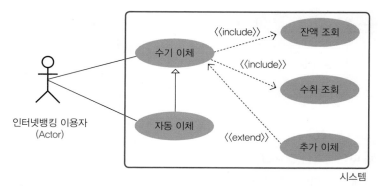

▲ 유스케이스 다이어그램 개념도

구분	설명	표기법
유스케이스 (Use Case)	– 시스템이 제공해야 하는 서비스 – 사용자가 시스템을 이용한 일련의 행위	자동 이체
행위자 (Actor)	– 사용자가 시스템에 대해 수행하는 역할 – 시스템과 상호작용하는 사람 또는 사물	인터넷뱅킹 이용자
시스템 (System)	– 전체 시스템의 영역을 표현함 – 특별한 의미를 가지지 못함	시스템 수기 이체 자동 이체
연관 (Association)	유스케이스와 사용자의 관계를 표현함	——————
확장 (Extend)	기본 유스케이스 수행 시 특별 조건을 만족할 때 수행하는 유스케이스	《《Extend》》 - - - - - - →
포함 (Include)	– 시스템 기능이 별도의 기능을 포함 – 유스케이스 수행 시 다른 유스케이스도 함께 수행됨	《《include》》 - - - - - - →
일반화 (Generalization)	하위 Use Case/Action이 상위 Use Case/Actor에게 기능 또는 역할을 상속 받음	—————▶
그룹화 (Grouping)	여러 개의 유스케이스를 단순화 하는 방법	Package1

(2) 활동 다이어그램(Activity Diagram)

- 시스템의 내부 활동 흐름에 따라 행위가 변화하는 객체의 상태를 표현한 다이어그램이다.

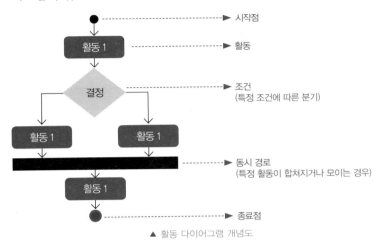

▲ 활동 다이어그램 개념도

구분	설명	표기법
활동 (Activity)	행위 또는 작업(내부적으로 구조를 가지는 단위) 등 무언가 하고 있는 상태	Action State
시작점 (Initial State)	처리의 흐름이 시작되는 곳을 의미	●
종료점 (Final State)	처리의 흐름이 종료되는 곳을 의미	◉
선택점 (Decision)	논리식의 결과에 따라 분기가 일어나는 곳	◇
전이 (Transition)	– 하나의 상태에서 다른 상태로 제어 흐름을 보여주는 데 사용 – 상태에서 활동으로 또는 상태들 사이의 흐름을 보여줌	→
구획면 (Swim lane)	업무 조직 및 개인의 역할에 따른 처리 구분(각 활동 상태를 담당하는 역할)	구분 영역

(3) 상태 머신 다이어그램(State Machine Diagram)

- 시스템의 동적인 상태를 나타내며 이벤트에 따라 순차적으로 발생하는 객체의 상태 변화를 표현한 다이어그램이다.

▲ 상태 머신 다이어그램 개념도

구성 요소	설명
활성 상태	객체가 가질 수 있는 조건이나 상황
시작 상태	객체의 생애주기 시작
종료 상태	객체의 생애주기 종료
전이	하나의 상태에서 다른 상태로 변화하는 것
이벤트	객체의 전이를 유발하는 자극
전이 조건	특정 조건 만족 시 전이가 발생하는 값

(4) 시퀀스 다이어그램(Sequence Diagram)

- 시스템 내부의 흐름을 시간 순서 대로 나열해 객체의 상태를 동적으로 표현한 다이어그램이다.
- 객체와 객체 사이의 관계와 객체들끼리 상호 교환하는 메시지의 순서를 강조해 표현한다.

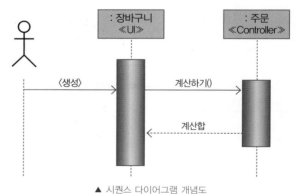

▲ 시퀀스 다이어그램 개념도

구성 요소	설명	표기법
행위자 (Actor)	시스템과 상호작용하는 사용자 또는 시스템 내의 유효한 객체	고객 A 고객 B
활성객체 (Object)	– 메시지 상호작용에 참여하는 주체 – 다이어그램 윗부분에 위치하며 왼쪽에서 오른쪽으로 배열	: 주문 ≪Controller≫
메시지 (Message)	– 서로 다른 활성 객체 간의 의사소통 – 실선은 호출 메시지, 점선은 응답 메시지를 표시 – 동기 또는 비동기 메시지를 표현 – 반환(Return) 처리 등 메시지의 처리가 완료 및 응답을 표현	호출(동기) 메시지 호출(비동기) 메시지 응답 메시지
실행 (Activation Box)	– 생명선 위에 긴 직사각형으로 표현 – 생명선에서 특정 정보를 처리하고 있다는 것 또는 어떠한 메시지를 기다리는 중임을 표현 – '제어 포커스'라고도 함	메시지 1

(5) 커뮤니케이션 다이어그램(Communication Diagram)

- 객체 간의 상호작용 및 관계를 시각적으로 표현하며 주어진 객체의 모든 흐름에 대한 이해와 절차적 설계에 적합한 다이어그램이다.
- 시간, 순서, 내용 등 모델링 공간에 제약이 없어 구조적인 부분의 표현이 가능하다.

(6) 상호작용 개요 다이어그램(Interaction Overview Diagram)

- 여러 상호작용 다이어그램 간 제어 흐름을 상위 수준으로 표현하는 동적 다이어그램이다.
- 활동 다이어그램에서 객체 사이 시간의 흐름을 가지는 시퀀스 또는 타이밍 다이어그램을 부분적으로 포함이 가능하다.

(7) 타이밍 다이어그램(Timing Diagram)

- 시간의 흐름에 따른 상태를 표현한 동적 다이어그램이다.
- 가로 축(시간), 세로 축(상태)으로 상태 변화를 나타낸다.

멘토 코멘트

-동기(Synchronous) : 호출 객체가 응답을 대기해야 함을 표현

-비동기(Asynchronous) : 호출 객체가 응답을 대기할 필요 없음을 표현

■ UML을 이용한 모델링

구분	설명
기능 모델링	요구사항의 정의 단계에서 주로 유스케이스 다이어그램을 사용하여 시스템으로부터 도출된 기능적 요구사항을 표현
정적 모델링	시스템의 정적 구조를 클래스와 클래스 간에서 객체가 상호 관계할 수 있는 메시지로 표현
동적 모델링	시스템을 구성하는 시간의 흐름에 따라 요소들 간에 인스턴스된 객체들 사이에 메시지를 교환함으로써 객체의 상호작용을 표현

알아두기

스테레오 타입은 길러멧 기호 ≪ ≫가 사용되는 게 핵심이다.

5 UML의 확장 스테레오 타입

■ 스테레오 타입(Stereotype)의 개념

UML의 기본적 요소 이외의 새로운 요소를 만들어 내기 위해 확장한 것으로 길러멧 기호 '≪ ≫'를 사용하여 표현하는 표기법이다.

■ 스테레오 타입의 특징

• 문자열로 표시할 수 있다(아이콘이나 이미지로도 표현 가능).
• 클래스뿐만 아니라 여러 요소에서 사용이 가능하다.
• 스테레오 타입은 종류가 다양하며 필요 시 만들어 사용할 수도 있다.

■ 스테레오 타입의 표기

스테레오 타입	설명
≪include≫	하나의 유스케이스가 다른 유스케이스를 실행하는 포함 관계
≪extend≫	하나의 유스케이스가 실행할 수도, 하지 않을 수도 있는 확장 관계
≪interface≫	추상 메소드와 상수만으로 구성된 클래스
≪entity≫	일반적으로 정보 또는 지속되는 행위를 형상화한 클래스
≪boundary≫	시스템과 외부와의 경계에 걸쳐 있는 클래스
≪control≫	유스케이스 내의 처리 흐름을 제어하거나 조정하는 트랜잭션을 관리하는 데 사용하는 클래스

01 UML에서 시스템의 요구사항 중 기능적인 요구사항을 표현하는 다이어그램은?

① Use Case Diagram

② Class Diagram

③ Sequence Diagram

④ Object Diagram

> **해설** ①번의 Use Case Diagram은 시스템의 요구사항 중 기능적인 요구사항을 유스케이스 단위로 표현하고 행위자(Actor)와 이들 간의 관계를 표현한 다이어그램이다

02 시스템의 내부적인 흐름을 동적으로 표현한 다이어그램으로 객체와 객체 사이의 관계와 객체들끼리 상호 교환하는 메시지의 순서를 강조하여 표현한 다이어그램은?

① Use Case Diagram

② Class Diagram

③ Sequence Diagram

④ Object Diagram

> **해설** ③번의 Sequence Diagram은 동적으로 객체와 객체 상의 관계를 상호 교환하는 메시지를 강조하여 표현하고, ②번의 Class Diagram은 정적으로 시스템을 구성하는 클래스와 인터페이스 사이의 정적인 관계를 나타낸다.

03 UML의 주요 특징 중 가시화 언어의 역할에 대한 설명으로 옳은 것은?

① 시스템의 구성 요소를 정의하고, 프로그래밍 언어와 직접 연결하여 코드를 생성한다.

② 시스템 평가, 통제, 의사소통 문서를 생성한다.

③ 개념 모델 작성 시 오류를 줄이고 의사소통을 용이하게 한다.

④ 시스템의 기능을 정확하고 완전하게 표현하는 명세를 작성한다.

> **해설** 가시화 언어는 개념 모델 작성 시 오류를 줄이고 이해 관계자 간의 의사소통을 용이하게 한다.

04 다음 중 UML의 구성 요소가 아닌 것은?

① 사물(Things)

② 관계(Relationship)

③ 객체(Object)

④ 다이어그램(Diagram)

> **해설** UML의 구성 요소는 사물(Things), 관계(Relationship), 다이어그램(Diagram)으로 객체(Object)는 UML 구성 요소의 일부가 아니라 사물 중 하나로 표현될 수 있는 요소이다.

소프트웨어 아키텍처

1 소프트웨어 아키텍처의 개념

★ 아키텍처
컴퓨터 시스템 전체의 설계 방식을 일컫는 말로 시스템의 운영 및 유지 보수 등을 고려해 최적화된 구조로 설계한 후 그것을 실현하기 위한 구성 방식이다.

- 소프트웨어 아키텍처(Software Architecture)*는 프로그램과 시스템 컴포넌트 간의 상호관계 구조를 의미하며 이들을 설계하기 위한 지침과 원리를 나타낸다.
- 소프트웨어 컴포넌트들과 그들의 외부적으로 보여지는 특성 그리고 그들의 상호관계들로 구성되는 해당 시스템의 구조들을 총칭한다.

2 소프트웨어 아키텍처의 특징

★ RTE(Real-Time Enterprise)
최신 정보를 이용해 자사의 핵심 비즈니스 프로세스들의 관리와 실행 과정에서 생기는 자연 사태를 지속적으로 제거함으로써 경쟁하는 기업

구분	특징	내용
비즈니스 측면	변화 민첩성	– 민첩성(Agility)을 통한 실시간 기업(RTE*: Real-Time Enterprise)에 적시성을 제공 – 다양한 비즈니스 요구사항의 민첩한 대응 및 처리
	비용 절감	– 소프트웨어 재사용, 자산화를 통한 개발비 절감 – TCO, ROI
	표준화	재사용 가능한 산업별 표준화 지원
기술적 측면	의사소통 수단	이해관계자들 간의 원활한 의사소통 수단
	간략성	소프트웨어 복잡성 증가에 따른 해결 대안
	관점(Aspect) 모형	이해관계자들 간의 관심사에 대한 모형 제시

3 소프트웨어 아키텍처 프레임워크*(ISO/IEC/IEEE 42010가 최종, IEEE 1471 개념적)

★ 아키텍처 프레임워크
시스템에서 표현해야하는 내용과 관계를 기술한 표준이다.

IEEE 1471이 소프트웨어에 국한된 것에 비해 ISO/IEEE 42010에서는 일반적인 시스템까지 포함하여 지원한다.

프레임워크	내용
ISO/IEEE 42010	– 시스템 및 소프트웨어 엔지니어링 아키텍처 기술(AD)과 관련된 용어와 개념을 정의한 국제 표준 → IEEE 1471이 IEEE 42010으로 통합 – 아키텍처 개발에 관련된 Best Practice 기반 국제 표준으로 필요한 정보를 구분하고 일관성 있게 조직화할 수 있도록 지원
IEEE 1471	소프트웨어의 집약적인 시스템에서 아키텍처가 표현해야 하는 내용 및 이들 간의 관계를 제공하는 아키텍처를 기술하기 위한 표준

■ 소프트웨어 아키텍처 프레임워크의 주요 구성 요소

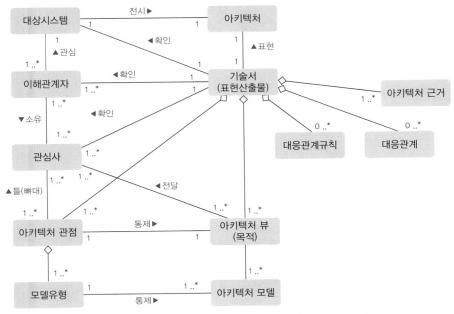

▲ ISO/IEC/IEEE 42010 Class Diagram (출처: https://eam-initiative.org)

요소	내용
아키텍처 기술서 (Architecture Description)	– 아키텍처를 기록하기 위한 산출물로 하나의 AD는 관심사(Concern)와 이에 대응하는 하나 이상의 이해관계자와 연관 – 하나의 기술서는 시스템에 하나 이상의 뷰(View)로 구성
이해관계자 (Stakeholder)	– 소프트웨어 시스템 개발과 관련된 모든 사람과 조직을 의미 – 고객, 최종 사용자, 개발자, 프로젝트 관리자, 유지보수자, 마케팅 담당자 등을 모두 포함
관심사 (Concerns)	동일한 시스템에 대해 각 이해관계자들은 서로 다른 의견과 목표를 수립 예 사용자 입장: 기본적인 기능 + 신뢰성/보안/사용성 요구 　　유지보수자 입장: 유지보수 용이성 고려 　　개발자 입장: 적은 비용과 인력으로 개발
관점 (Viewpoint)	– 이해관계자들이 보고 싶은 관점 – 서로 다른 역할이나 책임으로 시스템이나 산출물들에 대한 다른 관점 – 관점은 뷰를 구성하기 위한 규칙을 정의하는 패턴 – 각각의 뷰에 1:1로 대응
뷰 (View)	뷰는 이해관계자들과 이들이 가진 생각이나 견해로부터 전체 시스템을 표현

알아두기

아키텍처 스타일

소프트웨어 시스템의 구조를 체계적으로 구성하기 위해 기본 스키마를 제시하여 최적의 설계가 되도록 가이드라인을 제시한다.

4 소프트웨어 아키텍처 스타일 유형

소프트웨어 아키텍처 설계에서 나타나는 반복적인 문제를 해결하기 위해 아키텍처가 만족해야 하는 시스템 품질 속성을 달성할 수 있는 방법을 제공한다.

■ 저장소 구조

- 저장소 모델이라 하며 대규모의 데이터를 공유하는 소프트웨어 시스템에 사용한다.
- 공유된 데이터베이스에 기반한 아키텍처로 데이터 저장소를 통해 상호작용하는 아키텍처 스타일이다.

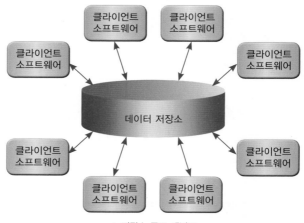

▲ 저장소 구조 개념도

■ MVC(Model/View/Controller)* 구조

★ MVC
Java 기반의 프레임워크에서 가장 많이 사용하는 스타일

- 사용자 인터페이스로부터 비즈니스 로직을 분리해 애플리케이션의 시각적 요소나 그 이면에서 실행되는 비즈니스 로직을 서로 영향 없이 쉽게 고칠 수 있는 아키텍처 스타일이다.
- 핵심 기능과 데이터 처리(Model), 사용자 측 정보 노출(View), 사용자 입력 관리(Controller)의 세 가지로 구성된다.

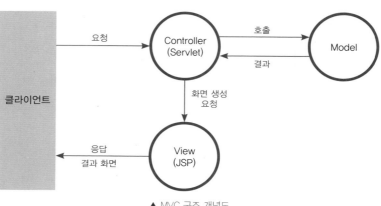

▲ MVC 구조 개념도

■ 클라이언트/서버(Client/Server) 구조

클라이언트의 요청에 서버가 응답하는 방식으로 상호작용하는 아키텍처 스타일이다.

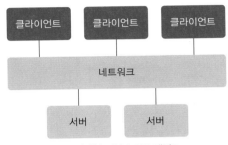

▲ 클라이언트/서버 구조 개념도

■ 계층(Layered) 구조

- 계층 간에 상호 사용이 가능한(Allowed to User) 관계로 정의된 아키텍처 스타일 이다.
- 계층적으로 조직화될 수 있는 서비스에 적합하며 모듈의 응집된 집합을 계층으로 표현한다.

▲ 계층 구조 개념도

■ 파이프-필터(Pipes and Filters) 구조

서브시스템이 입력 데이터를 받아 처리하고 결과는 다른 시스템에 보내는 작업 구조 의 아키텍처 스타일이다.

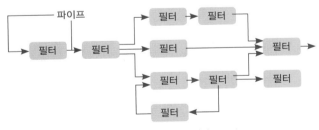

▲ 파이프-필터 구조 개념도

5 소프트웨어 아키텍처 평가

제시된 소프트웨어 아키텍처가 개발될 소프트웨어에 요구되는 품질 특성을 충족시킬 수 있는지 아키텍처를 평가하는 절차이다.

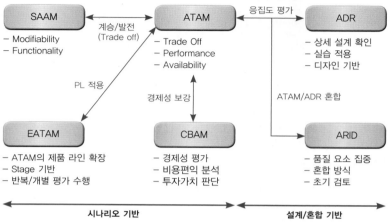

▲ 소프트웨어 아키텍처 평가 유형

분류	평가 모델	내용
시나리오 기반 평가 모델	SAAM	- Software Architecture Analysis Method - 수정 용이성과 기능 분석 중심의 최초의 아키텍처 평가 방법 - 다양한 수정 가능성들의 관점에서 아키텍처를 분석
	ATAM	- Architecture Trade off Analysis Method - SAAM의 품질 속성(Quality Attributes)에서 트레이드 오프를 포함하여 평가를 수행하는 방법
	CBAM	- Cost Benefit Analysis Method - ATAM에서 부족한 경제적 평가 부분을 보강한 평가 방법
	EATAM	- Extending Architecture Trade off Analysis Method - 개별 평가 모델의 확장, 스테이지 기반 모델을 통한 제품 라인 아키텍처 평가 수행 방법
설계/혼합 기반 평가 모델	ARID	- Architecture Review for Intermediate Design - 아키텍처 초기에 부분 아키텍처를 평가하는 방법
	ADR	- Active Design Review - 설계 기반 아키텍처로 구성 요소 간 응집도를 중점적으로 평가하는 방법

01 파이프-필터 형태의 소프트웨어 아키텍처에 대한 설명으로 옳은 것은?

① 노드와 간선으로 구성된다.

② 서브시스템이 입력 데이터를 받아 처리하고 결과는 다음 서브시스템으로 넘겨주는 과정을 반복한다.

③ 계층 모델이라고도 한다.

④ 세 개의 서브시스템(Model, View, Controller)으로 구성되어 있다.

> 해설 파이프-필터 형태는 ①번의 노드와 간선이 아닌 서브시스템인 필터와 각 서브시스템 사이의 관계인 파이프로 구성되어 있다. ③번은 계층 구조 설명이다. ④번은 MVC 모델에 대한 설명이다.

02 핵심 기능과 데이터 처리(Model), 사용자 측 정보 노출(View), 사용자 입력 관리(Controller)의 세 가지 서브시스템으로 구성된 아키텍처 스타일은?

① 파이프-필터

② MVC 구조

③ 저장소 구조

④ 계층 구조

> 해설 파이프-필터(Pipes and Filters)는 서브시스템이 입력 데이터를 받아 처리하고 결과는 다른 시스템에 보내는 작업 구조이다. 저장소 구조는 공유된 저장소를 통해 상호작용하는 작업 구조이고, 계층 구조는 응집된 집합을 계층으로 분리해 각 계층 간에 상호 사용이 가능한 작업 구조이다.

03 소프트웨어 아키텍처 평가 방법으로 옳지 않은 것은?

① SAAM은 수정 용이성과 기능 분석 중심의 최초의 아키텍처 평가 방법이다.

② ATAM은 SAAM의 품질 속성에 트레이드 오프를 포함하여 평가하는 방법이다.

③ CBAM은 ATAM에서 부족한 경제적 평가 부분을 보강한 평가 방법이다.

④ ADR은 설계 기반 아키텍처로 구성 요소 간 결합도를 중점으로 평가하는 방법이다.

> 해설 ADR은 설계 기반 아키텍처로 구성 요소 간에 응집도를 중점적으로 평가하는 방법이다.

04 다음에서 설명하는 아키텍처 스타일은?

> 사용자 인터페이스로부터 비즈니스 로직을 분리하여 애플리케이션의 시각적 요소나 그 이면에서 실행되는 비즈니스 로직을 서로 영향 없이 쉽게 고칠 수 있는 아키텍처 스타일이다.

① 파이프 필터

② MVC 구조

③ 저장소 구조

④ 계층 구조

> 해설 핵심 기능과 데이터 처리(Model), 사용자 측 정보 노출(View), 사용자 입력 관리(Controller)의 세 가지로 구성된 MVC 구조 스타일에 대한 설명이다.

1 객체 지향의 개요

- 실세계의 개체를 속성과 메소드가 결합된 형태의 객체로 표현하는 방법이다.
- 실세계의 문제 영역에 대한 표현을 소프트웨어 해결 영역으로 매핑해 객체 간에 메시지를 주고받을 수 있는 형태의 시스템이 구성된다.

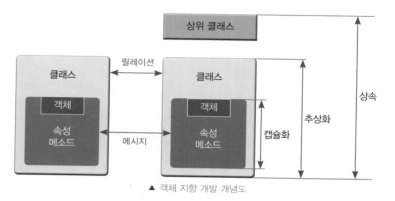

▲ 객체 지향 개발 개념도

객체 지향의 구성 요소

구성 요소	설명
객체 (Object)	데이터(실체)와 관련되는 동작(절차, 방법, 기능)을 모두 포함한 것이다.
속성 (Property)	객체가 가지고 있는 정보로 멤버 변수, 특성, 필드, 상태 등의 자료형으로 구성되어 있다. 예 Name, Age와 같은 변수이다.
메소드 (Method)	객체의 행동과 동작을 유발하는 동적 개념으로 객체의 기능을 기술한 것이다.
메시지 (Message)	객체들 간의 통신은 메시지를 통해 이루어지고, 메시지는 수신 받을 객체(Receiver)와 수행 메소드명, 인수(Argument)로 구성된다.
클래스 (Class)	동일한 성격의 객체 그룹을 구현한 것으로 객체는 클래스의 한 인스턴스가 된다.

2 객체 지향의 기법

■ 객체 지향의 5대 기법

기법	설명
캡슐화 (Encapsulation)	– 속성과 메소드(함수)를 하나로 묶어서 객체로 구성하는 기법 – 하나로 묶은 객체는 재사용성을 높이고 오류 발생율을 낮춤 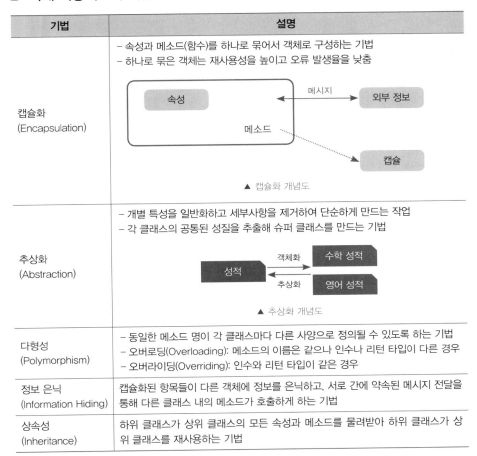 ▲ 캡슐화 개념도
추상화 (Abstraction)	– 개별 특성을 일반화하고 세부사항을 제거하여 단순하게 만드는 작업 – 각 클래스의 공통된 성질을 추출해 슈퍼 클래스를 만드는 기법 ▲ 추상화 개념도
다형성 (Polymorphism)	– 동일한 메소드 명이 각 클래스마다 다른 사양으로 정의될 수 있도록 하는 기법 – 오버로딩(Overloading): 메소드의 이름은 같으나 인수나 리턴 타입이 다른 경우 – 오버라이딩(Overriding): 인수와 리턴 타입이 같은 경우
정보 은닉 (Information Hiding)	캡슐화된 항목들이 다른 객체에 정보를 은닉하고, 서로 간에 약속된 메시지 전달을 통해 다른 클래스 내의 메소드가 호출하게 하는 기법
상속성 (Inheritance)	하위 클래스가 상위 클래스의 모든 속성과 메소드를 물려받아 하위 클래스가 상위 클래스를 재사용하는 기법

■ 객체 지향에서의 관계

관계 종류	의미	특성
연관화	is Member of	서로 공통된 의미들끼리 묶어 연관된 집단으로 표현할 때 유용
분류화	is Instance of	공통된 속성에 의해 정의된 객체 및 클래스의 인스턴스를 표현할 때 유용
집단화	is Part of	서로 관련 있는 여러 개의 객체를 묶어 한 개의 상위 객체(복합 객체)를 표현할 때 유용
일반화 (특수화)	is a	객체의 공통적인 성질을 상위 객체로 정의하고, 특수화된 객체들을 하위의 부분형 객체로 정의하여 사용

3 객체 지향 설계 원칙(5대 원칙, SOLID)

■ 단일 책임의 원칙(SRP, Single Response Principle)

시스템의 모든 객체는 하나의 책임만 가지며, 객체가 제공하는 모든 서비스는 그 하나의 책임만을 수행해야 한다는 설계 원칙이다. 특징은 다음과 같다.

- 응집도 향상으로 유지보수성 향상 효과
- 하나의 책임만을 수행하기 때문에 민첩한 변화에 적응도 향상
- 두 개 이상의 책임을 지게 되면 온전한 책임을 다할 수 있도록 분리 유도

■ 개방 폐쇄 원칙(OCP, Open Closed Principle)

소프트웨어 개체(Classes, Modules, Function)는 확장에 열려 있고 수정에 닫혀 있어야 한다는 설계 원칙이다. 특징은 다음과 같다.

- 기존 코드의 변경은 자제하고 확장을 통한 코드 변경을 권장
- 기능의 상속이 아닌 설계의 유연성을 강조해 시스템의 안정성을 확보
- 오버라이딩(Overriding)은 상속을 의미하지만, 크게 유연성을 확보하는 차원에서의 원리
    - 예 Strategy 패턴의 경우 인터페이스 변경은 어려우나 새로운 구현에는 언제나 열려 있음

■ 리스코프 교체의 원칙(LSP, Liskov Substitution Principle)

자식 타입들은 부모 타입들이 사용되는 곳에 대체될 수 있어야 한다는 설계 원칙이다. 특징은 다음과 같다.

- 클래스의 생성 목적에 맞게 설계하기 때문에 상하위 클래스의 호환성 향상
- 하위 클래스는 상위 클래스의 일괄된 책임 범위 안에서만 수행
- 하위 클래스는 사용자의 요구사항대로 충실하게 설계

■ 인터페이스 분리의 원칙(ISP, Interface Segregation Principle)

어떤 클래스가 다른 클래스에 종속될 때에는 최소한의 인터페이스만을 사용해야 한다는 설계 원칙으로 클라이언트는 자신이 사용하지 않는 인터페이스 때문에 영향을 받아서는 안 된다는 원칙이다. 특징은 다음과 같다.

- 해당 인터페이스의 목적에 부합하지 않는 기능은 선언하지 않기 때문에 실제 구현 클래스에 불필요한 기능이 구현되는 걸 방지
- 소스 레벨의 가독성 향상 및 복잡도 제거 효과

■ 의존관계 역전의 원칙(DIP, Dependency Inversion Principle)

높은 레벨의 모듈은 낮은 레벨의 모듈에 의존하지 않고 추상에 의존해야 한다는 설계 원칙으로 클라이언트의 변경 최소화를 위해 구체 클래스가 아닌 추상 클래스에 의존한다는 설계 원칙이다. 특징은 다음과 같다.

- 구현 클래스에 의존성을 제거하여 낮은 결합도 유지
- 추상화된 클래스에 의존하기 때문에 확장성이 높아져 유지보수성 향상

4 객체 지향 개발 방법론

■ 객체 지향 개발 방법론의 개념

소프트웨어의 요구사항 분석, 설계, 구축, 시험의 전 단계가 객체 지향 개념에 입각하여 일관된 모델을 가지고 소프트웨어를 개발하는 개발 방법론이다.

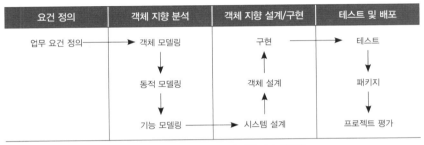

요건 정의	객체 지향 분석	객체 지향 설계/구현	테스트 및 배포
업무 요건 정의 →	객체 모델링	구현 →	테스트
	동적 모델링	객체 설계	패키지
	기능 모델링 →	시스템 설계	프로젝트 평가

▲ 럼바우(Rumbaugh)의 객체 지향 개발 방법론

단계	작업 항목	설명
객체 지향 분석	객체 모델링-객체 다이어그램	- 시스템 정적 구조 포착 - 추상화, 분류화, 일반화, 집단화
	동적 모델링-상태 다이어그램	- 시간의 흐름에 따른 객체 사이의 변화 조사 - 상태, 사건, 동작 등을 표현
	기능 모델링-자료 흐름도	- 입력에 대한 처리 결과 확인 - 객체에서 수행되는 동작을 기술
객체 지향 설계	시스템 설계	- 시스템 구조 설계 - 성능 최적화 및 자원 분배 방안
	객체 설계	구체적 자료 구조와 알고리즘 구현
객체 지향 구현	객체 지향 언어(객체, 클래스)로 프로그래밍	객체 지향 언어(C++, Java), 객체 지향 DBMS

■ 객체 지향 개발 방법론의 유형

(1) Rumbaugh 방법

모든 소프트웨어 구성 요소를 그래픽 표기법으로 모델링하는 방법으로 객체 모델링, 동적 모델링, 기능 모델링으로 나누어 수행

(2) Booch 방법

미시적, 거시적 프로세스를 모두 사용하는 분석 방법으로 클래스와 객체들을 분석 및 식별하고 속성과 연산을 정의

(3) Jacobson 방법

Use Case*를 사용하는 분석 방법

(4) Coad와 Yourdon 방법

E-R 다이어그램(Entity-Relation Diagram)을 사용하여 개체의 활동들을 데이터 모델링하고 주로 관계를 분석하는 데 초점을 둔 기법

(5) Wirfs-Brock 방법

분석과 설계 간의 구분 없이 고객 명세서를 평가해 설계 작업까지 연속적으로 수행하는 기법

실력 점검 문제

기출 유형 문제

2021.03

01 객체 지향 개념에서 하나 이상의 유사한 객체를 묶어서 공통된 특성을 표현하는 것은?

① 인스턴스　　② 메소드

③ 메시지　　④ 클래스

> **해설** 클래스는 동일 성격의 객체 또는 유사한 객체를 그룹으로 구현한 것으로 하나의 공통된 특성을 표현한다. 메시지는 객체들 간에 통신을 나타내는 것이다.

2021.03

02 시간의 흐름에 따른 시스템의 변화상을 보여주는 상태 다이어그램을 작성하는 모형화 단계는?

① 객체 모형화　　② 동적 모형화

③ 기능 모형화　　④ 정적 모형화

> **해설** 동적 모형화 단계에서는 시간의 흐름에 따라 객체 사이에서의 변화를 표현한다. 객체 모델링 단계에서는 시스템의 정적인 구조를 포착해 표현하고, 기능 모델링 단계에서 입력에 대한 처리 결과 등을 확인한다.

2020.08

03 객체 지향 분석 및 설계 방법과 거리가 먼 것은?

① Rumbaugh 방법

② Coad와 Yourdon 방법

③ Booch 방법

④ Nassi-Shneiderman 방법

> **해설** Nassi-Shneiderman 방법은 구조적 프로그램의 알고리즘을 표현하는 기법으로 구조적 프로그램의 순차, 반복, 선택의 구조를 사각형으로 도식화하여 논리적으로 표현하는 기법이다.

2020.06

04 객체 지향 기법에서 객체가 메시지를 받아 실행해야 할 때 객체의 구체적인 연산을 정의한 것은?

① 인스턴스　　② 메시지

③ 클래스　　④ 메소드

> **해설** 속성과 메소드로 이루어진 객체는 실행해야 할 구체적인 연산 및 함수를 메소드에 정의한다.

05 객체 지향 기법 중 속성(Attribute)과 메소드를 하나로 묶어서 객체로 구성하는 기법은?

① 캡슐화

② 추상화

③ 다형성

④ 정보 은닉

> **해설** 캡슐화를 통해 연관된 데이터와 메소드를 묶어 외부와 경계를 만들고 객체로 구성할 수 있다.

06 객체 지향 기법이 아닌 것은?

① 캡슐화

② 추상화

③ 다형성

④ 구체화

> **해설** 객체 지향 기법에는 캡슐화, 추상화, 다형성, 상속성, 정보 은닉의 다섯 가지 기법이 있다. 구체화는 재사용성을 떨어트리며 객체 지향 기법과는 거리가 멀다.

07 객체 지향 설계 원칙 중 상속받은 하위 클래스는 어디에서나 자신의 상위 클래스로 교체할 수 있어야 함을 의미하는 원칙은?

① ISP(Interface Segregation Principle)

② DIP(Dependency Inversion Principle)

③ LSP(Liskov Substitution Principle)

④ SRP(Single Response Principle)

> **해설** LSP의 자식 타입들은 부모 타입들이 사용되는 곳에 대체될 수 있어야 한다는 설계 원칙이다.

08 다음 내용이 설명하는 객체 지향 설계 원칙은?

> – 클라이언트는 자신이 사용하지 않는 메소드와 의존관계를 맺으면 안 된다.
> – 클라이언트가 사용하지 않는 인터페이스 때문에 영향을 받아서는 안 된다.

① 인터페이스 분리 원칙

② 단일 책임 원칙

③ 개방 폐쇄의 원칙

④ 리스코프 교체의 원칙

> **해설** 인터페이스 분리의 원칙에 대한 설명이다. 어떤 클래스가 다른 클래스에 종속될 때는 최소한의 인터페이스만을 사용해야 한다.

디자인 패턴

1 디자인 패턴의 개념

- 소프트웨어 설계 시 발생하는 여러 가지 문제에 대한 사례를 분석해, 각 문제 유형별로 적합한 설계를 모아 표준적인 해법과 작명법을 기술한 것이다.
- 프로그래밍 시에 반복적으로 나타나는 설계 문제에 대한 경험 기반의 해결책 목록이다.
- 객체 지향 설계 원칙에 입각하여 소프트웨어를 설계하기 위한 가장 효과적인 참고 자료이다.

2 디자인 패턴의 목적

- 전문가들의 설계 노하우를 다른 개발자가 이해하고 적용할 수 있는 형태로 제공한다.
- 생산성, 확장성, 재사용성, 구조 파악 용이성 등 유지보수성이 좋은 소프트웨어를 설계·구현하기 쉽다.

3 디자인 패턴의 장·단점

■ 디자인 패턴의 장점

- **의사소통 효율화:** 디자인 패턴의 특성을 잘 알고 있는 설계자와 개발자 간에 개발 의도와 목적을 파악하기가 용이하다.
- **소프트웨어 구조 파악 용이:** 소프트웨어를 설계할 때 어떤 디자인 패턴이 사용되었는지 알면 소프트웨어 전체 구조를 쉽게 파악하는 것이 가능하다.
- **개발시간 단축:** 이미 만들어 놓은 디자인 패턴을 재사용하므로 개발시간을 단축할 수 있다.
- **유연한 대처:** 사용자의 지속적인 추가 요청 및 환경의 변화에 쉽고 빠른 대처가 가능하다.

■ 디자인 패턴의 단점

- **객체 지향 설계:** 디자인 패턴은 객체 지향 설계 및 구현에 주로 사용되는데, C 언어와 같이 구조적 설계에는 적용이 어렵다.
- **초기 투자 비용:** 디자인 패턴을 적용하면 디자인 패턴을 사용하지 않는 경우보다 초기에 시간과 노력이 많이 든다.

4 GoF(Gang of Four)*의 디자인 패턴

■ 디자인 패턴의 구성

구분	설명	요소
패턴 이름 (Pattern Name)	개발자들 간의 의사소통을 지원하고 설계 의도를 표현한다.	– 패턴 이름과 분류 – 별칭
문제 (Problem)	언제 해당 패턴을 사용해야 되는지와 해결해야 하는 문제의 배경을 설명한다.	– 의도/목적 – 적용 대상
해법 (Solution)	패턴의 구성 요소와 각 구성 요소의 역할, 요소들 간의 관계를 표현한다.	– 구조(클래스 다이어그램) – 구성 요소 – 협력 방법 – 구현/샘플 코드
결과 (Consequence)	적용해서 얻는 결과와 장·단점을 서술한다.	– 효과 – 주의 사항 – 활용 사례 – 관련 패턴

★ GoF
GoF란 1995년에 Addison-Wesley에서 출간된 "Design Patterns"의 저자 4명을 의미한다.

■ 디자인 패턴의 분류

구분	설명
생성 패턴 (Creational)	객체의 생성 방식을 결정하고 클래스의 정의 및 객체 생성 방식을 구조화, 캡슐화하는 패턴이다.
구조 패턴 (Structural)	객체를 구조화하고 조직화해 클래스 라이브러리 등으로 통합 시에 유용한 패턴이다.
행위 패턴 (Behavioral)	객체의 행위를 관리, 연합, 조직화하고 객체나 클래스 연동에 대한 유형을 제시하는 패턴이다.

> **알아두기**
>
> 패턴의 분류
> (생) 생성
> (구) 구조
> (행) 행위
> '생구행'으로 암기

■ 디자인 패턴 상세 분류(23개의 패턴)

(1) 생성 패턴

상세 패턴명	설명
추상 팩토리 (Abstract Factory)	관련성을 갖는 객체들 또는 독립적인 객체들의 집합을 생성할 수 있는 인터페이스를 제공하는 생성 패턴이다.
팩토리 메소드 (Factory Method)	인스턴스 생성과 관련된 결정을 서브 클래스가 하도록 해, 객체 생성의 유연성을 극대화하는 생성 패턴이다. 가상 생성자(Virtual-Constructor) 패턴이라고도 한다.
프로토타입 (Prototype)	인스턴스 객체의 내용을 그대로 복사하여 새로운 객체 생성 방법을 제공하는 생성 패턴이다.
싱글톤 (Singleton)	클래스의 인스턴스가 단 하나임을 보장하면서, 해당 인스턴스로의 접근 방법을 제공하는 패턴이다.
빌더 (Builder)	복잡한 객체 생성 방법을 별도로 캡슐화하여, 구현 시 동일한 과정으로 다양한 형태의 합성 객체를 얻을 수 있게 해주는 패턴이다.

> **알아두기**
>
> 생성 패턴
> (추상) Abstract
> (공장) Factory
> (프로토타입) Prototype
> (하나) Singletone
> (짓자) Builder
> '추상적인 공장을 프로토로 하나만 짓자'로 암기 또는 '추공프싱빌'로암기

구조 패턴
(A) Adapter
(B) Bridge
(C) Coposite
(D) Decorator
(파) Facade
(플) Flyweight
(록) Proxy
'ABCD 파플로'로 암기

(2) 구조 패턴

상세 패턴명	설명
어댑터 (Adapter)	호환성이 없는 객체 간에 인터페이스를 이용해 작동하게 해주는 패턴이다.
브리지 (Bridge)	구현부에서 추상층을 분리하여 결합도를 약화시키는 패턴이다.
컴포지트 (Composite)	계층적 복합 객체를 트리 구조로 구성하고 각 요소들을 동일한 방식으로 사용할 수 있도록 해주는 구조 패턴이다.
데코레이터 (Decorator)	객체의 재귀적 합성 구조를 통해 객체의 기능을 동적으로 확장하는 방법을 제공하는 구조 패턴이다.
퍼싸드 (Facade)	소프트웨어에서 복잡한 인터페이스의 집합을 대신해 단순화된 인터페이스를 제공하기 위한 구조 패턴이다.
플라이웨이트 (Flyweight)	동일하거나 유사한 객체들 사이에 가능한 한 많은 데이터를 서로 공유하여 사용하도록해 메모리 사용량을 최소화하는 패턴이다.
프록시 (Proxy)	접근 대상 객체와 동일한 인터페이스를 제공하는 대리인 객체를 이용해 목표 객체 접근 전에 추가적인 작업 기회를 제공하는 패턴이다.

(3) 행위 패턴

상세 패턴명	설명
책임 연쇄 (Chain of Responsibility)	어떤 객체에서 서비스 요청이 전달되었을 때, 그 요청을 가장 잘 해결할 수 있는 객체까지 전파해서 처리할 수 있도록 만들어주는 패턴이다.
커맨드 (Command)	행위를 목적으로 하는 객체로 요청을 객체화해 클라이언트에 파라미터*로 넘기고 호출하는 객체와 수행하는 객체를 분리하는 패턴이다.
반복자 (Iterator)	'반복하다'라는 뜻으로 복합 객체의 내부 요소를 순차적으로 순회하여 원하는 데이터를 찾아가도록 하는 패턴이다.
중재자 (Mediator)	객체들 간의 상호작용을 분리해 캡슐화함으로써 상호작용의 유연한 변경을 지원하는 패턴이다.
메멘토 (Memento)	캡슐화를 위배하지 않고 객체 내부 상태를 객체화하여 객체 상태의 저장 및 해당 상태로의 복구를 가능하게 해주는 패턴이다.
옵서버 (Observer)	객체에 등록된 옵서버를 통해 상태가 바뀌면 그 객체에 의존하고 있는 다른 객체들한테 연락이 가고, 자동으로 내용이 갱신되는 일대다(One-to-Many) 방식의 패턴이다.
상태 (State)	객체의 상태가 변경될 때마다 별도의 행위를 지정하기 위해 사용하는 패턴이다.
전략 (Strategy)	다양한 알고리즘을 각각의 클래스로 캡슐화하여 대체 가능하도록 해 알고리즘을 사용하는 클라이언트와 독립적으로 변경 가능한 패턴이다.
방문자 (Visitor)	데이터 구조와 기능 처리를 분리하는 패턴이다.
인터프리터 (Interpreter)	프로그램을 해석하는 방법 중 하나로 간단한 언어 문법을 정의하거나 고급 언어로 작성된 문장의 내용을 번역한 다음 그에 따른 동작을 실행시키는 패턴이다.
템플릿 메소드 (Template Method)	세부 처리는 서브 클래스에서 개별적으로 정의하고, 공통적인 전체 처리 흐름은 상위 클래스에서 규정하는 패턴이다.

01 GoF(Gang of Four)의 디자인 패턴에서 행위 패턴에 속하는 것은?

① 빌더
② 방문자
③ 프로토타입
④ 브리지

해설 객체의 행위를 관리, 연합, 조직화하고 객체나 클래스 연동에 대한 유형을 제시하는 행위 패턴에는 책임 연쇄, 커맨드, 반복자, 중재자, 메멘토, 옵서버, 상태, 전략, 방문자, 인터프리터, 템플릿 메소드가 있다.

02 다음 내용이 설명하는 디자인 패턴은?

- 객체를 생성하기 위한 인터페이스를 정의하여 어떤 클래스가 인스턴스화될 것인지는 서브 클래스가 결정하도록 하는 것
- 가상 생성자 패턴이라고도 함

① 방문자 패턴
② 옵서버 패턴
③ 팩토리 메소드 패턴
④ 브리지 패턴

해설 팩토리 메소드 패턴에 대한 설명으로 인스턴스 생성과 관련된 결정을 서브 클래스가 하도록 해 객체 생성의 유연성을 극대화하는 생성 패턴이다.

03 디자인 패턴의 행위 패턴에 속하지 않는 것은?

① 커맨드 패턴
② 옵서버 패턴
③ 프로토타입 패턴
④ 상태 패턴

해설 프로토타입(Prototype) 패턴은 인스턴스 객체의 내용을 그대로 복사해 새로운 객체 생성 방법을 제공하는 생성 패턴이다.

04 객체 지향 소프트웨어 설계 시에 디자인 패턴을 구성하는 요소로서 가장 거리가 먼 것은?

① 개발자 이름
② 문제 및 배경
③ 사례
④ 샘플 코드

해설 디자인 패턴의 구성 요소에는 패턴 이름(패턴 이름과 분류, 별칭), 문제(의도/목적, 적용 대상), 해법(구조, 구성 요소, 협력 방법, 구현/샘플 코드), 결과(효과, 주의사항, 활용 사례, 관련 패턴)가 있다.

05 디자인 패턴 사용의 장·단점에 대한 설명으로 거리가 먼 것은?

① 소프트웨어 구조 파악이 용이하다.
② 객체 지향 설계 및 구현의 생산성을 높이는 데 적합하다.
③ 재사용을 위한 개발 시간이 단축된다.
④ 절차형 언어와 함께 이용될 때 효율이 극대화된다.

해설 디자인 패턴은 전문가들의 설계 노하우를 다른 개발자가 이해하고 적용할 수 있는 형태로 제공하여 생산성, 확장성, 재사용성, 구조 파악 용이성, 유지보수성이 높아진다. 디자인 패턴은 절차형 언어보단 객체 지향 언어와 함께 이용 시 효율이 극대화 된다.

06 GoF(Gang of Four) 디자인 패턴 분류에 해당하지 않는 것은?

① 생성 패턴
② 구조 패턴
③ 행위 패턴
④ 추상 패턴

해설 디자인 패턴에는 생성, 구조, 행위 패턴이 있다.

테스트 및 배포

이번 장에서 다룰 종합 내용

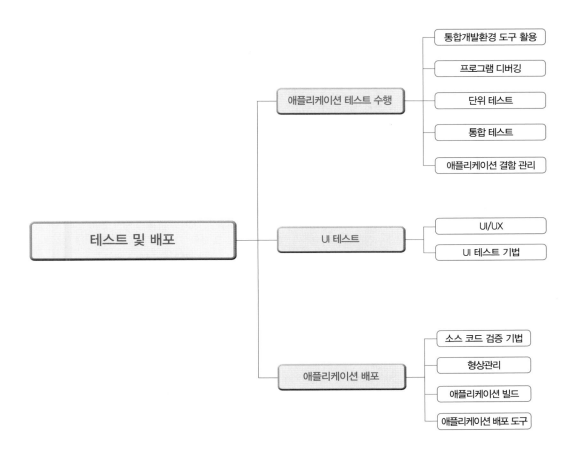

- 애플리케이션 테스트 수행
  - 통합개발환경 도구 활용
  - 프로그램 디버깅
  - 단위 테스트
  - 통합 테스트
  - 애플리케이션 결함 관리
- UI 테스트
  - UI/UX
  - UI 테스트 기법
- 애플리케이션 배포
  - 소스 코드 검증 기법
  - 형상관리
  - 애플리케이션 빌드
  - 애플리케이션 배포 도구

테스트 및 배포

☑ 애플리케이션 테스트 수행 시 각종 도구에 대한 개념을 학습한다.
☑ 단위 테스트와 통합 테스트에 대해 학습한다.
☑ UI와 UX의 개념과 UI 테스트 방법을 학습한다.
☑ 애플리케이션 배포 시 형상관리와 빌드에 대해 학습한다.

301 통합개발환경(IDE) 도구 활용

★ 컴파일러
프로그래밍 언어로 작성된 소스 코드를 컴퓨터가 이해할 수 있는 기계언어로 변환해주는 프로그램이다.

멘토 코멘트

다양한 통합개발환경 도구를 이용하여 소프트웨어 개발을 수행하고, 이후 소프트웨어 테스트를 진행한다.

멘토 코멘트

소프트웨어 개발 시에 IDE 도구뿐만 아니라, 협업 도구, 형상관리 도구 등이 활용되는데, 협업 도구는 1장에서, 형상관리 도구는 3장에서 자세히 설명한다.

1 통합개발환경 도구

컴파일러(Compiler)★, 편집기(Editor), 디버거(Debugger) 등 소프트웨어 개발에 필요한 도구를 하나의 대화형 인터페이스로 제공해주는 소프트웨어이다.

■ 통합개발환경 도구의 종류

도구	개발사	설명
이클립스(Eclipse)	IBM, Eclipse Foundation	– 다양한 운영체제의 앱 개발 지원 도구 – Java, C, C++, PHP 등의 개발 언어 지원
비주얼 스튜디오 (Visual Studio)	Microsoft	– 윈도우 운영체제의 앱 개발 지원 도구 – Visual C, C++, C# 등의 개발 언어 지원
델파이(Delphi)	Embarcadero Technologies	– 다양한 운영체제의 앱 개발 지원 도구 – 델파이(Delphi) 개발 언어 지원
엑스코드(Xcode)	Apple	– MacOS, iOS의 앱 개발 지원 도구 – Object-C, C, C++ 등의 개발 언어 지원
IntelliJ IDEA	JetBrains	– 다양한 운영체제의 앱 개발 지원 도구 – Java, Kotlin, Groovy, Scala 등 개발 언어 지원
안드로이드 스튜디오 (Android Studio)	Google	– 안드로이드의 앱 개발 지원 도구 – Java, Kotlin, C++ 등의 개발 언어 지원

 실력 점검 문제

출제 예상 문제

01 컴파일러, 편집기, 디버거 등 개발에 필요한 도구를 하나의 대화형 인터페이스로 제공해주는 도구는?

① 협업 도구　　　② 형상관리 도구

③ 통합개발환경　④ 빌드 도구

 ③번의 통합개발환경(IDE)은 소프트웨어 개발에 있어 컴파일러, 편집기, 디버거 등 개발에 필요한 도구를 하나의 대화형 인터페이스로 제공해주는 도구이다.

02 통합개발환경 도구가 아닌 것은?

① Delphi　　　② Eclipse

③ Gradle　　　④ Visual Studio

 ③번의 Gradle은 대표적인 빌드 자동화 도구이다.

302 | 프로그램 디버깅

1 프로그램 디버깅의 개념 및 중요성

▣ 프로그램 디버깅(Debugging)의 개념

프로그램 디버깅은 소프트웨어 개발 과정에서 발생할 수 있는 오류를 찾아내고 수정하는 중요한 활동이다. 디버깅 과정은 코드를 실행하면서 발생하는 오류를 분석하고 원인을 파악하여 문제를 해결하는 일련의 단계를 포함한다. 디버깅은 소프트웨어의 품질을 높이고, 예상치 못한 오류로 인한 문제를 최소화하는 데 필수적인 과정이다.

▣ 프로그램 디버깅의 중요성

• 디버깅은 소프트웨어 개발에서 필수적인 활동으로 프로그램이 의도한 대로 동작하지 않을 때 그 원인을 밝혀내고 수정하는 역할을 한다.
• 디버깅을 제대로 수행하지 않으면 소프트웨어는 오류를 포함한 상태로 배포될 수 있다. 이는 사용자 경험에 악영향을 미칠 뿐만 아니라 시스템의 안전성과 안정성을 해칠 수 있다. 따라서, 효과적인 디버깅은 고품질의 소프트웨어를 개발하는 데 중요한 요소이다.

2 디버깅 절차

단계	디버깅	설명
1	오류 식별	프로그램이 예상치 못한 동작을 하거나 실행 중 오류 메시지가 발생할 때, 개발자는 이를 통해 오류의 존재를 인식한다. 오류는 컴파일 오류, 런타임 오류, 논리 오류 등으로 나뉜다.
2	오류 분석	오류를 식별한 후, 그 원인을 분석한다. 이 과정에서는 오류가 발생한 코드 부분을 찾아내고, 그 원인이 되는 잘못된 논리나 코드의 결함을 확인한다.
3	문제 해결	오류의 원인을 파악한 후, 이를 수정하기 위한 코드를 작성하거나 기존 코드를 변경한다. 이때, 문제를 정확하게 해결하기 위해 원인 분석을 바탕으로 적절한 방법을 선택하는 것이 중요하다.
4	재테스트	수정한 코드가 올바르게 작동하는지 확인하기 위해 프로그램을 다시 테스트한다. 이 과정에서 새로운 오류가 발생할 수 있으므로, 신중한 재테스트가 필요하다.
5	회귀 테스트	수정된 부분이 다른 부분에 영향을 미치지 않는지 확인하기 위해 전체 프로그램을 다시 테스트한다. 회귀 테스트는 기존 기능이 의도한 대로 동작하는지 검증하는 데 필수적이다.

3 디버깅 도구

디버깅 과정에서 다양한 도구를 활용할 수 있다. 대표적인 디버깅 도구는 다음과 같다.

디버깅 도구 종류	설명
IDE 내장 디버거	통합개발환경(IDE) 내에 포함된 디버깅 기능. 코드 라인별 중단점 설정, 변수 값 확인, 코드 실행 추적 가능
로그 분석 도구	프로그램 실행 중 발생하는 이벤트나 상태를 기록한 파일. 오류 발생 시 원인 파악에 사용
원격 디버깅 도구	원격 시스템에서 실행되는 프로그램을 디버깅하는 방법. 서버 및 클라우드 환경에서 주로 사용
메모리 디버거	메모리 누수 및 잘못된 메모리 접근을 탐지하는 도구

4 디버깅 사례

- **중단점 설정:** 디버깅 시 문제 발생 위치를 정확히 파악하기 위해 중단점을 적절히 설정한다. 중단점을 이용하면 코드가 중지된 시점의 변수 상태 등을 분석할 수 있다.
- **작은 범위부터 시작:** 큰 문제를 해결할 때는 작은 범위부터 분석을 시작하여, 문제의 원인을 점진적으로 좁혀 나가는 것이 효율적이다.
- **주석과 문서화:** 복잡한 코드를 디버깅할 때, 코드를 읽고 이해하기 쉽도록 주석을 추가하고 문제 해결 과정을 문서화하는 것이 좋다.
- **협업 디버깅:** 복잡한 문제일수록 다른 개발자와 협력하여 디버깅하는 것이 도움이 된다. 다양한 시각에서 문제를 바라볼 수 있어 더 효과적인 해결책을 찾을 수 있다.

01 디버깅 과정에서 오류를 식별하고 분석한 후, 수정된 코드가 다른 부분에 영향을 미치지 않는지 확인하기 위해 수행하는 테스트는 무엇인가?

① 유닛 테스트

② 통합 테스트

③ 회귀 테스트

④ 시스템 테스트

> **해설** 회귀 테스트는 수정된 코드가 기존의 다른 기능에 영향을 미치지 않고 제대로 작동하는지를 확인하기 위해 수행하는 테스트이다. 주로 버그를 수정한 후, 새로운 코드가 기존 기능에 영향을 미치지 않는지 확인하는 데 사용된다.

02 다음 중 디버깅 도구의 설명으로 올바른 것은 무엇인가?

① IDE 내장 디버거는 주로 코드 최적화를 위해 사용된다.

② 로그 분석 도구는 프로그램 실행 중 발생하는 이벤트나 상태를 기록한 로그 파일을 분석하여 문제의 원인을 파악하는 데 사용된다.

③ 원격 디버깅 도구는 로컬 환경에서만 사용 가능하다.

④ 메모리 디버거는 주로 성능 분석을 위해 사용된다.

> **해설** 로그 파일은 프로그램의 실행 과정에서 발생하는 다양한 이벤트나 상태를 기록하며, 오류가 발생했을 때 그 원인을 추적하는 데 중요한 정보를 제공한다.

03 디버깅 과정에서 코드의 특정 부분에서 실행을 일시적으로 멈추고, 그 시점의 변수 값을 확인하거나 실행 흐름을 분석하기 위해 사용하는 기능은 무엇인가?

① 중단점

② 로그 파일

③ 메모리 덤프

④ 시스템 호출

> **해설** 중단점(Breakpoint)은 디버깅 과정에서 코드의 특정 위치에 설정하여 실행을 일시적으로 멈추게 하고, 그 시점에서 프로그램의 상태를 분석하거나 변수 값을 확인하는 데 사용된다.

303 | 단위 테스트

🎓 멘토 코멘트

단위 모듈에서는 개념 및 설계 원리, 테스트 방법 등을 알아두어야 한다.

★ 결합도
모델 간의 상호의존도 또는 연관 관계이다.
유형: 자료, 스탬프, 제어, 외부, 공통, 내용 결합도

★ 응집도
한 모듈 내부의 처리 요소들 간의 기능적 연관도이다.
유형: 우연적, 논리적, 시간적, 절차적, 통신적, 순차적, 기능적, 응집도

1 단위 모듈의 개요

통합 구현에서 단위 모듈(Unit Module)은 소프트웨어의 여러 기능을 세분화하여 각각의 기능을 수행하도록 구현된 모듈이다.

■ 단위 모듈의 설계 원리

단위 모듈의 설계는 다음 네 가지의 원리를 기반으로 설계된다.

원리	설명
정보 은닉 (Information Hiding)	모듈의 정보가 노출되거나 변경되지 않도록 다른 모듈로부터 은폐하는 원리이다.
데이터 추상화 (Data Abstraction)	각 단위 모듈 자료 구조를 액세스(Access)해 변경하는 함수 내에 자료 구조의 표현 내역을 은폐하는 원리이다.
분할과 정복 (Divide & Conquer)	복잡한 문제를 분해하여 단위 모듈로 해결하는 원리이다.
모듈의 독립성	단위 모듈은 낮은 결합도*와 높은 응집도*를 가져야 되는 원리이다.

2 단위 모듈의 구현

단위 모듈의 구현은 소프트웨어 모듈 구조도 작성, 단위 모듈 기능 명세서 작성, 단위 모듈 기능 구현 단계로 구성된다.

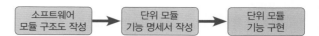

■ 단위 모듈의 구현 절차

(1) 소프트웨어 모듈 구조도 작성

- 소프트웨어가 어떤 모듈로 구성되어 있으며 모듈 사이의 관계가 어떠한가를 표현한다.
- 각 모듈은 명칭을 가지며, 다른 모듈을 호출하거나 호출될 수 있다.
- 모듈 구조도는 공유도(Fan-In)와 제어도(Fan-Out)를 활용하기도 한다.

공유도 (Fan-In)	– 임의의 한 모듈을 제어(호출)하는 상위 모듈의 수이다. – 모듈이 주어진 모듈을 얼마나 많이 호출하는지를 나타낸다.	단위 모듈 Fan-In : 3
제어도 (Fan-Out)	– 임의의 한 모듈에 의해 제어(호출)되는 모듈의 수이다. – 주어진 모듈이 다른 모듈을 얼마나 많이 호출하는지를 나타낸다.	단위 모듈 Fan-Out : 3

(2) 단위 모듈 기능 명세서 작성

- 단위 모듈 내부에 대한 상세 기능을 명세화한 문서이다.
- 모듈 구조도에서 표현되지 않은 상세 알고리즘을 기술한다.

(3) 단위 모듈 기능 구현

- 설계된 입·출력 자료 구조에 입·출력 기능을 구현한다.
- 모듈 기능에 따라 필요한 명령 및 알고리즘을 구현한다.

3 단위 모듈 테스트의 개요

단위 모듈 테스트(Unit Module Test)는 단위 테스트(Unit Test)라고도 하며 구현 단위 모듈이 내부 설계 명세에 맞도록 기능을 정확히 수행하는지 확인 및 검증하는 절차이다.

■ 단위 모듈 테스트의 장점

- 각 부분을 고립시켜 정확하게 동작하는지 확인해 보고 문제점을 발견하는 데 용이하다.
- 변경 및 리팩터링(Refactoring)★이 용이하다.
- 각각의 부분을 검증하고 합쳐서 재검증하는 통합 테스트에 유용하다.

■ 단위 모듈 테스트의 주요 항목

- **인터페이스:** 모듈의 내외부로 전달되는 정보, 입·출력 변수의 개수, 타입, 순서 및 정확성 등을 확인한다.
- **자료 구조:** 단위 모듈의 변수 초기화, 자료 형태의 일관성 등을 테스트한다.
- **실행 경로:** 다른 자료 형태 간에 비교, 잘못된 루프(Loop) 구문을 테스트한다.
- **오류 처리:** 오류 메시지의 이해 용이성과 상세 여부를 테스트한다.

■ 단위 모듈 테스트의 종류

종류	설명
블랙박스 테스트	– 기능 명세서 기반으로 기능의 입·출력 결과에 대해 검증하는 방법이다. – 테스트 방법으로 동등 분할, 경계값 분석, 의사결정 트리, 상태 전이, 유스케이스, 분류 트리, 페어와이즈, 원인–결과 그래프 테스트 등을 수행한다. 입력 ➡ Black Box ➡ 출력
화이트박스 테스트	– 모듈의 내부 구조를 참조하여 상세한 테스트를 수행하는 방법이다. – 테스트 방법으로 제어 구조(Control Structure), 기본 경로(Basic Path), 루프(Loop), 조건 검사(Condition), 데이터 흐름(Data Flow) 테스트 등을 수행한다. 입력 ➡ [내부 구조 도식] ➡ 출력

■ 단위 모듈 테스트의 절차

단위 모듈 테스트 계획 ➡ 단위 모듈 테스트 케이스 작성 ➡ 단위 모듈 테스트 수행 ➡ 테스트 수행 평가 및 기록 ➡ 단위 모듈 테스트의 결과 보고

(1) 단위 모듈 테스트 계획

테스트 범위, 일정, 방법, 담당자 등 기준을 정의하는 단계이다.

(2) 단위 모듈 테스트 케이스 작성

테스트 입력값과 결과 예측값을 결정하고 테스트 시나리오를 작성하는 단계이다.

(3) 단위 모듈 테스트 수행

- 테스트 케이스를 기반으로 테스트를 수행하는 단계이다.
- 입·출력 데이터, 논리적 흐름, 소스 코드 오류 등을 테스트한다.

(4) 테스트 수행 평가 및 기록

테스트 계획 및 케이스에 맞게 수행되었는지 결과를 평가하고 기록(테스트 결과 보고서)하는 단계이다.

(5) 단위 모듈 테스트의 결과 보고

최종 테스트 수행 결과를 담당자에게 보고하는 단계이다.

🎓 **멘토 코멘트**

단위 모듈 테스트 자동화 도구

단위 모듈 테스트 자동화 도구로는 xUnit, Selenium, FitNesse, NTAF, watir 등 이 있다.

📝 **알아두기**

디버깅(Debugging)
프로그램의 정확성 또는 논리적인 오류(버그)를 검출하여 제거하는 과정 이다.

01 다음 중 단위 모듈의 설계 원리로 옳지 않은 것은?

① 모듈의 정보가 노출되거나 변경되지 않도록 다른 모듈로부터 은폐 설계한다.

② 각 단위 모듈 자료 구조를 액세스(Access)해 변경하는 함수 내에 자료 구조의 표현 내역을 은폐 설계한다.

③ 단위 모듈은 높은 결합도와 낮은 응집도를 가져야 한다.

④ 복잡한 문제를 분해하고 단위 모듈로 문제를 해결한다.

> 해설 단위 모듈은 낮은 결합도와 높은 응집도를 가져야 한다.

02 단위 모듈 테스트 방법 중 다음 설명에 해당하는 것은?

> 모듈의 내부 구조를 참조하여 상세히 테스트를 수행하는 테스트 방법이다.

① 화이트박스 테스트

② 블랙박스 테스트

③ 동등 분할 테스트

④ 경계 값 분석 테스트

> 해설 화이트박스 테스트는 모듈의 내부 구조를 참조하여 상세히 테스트를 수행하는 방법이다.

03 다음은 어떤 소프트웨어 모듈 구조를 나타낸다. 단위 모듈 E에서 Fan-In과 Fan-Out의 수는 얼마인가?

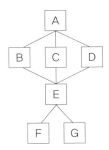

① Fan-In: 2, Fan-Out: 3

② Fan-In: 3, Fan-Out: 2

③ Fan-In: 2, Fan-Out: 1

④ Fan-In: 1, Fan-Out: 2

> 해설
> – 공유도(Fan-In): 임의의 한 모듈을 제어(호출)하는 상위 모듈의 수이다.
> – 제어도(Fan-Out): 임의의 한 모듈에 의해 제어(호출)되는 모듈의 수이다.
> → E를 호출하는 상위 모듈은 B, C, D로 총 3개, E가 호출하는 하위 모듈은 F, G로 총 2개이다.

통합 테스트

1 통합 테스트의 개요

- 통합 테스트는 소프트웨어의 각 모듈 간에 인터페이스 관련 오류 및 결함을 찾아내기 위한 테스트 방법을 말한다.
- 단위 테스트가 종료된 모듈 또는 컴포넌트 단위의 프로그램이 설계 단계에서 요구된 애플리케이션과 동일한 구조와 기능으로 구현된 것인지를 확인한다.

■ 통합 테스트의 수행 방법

- **점증적 방법:** 상향식 통합 방식과 하향식 통합 방식이 있다.
- **비점증적 방법:** 모든 컴포넌트를 사전에 통합하여 한꺼번에 테스트하는 빅뱅 방식이 있다.

2 통합 테스트의 점증적인 방법

■ 하향식 통합 테스트

설명

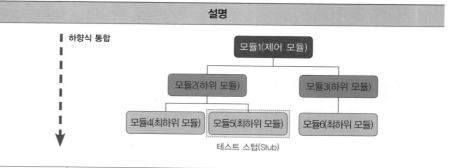

테스트 스텁(Stub)

방식	– 메인 제어 모듈(프로그램)로부터 아래 방향으로 제어의 경로를 따라 통합하면서 테스트를 진행한다. – 메인 제어 모듈에 통합되는 하위 모듈과 최하위 모듈은 깊이–우선 또는 너비–우선 방식으로 통합한다.
수행 단계	① 메인 제어 모듈은 작성된 프로그램을 사용한다. 작성되지 않은 하위 제어 모듈 및 모든 하위 컴포넌트를 대신하여 더미 모듈인 스텁*을 개발한다. ② 깊이–우선 방식 또는 너비–우선 방식에 따라 하위 모듈인 스텁이 한 번에 하나씩 실제 모듈로 대체된다. ③ 각 모듈 또는 컴포넌트를 통합하면서 테스트를 수행한다. ④ 테스트 완료 후 스텁을 실제 모듈 또는 컴포넌트로 작성한다.

■ 상향식 통합 테스트

	설명
	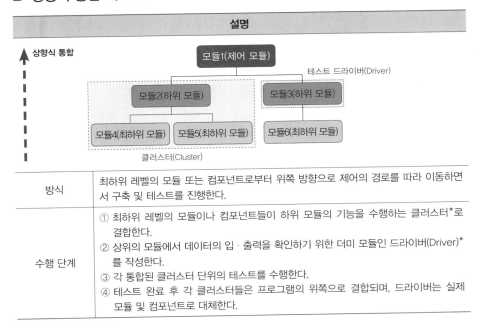
방식	최하위 레벨의 모듈 또는 컴포넌트로부터 위쪽 방향으로 제어의 경로를 따라 이동하면서 구축 및 테스트를 진행한다.
수행 단계	① 최하위 레벨의 모듈이나 컴포넌트들이 하위 모듈의 기능을 수행하는 클러스터*로 결합한다. ② 상위의 모듈에서 데이터의 입·출력을 확인하기 위한 더미 모듈인 드라이버(Driver)*를 작성한다. ③ 각 통합된 클러스터 단위의 테스트를 수행한다. ④ 테스트 완료 후 각 클러스터들은 프로그램의 위쪽으로 결합되며, 드라이버는 실제 모듈 및 컴포넌트로 대체한다.

■ V 모델과 테스트 단계의 개념도 및 설명

• 테스트 단계는 V 모델을 이용해 표현한다.

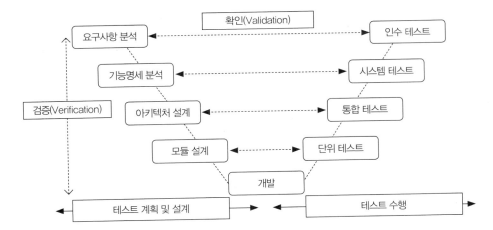

테스트 단계	설명
단위 테스트	구현된 모듈의 기능 수행 여부 판단 및 내부에 존재하는 논리적 오류를 검출할 수 있는 방안을 파악한다.
통합 테스트	모듈 간의 인터페이스 연계를 검증 및 오류를 확인하고, 상호 작용 및 연계 동작 여부를 파악한다.
시스템 테스트	단위 및 통합 테스트 이후 전체 시스템이 정상적으로 작동하는지 기능 명세를 확인하는 테스트 단계이다.
인수 테스트	사용자의 요구사항에 맞게 요구 분석 명세서에 명시된 사항을 모두 충족하는지 테스트하는 단계이다.

출제 예상 문제

01 다음에서 설명하는 애플리케이션 통합 테스트 유형은?

- 깊이-우선 방식 또는 너비-우선 방식이 있다.
- 상위 컴포넌트를 테스트하고 점증적으로 하위 컴포넌트를 테스트한다.
- 하위 컴포넌트의 개발이 완료되지 않은 경우 스텁을 사용하기도 한다.

① 하향식 통합 테스트
② 상향식 통합 테스트
③ 회귀 테스트
④ 빅뱅 테스트

해설 보기의 설명은 하향식 통합 테스트와 관련된 내용이다.

02 상향식 통합 검사에 대한 설명으로 가장 옳지 않은 것은?

① 깊이-우선 통합법 또는 너비-우선 통합법에 따라 스텁을 실제 모듈로 대치한다.
② 검사를 위해 드라이버를 작성한다.
③ 하위 모듈들을 클러스터로 결합한다.
④ 하위 모듈에서 상위 모듈 방향으로 통합하면서 검사한다.

해설 ①번은 하향식 통합 방법에 대한 내용이다.

03 하향식 통합 테스트의 수행을 위해 일시적으로 필요한 조건만을 가지고 임시로 제공되는 더미 모듈의 명칭은?

① Alpha

② Builder

③ Cluster

④ Stub

04 상향식 통합 테스트(Bottom-Up Integration Test)의 과정이 옳게 나열된 것은?

> 가. 드라이버라는 제어 프로그램의 작성
> 나. 낮은 수준의 모듈들을 클러스터로 결합
> 다. 클러스터의 검사
> 라. 드라이버를 제거하고 클러스터를 상위로 결합

① 가 → 나 → 다 → 라

② 나 → 가 → 다 → 라

③ 나 → 다 → 가 → 라

④ 가 → 나 → 라 → 다

05 테스트 단계가 알맞은 것은?

① 단위 테스트 - 통합 테스트 - 시스템 테스트 - 인수 테스트

② 인수 테스트 - 단위 테스트 - 통합 테스트 - 시스템 테스트

③ 단위 테스트 - 통합 테스트 - 인수 테스트 - 시스템 테스트

④ 인수 테스트 - 시스템 테스트 - 단위 테스트 - 통합 테스트

06 통합 테스트의 수행 방법이 아닌 것은?

① 상향식 테스트

② 하향식 테스트

③ 알파 테스트

④ 빅뱅 방식 테스트

07 상향식 통합 테스트의 수행을 위해 상위 모듈의 입·출력을 확인하기 위한 더미 모듈의 명칭은?

① Test Harness

② Test Stub

③ Test Bed

④ Test Driver

애플리케이션 결함 관리

★ 에러(Error)
결함의 원인이 되는 것으로 개발자나 분석가 등 사람에 의해 생성된 실수를 말한다.

★ 결함 · 결점 · 버그
에러가 원인이 되어 제품에 포함되어 있는 결함을 말하며, 제거하지 않을 경우 제품에 문제가 발생할 수 있다.

1 애플리케이션 결함 관리의 개요

■ 소프트웨어 결함

- 소프트웨어의 결함을 말할 때, 에러(Error)★, 결함(Defect)★, 결점(Fault)★, 버그(Bug)★, 실패(Failure) 등의 용어를 사용한다.
- 테스트 이후 발생하는 결함을 보완하고, 테스트 완료 조건을 계획해야 한다.

■ 테스트 결함 관리의 개념

각 단계별 테스트를 수행한 후 발생한 결함의 재발 방지를 위해 유사 결함 발견 시 처리 시간 단축을 위해 결함을 추적하고 관리하는 활동을 말한다.

■ 테스트 결함 추적 관리 활동

각 테스트 단계별 착수 기준과 입력물, 종료 조건 및 산출물에 대하여 추적 활동을 한다.

테스트 단계	착수 기준
① 단위 테스트	해당 사항 없음
② 통합 테스트	설계 문서 결함 발견 및 통합 테스트 평가 완료 시 착수
③ 시스템 테스트	요구사항 명세서의 결함 발견 및 시스템 테스트의 평가 완료 시 착수
④ 운영 테스트	요구사항 명세서의 결함 발견 및 운영 테스트의 평가 완료 시 착수

2 테스트 결함 관리 프로세스 및 측정 지표

■ 테스트 결함 관리 프로세스

- **에러 발견:** 요구사항 분석, 설계, 테스트 실행에서 에러 발견 시 테스트 전문가 및 프로젝트팀과 논의한다.
- **에러 등록:** 결함 관리 대장에서 발견된 에러를 등록한다.
- **에러 분석:** 등록된 에러가 단순 에러인지 실제 결함인지를 분석한다.
- **결함 확정:** 등록된 에러가 실제 결함으로 확정될 경우, 결함 확정 상태로 설정한다.
- **결함 할당:** 결함 해결 담당자를 지정하고 결함 할당 상태로 설정한다.

- **결함 조치:** 결함에 대해 수정 활동을 수행하고 수정 완료 시 결함 조치 상태로 설정한다.
- **결함 조치 검토 및 승인:** 수정이 완료된 결함에 대해 확인 테스트를 수행하고 정상적으로 조치 완료 시 조치 완료 상태로 설정 후 승인한다.

■ 테스트 결함 관리 측정 지표
- **결함 분포:** 모듈이나 컴포넌트의 특정 속성에 해당하는 결함의 수를 측정하여 결함의 분포를 분석한다.
- **결함 추세:** 테스트 진행 시간의 흐름에 따른 결함의 수를 측정하여 추세를 분석한다.
- **결함 에이징:** 등록된 결함에 대해 특정한 결함 상태의 지속 시간을 측정하여 분석한다.

3 테스트 결함의 식별 및 관리 항목

■ 테스트 결함의 식별

구분	항목	설명
단계별 결함 유입 분류	기획 시 유입	사용자 요구사항의 표준 미준수로 인해 발생 가능
	설계 시 유입	기획 단계에 유입 또는 설계 표준 미준수로 발생 가능
	코딩 시 유입	설계 단계에 유입 또는 코딩 표준 미준수로 발생 가능
	테스트 부족 시 유입	테스트 수행 시 테스트 완료 기준의 미준수, 테스트팀과 개발팀의 의사소통 부족 등으로 발생 가능
결함의 심각도별 분류	분류 사례	치명적(Critical) 결함, 주요(Major) 결함, 보통(Normal) 결함, 경미한(Minor) 결함, 단순(Simple) 결함 등으로 분류
	심각도 관리	결함 심각도의 단계별 표준화 용어 사용 및 관리 수행
결함 우선순위	표현 사례	치명적(Critical), 높음(High), 보통(Medium), 낮음(Low) 또는 즉시 해결, 주의 요망, 대기, 개선 권고 등으로 분류

■ 테스트 결함의 관리 항목
테스트 수행 후 발견된 결함은 결함 관리 시스템에 등록해 관리해야 하며, 다음의 항목들은 필수로 등록한다.

① 결함 내용
② 결함 ID
③ 결함 유형
④ 발견일
⑤ 심각도
⑥ 결함 수정 우선순위
⑦ 시정 조치 예정일
⑧ 수정 담당자
⑨ 재테스트 결과
⑩ 종료일

출제 예상 문제

01 소프트웨어 결함과 관련된 용어가 아닌 것은?

① 버그(Bug)
② 실패(Failure)
③ 결점(Fault)
④ 확정(Confirm)

해설 확정(Confirm)은 형상관리에서 사용되는 용어이다.

02 테스트 결함 관리 측정 지표가 아닌 것은?

① 결함 분포
② 결함 탐색
③ 결함 추세
④ 결함 에이징

해설 테스트 결함 관리 측정 지표에는 결함 분포, 결함 추세, 결함 에이징이 있다. 결함 탐색은 결함 관리 측정 지표가 아니다.

03 테스트 결함 관리의 내용 중 옳은 것은?

① 발견된 결함은 결함 관리 시스템에 등록하여 관리한다.
② 결함 수정 담당자는 반드시 기재하지 않아도 무방하다.
③ 결함 심각도가 높을수록 반드시 처리 우선순위가 높아야 한다.
④ 결함 관리와 테스트 종료는 관계가 없다.

해설 결함 수정 담당자는 발견된 결함을 관리 시스템에 등록하여 관리해야 한다. 또 결함의 심각도가 낮지만, 처리 우선순위가 높은 경우도 발생하며 결함에 대한 보완 이후 테스트 완료 조건을 계획한다.

1:④ 2:② 3:① 정답

306 | UI/UX

1 UI의 개념

UI(User Interface)는 사용자가 서비스를 쉽게 이용할 수 있도록 명령어와 기법을 포함하는 사용자 환경을 뜻한다. 사용자 중심의 요구사항에 맞추어 컴퓨터 시스템과 사람 사이에 상호작용을 위한 직관성 있는 기술을 제공한다.

■ UI의 필요성

필요성	설명
오류 최소화	구현하고자 하는 결과의 오류를 최소화하고 적은 노력으로 결과 획득
구체화 제시	막연한 작업 기능에 대해 구체적인 방법을 제시하여 줌
작업 단축	사용자의 편의성을 높임으로써 작업 시간 단축과 업무에 대한 이해도 향상
매개 역할	정보 제공자와 공급자의 원활하고 쉬운 매개 역할을 수행함

■ UI의 설계 원칙

원칙	설명
직관성	누구나 쉽게 이해하고 사용할 수 있어야 한다.
유효성	사용자의 목적을 정확하게 달성하여야 한다.
학습성	누구나 쉽게 배우고 익힐 수 있어야 한다.
유연성	사용자의 요구사항을 최대한 수용하며 오류를 최소화하여야 한다.

2 UI의 형태

- **명령행 기반(Command line Interface):** 사용자가 키보드를 이용해 명령을 입력하여 프로그램을 작동시키는 것을 말한다.
- **메뉴 기반(Menu Driven Interface):** 메뉴 선택에 의한 명령으로 작동시키는 것을 말한다.
- **그래픽 사용자 인터페이스 기반(GUI, Graphic User Interface):** 위치 지정 도구(라이트 펜, 마우스, 태블릿, 조이스틱 등)를 사용하여 도형 표시 프로그램을 작동시키는 것을 말한다.

3 UI의 요구사항과 확인 프로세스

단계	세부 단계	설명
표준 확인 및 지침	① UI 스타일 가이드 정의	- 구동 환경 정의 - 레이아웃 정의 - 내비게이션 정의 - 기능 정의 - 구성 요소 정의
	② UI 패턴 모델 정의	- 업무 화면 클라이언트(Client) 정의 - 서버 컨트롤러(Controller) 정의 - 서버 메시지 및 예외(Exception) 처리 정의 - 클라이언트/서버 간 데이터 변환 정의 - EP 연계 정의(EP-SSO-Client 간 연계 방안) - 보고서 정의 - 씬 클라이언트(Thin Client)에 외부 컴포넌트 연계 정의
	③ UI 표준 수립 조직 구성	- 조직 구성 및 역할 정의 - 커뮤니케이션 방안 수립
	④ UI 표준 환경 분석	- 사용자 트렌드 분석 - 기능 및 설계 분석
응용 소프트웨어 UI 요구사항 확인	⑤ 비즈니스 요구사항 확인	- 목표 정의 - 활동 사항 정의 - 인터뷰 진행
	⑥ 요구사항 작성	- 요구사항 요소 확인 - 정황 시나리오 작성

4 UX의 개념

- 사용자가 어떤 시스템, 제품, 서비스를 직간접적으로 이용하면서 느끼고 생각하게 된 총체적 경험을 말한다.
- 기술의 효용성뿐만 아니라 사용자의 삶의 질을 향상시키는 방향으로 이해하려는 새로운 개념을 말한다.
- 사용자 니즈의 충족, 브랜드 충성도 향상 등에 기여한다.

5 UX의 영역

- 사용자의 만족이나 감정 등의 시맨틱(Semantic) 측면에 초점이 맞추어져 있다.
- 인터랙션 디자인, 사용성, 정보 구조, 인간공학 등의 분야를 포함해 여러 분야를 포괄하지만 확실히 설정되는 명확한 분야가 없어 영역이 모호하다.

6 UI와 UX의 비교

- UI와 UX는 상호보완적 관계가 아니기 때문에 선택적으로 집중해야 할 필요가 있다.
- UI는 경험보다 '기능'이 중요한 상황에서 UX보다 더 중요시된다.
- UI는 사이트를 자주 이용하는 고객보다 처음 이용하는 대상에게 더 유용하다.
- UX는 UI가 조금 복잡하더라도 몰입할 수 있는 매력을 지니게 되면 UI의 불편함을 불식시킬 만큼 중요시된다.

7 UI와 UX의 구성 요소 및 의미

구성 요소	UI/UX의 의미
실용적 품질	UX가 제공하는 기능 중에 사용 방법의 실용성, 효율성, 최적화 등에 관한 부분으로 사용성(Usability)이라고 표현할 수 있다.
쾌락적 품질	UX가 제공하는 재미 혹은 흥미 등의 엔터테인먼트적인 요소를 의미한다.
아름다움	UI/UX의 미적 아름다움에 관한 요소를 의미한다.
이로움	UI/UX의 목적이나 의도의 타당성(합리성)과 관련된 요소를 의미한다.

01 UI의 필요성으로 바르지 않은 것은?

① 오류 최소화

② 작업 기능의 구체화 제시

③ 작업 단축

④ 사용자 분석

> **해설** UI는 오류 최소화, 작업 기능의 구체화 제시, 작업 단축, 매개체 역할 기능을 수행한다. 사용자 분석은 제공된 시스템의 로그나 거래를 보고 판단할 수 있다.

02 다음 중 UI의 형태에 대한 설명으로 올바르지 않은 것은?

① 명령행 기반(CLI)은 사용자가 키보드를 이용해 명령을 입력하여 프로그램을 작동시키는 인터페이스이다.

② 그래픽 사용자 인터페이스(GUI)는 텍스트 기반 명령만을 사용하여 프로그램을 작동시키는 인터페이스이다.

③ 메뉴 기반(MDI)은 메뉴를 선택하여 명령을 실행시키는 인터페이스이다.

④ 그래픽 사용자 인터페이스(GUI)는 위치 지정 도구(마우스, 조이스틱 등)를 사용하여 도형으로 프로그램을 작동시키는 인터페이스이다.

> **해설** GUI는 그래픽 요소를 활용해 사용자와 상호작용하는 인터페이스로 마우스 등 위치 지정 도구를 사용하여 도형을 통해 작동한다. 텍스트 기반 명령만을 사용하는 것은 CLI(명령행 기반)에 해당한다.

03 UI의 확인 사항 순서로 올바른 것은?

① 표준 환경 분석 – 스타일 가이드 정의 – 패턴 모델 정의 – 표준 수립 조직 구성

② 패턴 모델 정의 – 스타일 가이드 정의 – 표준 수립 조직 구성 – 표준 환경 분석

③ 스타일 가이드 정의 – 패턴 모델 정의 – 표준 수립 조직 구성 – 표준 환경 분석

④ 스타일 가이드 정의 – 표준 수립 조직 구성 – 패턴 모델 정의 – 표준 환경 분석

> **해설** UI는 가장 먼저 스타일 가이드를 정의한 후 패턴 모델을 정의하고 그 다음 표준 수립 조직을 구성해 표준 환경을 분석하는 순으로 진행한다.

04 UI의 설계 원칙에서 누구나 쉽게 이해하고 사용할 수 있어야 한다는 것은?

① 유효성

② 직관성

③ 무결성

④ 유연성

> **해설** 직관성은 누구나 쉽게 이해하고 사용할 수 있는 성질로 UI 설계의 대표적 원칙이다.

307 | UI 테스트 기법

1 UI 테스트 기법의 종류

종류	설명	결과물
휴리스틱 평가 (Heuristic Evaluation)	사용성에 대한 문제를 찾아내기 위한 사용성 공학 방법을 말한다.	평가보고서
페이퍼 프로토타입 평가 (Paper Prototype)	프로토타입의 가장 빠른 방법을 말한다.	프로토타입
선호도 평가 (Preference)	선호도에 대한 영향, 중요도에 따른 예측 방법을 말한다.	선호도 평가
성능 평가 (Performance)	실제 제품 및 서비스를 사용해보고 성능을 개선하는 방법을 말한다.	학습성, 효율성, 기억 용이성, 오류, 만족도에 대한 평가

2 UI 테스트 기법별 세부 설명

■ 휴리스틱 평가

사용성 원칙이나 휴리스틱 가이드라인에 비추어 대상의 문제점을 발견하는 방법이다.

– 평가 절차
  ① 평가 계획 수립 및 평가 실행
  ② 발견 이슈 취합 및 개선방향 논의
  ③ 평가 결과 정리 및 평가 보고서 작성

■ 페이퍼 프로토타입 평가

실제 출시될 제품의 디자인을 미리 경험하여 제품의 수정 및 보완 부분을 발견하는 방법이다.

– 평가 절차
  ① 종이에 제품 및 시스템 개략도 작성
  ② 페이지에 번호나 설명 추가
  ③ 실제 형태를 테스트하여 발전

■ 선호도 평가

사용자의 감성을 읽어내기 위한 과학적 시점에서의 객관적인 해석 방법이다.

– 평가 내용

수집되는 자료의 특성에 따라 적절한 추정법 적용이 필요
예) 점수, 순위, 태도 기반 선호도, 속성 기반 선호도 등

■ 성능 평가

개발 마지막 단계에서 각 제품이나 서비스가 지닌 장·단점을 파악하기 위한 방법이다.

– 평가 내용

① 학습성: 쉽게 학습할 수 있는지 여부
② 효율성: 학습 후 매번 신속한 사용이 가능한지 여부
③ 기억용이성: 사용한 기능을 다시 수행할 수 있는지 여부
④ 오류: 오류가 적고, 사용자가 상황을 쉽게 극복할 수 있는지 여부
⑤ 만족도: 사용이 즐겁고 만족스러운지 여부

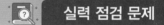
실력 점검 문제

01 UI 테스트 기법이 아닌 것은?

① 휴리스틱 평가
② 벤치마킹 평가
③ 선호도 평가
④ 성능 평가

> **해설**
> UI 테스트 기법에는 휴리스틱 평가, 페이퍼 프로토타입 평가, 선호도 평가, 성능 평가가 있다.

02 UI 테스트 기법 중 성능 평가와 관련이 없는 것은?

① 학습성: 쉽게 학습할 수 있는지 여부
② 효율성: 학습 후 매번 신속한 사용이 가능한지 여부
③ 유일성: 유일한 테스트 기법을 이용하는지 여부
④ 만족도: 사용이 즐겁고 만족스러운지 여부

> **해설**
> UI 테스트 기법 중, 성능 평가와 관련이 있는 항목은 다음과 같다.
> – 학습성: 쉽게 학습할 수 있는지 여부
> – 효율성: 학습 후 매번 신속한 사용이 가능한지 여부
> – 기억용이성: 유일한 테스트 기법을 이용하는지 여부
> – 오류: 오류가 적고, 사용자가 상황을 쉽게 극복할 수 있는지 여부
> – 만족도: 사용이 즐겁고 만족스러운지 여부

308 | 소스 코드 검증 기법

1 소스 코드 검증 도구

소스 코드 검증 도구는 구현된 소프트웨어를 실행하지 않고 테스트하는 정적 테스트 도구와 구현된 소프트웨어를 실행하여 테스트하는 동적 테스트 도구로 구분한다.

2 소스 코드 검증 도구의 용도

■ 정적 테스트 도구

테스트 전 코딩 오류, 성능 저하, 보안 취약점 등의 결함을 조기에 발견할 수 있도록 지원한다.

■ 동적 테스트 도구

테스트 미수행 코드 확인, 분기문 등 특정 유형의 코드 구조가 충분히 테스트되었는 지를 확인할 수 있도록 지원한다.

3 소스 코드 검증 도구의 유형

■ 코드 인스펙션(Code Inspection)

* 정적 테스트의 가장 일반적인 유형으로 사전에 정의된 코드 작성 규칙 기반으로 소스 코드를 점검하여 작성 규칙에 위반되는 소스 코드를 추출하는 분석도구이다.
* 성능 개선, 코드 작성 규칙, 에러 발생 가능성 등을 점검하는 규칙 유형이 있다.

■ 테스트 프레임워크

* 동적 테스트 수행 시 테스트 케이스를 별도의 테스트 코드로 작성하고 동작시킬 수 있는 환경을 제공하는 도구이다.
* 테스트 코드, 테스트 저장소로 구성되어 있다.

01 동적 테스트 도구의 내용이 아닌 것은?

① 테스트 미수행 코드 확인이 가능하다.

② 테스트 분기문 등 특정 유형의 코드 구조를 확인
할 수 있다.

③ 테스트 프레임워크를 통해 테스트 케이스를 별
도의 테스트 코드로 작성 가능하다.

④ 테스트 전 결함을 조기에 발견할 수 있다.

> **해설** ④번은 정적 테스트 도구에 대한 설명으로 정적 테스트 도구는 테스트 전 코딩 오류, 결함 등을 조기에 발견할 수 있도록 지원한다.

02 코드 인스펙션의 규칙 유형이 아닌 것은?

① 성능 개선 점검

② 코드 작성 규칙 점검

③ 에러 발생 가능성 점검

④ 분기문 수행 점검

> **해설** 분기문 수행 점검은 동적 테스트에 속하는 내용으로, 정적 테스트인 코드 인스펙션의 규칙 유형과 거리가 멀다.

03 정적 테스트 도구의 내용 중 옳은 것은?

① 보안 취약점을 발견하기 어렵다.

② 테스트 프레임워크를 이용할 수 없다.

③ 테스트 분기문 등 특정 유형의 코드 구조를 확인
할 수 있다.

④ 일반적인 유형으로 코드 인스펙션이 있다.

> **해설** 정적 테스트 도구는 테스트 전 보안 취약점 등의 결함을 조기에 발견해 작성 규칙에 위반되는 소스 코드를 추출하는 분석 도구로 대표적인 유형으로 코드 인스펙션이 있다.

309 | 형상관리

1 형상관리

형상관리는 소프트웨어 개발과정에서 발생하는 모든 항목의 변경 사항을 관리하기 위한 활동이다.

■ 형상관리의 특징

- 형상관리를 통해 이전 리비전(Revision)이나 버전에 대한 정보 접근이 가능하며, 배포본 관리에도 유용하다.
- 불필요한 사용자의 소스 수정을 제한할 수 있다.
- 여러 개발자가 동일한 프로젝트를 동시에 개발할 수 있다.
- 에러 발생 시 복구가 가능하다.

■ 형상관리의 절차

(1) 형상 식별

- 형상관리 대상을 정의, 식별하고 해당 항목에 추적성을 부여하기 위한 ID 관리 번호를 부여하는 활동이다.
- 형상관리 대상으로 프로젝트 요구 분석서, 소스 코드, 운영 및 설치 지침서, 프로젝트 수행 단계별 문서, 변경 사항 등이 주요 대상이다.

(2) 형상 통제

변경 요구 관리, 변경 제어, 형상관리 등 통제를 지원한다.

(3) 형상 감사

베이스라인 변경 시 요구사항과 일치 여부를 검토한다.

(4) 형상 기록

소프트웨어 형상 및 변경 관리에 대한 수행 결과를 기록한다.

2 형상관리 도구

소프트웨어 개발 과정에서 생산되는 소스 코드, 문서 등의 버전, 이력 등을 추적하고 변경 사항을 관리할 수 있는 도구이다.

멘토 코멘트

형상관리는 자주 출제되는 영역으로 개념, 절차, 도구 등을 꼭 숙지하길 바란다.

알아두기

형상관리 대상
프로젝트 요구 분석서, 소스코드 운영 및 설치 시험서, 컴퓨터 프로그램, 컴퓨터 프로그램 서술 문서, 정의/개발 단계 문서, 유지보수 단계 변경 사항 등이 주요 대상이다.

알아두기

형상관리 위원회 (Configuration Control Board)
형상관리를 위해 구성된 팀을 말한다.

멘토 코멘트

형상관리 도구의 주요 기능 및 유형에 대하여 학습해야 한다.

■ 형상관리 도구의 주요 기능

- **체크인(Check-In):** 수정 완료한 파일을 저장소에 새로운 버전으로 갱신 및 저장한다.
- **체크아웃(Check-Out):** 저장소에 저장된 파일을 로컬에 다운로드한다.
- **커밋(Commit):** 체크아웃한 파일을 변경한 후 저장소에 저장하여 갱신을 완료한다.

■ 형상관리 도구의 종류

- 형상관리 도구 유형으로 중앙 집중형, 분산 저장소, 로컬 방식이 활용된다.
- 대표적으로 CVS(Concurrent Versions System), SVN(Subversion), 깃(Git)이 사용된다.

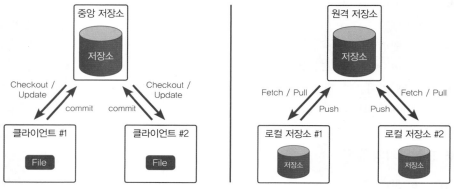

▲ 중앙 집중형과 분산 저장소 형상관리 도구

유형	도구 종류
중앙 집중형(Client/Server)	SVN(Subversion), CVS, Perforce, ClearCase, TFS
분산 저장소	Git, Mercurial, Bitkeeper, SVK, Darcs
로컬(Folder 공유)	RCS(Revision Control System), SCCS(Source Code Control System)

■ 중앙 집중형 형상관리 도구, CVS(Concurrent Versions System)

- 1980년대에 개발된 클라이언트 서버 구조의 중앙 집중형 형상관리 도구로서 서버에 저장소를 두고 클라이언트에 접속해 버전 관리를 수행한다.
- 개별 파일 단위로 버전 관리를 수행한다.
- Diff 명령어*를 통한 파일 내용을 비교한다.

(1) CVS의 특징

- 직관적이고 비교적 단순하다.
- 하나의 파일에 대한 동시 작업이 가능하고 안정적이다.
- 파일 전체가 아닌 변경 사항만 저장된다.

★ **Diff**
파일의 이전 버전과 차이점을 비교하는 CVS 명령어이다.

- 아스키코드 지원이 가능하나 유니코드는 제한적으로 지원된다.
- 디렉터리, 파일 이름 변경이나 이동이 불편하다.
- 커밋 실패 시 롤백* 기능이 지원되지 않는다.

★ 롤백(Rollback)
작업 중 문제가 발생했을 때, 처리 과정에서 발생한 변경 사항을 취소하고 이전 상태로 되돌리는 기능이다.

(2) CVS의 주요 명령어

명령어	설명
import	신규 프로젝트 파일 또는 디렉터리를 등록한다.
checkout	서버에서 파일 또는 디렉터리를 로컬에 저장한다.
commit	로컬 파일을 서버에 저장한다.
update	서버의 최신 버전을 로컬 작업 디렉터리에 반영한다.
add	새로운 파일 또는 디렉터리를 버전 관리 대상으로 추가한다.
remove	파일 또는 디렉터리를 삭제한다.
diff	파일의 이전 버전과 차이점을 비교한다.

■ 중앙 집중형 형상관리 도구, SVN(Subversion)

- CVS의 단점을 보완하기 위해서 개발된 클라이언트 서버 구조의 중앙 집중형 형상관리 도구로서 현재 가장 널리 사용되고 있는 형상관리 도구이다.
- 소스 코드와 바이너리(문서, 라이브러리 등) 파일을 지원한다.
- 커밋* 단위가 개별 파일이 아닌 작업 단위이다.

알아두기

커밋 vs 롤백
- **커밋**
변경된 버전의 적용을 의미한다.
- **롤백**
변경 전의 상태로 되돌리는 작업을 의미한다.

(1) SVN의 특징
- 커밋 실패 시 롤백 기능을 지원한다.
- 디렉터리, 파일에 대한 세밀한 접근과 시간 순으로 변화를 관리한다.
- 처리 속도가 상대적으로 빠르고 압축 지원으로 저장 공간이 절약된다.
- 깃에 비해 브랜치, 태그 작업이 무겁다.
- 잦은 커밋으로 리비전(Revision) 번호가 크게 증가한다.
- 하나의 파일을 다른 사용자들이 동시에 커밋 시 충돌 확률이 높다.

(2) SVN의 주요 명령어

명령어	설명
import	신규 프로젝트 파일 또는 디렉터리를 등록한다.
checkout	서버에서 파일 또는 디렉터리를 로컬에 저장한다.
commit	로컬 파일을 서버에 저장한다.
update	서버의 최신 버전을 로컬 작업 디렉터리에 반영한다.
add	새로운 파일 또는 디렉터리를 버전 관리 대상으로 추가한다.
delete	파일 또는 디렉터리를 삭제한다.
move	파일 또는 디렉터리를 이동한다.

rename	파일 또는 디렉터리 이름을 변경한다.
diff	파일의 이전 버전과 차이점을 비교한다.
merge	다른 디렉터리 변경 내역을 병합한다.

■ 분산 저장소 형상관리 도구, 깃(Git)

- 깃은 분산 저장소 방식의 형상관리 도구로서 로컬에 저장소가 구성되며 원격 서버 연결이 끊겨도 버전 관리가 가능하다.
- 저장소를 전부 복제하고 클라이언트를 이용한 서버 복원이 가능하다.
- 거의 모든 명령을 로컬에서 수행한다.
- 변경 사항을 스냅샷(Snapshot)★으로 저장 및 관리한다.

★ 스냅샷
특정 시점의 파일, 폴더 또는 워크스페이스의 상태를 의미한다.

(1) 깃의 특징

- 동일한 저장소를 이용해 로컬에 저장이 가능하다.
- 로컬 저장소를 통해 오프라인으로 작업 수행이 가능하다.
- 일시적인 이력 관리가 용이하고 처리 속도가 빠르다.
- 기존 형상관리 도구에 비해 덜 직관적이고 학습 시간이 필요하다.
- 대용량 코드 관리에 부적절하며 한번에 diff 명령어를 보기가 어렵다.

(2) 깃의 주요 명령어

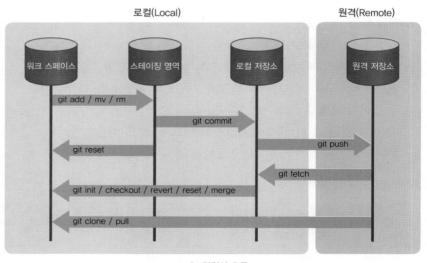

▲ Git 명령어 흐름

명령어	설명
init	새로운 로컬 저장소를 생성한다.
clone	원격 서버의 저장소를 로컬 저장소에 복제한다.
branch	브랜치를 생성, 변경, 삭제한다.
checkout	지정된 브랜치로 이동한다.
add	작업 내역을 스테이징 영역(Staging Area)*에 추가한다.
commit	작업 내역을 로컬 저장소에 저장한다.
push	로컬 저장소의 작업 내역을 원격 저장소에 저장한다.
pull	원격 저장소의 파일 또는 디렉터리를 저장 및 병합한다.
fetch	원격 저장소의 파일 또는 디렉터리를 저장한다.
revert	작업 내역을 특정 커밋 상태로 변경(커밋 추가 수행)한다.
reset	작업 내역을 특정 커밋 상태로 변경(이후 커밋 삭제)한다.
merge	지정 브랜치 변경 사항을 특정 브랜치와 병합한다.
diff	변경 작업 내용을 비교한다.
mv	파일 또는 디렉터리를 이동하거나 이름을 변경한다.
rm	파일을 작업 폴더에서 제거한다.

★ 스테이징 영역
(Staging Area)
커밋을 수행하기 전, 커밋에 포함될 변경 사항을 정리하는 영역으로 보다 안정적인 버전 관리가 가능하다.

실력 점검 문제

출제 예상 문제

01 소프트웨어 형상관리에서 관리 항목에 포함되지 않는 것은?

① 프로젝트 요구 분석서

② 소스 코드

③ 운영 및 설치 지침서

④ 프로젝트 개발 비용

해설 형상관리의 관리 항목으로는 프로젝트 요구 분석서, 소스 코드, 운영 및 설치 지침서 등이 있다.

02 형상관리 도구의 주요 기능으로 거리가 먼 것은?

① 정규화(Normalization)

② 체크인(Check-In)

③ 체크아웃(Check-Out)

④ 커밋(Commit)

해설 형상관리 도구의 주요 기능은 다음과 같다.
- 체크인(Check-In): 수정 완료한 파일을 저장소에 새로운 버전으로 갱신 및 저장하는 기능이다.
- 체크아웃(Check-Out): 저장소에 저장된 파일을 로컬에 다운로드하는 기능이다.
- 커밋(Commit): 체크아웃한 파일을 변경한 후 저장소에 저장하여 갱신을 완료하는 기능이다.

03 소프트웨어 형상관리 역할로 틀린 것은?

① 형상관리를 통해 이전 리비전이나 버전에 대한 정보 접근이 가능하며 배포본 관리에 유용
② 불필요한 사용자의 소스 수정 제한
③ 프로젝트 개발 비용을 효율적으로 관리
④ 여러 개발자가 동일한 프로젝트를 동시에 개발

> **해설** 소프트웨어 형상관리는 프로젝트 개발 비용과는 관련이 없다.

04 소프트웨어 형상관리의 의미로 적절한 것은?

① 비용에 관한 사항을 효율적으로 관리하는 것
② 개발 과정의 변경 사항을 관리하는 것
③ 테스트 과정에서 소프트웨어를 통합하는 것
④ 개발 인력을 관리하는 것

> **해설** 형상관리는 소프트웨어 개발 과정에서 발생한 모든 항목의 변경 사항을 관리하기 위한 활동이다.

05 소프트웨어 형상관리에 대한 설명으로 가장 타당한 것은?

① 개발 인력을 관리하는 것
② 개발 과정의 변경되는 사항을 관리하는 것
③ 개발 일정을 관리하는 것
④ 테스트 과정에서 소프트웨어를 통합하는 것

> **해설** 소프트웨어 형상관리는 개발 과정의 변경되는 사항을 관리한다.

06 소프트웨어 형상관리에 관한 설명으로 거리가 먼 것은?

① 소프트웨어에서 일어나는 수정이나 변경 사항을 알아내고 제어하는 것을 의미한다.
② 소프트웨어 개발의 전체 비용을 줄이고, 개발과정의 여러 방해 요인이 최소화되도록 보증하는 것을 목적으로 한다.
③ 형상관리를 위하여 구성된 팀을 'Chief Programmer Team'이라고 한다.
④ 형상관리에서 중요한 기술 중의 하나는 버전 제어 기술이다.

> **해설** 형상관리를 위해 구성된 팀을 '형상관리 위원회(Configuration Control Board)'라고 한다.

07 소프트웨어 형상관리의 대상으로 거리가 먼 것은?

① 소스 레벨과 수행 형태인 컴퓨터 프로그램
② 숙련자와 사용자를 목표로 한 컴퓨터 프로그램을 서술하는 문서
③ 프로그램 내에 포함된 자료
④ 시스템 개발 비용

> **해설** 시스템 개발 비용은 형상관리의 대상이 아니다.

08 다음 설명에 해당하는 도구는?

> – 분산 저장소 방식의 형상관리 도구이다.
> – 로컬에 저장소가 구성되며 서버 연결이 끊겨도 버전 관리가 가능하다.

① CVS(Concurrent Versions System)
② SVN(Subversion)
③ Git
④ Eclipse

> **해설** 보기는 Git에 대한 설명으로 Git은 분산 저장소 방식의 형상관리 도구이다.

310 | 애플리케이션 빌드

1 애플리케이션(소프트웨어) 패키징의 개요

- 개발이 완료된 애플리케이션을 고객에게 전달하기 위한 형태로 제작
- 설치와 사용에 필요한 제반 절차 및 환경 등 전체 내용을 포함하는 매뉴얼 작성
- 애플리케이션에 대한 패치 개발과 업그레이드를 위하여 버전 관리를 수행

■ 애플리케이션 적용상의 특성

특성	설명
사용자 중심	개발자가 아닌 사용자 중심으로 진행한다.
모듈화	신규/변경 개발 소스를 식별하고 이를 모듈화하여 상용 제품으로 패키징한다.
버전 관리 및 릴리즈 관리	고객의 편의성을 위한 신규/변경 이력을 확인하고 지속적으로 관리한다.
범용 환경에서 사용	사용자의 실행 환경을 이해하고 범용 환경에서 사용 가능하도록 일반적인 배포 형태로 분류하여 패키징을 진행한다.

2 애플리케이션 패키징을 위한 모듈 빌드

■ 애플리케이션의 모듈 및 모듈화

(1) 모듈 및 모듈화의 개념
- **모듈**: 소프트웨어 설계 시에 기능 단위로 분해하고 추상화되어 재사용 및 공유가 가능한 수준의 단위이다.
- **모듈화**: 모듈을 이용해 성능 향상, 디버깅, 시험, 통합, 수정을 용이하도록 하는 소프트웨어 설계 기법이다.

(2) 모듈화의 장점
- 프로그램을 효율적으로 관리할 수 있고 성능이 향상된다.
- 소프트웨어 이해도가 높아지고 복잡성이 감소한다.
- 기능의 분리가 가능하고, 인터페이스가 단순하며, 개발이 용이하다.
- 오류 파급 효과 최소화, 재사용을 통한 유지보수가 용이하다.

(3) 모듈화의 목표
- 모듈 간 결합도의 최소화(Loose Coupling)
- 모듈 내에 요소들 간의 응집도 최대화(Strong Cohesion)

(4) 모델 단위 분류
- 모듈의 개념을 정확하게 이해하고 이에 적합한 기능 단위로 패키징하는 것이 필요하다.
- 배포 시 애플리케이션 성능이 향상되고 배포 전 시험 및 수정 등의 작업 진행에서도 모듈 단위로 분류 작업을 진행한다.

■ 애플리케이션 모듈 빌드 기법

(1) 소프트웨어 빌드(Software Build)
- 소스 코드 파일을 컴퓨터에서 실행할 수 있는 애플리케이션의 단위로 변환하는 과정이나 그에 대한 결과물을 말한다.
- 소스 코드 파일이 실행 코드로 변환되는 컴파일 과정을 핵심으로 수행한다.
- 빌드에 따른 결과물에 대한 상세 확인이 필요하다.

(2) 애플리케이션을 위한 빌드 기법
- 소프트웨어 빌드 시스템의 기본 개념을 알고 빌드의 실행 단위인 컴파일과 빌드 도구의 특징 및 사례들의 사전확인이 필요하다.
- 빌드 도구를 활용하여 컴파일 이외에도 애플리케이션 완성을 위해 이력 관리 등 다양한 작업을 수행한다(대표적 빌드 도구: Ant, Make, Maven, Gradle 등).

3 빌드 자동화의 개념

- 소스 코드 파일들을 컴파일해 여러 개의 모듈로 패키징한 후, 잘 짜인 프로세스를 자동으로 실행하여 믿을 수 있는 결과물을 생산하는 일련의 작업 방식을 의미한다.
- 빌드 자동화는 CI(Continuous Integration)와 일맥상통하는 의미이다.
- 자동화 도구로는 Ant, Maven, Jenkins, Gradle 등이 있다.

4 빌드 자동화 도구의 설명

■ Ant
- 소스 코드를 .war 또는 .jar로 압축한 후, 사용자가 실행 가능하도록 웹 서버에 업로드하거나 실행 파일로 만드는 작업을 수행하는 도구이다.

- XML 기반의 빌드 도구이며 XML이 최적화되어 있지만 스크립트의 재사용은 불가능하다.

■ Maven

- Ant와 유사하지만 프로젝트 관리 컨셉으로 만들어진 빌드 자동화 도구이다.
- 정해진 라이프 사이클에 의해 작업을 수행하며 전반적인 프로젝트 관리 기능까지 포함한다.

■ Jenkins

- Java 기반의 오픈소스 빌드 자동화 도구로 지속적 통합 관리(CI)를 지원한다.
- 서블릿 컨테이너에서 실행되는 서버 기반의 도구이다.
- CVS, SVN, Git 등의 다양한 버전 관리 도구를 지원한다.
- Ant나 Maven 기반의 프로젝트뿐만 아니라 임의의 셸 스크립트와 윈도우 배치 명령까지 실행 가능한 도구이다.

■ Gradle

- 안드로이드 앱 개발 환경에서 사용 가능한 빌드 자동화 도구이다.
- 플러그인 설정 시 Java, C/C++, Python 등의 언어도 빌드가 가능하다.
- XML이 아닌 Groovy로 작성되어 DSL(Domain-Specific Language)*을 스크립트로 사용한다. 과거에 사용했던 태스크(Task)를 재사용하거나 다른 시스템의 태스크(Task)를 공유할 수 있는 빌드 캐시 기능을 지원하여 빌드의 속도 향상이 가능하다.

알아두기

서블릿과 서블릿 컨테이너

서블릿(Servlet)은 서버에서 웹 페이지 등을 동적으로 생성하거나 데이터 처리를 수행하기 위해 자바(Java)로 작성된 프로그램이다. 서블릿 컨테이너는 이러한 서블릿의 실행 환경을 말한다.

★ DSL
특정한 도메인에 특화된 프로그래밍 언어를 의미한다.

01 빌드 자동화 도구에 대한 설명으로 틀린 것은?

① Gradle은 실행할 처리 명령들을 모아 태스크로 만든 후 태스크 단위로 실행한다.

② 빌드 자동화 도구는 통합개발환경에서 유용하게 활용된다.

③ 빌드 자동화 도구에는 Ant, Gradle, Jenkins 등이 있다.

④ Jenkins는 Groovy 기반으로 한 오픈소스로 안드로이드 앱 개발 환경에서 사용된다.

해설 Jenkins는 Java 기반의 오픈소스 빌드 자동화 도구이다. Groovy를 기반으로 한 오픈소스로 안드로이드 앱 개발 환경에서 사용되는 자동화 도구는 Gradle이다.

02 빌드 자동화 도구가 아닌 것은?

① Ant

② Jenkins

③ Gradle

④ Eclipse

해설 Eclipse는 통합개발환경 도구이다.

03 빌드 자동화 도구인 Jenkins의 내용과 다른 것은?

① 안드로이드 기반의 개발 환경에서의 빌드 자동화 도구

② 서블릿 컨테이너에서 실행

③ SVN, Git 등의 버전 관리 도구 지원

④ 윈도우 배치 명령 실행 가능

해설 안드로이드 기반의 개발 환경에서의 빌드 자동화 도구는 Gradle이다.

04 빌드 자동화 도구인 Gradle의 내용과 다른 것은?

① Groovy로 작성되어 DSL을 스크립트로 사용

② 과거에 사용된 태스크 재사용 가능

③ Java, C/C++는 지원되나 Python은 지원 불가

④ 안드로이드 앱 개발 환경에서 사용

해설 Gradle은 Java, C/C++ 및 Python까지 지원 가능하다.

311 | 애플리케이션 배포 도구

1 애플리케이션 배포의 개념

* 개발 완료된 애플리케이션의 소스를 검증한 후에 빌드를 수행하고 운영 환경에 배포하는 것을 말한다.
* 효율적인 애플리케이션 배포(Application Release)를 위해 릴리즈 노트 작성 및 도구 사용이 필요하다.

2 릴리즈 노트의 개요

* 최종 사용자와 잘 정리된 릴리즈 정보를 공유하기 위한 문서이다.
* 릴리즈 노트에는 상세 서비스를 포함해 소프트웨어 제품의 수정, 변경 등과 같은 일련의 작업 정보도 포함되어 있다.

■ 릴리즈 노트의 중요성

* 테스트의 결과와 정보가 포함된다.
* 사용자에게 보다 확실한 정보를 제공한다.
* 전체적인 제품의 수행 기능 및 서비스의 변화를 공유한다.
* 자동화 개념과 함께 적용이 가능하다.

■ 릴리즈 노트 작성 시 고려사항

* 개발팀에서 소유권을 가지고 직접 작성한다.
* 현재 시제로 작성하며 정확하고 완전한 정보를 제공한다.
* 배포 시부터 이력을 정확하게 관리하여 진행한다.
* 개발자와 테스트 협업이 필요하다.

■ 릴리즈 노트의 작성 항목

작성 항목	설명
Header	문서 이름(릴리즈 노트 이름), 제품 이름, 버전 번호, 릴리즈 날짜, 참고 날짜, 노트 버전 등
개요	제품 및 변경에 대한 간략한 개요

목적	릴리즈 버전의 새로운 기능 목록과 릴리즈 노트의 목적에 대한 개요, 버그 수정 및 새로운 기능 기술
이슈 요약	버그의 간단한 설명 또는 릴리즈 추가 항목 요약
재현 항목	버그 발견에 따른 재현 단계 기술
수정/개선 내용	버그 수정 또는 개선한 내용을 간단하게 기술
사용자 영향도	최종 사용자 기준에서 버전 변경에 따른 기능 및 응용 프로그램의 영향도 기술
소프트웨어 지원 영향도	버전 변경에 따른 소프트웨어의 지원 프로세스 및 영향도 기술
노트	소프트웨어 및 하드웨어 설치 항목, 제품, 문서를 포함한 업그레이드 항목 메모
면책 조항	회사 및 표준 제품과 관련된 메시지 예 프리웨어, 불법 복제 금지 등
연락 정보	사용자 지원 및 문의 응대를 위한 연락처 정보

3 릴리즈 노트의 작성

■ 릴리즈 노트의 작성 프로세스

1. 모듈 식별 예 I/O 데이터, Function Data Flow	2. 릴리즈 정보 확인 예 문서/제품명, Ver No, Release Date	3. 릴리즈 노트 개요 작성 예 제품/변경 Note, Ver/Configure Info
4. 영향도 체크 예 Trouble Issue, Bug Catchup	5. 정식 릴리즈 노트 작성 예 릴리즈 정보, Header 및 개요	6. 추가 개선 항목 식별 예 베타버전, 긴급 버그, 사용자 요청

■ 릴리즈 노트 작성의 작업별 설명

- **모듈 식별:** 신규 패키징 제품의 모듈, 빌드 내용을 식별
- **릴리즈 정보 확인:** 패키징된 릴리즈 정보를 확인
  예 문서 이름, 제품 이름, 버전 번호, 릴리즈 날짜, 참고 날짜 노트 버전 등
- **릴리즈 노트 개요 작성:** 빌드 내용에 따라 릴리즈 노트의 개요를 작성
  예 개요, 빌드에 따른 결과물, 버전 및 형상관리에 대한 전반적인 노트
- **영향도 체크:** 이슈, 버그 및 추가 영향도를 체크하여 기술
- **정식 릴리즈 노트 작성:** 학습한 항목에 따른 내용을 포함하여 정식 릴리즈 노트 작성
- **추가 개선 항목 식별:** 추가 개선에 대한 항목을 식별하여 릴리즈 노트 작성

4 패키징 도구를 활용한 배포 수행

■ 애플리케이션 패키징 도구의 개념

- 배포를 위한 패키징 시에 디지털 콘텐츠의 지적 재산권을 보호하고 관리하는 기능을 제공하며, 안전한 유통과 배포를 보장하는 도구이자 솔루션이다.
- 사용 권한 제어 기술, 패키징 기술, 라이선스 관리, 권한 통제 기술 등을 포함한다.

멘토 코멘트

패키징 도구에서 사용되는 기술과 구성 요소를 구분할 수 있어야 한다.

■ 애플리케이션 패키징 도구의 구성 요소

구성 요소	설명
암호화 (Encryption)	콘텐츠 및 라이선스를 암호화하고, 전자 서명을 할 수 있는 기술 예 PKI, Symmetric/Asymmetric Encryption, Digital Signature
키 관리 (Key Management)	콘텐츠를 암호화한 키에 대한 저장 및 배포 기술 예 Centralized, Enveloping
암호화 파일 생성 (Packager)	콘텐츠를 암호화된 콘텐츠로 생성하기 위한 기술 예 Pre-packaging, On-the-fly Packaging
식별 기술 (Identification)	콘텐츠에 대한 식별 체계 표현 기술 예 DOI, URI
저작권 표현 (Right Expression)	라이선스의 내용 표현 기술 예 XrML/MPGE-21 REL, ODRL
정책 관리 (Policy Management)	라이선스 발급 및 사용에 대한 정책 표현 및 관리 기술 예 XML, Contents Management System
크랙 방지 (Tamper Resistance)	크랙에 의한 콘텐츠 사용 방지 기술 예 Code Obfuscation, Kernel Debugger Detection, Module Certification, Secure DB, Secure Time Management, Encryption
인증(Authentication)	라이선스 발급 및 사용의 기준이 되는 사용자 인증 기술 예 User/Device Authentication, SSO, Digital Certificate

■ 애플리케이션 패키징 도구 활용 시 고려사항

- **암호화 및 보안:** 내부 콘텐츠에 대한 암호화 및 보안을 반드시 고려한다.
- **이기종 연동:** 여러 가지 이기종 콘텐츠 및 단말기 간 DRM 연동을 고려한다.
- **복잡성 및 비효율성:** 사용자의 입장에서 불편해질 수 있는 문제를 고민해 최대한 효율적으로 적용될 수 있도록 고려한다.
- **적합한 암호 알고리즘:** 애플리케이션의 종류에 맞는 알고리즘을 선택해 범용성을 고려한다.

01 릴리즈 노트의 작성 항목이 아닌 것은?

① 버그 발견에 따른 재현 단계 기술

② 애플리케이션 설계 시의 상세 계약 문서

③ 불법 복제 방지, 중복 등 참조에 대한 공지사항

④ 사용자 지원 및 문의 관련한 연락처 정보

> 해설 애플리케이션 설계 시 상세 계약 문서는 릴리즈 노트 작성 항목에 포함되지 않는다.

02 패키징 도구를 활용하여 소프트웨어 배포 시 고려사항으로 맞는 것은?

① 반드시 내부 콘텐츠에 대한 암호화 및 보안을 고려한다.

② 이기종 간 연동은 고려하되 DRM 연동은 고려하지 않는다.

③ 암호화를 위해 비효율적인 패키징을 감수한다.

④ 다양한 암호 알고리즘을 이용하여 복잡성을 증가시킨다.

> 해설 소프트웨어 배포 시 반드시 암호화 및 보안을 고려해야 한다.

03 애플리케이션 패키징 도구에 포함되는 기술이 아닌 것은?

① 사용 권한 제어 기술

② 라이선스 관리 기술

③ 권한 통제 기술

④ 압축 해제 기술

> 해설 애플리케이션 패키징 도구에 포함되는 기술은 사용 권한 제어 기술, 라이선스 관리 기술, 권한 통제 기술, 패키징 기술이다. 압축 해제 기술은 포함되지 않는다.

과목

프로그래밍 언어 활용

프로그래밍 언어 활용

이번 장에서 다룰 종합 내용

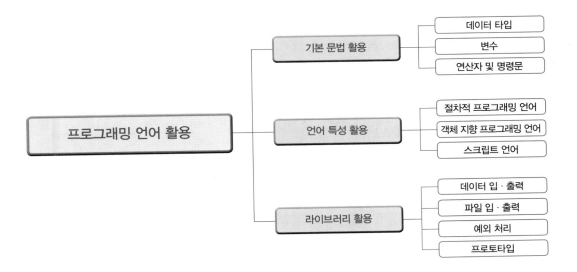

☑ 데이터 타입 및 변수, 연산자의 기본 프로그램 문법을 학습한다.
☑ 절차, 객체 지향 등 다양한 프로그램 유형을 학습한다.
☑ 라이브러리, 프로토타입 등을 이용한 프로그래밍을 학습한다.

데이터 타입

1 데이터 타입

프로그래밍 언어에서 실수, 정수 등과 같은 여러 종류의 데이터를 식별하는 형태를 데이터 타입 또는 자료형이라고 한다.

■ 데이터 타입의 유형

유형	설명
불린 타입	조건이 참인지 거짓인지 판단하고자 할 때 사용하는 타입
문자 타입	문자 하나를 저장하고자 할 때 사용하는 타입
문자열 타입	나열된 여러 개의 문자를 저장하고자 할 때 사용하는 타입
정수 타입	정수값을 저장하고자 할 때 사용하는 타입
부동 소수점 타입	소수점을 포함하는 실수값을 저장하고자 할 때 사용하는 타입
배열 타입	여러 데이터를 하나로 묶어서 저장하고자 할 때 사용하는 타입

2 Java 언어의 데이터 타입

유형	데이터 타입	크기	범위
정수형	byte	1byte	−128 ~ 127
	short	2byte	−32768 ~ 32767
	int	4byte	−2147483648 ~ 2147483647
	long	8byte	−9223372036854775808 ~ 9223372036854775807
실수형	float	4byte	0x0.000002P−126f ~ 0x1.fffffeP+127f
	double	8byte	0x0.0000000000001P−1022 ~ 0x1.fffffffffffffP+1023
문자형	char	2byte	0 ~ 65535
논리형	boolean	1byte	true, false

3 C/C++ 언어의 데이터 타입

유형	데이터 타입	크기	범위
정수형	short	2byte	−32768 ~ 32767
	unsigned short	2byte	0 ~ 65535
	int	4byte	−2147483648 ~ 2147483647
	unsigned int	4byte	0 ~ 4294967295
	long	4byte	−2147483648 ~ 2147483647
	unsigned long	4byte	0 ~ 4294967295
실수형	float	4byte	$1.2*10^{-38}$ ~ $3.4*10^{38}$
	double	8byte	$2.2*10^{-308}$ ~ $1.8*10^{308}$
문자형	char	1byte	−128 ~ 127
	unsinged char	1byte	0 ~ 255

알아두기

char 타입은 C 언어에서는 1바이트이지만, Java에서는 유니코드 문자 체제를 이용하여 2바이트이다.

4 파이썬 언어의 데이터 타입

유형	데이터 타입	설명
정수형	int	자연수를 포함해 값의 영역이 정수로 한정된 값 예 −1, 1024, 32
실수형	float	소수점이 포함된 값 예 −3.14, 314e−2(지수형)
군집 자료형	char	값이 문자로 출력되는 자료형 예 'building'
	list	− 하나의 변수에 여러 값을 할당하는 데이터 타입 − list는 [ ]로 표시하고, list 안에 요소들은 콤마로 구분하여 나열함 예 ['dog', 'cat']
	tuple	− list와 같은 구성이지만, 데이터를 변경할 수 없는 자료 구조 − ( )를 사용함 예 ('dog', 'cat')
	dict	− 변경 불가능한 키(key)와 변경 가능한 값(value)으로 맵핑되어 있는 순서가 없는 집합 − { }를 사용함 예 {'a': 1, 'b': 2}
논리형	bool	참 · 거짓을 나타내는 데이터 타입 예 true, false

알아두기

파이썬 3.x부터는 long형이 사라지고 크기 제한 없이 부호 있는 int타입이 정수형이 되었다. 다른 언어는 컴파일러에 의해 제한되지만, 파이썬 정수형의 크기는 오로지 컴퓨터 메모리에 의해서만 제한된다.

출제 예상 문제

01 Java 언어의 정수 데이터 타입 중 long의 크기는?

① 1바이트

② 2바이트

③ 4바이트

④ 8바이트

> **해설** Java 프로그래밍 언어에서 long의 크기는 8바이트이다.

02 파이썬에서 리스트 타입의 특징으로 맞는 것은 무엇인가?

① 순서가 없고, 중복을 허용하지 않는다.

② 순서가 있고, 수정이 가능하다.

③ 순서가 없고, 수정이 불가능하다.

④ 순서가 있고, 중복을 허용하지 않는다.

> **해설** 리스트는 파이썬에서 순서가 있는(Ordered) 자료형이며 수정 가능한(Mutable) 데이터 타입이다. 따라서 리스트 내의 각 요소는 인덱스를 통해 접근할 수 있고 값을 변경하거나 새로운 요소를 추가할 수 있으며 중복된 요소도 허용한다.

03 C 언어에서 정수형(int) 데이터 타입에 관한 설명으로 옳은 것은?

① 소수점을 포함할 수 있다.

② 문자만 저장할 수 있다.

③ 정수값을 저장할 수 있다.

④ 8byte 크기를 저장할 수 있다.

> **해설** 정수형(int)은 소수점을 가지지 않는 정수값만 저장할 수 있는 데이터 타입이다. 주로 정수 연산에 사용되며 소수점을 포함하는 실수값을 저장하려면 float 또는 double 타입을 사용한다.

04 불리언(Boolean) 데이터 타입에 대한 설명으로 맞는 것은?

① 여러 개의 값을 저장할 수 있다.

② 참과 거짓을 나타내는 두 가지 값만을 저장할 수 있다.

③ 정수형 데이터만 저장할 수 있다.

④ 소수점이 있는 값을 저장할 수 있다.

> **해설** 불리언(Boolean) 타입은 오직 두 가지 값인 참(true)과 거짓(false)만을 저장할 수 있는 데이터 타입이다. 주로 조건문이나 논리 연산에서 사용되며 특정 조건이 참인지 거짓인지를 나타내는 역할이다.

102 | 변수

1 변수의 개념

데이터를 저장할 수 있는 메모리 공간을 의미하며 저장하지 않은 데이터는 사라지기 때문에 중요한 데이터라면 반드시 변수에 저장해야 한다.

2 변수명 작성 규칙

파이썬

- 변수명은 알파벳(a-z, A-Z) 또는 언더바(_)로 시작해야 하며 숫자로 시작할 수 없다.
  예 name, _age, data_1 등.
- 첫 글자를 제외한 나머지 부분에는 알파벳, 숫자, 밑줄을 사용할 수 있다.
  예 total_sum, var123, _temp_variable 등.
- 파이썬은 대소문자를 구분하기 때문에 variable과 Variable은 서로 다른 변수로 인식된다.
- for, while, if, class, def와 같은 파이썬의 예약어*는 변수명으로 사용할 수 없다.
- 변수명에 $, %, @와 같은 특수문자는 사용할 수 없다.
- 변수명 길이에 제한은 없지만, 너무 길면 가독성이 떨어져 적절한 길이를 유지하는 것이 좋다.
- 파이썬에서는 snake_case 방식(소문자와 밑줄)을 주로 사용해 여러 단어를 구분한다.
  예 total_amount, user_name 등.

★ 예약어
예약어란 파이썬에서 특수한 용도로 사용하기 위해 약속한 단어들이다. 대표적으로 for, while, else, if 등이 있다.

C 언어

- 변수명은 알파벳(a-z, A-Z)이나 언더바(_)로 시작해야 하며 숫자로 시작할 수 없다.
- 첫 글자를 제외한 나머지 위치에는 숫자(0-9), 알파벳, 밑줄을 사용할 수 있다.
- C 언어에서는 대소문자를 구분하기 때문에 value와 Value는 서로 다른 변수로 취급된다.
- int, return, if, while과 같은 C 언어의 예약어는 변수명으로 사용할 수 없다.
- 변수명에는 $, %, @, &와 같은 특수문자를 사용할 수 없다.
- C 언어 표준에서는 변수명을 최대 31자까지 사용할 것을 권장하며 일부 컴파일러는 더 짧은 길이만 인식할 수 있다.

3 변수의 선언

■ 파이썬

- 별도의 키워드 없이 변수명을 정하고, 값을 할당하는 방식으로 변수를 선언한다.

  예 예 x = 10은 변수 x에 정수 10을 할당하며 선언하는 방법이다.

- 동적 타입 언어로 변수 선언 시 자료형을 명시하지 않아도 된다(파이썬 인터프린터가 자동으로 변수의 자료형을 판단한다).

  예 name = "Alice"는 문자열 자료형을 자동으로 인식하여 변수 name에 할당한다.

- 콤마(,)를 사용해 여러 변수를 한 번에 선언하고 각각의 값을 할당할 수 있다.

  예 a, b, c = 1, 2, 3은 변수 a, b, c에 각각 1, 2, 3을 할당하는 방식이다.

- 여러 변수에 같은 값을 동시에 할당할 수 있다.

  예 x = y = z = 0은 x, y, z에 모두 0을 할당하는 방법이다.

- 변수는 특정 데이터나 값을 저장하는 역할을 하므로 변수명이 해당 값이나 역할을 잘 나타내도록 작성하는 것이 좋다.

■ C 언어

- 변수에 저장될 데이터의 자료형을 먼저 지정한 후 변수명을 작성한다(자료형이 변수에 저장할 값의 종류와 크기를 결정한다).

  예 int age;는 정수형 변수 age를 선언한다.

- 변수 선언과 동시에 값을 할당하여 초기화할 수 있다.

  예 int age = 25;는 age라는 이름의 정수형 변수를 선언하고, 초기값으로 25를 할당한다.

- 동일한 자료형의 변수를 한 번에 여러 개 선언할 수 있으며 각 변수명은 콤마(,)로 구분한다.

  예 int x = 10, y = 20, z;는 정수형 변수 x, y, z를 선언하고, x와 y는 각각 10과 20으로 초기화한다. z는 초기화하지 않는다.

- 특정 자료형의 주소를 가리키는 포인터 변수를 선언할 때는 자료형 앞에 * 기호를 붙인다.

  예 int *ptr;은 ptr이라는 이름의 정수형 포인터 변수를 선언한다.

- 선언 위치에 따라 전역 변수(global)*와 지역 변수(local)*로 구분된다.

- 값을 변경할 수 없는 상수를 선언할 때는 const 키워드를 자료형 앞에 붙인다.

  예 const int MAX = 100;은 값이 고정된 정수형 상수 MAX를 선언하고, 초기값으로 100을 할당한다.

★ 전역 변수

함수 외부에 선언된 변수로 프로그램 전체에서 접근할 수 있다.

★ 지역 변수

함수 내부에서 선언된 변수로 해당 함수 내에서만 사용할 수 있다.

4 포인터

■ 포인터

📖 멘토 코멘트

C 언어에서 선언된 포인터는 참조 연산자(*)를 사용해 참조할 수 있다.

- C 언어에서 포인터란 메모리의 주소값을 저장하는 변수이며 포인터 변수라고도 부른다.
- 주소 연산자(&)는 변수의 이름 앞에 사용하며 해당 변수의 주소값을 반환한다.
- 참조 연산자(*)는 포인터의 이름이나 주소 앞에 사용하며 포인터가 가리키는 주소에 저장된 값을 반환한다.

```
타입 *포인터이름;
포인터 = &변수;
```

예
```
int x = 6;          // 변수의 선언
int *ptr = &x;      // 포인터의 선언
int *pptr = &ptr;   // 포인터의 참조
```

■ 주소값의 이해

- 데이터의 주소값이란 해당 데이터가 저장된 메모리의 시작 주소를 의미한다.
- C 언어에서는 이러한 주소값을 1바이트 크기의 메모리 공간으로 나누어 표현한다.
  예 int형 데이터의 크기는 4바이트를 가지고 int형 데이터의 주소값은 1바이트만을 가리킨다.

🔍 실력 점검 문제

출제 예상 문제

01 C 언어에서 사용할 수 없는 변수명은?

① student2019　　② text-color

③ _korea　　④ amount

해설 C 언어의 경우 변수의 이름은 영문자, 숫자, 언더바(_)로만 구성해야 한다.

02 파이썬의 변수 작성 규칙에 대한 설명으로 옳지 않은 것은?

① 첫 자리에 숫자를 사용할 수 없다.

② 영문 대·소문자, 숫자, 밑줄(_)의 사용이 가능하다.

③ 변수의 이름 중간에 공백을 사용할 수 있다.

④ 이미 사용되고 있는 예약어는 사용할 수 없다.

해설 변수의 이름 중간에 공백을 사용할 수 없다.

103 | 연산자 및 명령문

알아두기

연산자의 우선순위는 다음과 같다.
1. ( ) [ ]
2. ! ~ -- ++
3. * / %
4. + -
5. << >>
6. < <= >= >
7. == !=
8. &
9. ^
10. |
11. &&
12. ||
13. ?:
14. += -=

1 연산자

프로그램 실행을 위해 표현하는 연산 기호를 말한다.

■ 연산자의 유형

유형	설명
산술 연산자	+, −와 같이 가장 일반적으로 사용된다.
시프트 연산자	비트를 이동시킨다.
관계 연산자	두 피연산자 사이의 크기를 비교한다.
논리 연산자	두 피연산자 사이의 논리적인 관계를 정의한다.
비트 연산자	0과 1의 각 자리에 대한 연산을 수행한다.

■ 유형별 연산자의 구성

유형	연산자	설명
산술 연산자	+	양쪽의 값을 더한다.
	−	왼쪽 값에서 오른쪽 값을 뺀다.
	*	두 개의 값을 곱한다.
	/	왼쪽 값을 오른쪽 값으로 나눈다.
	%	왼쪽 값을 오른쪽 값으로 나눈 나머지를 계산한다.
	++	1을 증가시킨다.
	--	1을 감소시킨다.
시프트 연산자	<<	왼쪽으로 비트를 이동한다.
	>>	오른쪽으로 비트를 이동한다.
관계 연산자	>	왼쪽에 있는 값이 오른쪽에 있는 값보다 크면 참(True)을 반환하고, 그렇지 않으면 거짓(False)을 반환한다.
	<	왼쪽에 있는 값이 오른쪽에 있는 값보다 작으면 참을 반환하고, 그렇지 않으면 거짓을 반환한다.
	>=	왼쪽에 있는 값이 오른쪽에 있는 값보다 크거나 같으면 참을 반환하고, 그렇지 않으면 거짓을 반환한다.
	<=	왼쪽에 있는 값이 오른쪽에 있는 값보다 작거나 같으면 참을 반환하고, 그렇지 않으면 거짓을 반환한다.
	==	왼쪽에 있는 값이 오른쪽에 있는 값과 같으면 참을 반환하고, 그렇지 않으면 거짓을 반환한다.
	!=	왼쪽에 있는 값이 오른쪽에 있는 값과 다르면 참을 반환하고, 그렇지 않으면 거짓을 반환한다.

논리 연산자	&&	– AND 논리 – 양쪽이 모두 참이면 참으로 연산한다.
	||	– OR 논리 – 양쪽 중 하나 이상이 참이면 참으로 연산한다.
	!	– NOT 논리 – 참이면 거짓, 거짓이면 참으로 연산한다.
비트 연산자	&	두 값을 비트로 연산하여 모두 참이면 참을 반환하고, 그렇지 않으면 거짓을 반환한다.
	|	두 값을 비트로 연산하여 하나가 참이면 참을 반환하고, 그렇지 않으면 거짓을 반환한다.
	^	두 값을 비트로 연산하여 서로 다르면 참을 반환하고, 그렇지 않으면 거짓을 반환한다.
	~	비트 단위 XOR 연산을 한다.
할당(대입) 연산자	+=	왼쪽 값에 오른쪽 값을 더해서 넣는다.
	-=	왼쪽 값에 오른쪽 값을 빼서 넣는다.
	*=	왼쪽 값에 오른쪽 값을 곱해서 넣는다.
	/=	왼쪽 값에 오른쪽 값으로 나누어 몫을 넣는다.
	%=	왼쪽 값에 오른쪽 값으로 나누어 나머지를 넣는다.
삼항 연산자	? :	'참·거짓을 판단할 변수 ? 참일 때 값 : 거짓일 때 값'으로 사용한다. 예 num == 10 ? 100 : 200 → num 값이 10이면 100을 대입하고, 10이 아니면 200을 대입한다.

2 배열

- 배열은 같은 타입의 변수들로 이루어진 유한 집합으로 정의된다.
- 배열을 구성하는 각각의 값을 배열 요소라고 하며 배열에서 위치를 가리키는 숫자를 인덱스라고 한다.

■ 배열의 문법

- 배열의 타입은 배열 요소로 들어가는 변수의 타입을 명시한다.
- 배열 이름은 배열이 선언된 후에 배열로 접근하기 위해 사용된다.
- 배열의 길이는 해당 배열이 몇 개의 배열 요소를 가지게 되는지 명시한다.

타입 배열이름[배열길이]

■ 배열의 초기화

- 변수와 마찬가지로 배열도 선언과 동시에 초기화가 가능하다.
- 중괄호({ })를 사용하여 초기값을 선언할 수 있다.
- 초기화 리스트의 타입과 배열의 타입은 반드시 일치해야 한다.

```
타입 배열이름[배열길이] = { 배열요소1, 배열요소2, ..};
```

예
```
int grade[3] = {85, 65, 90};
```

➡ 'grade'라는 배열 변수를 선언하여 3개의 점수를 입력할 수 있다.

3 제어문

- 프로그램은 처음부터 끝까지 순서대로 실행되며 수많은 명령문이 포함되는데 이때 중괄호({ })로 둘러싸여 처리되는 부분이 제어문(Control Flow Statements)에 속하게 된다.
- 제어문에는 크게 조건문과 반복문이 있다.

■ 조건문(Conditional Statements)

조건문은 주어진 조건식의 결과에 따라 별도의 명령을 수행하도록 제어하는 명령문이다.

조건문 유형	설명
if문	– if문: 조건식의 결과가 참이면 주어진 명령문을 실행하며, 거짓이면 아무것도 실행하지 않는다. – else if문: 부분 조건에 대하여 실행시킬 수 있도록 한다. – else문: if문에 속하지 않는 경우 실행시킨다.
switch문	특정 조건에 맞는 case를 실행시키는 명령문이다. ```switch (조건 값)\n{\n case 값1:\n 조건 값이 값1일 때 실행하고자 하는 명령문;\n break;\n case 값2:\n 조건 값이 값2일 때 실행하고자 하는 명령문;\n break;\n ...\n default:\n 어떠한 case 절에도 해당하지 않을 때 실행하고자 하는 명령문;\n break;\n}```

■ 반복문(Iteration Statements)

반복문이란 프로그램 내에서 똑같은 명령을 일정 횟수만큼 반복 수행하도록 제어하는 명령문이다.

반복문 유형	설명

while문	특정 조건을 만족할 때까지 계속해서 주어진 명령문을 반복 실행한다.
	
	``
	while (조건식)
	{
	    조건식의 결과가 참인 동안 반복적으로 실행하고자 하는 명령문;
	}
	``

do / while문	실행을 한 번하고, while문에서의 조건이 참인 동안 반복적으로 실행하는 명령문이다.
	
	``
	do {
	    조건식의 결과가 참인 동안 반복적으로 실행하고자 하는 명령문;
	} while (조건식);
	``

for문	초기식, 조건식, 증감식을 선언하여 반복시키는 명령문이다.
	
	``
	for (초기식; 조건식; 증감식)
	{
	    조건식의 결과가 참인 동안 반복적으로 실행하고자 하는 명령문;
	}
	``

4 구조체

구조체는 여러 데이터 타입(자료형)을 가진 변수들을 하나로 묶어 사용할 수 있도록 정의하는 표현식이다.

■ 구조체의 문법

```
struct 구조체이름
{
타입 변수명;
타입 변수명;
...
}
```

■ 구조체 변수의 초기화 방법

각각의 원소를 콤마로 구분하여 입력하면 구조체 내에 선언된 변수는 순서대로 각각 초기화된다.

예
```
struct score a = {100, 75, 80, 98};
```

5 파이썬 문법

파이썬은 1991년 네덜란드계 프로그래머인 귀도 반 로섬에 의해 개발된 고급 프로그래밍 언어이다. 플랫폼에 독립적이며 인터프리터식, 객체지향적, 동적 타이핑의 대화형 언어로 현재 데이터 분석, 백엔드 등 다양한 분야에서 활발히 사용되고 있다.

■ 파이썬 특징

- 인터프리터 기반의 객체지향 언어이다.
- 플랫폼에 구애받지 않는 언어이다.
- 동적 타이핑(Dynamically Typed) 방식의 언어이다.
- 리플렉션을 지원하는 언어이다.
- 확장성이 뛰어난 언어이다.

■ if ~ else 문법

조건으로 나누어질 경우는 if와 else만 있으며 중간에 조건이 추가되면 elif문이 추가된다.

```
if 조건1:
    조건1이 참일 때 실행되는 명령
elif 조건2:
    조건1이 거짓이고 조건2가 참일 때 실행되는 명령
elif 조건3:
```

```
    조건1과 조건2가 거짓이고 조건3이 참일 때 실행되는 명령
else:
    지금까지의 어떤 조건도 참이 아니면 실행되는 명령
```

■ for 문법

명령을 반복해서 사용할 때에는 for문을 사용할 수 있다.

```
for 카운터변수 in range(반복횟수):
    반복해서 실행할 명령
```

반복되는 횟수만큼 명령을 반복하여 수행할 수 있다.

■ 파이썬에서의 함수

파이썬에서는 def 키워드와 return 키워드를 사용하여 다음과 같이 함수를 만들 수 있다.

```
def 함수이름(입력변수이름):
    출력변수를 만드는 명령
    return 출력변수이름
```

■ 람다 함수

람다(Lambda) 함수는 함수에 이름을 주지 않거나 코드를 짧게 줄여쓰는 방법이다.

```
def f(x):
    return 2 * x
```

위의 코드를 다음과 같이 표현할 수 있다.

```
f = lambda x : 2 * x
```

■ 파이썬 List

List를 이용하면 1, 3, 5, 7, 9 같은 숫자 모음을 다음과 같이 작성할 수 있다.

```
odd = [1, 3, 5, 7, 9]
```

List를 만들 때에는 위와 같이 대괄호로 감싸고, 요소값을 쉼표(,)로 구분해 준다.

```
리스트명 = [요소1, 요소2, 요소3, ....]
```

List 인덱싱은 다음과 같이 찾을 수 있다.

예 `a[1, 2, 3, 4, 5]`

위의 예시의 경우,

a[0]은 첫 번째 요소인 '1'이 출력되고, a[1]은 두 번째 요소로 '2'가 출력된다.

a[0:2]이라고 하면 첫 번째 요소부터 두 번째 요소까지 출력하게 되어 '1, 2'가 출력된다.

a[:3]이라고 하면 처음부터 세 번째 요소까지 출력하게 되어 '1, 2, 3'이 출력된다.

a[3:]이라고 하면 네 번째 요소부터 마지막 요소인 '4, 5'가 출력된다.

■ 파이썬 튜플(Tuple)

파이썬에서 튜플(Tuple)은 여러 개의 값을 하나의 그룹으로 묶는 데 사용하는 데이터 구조이다. 리스트와 비슷하지만 요소를 변경할 수 없다는(Immutable) 점에서 차이가 있다. 튜플 생성 시 괄호 ( )로 정의하며, 요소들은 쉼표(,)로 구분한다.

(1) 소괄호를 사용하여 튜플 생성

```python
my_tuple = (1, 2, 3)
print(my_tuple)  # 출력: (1, 2, 3)
```

(2) 괄호 없이 튜플 생성(쉼표로 구분)

```python
another_tuple = 4, 5, 6
print(another_tuple)  # 출력: (4, 5, 6)
```

(3) 단일 요소를 가진 튜플 생성(꼭 쉼표를 포함해야 함)

```python
single_element_tuple = (7,)
print(single_element_tuple)  # 출력: (7,)
```

(4) 빈 튜플 생성

```python
empty_tuple = ()
print(empty_tuple)  # 출력: ()
```

6 매크로 함수

C 언어의 매크로를 사용해 정의된 함수와 똑같은 역할을 수행하는 코드 조각이다. 일반 함수와 달리 매크로 함수는 전처리기 단계에서 치환되므로 컴파일 시 함수 호출 대신 매크로가 정의된 코드로 대체된다. 매크로 함수는 매개변수화된 매크로(parameterized macro)라고도 불리며 간단한 연산이나 반복적인 코드 조각을 줄이는 데 아주 유용하다.

■ 매크로 함수의 정의

매크로 함수는 #define 지시어를 사용해 정의한다. 함수처럼 보이지만 실제로는 컴파일러가 이 코드를 함수로 처리하지 않고 단순히 매크로를 치환하는 방식으로 동작한다.

```
#define 매크로이름(매개변수들) (매크로의 치환 텍스트)
```

7 Java의 객체 생성

Java의 객체 생성 과정은 클래스의 인스턴스를 만드는 것을 의미한다. 객체는 클래스의 인스턴스로 클래스에서 정의된 속성(필드)과 메소드를 실제로 사용할 수 있도록 해준다. 객체 생성은 new 키워드를 사용해 진행한다.

■ Java 객체 생성

```java
// 클래스 정의
class Car {
    // 필드 (속성)
    String brand;
    String model;
    int year;

    // 생성자
    Car(String brand, String model, int year) {
        this.brand = brand;
        this.model = model;
        this.year = year;
    }

    // 메소드
    void displayInfo() {
        System.out.println("Brand: " + brand);
        System.out.println("Model: " + model);
        System.out.println("Year: " + year);
    }
}
```

다음 코드의 Car 클래스는 자동차의 브랜드, 모델, 연도 등의 정보를 저장하고 출력하는 기능을 가진다.

```
public class Main {
    public static void main(String[] args) {
        // 객체 생성
        Car myCar = new Car("Toyota", "Camry", 2021);

        // 객체의 메소드 호출
        myCar.displayInfo();
    }
}
```

- Car myCar = new Car("Toyota", "Camry", 2021); Car 클래스의 새로운 객체를 생성하고 이를 myCar라는 변수에 할당한다. 이때 new 키워드를 사용해 객체를 생성하고, 생성자를 호출하여 초기화한다.
- myCar.displayInfo(); 생성된 객체의 displayInfo( ) 메소드를 호출하여 객체의 속성 값을 출력한다.

실력 점검 문제

출제 예상 문제

01 다음 유형별 연산자 중 비트 논리 연산자에 해당하지 않는 것은?

① ^   ② ?

③ &   ④ ~

> 해설 ^, &, ~는 모두 비트 연산자이고, ?만 삼항 연산자이다.

02 C 언어에서 배열 b[5]의 값은?

```
static int b[9]={1,2,3};
```

① 0   ② 1

③ 2   ④ 3

> 해설
> - 배열 개수보다 적은 수로 배열을 초기화하면 0이 입력된다.
> - 인덱스 번호는 0부터 시작한다.

1	2	3	0	0	0	0	0	0
b[0]	b[1]	b[2]	b[3]	b[4]	b[5]	b[6]	b[7]	b[8]

03 다음 Java 프로그램의 조건문에서 삼항 조건 연산자를 사용하여 옳게 나타낸 것은?

```
int i = 7, j = 9;
int k;
if (i 〉 j)
  k = i – j;
else
  k = I+j;
```

① int i = 7, j = 9;

　Int k;

　k = (i 〉 j) ? (i – j):(i + j);

② int i = 7, j = 9;

　Int k;

　k = (i 〈 j) ? (i – j):(i + j);

③ int i = 7, j = 9;

　Int k;

　k = (i 〉 j) ? (i + j):(i + j);

④ int i = 7, j = 9;

　Int k;

　k = (i 〈 j) ? (i + j):(i – j);

> **해설** [조건문 ? 참일 경우 : 거짓일 경우]의 조건문이다.

04 Java에서 올바르게 객체를 생성한 것은 무엇인가?

① MyClass obj = new MyClass();

② MyClass obj = MyClass();

③ MyClass obj = create MyClass;

④ MyClass obj = class MyClass;

> **해설** Java에서 객체를 생성하려면 new 키워드를 사용하고 클래스의 생성자를 호출해야 한다. MyClass obj = new MyClass();와 같이 작성하여 MyClass 클래스의 인스턴스를 생성하고 이를 변수 obj에 할당할 수 있다. 이는 Java에서 객체를 생성하고 메모리에 할당하는 일반적인 방식이다.

05 다음 Java 코드를 실행한 결과는?

```
int x = 1, y = 6;
while(y--) {
  x++;
}
System.out.println("x =" + x +"y =" +y);
```

① x = 7 y = 0

② x = 6 y = –1

③ x = 7 y = –1

④ Unresolved compilation problem 오류 발생

> **해설** while문 안에는 불린형이 나와야 하기 때문에 다음의 Java 코드를 실행하면 incompatible types: int cannot be converted to boolean이 발생한다.

06 다음 파이썬으로 구현된 프로그램의 실행 결과로 옳은 것은?

```
〉〉〉 a = [0,10,20,30,40,50,60,70,80,90]
〉〉〉 a[:7:2]
```

① [20, 60]

② [60, 20]

③ [0, 20, 40, 60]

④ [10, 30, 50, 70]

> **해설**
> – 여러 수를 담을 때는 [시작 위치 : 종료 위치 : 단계]로 표현한다.
> – a[시작 번호 : 끝 번호]에서 끝 번호 부분을 생략하면 시작 번호부터 그 문자열의 끝까지 추출한다.
> – a[시작 번호 : 끝 번호]에서 시작 번호를 생략하면 문자열의 처음부터 끝 번호까지 추출한다.

07 C 언어에서 구조체를 사용하여 데이터를 처리할 때 사용하는 것은?

① for

② scanf

③ struct

④ abstract

> **해설** struct는 구조체를 사용하여 데이터를 처리할 때 사용하는 방법이다.

08 PHP에서 사용 가능한 연산자가 아닌 것은?

① @

② #

③ ◇

④ ===

> **해설** #은 주석 처리할 때 사용한다.
> ① @: 해당 코드 라인의 에러 메시지를 출력하지 않는 연산자이다.
> ③ $x ⟨⟩ $y: x가 $y와 같지 않으면 참(True)을 반환하는 연산자이다.
> ④ $x === $y: $x가 $y와 같고 동일한 유형이면 참(True)의 연산자이다.

09 다음 C 프로그램의 결과값은?

```
main(void) {
  int i;
  int sum = 0;
  for(i = 1; i <= 10 ; i = i+2)
    sum = sum +i;
  printf("%d", sum);
}
```

① 15　　　　　　　　② 19

③ 25　　　　　　　　④ 27

> **해설** for(i = 1; i <= 10 ; i = i+2) sum = sum +i;
> ❶ i=i+2
> 　i가 매 회 2씩 증가 : i 값은 1, 3, 5, 7, 9로 변경
> ❷ i <= 10
> 　for문은 5번 반복 과정 작동
> ❸ sum = sum +i;
> 　sum 값은 1, 4, 9, 16, 25로 변경
> ➡ 최종적으로 sum은 25를 출력한다.

104 | 절차적 및 객체 지향 프로그래밍 언어

1 절차적 프로그래밍 언어

코드를 단순히 실행 순서의 관점으로 보는 게 아니라 루틴, 서브루틴, 메소드, 함수 등을 이용해 프로그래밍하는 언어이다.

■ 절차적 프로그래밍 언어의 특징

- **코드의 재사용:** 같은 코드를 다른 위치에서 호출해 재사용할 수 있다.
- **복잡성 낮춤:** 함수 내에 호출을 통하여 여러 부분을 생략해 프로그램 흐름 파악이 쉽다.
- **모듈화 및 구조화:** 재사용 단위인 모듈로 구성해 프로그램을 구조화할 수 있다.

■ 절차적 프로그래밍 언어의 종류

종류	설명
ALGOL	– 알고리즘의 연구개발에 이용하기 위한 목적으로 생성 – 절차형 언어로는 최초로 재귀 호출이 가능
C	– 유닉스 운영체제에서 사용하기 위해 개발된 프로그래밍 언어 – 모든 컴퓨터 시스템에서 사용할 수 있도록 설계된 프로그래밍 언어
BASIC	– 교육용으로 개발되어 언어의 문법이 쉬움 – 서로 다른 종류의 소스 코드는 호환되지 않음
FORTRAN	– 과학 계산에서 필수적인 벡터, 행렬 계산 기능 등이 내장되어 있는 과학 기술 전문 언어 – 산술 기호, 삼각 함수, 지수 함수, 대수 함수 같은 수학 함수들을 사용

2 객체 지향 프로그래밍 언어

프로그램을 단순히 데이터와 처리 방법으로 나누지 않고 수많은 '객체'라는 기본 단위로 나눠 이 객체들의 상호작용으로 프로그래밍하는 언어이다.

🗁 **멘토 코멘트**

객체 지향 프로그래밍 언어 분야는 출제 빈도가 매우 높기 때문에 언어의 특징 다섯 가지는 정확히 숙지해두어야 한다.

■ 객체 지향 프로그래밍 언어의 특징

특징	설명
캡슐화	– 속성과 메소드를 하나로 결합하여 객체로 구상하는 성질 – 데이터(속성)와 데이터를 처리하는 함수를 하나로 묶는 방식

추상화	- 객체의 속성 중 가장 중요한 것에만 중점을 두어 개략화시키는 모델링 방법 - 어떤 영역에서 필요로 하는 속성이나 행동을 추출하는 기법
상속성	상위 클래스의 모든 속성과 연산을 하위 클래스에서 구현할 수 있도록 구성하는 성질
다형성	하나의 메시지에 다양한 방법으로 응답할 수 있도록 변형할 수 있는 성질
정보 은닉	다른 객체에게 자신의 정보를 숨기고 연산만을 통하여 접근을 허용하는 성질

■ 객체 지향 프로그래밍의 종류

종류	설명
C++	C 언어의 확장판으로 만들어진 객체 지향형 프로그래밍 언어
Java	C/C++와 비슷한 문법을 가지고 있으면서도 C++에 비해 단순하고 높은 효율성을 제공하는 프로그래밍 언어

출제 예상 문제

01 객체 지향 프로그래밍(OOP)의 주요 특징으로 올바른 것은 무엇인가?

① 프로그램을 단일 함수로 구성하여 실행 속도를 높인다.

② 데이터와 메소드를 분리하여 독립적으로 관리한다.

③ 상속, 캡슐화, 다형성, 추상화를 통해 코드를 재사용하고 유지보수성을 높인다.

④ 모든 코드를 전역 변수로 처리하여 프로그램 전체에서 공유할 수 있게 한다.

해설 객체 지향 프로그래밍(OOP)은 소프트웨어 설계 패러다임으로 상속, 캡슐화, 다형성, 추상화의 네 가지 주요 특징을 보이는데 이 특징들은 코드 재사용성을 높여 코드의 가독성과 유지보수성을 개선하는 데 큰 도움을 준다.

02 절차적 프로그래밍의 특징으로 옳은 것은 무엇인가?

① 데이터를 객체로 캡슐화하여 보호하고 관리한다.

② 상속과 다형성을 통해 코드 재사용성을 높인다.

③ 순차적인 명령과 함수 호출을 통해 프로그램을 구조화한다.

④ 모든 코드를 클래스 단위로 모듈화하여 관리한다.

해설 절차적 프로그래밍은 데이터와 기능을 분리해 명령을 순차적으로 실행하며 문제를 해결하는 구조로 구성된다. 이 방식은 주로 함수와 프로세스를 기반으로 프로그램을 분할하여 단순하고 직관적인 흐름을 갖는 것이 특징이다.

105 | 스크립트 언어

1 스크립트 언어 정의

기계어로 컴파일되지 않고 별도의 번역기를 통해 소스를 분석하여 동작하는 언어이다.

■ 스크립트 언어의 특징

특징	설명
비컴파일	컴파일 없이 바로 실행하여 결과 확인
신속한 개발	빠르게 배우고 작성 가능한 언어
단순성	상대적으로 단순한 구문과 의미를 내포함

■ 스크립트 언어의 종류

종류	설명
자바스크립트 (JavaScript)	웹 페이지를 동작하는 데 사용되는 클라이언트용 스크립트 언어
파이썬(Python)	플랫폼이 독립적이며 인터프리터식, 객체 지향적, 동적 타이핑의 대화형 언어
PHP (Professional Hypertext Preprocessor)	동적 웹 페이지를 만들기 위해 설계되었으며 원하는 웹 문서를 빠르고 쉽게 작성할 수 있는 언어
Node.js	스크립트 기반의 경량 서버를 개발할 수 있는 언어

2 선언형 언어

특정 선언만 명시하여 프로그램을 동작시키는 프로그래밍 언어이다.

■ 선언형 언어의 유형

(1) 함수형 언어

자료 처리를 수학적 함수의 계산으로 취급하고 상태와 가변 데이터를 멀리하는 프로그래밍 언어

(2) 논리형 언어

논리 문장을 이용해 프로그램을 표현하고 계산을 수행하는 언어

■ 선언형 언어의 특징

특징	설명
참조 투명성	프로그램 동작의 변경 없이 관련 값을 대체할 수 있는 성질
가독성	가독성이나 재사용성이 좋음
신속 개발	외부적인 환경의 의존성을 줄이고 알고리즘에 집중하여 개발 가능

■ 선언형 언어의 종류

종류	설명
HTML	인터넷에서 사용하는 하이퍼텍스트 문서를 만들기 위해 사용되는 언어
Haskell	함수형 언어들을 통합 정리하여 만든 일반적인 순수 함수형 언어
Prolog	논리식을 토대로 객체와 객체 간의 관계에 관한 문제를 해결하기 위한 언어
XML	HTML을 획기적으로 개설하여 만든 언어로 특수한 목적을 갖는 마크업 언어를 만드는 데 사용되도록 권장하는 다목적 마크업 언어
SQL	데이터베이스에 질의 할 수 있는 언어

01 다음 중 선언형 언어의 특징이 아닌 것은?

① 참조 투명성

② 가독성

③ 신속 개발

④ 기계어

해설 기계어는 선언형 언어의 특징이 아니다.

02 다음 중 선언형 언어가 아닌 것은?

① SQL

② HTML

③ Prolog

④ PHP

해설 선언형 언어에는 HTML, Haskell, Prolog, XML, SQL 등이 있다. PHP는 스크립트 언어이다.

03 다음 중 스크립트 언어의 특징이 아닌 것은?

① 비컴파일

② 신속한 개발

③ 메모리 관리

④ 단순성

해설 스크립트 언어로 메모리 관리를 하지 않는다.

04 다음 중 스크립트 언어가 아닌 컴파일 기반 언어는?

① PHP

② ALGOL

③ BASIC

④ Python

해설 ALGOL(Algorithmic Language)은 1950~60년대에 개발된 컴파일 기반 프로그래밍 언어로 알고리즘 설계에 주로 사용되었다.

05 함수형 언어와 논리형 언어의 차이점에 대한 설명으로 옳은 것은 무엇인가?

① 함수형 언어는 규칙과 제약 조건을 사용하여 문제를 해결하고, 논리형 언어는 순수 함수와 불변성을 기반으로 작동한다.

② 함수형 언어는 수학적 함수를 기반으로 하고, 논리형 언어는 규칙과 조건을 이용해 논리적으로 문제를 해결한다.

③ 함수형 언어는 상태 변화를 허용하고, 논리형 언어는 상태 변화를 엄격히 금지한다.

④ 함수형 언어는 명령어의 순서를 중시하며, 논리형 언어는 명령어의 순서에 의존하지 않는다.

해설 함수형 언어는 수학적 함수 개념을 기반으로 순수 함수와 불변성을 강조하며 상태 변화를 피하는 방식으로 작동한다. 대표적으로 Haskell과 Lisp 같은 언어가 있다. 반면, 논리형 언어는 규칙과 조건을 바탕으로 논리적 추론을 통해 문제를 해결한다. 대표적인 논리형 언어로는 Prolog가 있으며 이 언어는 사실, 규칙, 목표로 구성된 논리 규칙을 기반으로 동작한다.

데이터 입·출력

1 라이브러리

프로그램을 참조해 효율적인 개발이 이뤄질 수 있도록 모아 놓은 집합체이다.

■ 라이브러리의 유형

(1) 표준 라이브러리

프로그래밍 언어 자체에 기본적으로 가지고 있는 라이브러리이다.

(2) 외부 라이브러리

표준 라이브러리와 달리 별도의 파일을 설치해 개발할 수 있는 라이브러리이다.

■ 언어별 핵심 라이브러리

언어	라이브러리	설명
C	stdio.h	데이터의 입·출력에 사용되는 기능 제공
	math.h	수학 함수 제공
	string.h	문자열 처리에 사용되는 기능 제공
	stdlib.h	자료형 변환, 난수 발생, 메모리 할당에 사용되는 기능 제공
	time.h	시간 처리에 사용되는 기능 제공
Java	java.lang	자바 언어의 주요 구성 요소와 관련된 패키지
	java.util	다양한 자료 구조를 동일한 방법으로 처리할 수 있도록 하는 라이브러리
	java.io	키보드, 네트워크 파일 등 입·출력 관련 주요 기능을 제공하는 라이브러리
	java.sql	데이터베이스 프로그래밍 관련 라이브러리
Python	NumPy	일반적으로 대규모 다차원 배열이나 행렬을 쉽게 처리할 수 있도록 하는 라이브러리
	Pandas	데이터 분석을 위해 널리 사용되는 라이브러리
	Pilow	이미지 편집을 하기 위한 대표적인 라이브러리
	Tensorflow	기계 학습과 딥러닝을 위해 구글에서 만든 오픈소스 라이브러리

2 데이터 입·출력

데이터를 키보드 등으로 입력받아 화면 등의 출력 도구로 보여주는 기법 및 함수이다.

■ 데이터 입·출력의 단위 구조

(1) 단일 변수 파라미터

라이브러리 함수의 입력(Input) 파라미터 내에 값(Value)을 설정하여 원하는 결과값을 도출하는 파라미터

(2) 오브젝트 파라미터

객체(Object)로 구성된 문서를 이용해 받는 방식의 파라미터

■ 언어별 주요 데이터 입·출력

언어	함수	설명
C 언어	scanf( )	키보드로 입력받아 변수에 저장하는 함수 예 scanf("%d", j); 　서식 문자열에 맞는 변수형을 선언하여 처리할 수 있다.
	printf( )	인수로 주어진 값을 화면에 출력하는 함수 예 printf("변수에 저장된 숫자는 %d", 10); 　서식 문자열에 맞는 변수를 대입하여 출력할 수 있다.
Java	Scanner	키보드로부터 값을 입력받아 객체 변수를 생성하여 처리하는 클래스 예 Scanner sc = new Scanner(System.in); 　으로 객체를 생성하여 입력값을 byte 단위로 받아낸다.
	System.out.println	시스템 클래스의 서브 클래스인 out 클래스의 메소드 printf( )를 사용하여 출력 예 System.out.println("결과값 출력"); 　식으로 문자열을 대입하여 출력할 수 있다.
Python	input( )	입력되는 모든 것을 문자열로 취급해주는 함수 예 result = input("결과값 입력"); 　위와 같이 선언하면, 입력한 결과값을 result로 받을 수 있다.
	print( )	결과를 화면에 출력해주는 함수 예 print(1, 2, 3) 　한 번에 하나의 변수나 값을 출력할 수 있고, 콤마를 이용하면 여러 개의 값을 출력할 수 있다.

알아두기

C 언어 입·출력 함수의 서식 문자
%d: 정수형 10진수
%o: 정수형 8진수
%x: 정수형 16진수
%f: 실수
%c: 문자
%s: 문자열

알아두기

C 언어 입·출력 함수의 제어 문자
\n: 줄 바꿈
\r: 현재 행의 처음으로
\b: 백스페이스
\t: Tab 문자

01 C 언어에서 표준 입·출력 함수에 대한 설명으로 옳은 것은?

① printf 함수는 문자열만 출력할 수 있다.

② scanf 함수는 사용자로부터 데이터를 입력받는 데 사용된다.

③ gets 함수는 숫자를 입력받기 위한 함수이다.

④ putchar 함수는 문자열 전체를 출력하는 함수이다.

> 해설 ①번의 printf는 문자열뿐만 아니라 정수, 실수 등 다양한 데이터 타입을 출력할 수 있고, ③번의 gets는 문자열 입력을 받는 함수로, 숫자 입력과는 관련이 없으며, ④번의 putchar는 문자열이 아닌 단일 문자를 출력하는 함수이다.

02 Java의 입·출력에 관한 설명으로 옳은 것은?

① System.out.print( )는 입력을 받는 함수이다.

② Scanner 클래스는 데이터를 입력받기 위해 사용된다.

③ BufferedReader는 데이터를 출력하기 위한 클래스이다.

④ System.in.read( )는 문자열을 출력하는 함수이다.

> 해설 ① System.out.print( ): 데이터를 출력하기 위한 함수이다.
> ③ BufferedReader: 입력 데이터를 읽어들이기 위한 클래스이다.
> ④ System.in.read( ): 입력 스트림에서 데이터를 읽는 함수로, 출력과는 관련이 없다.

03 Python의 입·출력 함수에 대한 설명으로 옳은 것은?

① print( ) 함수는 데이터를 입력받는 함수이다.

② input( ) 함수는 문자열 데이터를 출력하기 위한 함수이다.

③ open( ) 함수는 파일을 읽거나 쓰기 위해 사용된다.

④ read( ) 함수는 데이터를 출력하는 함수이다.

> 해설 ①번의 print( )는 데이터를 출력하기 위한 함수이고, ②번의 input( )은 사용자로부터 문자 입력을 받기 위한 함수이며, ④번의 read( )는 파일에서 데이터를 읽어들이기 위한 함수로, 출력과는 관련이 없다.

04 Python의 Pandas 라이브러리에 대한 설명으로 옳은 것은?

① Pandas는 데이터 시각화를 위해 설계된 라이브러리이다.

② DataFrame은 Pandas에서 2차원 데이터 구조를 나타낸다.

③ Pandas는 문자열 데이터만 처리할 수 있다.

④ Series는 Pandas에서 테이블 형태의 데이터를 다룰 때 사용된다.

> 해설 Pandas는 데이터 분석과 처리에 사용되며, 시각화는 Matplotlib나 Seaborn과 같은 라이브러리를 사용한다. 또한 숫자, 문자열, 날짜 등 다양한 데이터 타입을 처리할 수 있다. Series는 1차원 데이터 구조로 테이블 형태가 아닌 단일 열의 데이터를 나타낸다.

107 | 파일 입·출력

1 파일 입·출력 함수

파일 입·출력은 데이터를 저장하거나 읽어오는 기본적인 작업에서 로그 관리, 데이터 백업, 설정 저장 등 다양한 활용 가능성을 가진다. 텍스트 파일, 바이너리 파일, 데이터베이스 등 다양한 파일 형식을 다룰 수 있으며 주로 데이터를 생성하는 쓰기 작업과 데이터를 불러오는 읽기 작업 그리고 파일을 여닫는 과정으로 나뉜다. 언어별로 제공되는 입·출력 함수가 다르므로 각 언어에 맞는 파일 입·출력 방법을 이해하는 것이 가장 중요하다.

2 C 언어 파일 입·출력

C 언어는 파일 입·출력을 위한 다양한 표준 라이브러리 함수를 제공한다. 대표적인 함수로는 fopen(), fclose(), fwrite(), fread(), fprintf(), fscanf() 등이 있다. 파일을 열기 위해 fopen() 함수를 사용하며 파일 모드를 설정해 읽기, 쓰기, 추가 등의 작업을 선택할 수 있다.

- **파일 열기:** FILE *file = fopen("파일명", "모드"); 형식을 사용하며, 모드로는 r(읽기), w(쓰기), a(추가쓰기) 등이 있다.
- **파일 닫기:** 파일 작업이 끝나면 fclose(file);을 사용하여 파일을 닫아 자원을 반환한다.
- **파일 쓰기:** fwrite()는 이진 파일에 데이터를 쓰는 데 사용하며, fprintf()는 텍스트 파일에 데이터를 형식화하여 쓸 수 있다.
- **파일 읽기:** fread()와 fscanf()는 각각 이진 파일과 텍스트 파일에서 데이터를 읽어오는 데 사용된다.

3 Java 파일 입·출력

Java는 파일 입·출력을 위해 java.io와 java.nio 패키지를 제공한다. Java에서는 객체 지향 방식으로 입·출력 처리를 하며 파일을 읽고 쓰기 위해 스트림(Stream)을 사용한다. 대표적인 클래스는 FileReader, FileWriter, BufferedReader, BufferedWriter, FileInputStream, FileOutputStream 등이 있다.

- **파일 읽기:** FileReader와 BufferedReader를 사용하여 텍스트 파일을 읽을 수 있으며, FileInputStream을 통해 이진 파일을 읽을 수 있다.

- **파일 쓰기:** FileWriter와 BufferedWriter는 텍스트 파일에 데이터를 쓰는 데 사용되며, FileOutputStream은 이진 파일을 쓸 때 사용된다.
- **파일 닫기:** 파일을 다룬 후에는 스트림을 닫아 자원을 해제해야 하며, Java에서는 try-with-resources 문을 사용하여 자동으로 스트림을 닫을 수 있다.

Java의 파일 입·출력은 예외 처리가 필수이므로 파일 작업 중 발생할 수 있는 예외에 대한 처리를 반드시 고려해야 한다.

4 파이썬 파일 입·출력

파이썬에서는 open() 함수를 사용하여 파일을 열고 read(), write() 메소드를 통해 데이터를 읽거나 쓸 수 있다. 파이썬에서는 텍스트 파일과 이진 파일 모두를 다룰 수 있으며 모드를 통해 읽기, 쓰기, 추가 등의 작업을 지정할 수 있다.

- **파일 열기:** file = open("파일명", "모드") 형식으로 파일을 열며, 모드로는 r(읽기), w(쓰기), a(추가쓰기) 등이 있다.
- **파일 읽기:** file.read()로 파일의 내용을 읽거나, file.readline()으로 한 줄씩 읽을 수 있다.
- **파일 쓰기:** file.write("내용")을 사용하여 파일에 데이터를 기록할 수 있으며, 필요한 경우 w나 a 모드를 선택하여 파일의 기존 내용을 덮어쓰거나 이어서 쓸 수 있다.
- **파일 닫기:** 작업이 끝난 후 file.close()를 사용하여 파일을 닫아야 하며, with 구문을 사용하면 자동으로 파일을 닫을 수 있다.

01 C 언어에서 파일을 열 때 사용하는 함수는 무엇인가?

① fread()

② fwrite()

③ fopen()

④ fscanf()

> **해설** fopen() 함수는 C 언어에서 파일을 열 때 사용하는 함수로, 파일 이름과 파일 모드를 인자로 받는다. fread()와 fwrite()는 파일 읽기 및 쓰기에 사용되는 함수이며, fscanf()는 파일로부터 데이터를 형식화하여 읽는 함수이다.

02 Java에서 파일에 데이터를 쓰기 위해 사용하는 클래스가 아닌 것은 무엇인가?

① FileWrite

② BufferedWriter

③ FileOutputStream

④ FileReader

> **해설** FileReader는 파일에서 데이터를 읽는 데 사용하는 클래스이다. 반면 FileWriter, BufferedWriter, FileOutputStream은 파일에 데이터를 쓰기 위한 클래스이다. Java에서는 입력과 출력을 별도의 클래스들로 구분하여 사용한다.

03 파이썬에서 파일을 자동으로 닫아주는 구문은 무엇인가?

① try-except

② for

③ with

④ def

> **해설** 파이썬에서는 with 구문을 사용하여 파일을 열면 블록이 끝난 후 파일이 자동으로 닫힌다. try-except 구문은 예외 처리를 위한 구문이며, for와 def는 각각 반복문과 함수 정의에 사용된다.

04 C 언어에서 텍스트 파일에 형식화된 데이터를 쓰는 함수는 무엇인가?

① fscanf()

② fprintf()

③ fread()

④ fclose()

> **해설** fprintf() 함수는 C 언어에서 텍스트 파일에 형식화된 데이터를 쓰는 함수이다. fscanf()는 형식화된 데이터를 읽는 함수이고, fread()는 이진 파일을 읽는 데 사용되며, fclose()는 파일을 닫는 데 사용된다.

05 다음 중 Java의 입·출력 함수에 속하는 것은 어느 것인가?

① scanf

② printf

③ Scanner

④ write

> **해설** Scanner는 Java의 입·출력 함수이다.

108 | 예외 처리

1 예외 처리 정의

프로그램이 처리되는 동안 특정 문제가 일어났을 때 진행하고 있던 처리를 중단하고 다른 처리를 하는 방법이다.

■ 예외의 원인

- **컴퓨터 하드웨어 문제**: 설계 오류나 설정의 실수로 예기치 못한 결과 도출
- **운영체제의 설정 실수**: 운영체제 설치 후 설정 시에 파라미터 값의 오류로 발생
- **라이브러리 손상**: 구 버전의 라이브러리 또는 일부 설치 등 손상된 라이브러리 사용으로 예외 발생
- **사용자 입력 실수**: 존재하지 않는 파일 이름 입력, 숫자값 입력 칸에 일반 문자 입력 등으로 발생

■ 예외 처리 방법

방법	설명
throw 처리	프로그램이 정상적으로 실행될 수 없는 상황일 때 호출한 부분으로 예외 처리를 보내는 방식
try catch 처리	예외가 발생할 수 있는 부분을 블록으로 지정해 예외 핸들러로 처리하는 방식

■ 예외 처리 구성

```
try {
    // 예외가 발생할 수 있는 코드
} catch (ExceptionType e) {
    // 예외가 발생했을 때 처리하는 코드
} finally {
    // 예외 발생 여부와 상관없이 항상 실행되는 코드
}
```

- **try:** 예외가 발생할 수 있는 코드를 포함한다.
- **catch:** 예외가 발생했을 때 처리할 코드를 포함한다. 발생한 예외의 타입을 지정할 수 있다.
- **finally:** 예외 발생 여부와 관계없이 항상 실행되는 코드를 포함한다. 주로 리소스를 정리할 때 사용한다.
- **throw:** 예외를 강제로 발생하는 키워드.
- **throws:** 특정 예외를 메소드에 선언하는 키워드. 예외가 발생했을 때 그 자리에서 처리하지 않고 메소드를 호출한 지점에서 처리할 수 있도록 던지는 것을 의미한다.

실력 점검 문제

01 다음 문장에서 설명하는 기법은 무엇인가?

> 프로그램이 처리되는 동안 특정한 문제가 일어났을 때 처리를 중단하고 다른 처리를 하는 방법

① 예외 처리
② 이벤트 처리
③ 블록재킹
④ 인터셉트

해설 예외(Exception)는 에러의 일종으로 프로그램 수행 시 처리가 불가능할 경우 로직을 추가해 처리할 수 있는 기법이다.

02 Java에서 직접 처리하지 않고 호출자에게 예외 처리를 넘기기 위해 사용하는 키워드는 무엇인가?

① throws
② throw
③ catch
④ finally

해설 Java에서는 메소드 선언에 throws 키워드를 사용하여 해당 메소드가 특정 예외를 호출자에게 넘길 수 있음을 표시할 수 있다. throw는 특정 예외를 명시적으로 발생할 때 사용되며, catch는 예외를 처리하는 블록이고, finally는 예외 발생 여부와 관계없이 항상 실행되는 블록이다.

109 | 프로토타입

1 프로토타입 정의

★ 메소드
메소드는 특정 기능을 구현한 묶음으로 이해하자.

프로토타입은 프로그램에서 객체가 가지는 기본 구조나 메소드*를 정의하는 역할을 하며 이를 기반으로 객체가 생성되고 동작한다. 프로토타입을 통해 기존 객체의 특성을 복사하거나 새로운 객체를 생성할 수 있다.

■ JavaScript에서의 프로토타입

🎓 **멘토 코멘트**
Java에서는 인터페이스와 추상 클래스를 이용해 프로토타입과 비슷한 역을 하고 있다.

자바스크립트는 프로토타입 기반 언어로 클래스 기반 객체 지향 언어와는 다른 객체 생성 방식인 프로토타입 체인을 사용하며 모든 객체가 __proto__라는 숨겨진 링크를 통해 부모 객체(프로토타입 객체)를 참조한다. 객체가 자신의 속성과 메소드를 프로토타입 체인으로 찾지 못할 땐 상위 프로토타입을 따라가며 검색을 진행한다.

- **프로토타입 체인:** 객체 생성 시 생성자의 prototype 속성을 상속하여 프로토타입 체인을 구성한다.
- **함수의 프로토타입:** 자바스크립트의 함수는 생성자로 사용될 때 prototype 속성을 가지며, 이를 통해 생성된 객체는 해당 함수의 프로토타입에 정의된 메소드와 속성을 사용할 수 있다.
- **객체 생성:** Object.create()를 사용해 객체를 생성하고 원하는 프로토타입을 명시할 수 있다.

■ Python에서의 프로토타입

Python은 클래스 기반 언어로 자바스크립트처럼 명시적인 프로토타입 체인을 사용하지 않는다. 대신 클래스와 상속으로 유사한 개념을 구현할 수 있는데 클래스를 객체로 보고 클래스 간 상속 관계를 통해 객체가 부모 클래스의 속성 및 메소드를 상속받을 수 있다.

- **상속:** 클래스의 속성과 메소드를 자식 클래스가 물려받아 사용할 수 있다.
- **메소드 오버라이딩:** 자식 클래스에서 부모 클래스의 메소드를 재정의할 수 있다.
- **슈퍼 클래스 호출:** super()를 통해 부모 클래스의 메소드를 호출할 수 있다.

■ Java에서의 프로토타입

Java는 클래스 기반 객체 지향 언어로 프로토타입 체인이 아닌 상속을 통해 객체의 특성을 공유하며 extends 키워드로 상속을 구현해 부모 클래스의 속성과 메소드를 상속받는다. 프로토타입 개념이 명시적으로 존재하지 않지만, 상속을 통해 비슷하게 동작할 수 있다.

- **상속:** 자식 클래스는 부모 클래스의 메소드와 필드를 상속받아 사용할 수 있다.
- **오버라이딩:** 자식 클래스에서 부모의 메소드를 재정의할 수 있다.

- **Object 클래스:** 모든 클래스는 Java의 최상위 클래스인 Object를 상속받으며, 이를 통해 toString() 같은 기본 메소드를 사용할 수 있다.

■ C++에서의 프로토타입

C++은 객체 지향 언어로 상속을 통해 객체 간의 속성과 메소드를 공유한다. 클래스와 객체가 명확히 구분되어 상속으로 다형성을 구현하고 자바스크립트와 같은 프로토타입 체인이 클래스에 존재하지 않지만, 상속과 다형성을 통해 부모 클래스의 특성을 재사용할 수 있다.

- **상속:** public, protected, private 접근 지정자를 사용하여 상속 범위를 제한할 수 있다.
- **가상 함수:** C++에서는 virtual 키워드를 통해 자식 클래스에서 부모 클래스의 메소드를 오버라이드할 수 있다.
- **다형성:** 부모 클래스의 포인터를 사용하여 자식 클래스의 메소드를 호출할 수 있다.

2 C 언어에서의 함수 프로토타입 선언

```
Int Car(char i, int j)
```

- **nt:** 반환형
- **Car:** 함수명
- **char I, int j:** 매개변수

출제 예상 문제

01 JavaScript에서 모든 객체가 갖는 숨겨진 프로퍼티로 객체의 프로토타입을 참조하는 것은 무엇인가?

① __proto__   ② prototype

③ constructor   ④ super

> **해설** JavaScript에서는 모든 객체가 __proto__라는 숨겨진 프로퍼티를 가지며 이를 통해 객체의 프로토타입을 참조한다. prototype은 함수 객체에만 있는 속성으로 인스턴스화된 객체가 이 프로토타입을 참조하며, constructor는 객체를 생성한 생성자 함수를 가리키고, super는 상속된 클래스에서 부모 클래스를 호출할 때 사용된다.

02 Python에서는 프로토타입 체인을 명시적으로 사용하지 않지만, 객체가 특정 클래스의 메소드와 속성을 물려받기 위해 사용하는 메커니즘은 무엇인가?

① 인터페이스   ② 상속

③ 다형성   ④ 추상화

> **해설** Python은 클래스 기반 언어로 객체가 부모 클래스의 메소드와 속성을 물려받기 위해 상속을 사용한다. 상속으로 클래스 간 관계를 설정하고 객체가 부모 클래스의 특성을 재사용할 수 있다. 인터페이스와 추상화는 개념적으로는 관련이 있지만, 상속이 프로토타입과 비슷한 역할이다.

장

프로그램 구현

이번 장에서 다룰 종합 내용

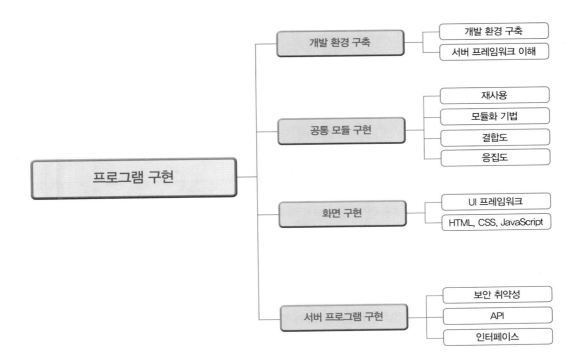

- ☑ 서버 프로그램을 구현하기 위해 개발 환경 구축을 먼저 해야 한다.
- ☑ 서버 프로그램을 효과적으로 구현할 수 있도록 개발 프레임워크를 사용해 개발한다.
- ☑ 서버 모듈을 개발할 수 있도록 모듈화, 객체화, 재사용 기법 등을 사용한다.
- ☑ 서버 프로그램을 개발하기 위해서는 API, 시큐어 코딩 등을 이해해야 한다.

201 | 개발 환경 구축

1 통합개발환경 도구

- 개발 환경 구축은 소프트웨어 개발을 하기 위한 환경 구성을 말한다. 개발할 수 있는 하드웨어를 구축하고, 도구를 사전에 세팅하는 활동이 포함된다.
- 개발 환경을 구축할 때 개발 활동을 테스트하고, 배포, 모니터링할 수 있는 기능을 제공하는 도구를 통합개발환경 도구라고 한다.

■ 세부 개발 도구

도구	설명	예시
구현 도구	개발 언어를 통해 실제 구현할 수 있는 기능 및 환경을 제공하는 도구	IntelliJ, Eclipse, Visual Studio 등
테스트 도구	개발된 모듈에 대해 요구사항대로 구현되었는지 확인할 수 있는 도구	Junit, Spring Test 등
형상관리 도구	개발된 산출물에 대해 저장하면서 버전 및 히스토리를 확인할 수 있는 도구	CVS, SVN, Git 등
빌드 도구	개발된 코드에 대해 컴파일하고 빌드할 수 있는 도구	Ant, Maven, Gradle 등

2 형상관리

형상관리는 소프트웨어의 개발 과정에서 발생하는 모든 항목의 변경 사항을 관리하기 위한 활동이다.

■ 형상관리 절차

형상 식별, 형상 통제, 형상 감사, 형상 기록의 순서대로 진행된다.

절차	활동	설명
형상 식별	대상 식별	형상관리 대상을 정의, 식별하고 해당 항목에 추적성을 부여하기 위한 ID 관리 번호를 부여하는 활동
형상 통제	승인, 검토 통제	변경 요구 관리, 변경 제어, 형상관리 등을 통제 지원
형상 감사	베이스라인 무결성	베이스라인 변경 시 요구사항과 일치 여부 검토
형상 기록	각종 수행 결과 기록	소프트웨어 형상 및 변경 관리에 대한 수행 결과 기록

■ 형상관리의 구성 요소

구성 요소	설명
기준선 (Baseline)	– 각 형상 항목들의 기술적 통제 시점, 모든 변화를 통제하는 시점의 기준 – 라이프 사이클상 진행과 변경을 구별하는 관리의 기준점
형상 항목 (Configuration Item)	소프트웨어 생명주기 중 공식적으로 정의되고 관리하는 대상 예 기술 문서, 개발 도구, 소스 코드가 포함되는 항목
형상물 (Configuration Product)	소프트웨어 개발 생명주기 중 공식적으로 구현되는 형체가 있는 실현된 형상관리의 대상 예 기술 문서, 하드웨어 제품, 소프트웨어 제품
형상 정보 (Configuration Information)	형상 정보는 형상 항목과 형상물로 구성되는 정보
CCB* (Configuration Control Board)	형상관리에 대한 전략과 통제 등 전반적인 관리 통제를 하는 조직 예 전략/표준 수립, 교육, 베이스라인 설정, 변경 통제/승인, 식별, 통제, 감사, 기록 등

★ CCB(Configuration Control Board)
CCB는 형상 제어 위원회라고도 불리며, 제안된 형상 항목의 변경을 평가하거나 승인·미승인을 결정하고 승인된 변경의 구현을 보증할 책임이 있는 조직입니다.

■ 개발 환경 구축 절차

절차	상세 설명	주요 활동
요구사항 분석	대상이 되는 시스템의 요구사항을 분석하여 어떠한 도구들이 필요할지 준비하는 과정	시스템 환경 분석
도구 설계	구현 도구, 빌드 도구, 테스트 도구, 형상관리 등 요구사항에 맞는 시스템 구축을 위한 환경 설계	관련 도구 현황 파악
개발 언어 선정	개발 대상의 업무 성격에 적합한 특성을 확인하고 적합한 언어를 선정	– 개발 언어 선정 – 기준 점검
개발 도구 선정	개발 언어에 따른 적합한 구현 도구를 파악	Java, C 등 언어에 따른 도구 선정
빌드 및 테스트 구축	구성원의 경험과 개발 환경에 맞는 빌드 및 테스트 구축	CI/CD 구축

01 소프트웨어 형상관리(Configuration Management)에 대한 설명으로 가장 타당한 것은?

① 개발 인력을 관리하는 것

② 개발 과정의 변화되는 사항을 관리하는 것

③ 개발 일정을 관리하는 것

④ 테스트 과정에서 소프트웨어를 통합하는 것

> 해설 형상관리는 CVS, SVN, Git 등을 이용하여 변화되는 사항을 관리하는 것이다.

02 소프트웨어 형상관리의 대상으로 거리가 먼 것은?

① 소스 레벨과 수행 형태인 컴퓨터 프로그램

② 숙련자와 사용자를 목표로 한 컴퓨터 프로그램을 서술하는 문서

③ 프로그램 내에 포함된 자료

④ 시스템 개발 비용

> 해설 형상관리에서 시스템 개발 비용과는 무관하다.

03 통합개발환경 중 다음에서 설명하는 것은 무엇인가?

> 개발된 산출물에 대해 저장하면서 버전 및 히스토리를 확인할 수 있는 도구

① 형상관리 도구   ② 구현 도구

③ 빌드 도구   ④ 테스트 도구

> 해설 CVS, SVN, Git 등을 이용하여 개발된 산출물에 대해 저장하면서 히스토리를 관리할 수 있는 도구를 형상관리 도구라고 한다.

04 다음 형상관리 절차를 정확히 작성한 것은?

① 형상 식별 → 형상 기록 → 형상 감사 → 형상 통제

② 형상 기록 → 형상 통제 → 형상 감사 → 형상 식별

③ 형상 식별 → 형상 통제 → 형상 감사 → 형상 기록

④ 형상 식별 → 형상 통제 → 형상 기록 → 형상 감사

> 해설 형상관리의 절차는 형상 식별 → 형상 통제 → 형상 감사 → 형상 기록으로 구성된다.

05 다음에서 설명하는 형상관리 구성 항목은?

> 형상관리에 대한 전략과 통제 등 전반적인 관리 통제를 하는 조직

① 기준선(Baseline)

② 형상 항목(Configuration Item)

③ 형상 정보(Configuration Information)

④ CCB(Configuration Control Board)

> 해설 형상관리 대상의 변경 요구를 검토하여 통제하는 조직을 CCB라고 한다.

서버 프레임워크 이해

1 서버 프레임워크 이해

- 협업 개발이 가능하도록 공통적인 표준을 제시하여 개발할 수 있는 도구이자 가이드이다.
- 인터페이스, 설정, 코드 등을 정하여 재사용이 가능한 기능 등을 포함한다.

■ 서버 프레임워크의 특징

특성	상세 설명
모듈화 (Modularity)	- 인터페이스에 의한 캡슐화를 통해 모듈화를 강화한다. - 설계와 구현의 변경에 따르는 영향을 최소화하는 성질이다.
재사용성 (Reusability)	반복적으로 사용될 수 있는 컴포넌트를 정의하여 재사용성을 높인다.
확장성 (Extensibility)	다형성을 통해 애플리케이션이 프레임워크의 인터페이스를 확장할 수 있게 한다.

■ 서버 프레임워크의 구성

구성 요소	구성 기능	세부 기능
개발 환경	구현 도구, 배포 도구, 테스트 도구, 형상관리 도구	데이터 개발 도구, 테스트 자동화 도구, 코드 검사 도구, 템플릿 프로젝트 생성 도구, 공통 컴포넌트 조립 도구, 서버 환경 관리 도구, 모바일용 표준 소스 코드 생성 도구 등의 환경
실행 환경	화면 처리, 업무 처리, 데이터 처리, 연계 통합, 공통 기반	개발하는 업무 프로그램의 실행에 필요한 공통 모듈 등 업무 프로그램 개발 시 화면, 서버 프로그램, 데이터 개발, 배치 처리 기능 개발을 표준화가 용이하도록 지원하는 응용 프로그램 환경
운영 환경	모니터링 도구, 운영 관리 도구, 배치 운영 도구	실행 환경에서 서비스를 운영하기 위한 환경 제공(모니터링, 배포, 관리 시스템 등)과 배치 환경을 운영하기 위한 환경 제공(배치 실행, 스케줄링, 결과 모니터링 등)
관리 환경	서비스 요청 관리, 변경 관리, 현황 관리, 표준 관리	개발 프레임워크 및 공통 서비스를 각 개발 프로젝트에 배포하고 관리하기 위한 모듈

2 전자정부 표준 프레임워크

전자정부 표준 프레임워크는 공공사업에 적용되는 개발 프레임워크의 표준 정립으로 응용 소프트웨어 표준화, 품질 및 재사용성 향상을 목표로 하는 개발 프레임워크이다.

■ 전자정부 표준 프레임워크의 특징

특징	상세 설명
상용 솔루션 연계	상용 솔루션과 연계가 가능한 표준을 제시하여 상호 운용성 보장
개방형 표준 준수	오픈소스 기반의 범용화되고 공개된 기술의 활용으로 특정 사업자에 대한 종속성 배제
모바일 환경 지원	모바일 환경을 위한 모바일 웹(UX/UI) 및 하이브리드 앱 지원
편리하고 다양한 환경	이클립스 기반의 모델링(UML, ERD), 컴파일링, 디버깅 환경 제공
변화 유연성	각 서비스의 모듈화로 교체가 쉬우며 인터페이스 기반 연동으로 모듈 변경에 대한 영향 최소화
국가적 표준화 지향	민간, 학계로 구성된 자문협의회를 통한 국가적 차원 표준화 수행

■ 전자정부 표준 프레임워크의 구성

전자정부 표준 프레임워크는 웹 기반의 정보화 시스템 구축에 필요한 애플리케이션 아키텍처와 기본 기능 및 공통 컴포넌트를 제공하는 표준 프레임워크로서 개발 환경, 실행 환경, 관리 환경, 운영 환경과 공통 컴포넌트로 구성된다.

▲ 전자정부 표준 프레임워크(https://www.egovframe.go.kr)

01 전자정부 표준 프레임워크의 구성 요소로 해당되지 않는 것은?

① 기획 환경

② 개발 환경

③ 실행 환경

④ 운영 환경

> **해설** 전자정부 표준 프레임워크는 개발부터 실행까지 운영할 수 있는 환경을 제공하는 걸 목표로 한다.

02 다음 중 프레임워크의 특징이 아닌 것은?

① 모듈화

② 재사용성

③ 적정성

④ 확장성

> **해설** 프레임워크의 특징은 모듈화, 재사용성, 확장성 등이 있다.

03 다음 중 프레임워크 유형에 속하지 않는 것은?

① 전자정부 표준 프레임워크

② Spring

③ Git

④ Vue.js

> **해설** Git은 프레임워크가 아니라 개발 형상관리 도구이다.

04 서버 프레임워크에 대한 설명으로 옳은 것은?

① Django는 Java 기반의 서버 프레임워크이다.

② Flask는 경량 서버 프레임워크로, 확장성이 낮다.

③ Spring은 Java 기반의 서버 프레임워크로, 대규모 애플리케이션 개발에 적합하다.

④ Express.js는 Python 환경에서 동작하는 서버 프레임워크이다.

> **해설** ①번의 Django는 Python 기반의 서버 프레임워크로 Java와는 관련이 없고, ②번의 Flask는 경량 서버 프레임워크로 설계되었지만, 플러그인을 통해 확장성이 높으며, ④번의 Express.js는 Node.js 환경에서 동작하는 서버 프레임워크로, Python과는 관련이 없다.

1 공통 모듈

- 공통 모듈은 자주 사용하는 기능들을 다시 사용할 수 있도록 하나의 패키지로 제공하는 독립된 모듈이다.
- 공통 모듈을 사용함으로써 재사용성이 강화된다.

2 모듈의 재사용

- 기존의 개발된 소프트웨어 기능을 활용하여 새로운 시스템 또는 기능 개발을 구축하는 방법이다.
- 재사용 가능한 모듈들을 제공함으로써 개발자의 생산성을 향상시키는 기법이다.

■ 재사용 프로그래밍 기법

기법	설명
객체 지향 프로그래밍	객체 단위로 재사용이 이루어지도록 설계해 구조화된 구현이 가능한 프로그래밍 방식
제네릭 프로그래밍	데이터 형식에 의존하지 않고, 하나의 값이 여러 다른 데이터 타입들을 가질 수 있는 기술에 중점을 두어 재사용성을 높이는 프로그래밍 방식
자동 프로그래밍	어떤 프로그램이 사용자가 설정한 일련의 변수에 근거해 자동으로 프로그램을 생성하는 방식
메타 프로그래밍	자기 자신 혹은 다른 컴퓨터 프로그램을 데이터로 처리함으로써 프로그램을 작성 및 수정할 수 있는 기법

3 모듈화

- 응집도와 결합도에 기반하여 프로그램 구성을 효율적으로 묶는 기법이다.
- 모듈화의 측정 척도는 응집도와 결합도로 나뉜다.

■ 모듈화의 원리

원리	상세 설명
분할과 지배	복잡한 문제를 분해해 모듈 단위로 문제를 해결하는 원리
정보 은폐	변경 가능성이 있거나 어려운 모듈을 타 모듈로부터 은폐하는 원리
자료 추상화	각 모듈 자료 구조를 액세스하고 수정하는 함수 내에 자료 구조의 표현 내역을 은폐하는 원리
모듈의 독립성	낮은 결합도와 높은 응집도를 가지는 성질

4 결합도(Coupling)

- 모듈 내부가 아닌 외부 모듈과의 연관도를 나타내는 척도이다.
- 소프트웨어 구조에서 모듈 간의 관련성을 측정하는 척도이다.
- 결합도가 낮아야 시스템 구현 및 유지보수 작업이 쉽다.

■ 결합도의 유형

- 결합도는 자료 결합도가 가장 낮고, 내용 결합도가 가장 높다.
- 결합도가 낮을수록 모듈의 독립성이 좋다.

유형	상세 설명	척도
자료 결합도 (Data Coupling)	어떤 모듈이 다른 모듈을 호출해 매개변수나 인수로 데이터를 넘겨주고, 호출받은 모듈은 받은 데이터에 대한 처리 결과를 다시 돌려주는 결합도	낮음 ⇧ 높음
스탬프(검인) 결합도 (Stamp Coupling)	두 모듈이 동일한 자료 구조를 조회하는 경우의 결합도. 자료 구조의 어떠한 변화, 즉 포맷이나 구조의 변화는 그것을 조회하는 모든 모듈 및 변화되는 필드를 실제로 조회하지 않는 모듈에까지도 영향을 미치는 결합도	
제어 결합도 (Control Coupling)	어떤 모듈이 다른 모듈의 내부 논리 조직을 제어하기 위한 목적으로 제어 신호를 이용해 통신하는 경우에 발생하며, 하위 모듈에서 상위 모듈로 제어 신호가 이동하여 상위 모듈에게 처리 명령을 부여하는 권리 전도 현상이 발생하게 되는 결합도이다.	
외부 결합도 (External Coupling)	어떤 모듈에서 선언한 데이터(변수)를 외부의 다른 모듈에서 참조할 때 발생하는 결합도	
공통(공유) 결합도 (Common Coupling)	공유되는 공통 데이터 영역을 여러 모듈이 사용할 때 발생하는 결합도	
내용 결합도 (Content Coupling)	한 모듈이 다른 모듈의 내부 기능 및 그 내부 자료를 직접 참조하거나 수정할 때의 결합도	

5 응집도(Cohesion)

프로그램의 한 요소로 해당 기능을 수행하기 위해 모듈 내부가 얼마만큼의 연관된 책임과 아이디어로 묶여 있는지 나타내는 정도이다.

■ 응집도의 유형

- 응집도는 우연적 응집도가 가장 낮고, 기능적 응집도가 가장 높다.
- 응집도가 높을수록 모듈의 독립성이 좋다.

유형	상세 설명	척도
기능적 응집도 (Functional Cohesion)	모듈 내부의 모든 기능 요소들이 단일 문제와 연관되어 수행되는 경우의 응집도	높음
순차적 응집도 (Sequential Cohesion)	모듈 내 하나의 활동으로부터 나온 출력 데이터를 그다음 활동의 입력 데이터로 사용할 수 있는 경우의 응집도	
교환(통신)적 응집도 (Communication Cohesion)	동일한 입력과 출력을 사용하여 서로 다른 기능을 수행하는 구성 요소들이 모여 있는 경우의 응집도	
절차적 응집도 (Procedural Cohesion)	모듈이 다수의 관련 기능을 가질 때 모듈 안의 구성 요소들이 그 기능을 순차적으로 수행할 경우의 응집도	
시간적 응집도 (Temporal Cohesion)	특정 시간에 처리되는 몇 개의 기능을 모아 하나의 모듈로 작성할 경우의 응집도	
논리적 응집도 (Logical Cohesion)	유사한 성격을 갖거나 특정 형태로 분류되는 처리 요소들로 하나의 모듈이 형성되는 경우의 응집도	
우연적 응집도 (Coincidental Cohesion)	모듈 내부의 각 구성 요소들이 서로 관련 없는 요소로만 구성된 경우의 응집도	낮음

 실력 점검 문제

기출 유형 문제

2018.04

01 모듈화에 대한 설명으로 가장 거리가 먼 것은?

① 프로그램의 복잡도가 절감된다.

② 시스템 개발 시에 소프트웨어의 품질을 증대시킬 수 있다.

③ 시스템 개발 시에 시간과 노력을 절감할 수 있다.

④ 시스템의 디버깅과 수정이 어렵다.

 소스 코드를 분할하는 모듈화 작업을 통해서 시스템은 디버깅과 수정이 수월해진다.

2020.06, 2018.08

02 모듈의 결합도는 설계에 대한 품질 평가 방법의 하나로서 두 모듈 간의 상호 의존도를 측정한다. 다음 중 설계 품질이 가장 좋은 결합도는?

① Common Coupling ② Data Coupling

③ Control Coupling ④ Content Coupling

해설 결합도 순서는 자료 결합도 → 스탬프 결합도 → 외부 결합도 → 내용 결합도 순으로 낮으며 결합도가 낮을수록 모듈의 독립성이 높아져 품질이 좋다.

1:④ 2:② 정답

03 모듈 내부의 모든 기능 요소들이 단일한 목적을 위해 수행하는 경우의 응집도는?

① Coincidental Cohesion

② Functional Cohesion

③ Procedural Cohesion

④ Temporal Cohesion

> 해설 단일 기능의 요소로 하나의 모듈을 구성하는 방법은 Functional Cohesion으로 기능적 응집도 또는 함수적 응집도라고도 하며 응집도가 가장 높은 경우이다.

04 시스템에서 모듈 사이의 결합도(Coupling)에 대한 설명으로 옳은 것은?

① 한 모듈 내에 있는 처리 요소들 사이의 기능적인 연관 정도를 나타낸다.

② 결합도가 높으면 시스템 구현 및 유지보수 작업이 쉽다.

③ 모듈 간의 결합도를 약하게 하면 모듈 독립성이 향상된다.

④ 자료 결합도는 내용 결합도 보다 결합도가 높다.

> 해설
> - 결합도는 외부 모듈과의 연관도를 나타내는 척도이다
> - 결합도가 낮아야 시스템 구현 및 유지보수 작업이 쉽다.
> - 결합도는 자료 결합도가 가장 낮고, 내용 결합도가 가장 높다.

05 응집도가 가장 낮은 것은?

① 기능적 응집도

② 시간적 응집도

③ 절차적 응집도

④ 우연적 응집도

> 해설 응집도는 우연적 〉 논리적 〉 시간적 〉 절차적 〉 통신적 〉 순차적 〉 기능적 순으로 높아진다. 우연적 응집도가 가장 낮은 응집도이다.

06 효과적인 모듈 설계를 위한 유의사항으로 거리가 먼 것은?

① 모듈 간의 결합도가 낮을수록 모듈의 독립성이 향상된다.

② 복잡도와 중복성을 줄이고 일관성을 유지시킨다.

③ 모듈의 기능은 예측 가능해야 하며 지나치게 제한적이어야 한다.

④ 유지보수가 용이해야 한다.

> 해설 모듈은 제한되지 않은 상황에 따라 구성되어야 한다.

07 다음에서 설명하는 응집도의 유형은?

> 모듈이 다수의 관련 기능을 가질 때 모듈 안의 구성 요소들이 그 기능을 순차적으로 수행할 경우의 응집도

① 기능적 응집도

② 우연적 응집도

③ 논리적 응집도

④ 절차적 응집도

> 해설 정해진 순서대로 진행되는 응집도를 절차적 응집도라 한다.

08 어떤 모듈이 다른 모듈의 내부 논리 조직을 제어하기 위한 목적으로 제어 신호를 이용해 통신하는 경우 권리 전도 현상이 발생하는 결합도는?

① Data Coupling ② Stamp Coupling

③ Control Coupling ④ Common Coupling

> 해설 제어 결합도(Control Coupling)는 어떤 모듈이 다른 모듈로 정보를 넘겨줌으로써 모듈의 흐름을 제어하는 권리 전도 현상이 일어난다.

09 공통 모듈의 재사용 범위에 따른 분류가 아닌 것은?

① 컴포넌트 재사용

② 더미 코드 재사용

③ 함수와 객체 재사용

④ 애플리케이션 재사용

> 해설 재사용은 애플리케이션 단위, 함수 단위, 컴포넌트 단위 등으로 다양하게 사용 가능하나 더미 코드는 일부 샘플링 코드로 재사용할 수 있는 모듈 단위가 아니다.

10 결합도(Coupling)에 대한 설명으로 틀린 것은?

① 자료 결합도(Data Coupling)는 두 모듈이 매개변수로 자료를 전달할 때, 자료 구조 형태로 전달되어 이용되면 데이터가 결합되어 있다고 한다.

② 내용 결합도(Content Coupling)는 하나의 모듈이 직접적으로 다른 모듈의 내용을 참조할 때 두 모듈은 내용적으로 결합되어 있다고 한다.

③ 공통 결합도(Common Coupling)는 두 모듈이 동일한 전역 데이터에 접근한다면 공통으로 결합되어 있다고 한다.

④ 결합도(Coupling)는 두 모듈 간의 상호작용 또는 의존도 정도를 나타낸 것이다.

> 해설 모듈 사이에 자료 구조로 교환하는 방식은 스탬프 결합도이다. 데이터(자료) 결합도는 모듈들이 간단히 파라미터로만 변수를 교환하는 방식이다.

11 응집도의 종류 중 의미 있는 연관 관계로 맺어지지 않고 기능 요소로만 구성되는 경우이며, 서로 다른 상위 모듈에 의해 호출되어 각각 다른 기능을 수행하는 응집도는?

① Functional Cohesion

② Sequential Cohesion

③ Logical Cohesion

④ Coincidental Cohesion

> 해설 Functional Cohesion(기능적 응집도)은 다른 연관 관계 없이 하나의 기능만으로 수행하도록 구성하는 응집도이다.

12 재사용 프로그래밍에 속하지 않는 프로그래밍은 어느 것인가?

① 객체 지향 프로그래밍

② 제네릭 프로그래밍

③ 자동 프로그래밍

④ 절차적 프로그래밍

> 해설 절차적 프로그래밍은 재사용 프로그래밍에 속하지 않는다.

13 다음에서 모듈화 설명 중 틀린 것은?

① 응집도와 결합도에 기반하여 프로그램을 효율적으로 묶는 기법을 모듈화라고 한다.

② 분할과 지배의 원리를 이용하고 있다.

③ 모듈 내부가 아닌 외부 모듈과의 연관도를 결합도라고 한다.

④ 낮은 응집도와 높은 결합도가 좋은 모듈화이다.

> 해설 높은 응집도와 낮은 결합도가 좋은 모듈화 방법이다.

14 다음에서 설명하는 결합도의 유형은 어느 것인가?

> 모듈들이 간단히 파라미터로만 변수를 교환하는 결합도

① 자료 결합도

② 스탬프 결합도

③ 제어 결합도

④ 공통 결합도

> 해설 자료 결합도는 어떤 모듈이 다른 모듈을 호출하면서 매개변수나 인수로 데이터를 넘겨 주고, 호출 받은 모듈쪽에서는 받은 데이터에 대한 처리 결과를 다시 돌려 주는 방식이다.

9:② 10:① 11:① 12:④ 13:④ 14:① **정답**

1 UI

UI(User Interface)는 사람(사용자)과 컴퓨터 시스템 사이의 의사소통 도구이며 기기의 효율적인 작동과 사용자의 제어를 보장하는 것을 목적으로 한다.

2 UI 프레임워크

■ Ajax

- 비동기적인 웹 애플리케이션 제작을 위한 웹 개발 기술이다.
- 서버의 응답을 기다리지 않고 비동기 요청이 가능하여 사용자단에서는 페이지 이동없이 고속으로 화면이 전환된다.
- 별도의 플러그인 없이도 인터렉티브(Interactive)한 웹 페이지를 구현할 수 있다.

■ SPA(Single Page Application)

SPA(Single Page Application)는 서버에서 새로운 페이지를 불러오지 않고 현재 페이지를 동적으로 다시 작성함으로써 사용자와 소통하는 웹 애플리케이션이다.

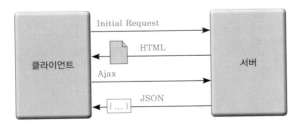

■ UI 프레임워크

프레임워크	설명
Vue.js	웹 개발을 단순화하고 정리하기 위해 개발된 자바스크립트의 프레임워크
React.js	재사용이 가능한 UI를 생성할 수 있는 페이스북에서 개발한 유저 인터페이스 라이브러리
Angular	모바일과 데스크탑에서 동작하는 웹 애플리케이션 개발 플랫폼
jQuery	자바스크립트 언어를 간편하게 사용할 수 있도록 단순화시킨 오픈소스 기반 자바스크립트 라이브러리
Express	웹 및 모바일 애플리케이션을 위한 유연한 node.js 웹 애플리케이션 프레임워크

01 React의 주요 특징으로 올바른 것은 무엇인가?

① 상태 관리가 Vuex에 의존한다.

② 컴포넌트를 기반으로 한 UI 구성과 가상 DOM 을 사용한다.

③ Angular CLI를 통해 자동으로 빌드와 배포를 지원한다.

④ 모든 컴포넌트를 HTML 템플릿 파일로 구성해야 한다.

> **해설** Vuex는 Vue.js의 상태 관리 라이브러리이며, Angular CLI 는 Angular의 CLI 도구이다. React는 JavaScript와 JSX로 구성된 컴포넌트를 사용하므로 HTML 템플릿 파일이 필수적이지 않다.

02 Vue.js의 주된 설계 철학 중 하나로 가장 적절한 것은 무엇인가?

① "모든 것을 컴포넌트로 구축한다."

② "기존 프로젝트에 점진적으로 통합될 수 있다."

③ "가상 DOM을 활용하여 고성능을 목표로 한다."

④ "의존성 주입을 통해 서비스 간 의존성을 관리한다."

> **해설** Vue.js는 점진적 프레임워크로 설계되어, 전체 프로젝트를 Vue로 작성하지 않고도 필요한 부분에 점진적으로 통합할 수 있는 유연성을 제공한다. 이는 기존 웹 프로젝트에 Vue를 쉽게 추가할 수 있게 해준다. 가상 DOM은 React와 Svelte의 주요 특징이며 의존성 주입은 주로 Angular에서 사용된다.

03 Angular가 다른 프론트엔드 프레임워크와 구별되는 특징은 무엇인가?

① 가상 DOM을 활용하여 빠른 렌더링을 제공한다.

② 상태 관리를 위한 내장된 간단한 API를 제공한다.

③ TypeScript를 기본 언어로 사용하고 강력한 의존성 주입을 지원한다.

④ 빌드 시점에 컴파일되어 런타임 성능이 향상된다.

> **해설** Angular는 TypeScript를 기본 언어로 사용하며 이를 통해 강력한 타입 체크와 코드 품질을 보장한다. 또한, 의존성 주입(Dependency Injection)을 기본적으로 지원해 모듈 간 의존성 관리를 체계적으로 할 수 있다. 가상 DOM은 React의 특징이며, 빌드 시점 컴파일은 주로 Svelte의 특징이다.

04 AJAX의 주된 목적은 무엇인가?

① 서버와의 통신을 통해 페이지 전체를 새로고침하지 않고도 데이터를 업데이트하기 위함이다.

② 서버와의 통신 없이 브라우저 내에서 데이터를 처리하기 위함이다.

③ 브라우저에서 HTML만을 사용해 데이터를 전송하기 위함이다.

④ 화려한 UI를 만들기 위해서이다.

> **해설** AJAX(Asynchronous JavaScript and XML)는 서버와 비동기적으로 통신해 전체 페이지를 새로고침 하지 않고도 특정 부분만 업데이트할 수 있다. 이를 통해 사용자 경험이 향상되며, 페이지 로딩 속도와 데이터 전송 효율이 개선된다. AJAX는 서버와의 통신을 포함하며 HTML만으로는 AJAX 기능을 구현할 수 없다.

205 | HTML, CSS, JavaScript

1 HTML

■ HTML(Hypertext Markup Language) 개념

웹 페이지를 만들기 위한 언어로 웹 브라우저에서 동작하는 언어이다.

```
<html>
  <head>
    문서를 정의하는 데이터
  </head>
  <body>
    문서에 표시되는 콘텐츠
  </body>
</html>
```

태그	설명
\<html\>	웹 페이지의 시작과 끝을 알리는 태그
\<head\>	웹 페이지의 정보, 문서에서 사용할 정보를 저장하는 태그
\<body\>	브라우저에 실제 표현되는 내용을 넣는 태그
\<title\>	웹 브라우저의 제목 표시줄을 표시하는 태그
\<meta\>	문자 인코딩 및 문서 키워드, 요약 정보를 넣는 태그
\<div\>	그룹해야 하는 내용이 있을 경우 적용하는 태그
\<a\>	웹 페이지나 외부 사이트로 연결할 때 사용되는 태그

■ HTML 5

클라이언트와 서버의 통신이 가능하며 이에 대한 부가 기능을 제공함으로써 다른 외부 플러그인(Plug-In)을 사용하지 않고 다양한 웹 서비스를 제공할 수 있는 기술

| HTML5 코드 사용 |

```
<!DOCTYPE html>
<html lang="en">
<head>
    <meta charset="UTF-8">
    <meta name="viewport" content="width=device-width, initial-scale=1.0">
    <title>Document Title</title>
</head>
<body>
    <!-- 웹 페이지 내용 -->
</body>
</html>
```

- **〈DOCTYPE html〉:** 문서의 형식을 HTML5로 선언하는 구문이다. 이 선언은 브라우저에게 해당 서를 최신 HTML 표준에 맞게 해석하라고 알려준다.
- **〈tml〉:** HTML 문서의 루트 요소이다.
- **lang="n":** 문서의 언어를 설정하는 속성이다. 여기서는 영어(en)로 설정되어 있다.
- **〈head〉:** 메타데이터, 문서의 제목, 스타일시트, 스크립트 등을 포함하는 요소이다.
- **〈meta charset="TF-8":** 문서의 문자 인코딩을 설정하는 태그로, 대부분의 경우 UTF-8로 설정한다.
- **〈meta name="iewport" content="width=device-width, initial-scale=1.0"〉:** 뷰포트 설정으로, 특히 모바일 디바이스에서 페이지의 크기와 확대/축소 동작을 제어하는 데 사용된다.
- **〈title〉:** 웹 페이지의 제목을 설정하는 태그이다. 이 제목은 브라우저 탭에 표시된다.
- **〈body〉:** 실제 웹 페이지의 콘텐츠가 들어가는 영역이다.

2 CSS

■ CSS(Cascading Style Sheets)의 개념

웹 페이지의 화면 요소를 다양하게 보여줄 수 있도록 제공되는 스타일 시트 언어

■ CSS 구문

구문	설명
속성(Property)	식별자로서 어떤 항목인지 판단할 수 있도록 해주는 구문
값(Value)	브라우저에 의해 어떤 식으로 나타나야 하는지 기술하는 구문

■ CSS 속성

- margin: 요소의 외부 공간을 정의하는 속성이다. 요소와 다른 요소들(또는 페이지 경계) 사이의 간격을 설정하며 요소 밖의 공간을 조정해 요소를 다른 요소들로부터 떨어뜨리거나 중앙에 배치하는 데 사용한다.
- padding: 요소의 내부 공간을 정의하는 속성이다. 요소의 콘텐츠와 그 경계 (border) 사이의 간격을 설정하며 요소 내부의 콘텐츠와 요소의 테두리 사이 간격을 조정한다.

■ CSS(Cascading Style Sheets) 속성 종류

카테고리	속성/메소드	설명	예시 코드
선택자	*	모든 요소 선택	* { margin: 0; }
	태그 선택자	특정 HTML 태그 선택	p { color: blue; }
	클래스 선택자	특정 클래스의 요소 선택	.myClass { font-size: 14px; }
	아이디 선택자	특정 ID의 요소 선택	#myId { background-color: yellow; }
	자손 선택자	특정 요소의 자손 요소 선택	div p { color: green; }
	속성 선택자	특정 속성을 가진 요소 선택	input[type="text"] { border: 1px solid black; }
박스 모델	width, height	요소의 너비와 높이 설정	div { width: 100px; height: 100px; }
	padding	내용 주변의 내부 여백 설정	div { padding: 10px; }
	border	요소의 테두리 설정	div { border: 1px solid black; }
	margin	요소 외부의 여백 설정	div { margin: 20px; }
색상/배경	color	텍스트 색상 설정	p { color: red; }
	background-color	배경 색상 설정	body { background-color: lightblue; }
	background-image	배경 이미지 설정	div { background-image: url('image.jpg'); }
텍스트	font-family	글꼴 설정	h1 { font-family: Arial, sans-serif; }
	font-size	글꼴 크기 설정	p { font-size: 14px; }
	text-align	텍스트 정렬	p { text-align: center; }
	text-decoration	텍스트 장식 (밑줄, 취소선 등) 설정	a { text-decoration: none; }
레이아웃	display	요소의 배치 방식 설정	.container { display: flex; }
	justify-content	플렉스 컨테이너 내 요소 정렬	.flex-container { justify-content: space-between; }
	grid-template-columns	그리드 레이아웃의 열 정의	.grid-container { grid-template-columns: repeat(3, 1fr); }
위치	position	요소의 위치 지정	div { position: absolute; top: 50px; left: 100px; }

3 JavaScript

■ 자바스크립트(JavaScript)의 개념

웹 브라우저나 다른 응용 프로그램의 내장 객체에 접근할 수 있는 객체 기반의 스크립트 프로그래밍 언어

■ 자바스크립트의 특징

- 자바스크립트는 객체 기반의 스크립트 언어이다.
- 자바스크립트는 동적이며, 타입을 명시할 필요가 없는 인터프리터 언어이다.
- 자바스크립트는 객체 지향형 프로그래밍과 함수형 프로그래밍을 모두 표현할 수 있다.

■ 자바스크립트의 DOM(Document Object Model)

자바스크립트의 Document 객체는 웹 페이지 구조를 제어하고 조작하는 데 핵심적인 역할을 하는 객체이다. 브라우저가 웹 페이지를 로드할 때 자동 생성되며 페이지 내의 모든 요소에 접근하고 이를 수정할 수 있는 다양한 메소드와 속성을 제공한다.

문법	설명
document. getElementById(id)	특정 ID를 가진 요소를 선택하여 반환하는 메소드이다. 이 메소드를 통해 원하는 요소를 정확하게 찾아 조작할 수 있다.
document.query Selector(selector)	CSS 선택자를 사용하여 첫 번째 일치하는 요소를 반환하는 메소드이다.
document.query SelectorAll(selector)	CSS 선택자를 사용하여 모든 일치하는 요소를 NodeList 객체로 반환하는 메소드이다. 이를 통해 다수의 요소를 한 번에 선택해 일괄적으로 처리할 수 있다.
document.create Element(tagName)	새로운 HTML 요소를 생성하는 메소드이다. 이 메소드는 동적으로 페이지에 새로운 콘텐츠를 추가할 때 유용하다.
document.body	HTML 문서의 〈body〉 요소를 가리키는 속성으로 문서의 주요 콘텐츠에 접근하고 이를 조작할 수 있다.
document.head	HTML 문서의 〈head〉 요소를 나타내는 속성으로 메타데이터나 스타일 정보를 조작하는 데 사용된다.
document.title	문서의 제목을 가져오거나 설정하는 속성이다. 이 속성을 통해 브라우저 탭에 표시되는 제목을 동적으로 변경할 수 있다.
document.cookie	현재 문서에 설정된 쿠키를 가져오거나 새 쿠키를 설정하는 데 사용되는 속성이다. 이를 통해 사용자 세션이나 설정 정보를 저장할 수 있다.
document.URL	현재 문서의 URL을 반환하는 속성이다. 이 속성은 현재 페이지의 주소를 가져올 때 유용하다.
document.write( )	문서에 텍스트나 HTML을 즉시 작성하는 메소드이다. 그러나 이 메소드는 페이지가 이미 로드된 후에 호출될 경우, 기존의 콘텐츠를 덮어쓸 수 있기 때문에 신중하게 사용해야 한다.

■ 자바스크립트의 Location 객체

자바스크립트의 Location 객체는 현재 문서의 URL(Uniform Resource Locator)을 나타내고 조작하는데 사용하는 객체이다. 브라우저의 Window 객체에 속해 있으며 현재 문서의 URL을 얻거나, 새 URL로 페이지를 리다이렉트하는 등의 작업을 수행할 수 있다.

- **location.href** : 현재 페이지의 전체 URL을 문자열로 반환한다. 이를 통해 URL을 읽거나 설정할 수 있다.

```
console.log(location.href); // 현재 페이지의 URL 출력
location.href = 'https://www.example.com'; // 현재 코드 실행 시 해당 URL로 이동
```

출제 예상 문제

01 다음 중 HTML 태그 중 설명이 바르게 된 것은?

① 〈a〉: 그룹해야 하는 내용이 있을 경우 적용하는 태그

② 〈div〉: 웹 페이지의 정보, 문서에서 사용할 정보를 저장하는 태그

③ 〈html〉: 웹 브라우저의 제목 표시줄을 표시하는 태그

④ 〈body〉: 브라우저에 실제 표현되는 내용을 넣는 태그

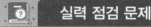

해설 〈a〉는 웹 페이지나 외부 사이트로 연결할 때 사용되는 태그, 〈div〉는 그룹해야 하는 내용이 있을 경우 적용하는 태그, 〈html〉는 웹 페이지의 시작과 끝을 알리는 태그이다.

02 다음 중 자바스크립트의 특징이 아닌 것은?

① 객체 지향형 프로그래밍과 함수형 프로그래밍을 모두 표현할 수 있다.

② JVM(Java Virtual Machine)에서 작동한다.

③ 동적이며, 타입을 명시할 필요가 없는 인터프리터 언어이다.

④ 객체 기반의 스크립트 언어이다.

해설 JVM은 Java 언어에서 사용하는 플랫폼이다.

03 서버의 응답을 기다리지 않고 비동기 요청이 가능해 페이지 이동없이 고속으로 화면이 전환될 수 있도록 해주는 스크립트 기술은 무엇인가?

① HTML

② Ajax

③ CSS(Cascading Style Sheets)

④ Json

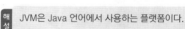

해설 Ajax는 비동기적인 웹 애플리케이션을 개발하기 위한 웹 개발 기술이다.

206 | 보안 취약성

1 서버 보안 취약성 개념

웹 서버 보안의 취약점은 웹 서버 구현상의 취약점과 CGI* 관련 취약점 그리고 웹 서버 구성상의 취약점으로 구분할 수 있다.

구분	설명
CGI 관련 취약점	외부 사용자에게 호스트의 정보를 보여주는 것과 사용자 입력 양식(Form)을 통해서 임의의 명령을 수행할 수 있는 취약점이 존재하는 경우가 있다.
웹 서버 구성상의 취약점	웹 서버 구성의 잘못으로 파일 접근 권한 획득, 디렉터리 내용 리스팅, 심볼릭 링크 등의 취약점을 유발할 수 있다.

★ CGI
공용 게이트웨이 인터페이스(Common Gateway Interface)는 웹 서버상에서 사용자 프로그램을 동작시키기 위한 조합이다.

2 서버 보안의 취약 유형

분류	취약점	설명
메모리 보안 침입	버퍼 오버플로	메모리를 다루는 데 오류가 발생하여 잘못된 동작을 하는 프로그램
	허상 포인터	프로그램 과정에서 적절한 타입의 유효한 객체를 가리키고 있지 않은 포인터
입력 확인 오류	포맷 스트링 버그	포맷팅을 수행하는 printf( )와 같은 특정한 C 언어의 함수에서 검사되지 않은 사용자 입력을 포맷 스트링 파라미터로 따로 사용하는 기법
	SQL 삽입	응용 프로그램의 보안 상에 허점을 이용해 악의적인 SQL문을 삽입하여 실행하는 인젝션 기법
	코드 인젝션	유효하지 않은 데이터를 실행함으로써 소프트웨어 버그의 부당한 부분을 사용하는 공격 기법
	디렉터리 접근 공격	비공개 디렉터리의 파일에 대해서 부정하게 디렉터리 패스를 가로질러 액세스하는 공격 기법
	크로스 사이트 스크립팅(XSS, Cross Site Scripting)	웹 서버 사용자에 대한 입력값 검증이 미흡할 때 발생하는 취약점으로 여러 사용자가 보는 게시판이나 메일 등을 통해 악성 스크립트를 삽입하는 공격 기법
	HTTP 헤더 인젝션	공격자가 응답 헤더 필드에 개행 문자 등을 삽입함으로써 임의의 응답 헤더 필드나 바디를 추가하는 공격 기법
경쟁 상태	심볼릭 링크 경쟁	절대 경로 또는 상대 경로의 형태로 다른 파일이나 디렉터리의 참조를 포함하고 있는 파일을 공격하는 기법

권한 이용 공격	요청 위조 공격	특정 사용자를 대상으로 하지 않고 불특정 다수를 대상으로 로그인된 사용자를 공격하는 기법
	클릭재킹	투명한 버튼이나 링크 함정을 사용해 웹 사용자가 클릭하면 의도치 않은 콘텐츠에 액세스시키는 공격 기법
네트워크 공격	스니핑(Sniffing)	네트워크에서 데이터를 캡처하고 분석하는 해킹 기법이다. "냄새를 맡다"는 의미를 가진 sniff에서 유래되었으며, 주로 불법적으로 패킷을 수집하여 사용자 정보나 암호를 훔치는 기법
	DOS(Denial Of Service) 공격	악의적인 사용자가 컴퓨터나 네트워크의 정상적인 작동을 방해하여 해당 시스템에 접근하려는 사용자에게 서비스를 제공하지 못하도록 만드는 사이버 공격

🖉 **알아두기**

한국인터넷진흥원에서 발행한 시큐어 코딩 가이드에 명시되어 있는 가이드라인이다.

3 서버 보안 취약 대비: 소프트웨어 개발 보안 가이드 유형

유형	설명
입력 데이터 검증 및 표현	프로그램 입력값에 대한 검증 누락 또는 부적절한 표현에 대해 검증하는 방법
보안 기능	보안 기능(인증, 접근 제어, 기밀성, 암호화, 권한 관리 등)을 위한 코딩 방법
시간 및 상태	시간 및 상태를 이용한 공격을 방지하기 위한 방법
에러 처리	에러 처리를 통한 부적절한 행위에 대한 처리 방법
코드 오류	타입 변환 오류 자원의 부적절한 반환 등에 대한 오류 해결 방법
캡슐화	캡슐화되었을 때 인가되지 않은 사용자가 이용할 수 없도록 하는 방법
API 오용	보안에 취약한 API를 이용하여 발생할 수 있는 보안 약점을 방어하는 방법

01 다음에서 설명하는 보안 취약 공격 기법은 무엇인가?

> 투명한 버튼이나 링크 함정을 사용하여 웹 사용자가 클릭하면 의도치 않은 콘텐츠에 액세스시키는 공격

① 코드 인젝션
② 포맷 스트링 버그
③ HTTP 헤더 인젝션
④ 클릭재킹

해설 〈보기〉는 클릭재킹에 대한 설명으로 클릭재킹은 투명한 버튼이나 링크 함정을 사용해 웹 사용자가 클릭하면 의도치 않은 콘텐츠에 엑세스 시키는 공격 기법이다.

02 다음 내용이 설명하는 소프트웨어 취약점은?

> 메모리를 다루는 데 오류가 발생하여 잘못된 동작을 하는 프로그램 취약점

① FTP 바운스 공격
② SQL 삽입
③ 버퍼 오버플로
④ 디렉터리 접근 공격

해설 버퍼 오버플로는 메모리를 참조하는 부분을 이용해 다른 메모리 영역을 침투하는 공격 기법이다.

03 다음 중 메모리 주소 변조를 이용해 공격하는 기법은 무엇인가?

① 버퍼 오버플로
② 코드 인젝션
③ 디렉터리 접근 공격
④ 클릭재킹

해설 메모리 주소 변조를 이용해 공격하는 기법은 버퍼 오버플로 공격이다.

04 서버 보안을 위한 시큐어 코딩 방법이 아닌 것은?

① 입력 데이터 검증 및 표현
② 시간 및 상태
③ 에러 처리
④ 객체화

해설 객체화는 프로그래밍 설계 및 구현 기법이다.

207 | API

1 서버 API

외부에서 해당 기능을 이용하거나 애플리케이션을 구현할 수 있도록 함수, 프로토콜, 기능 등을 제공할 수 있는 인터페이스이다.

■ 사용처에 따른 API 유형

유형	설명
윈도우 API	마이크로소프트사의 윈도우 운영체제에서 사용되는 API
웹 API	웹 애플리케이션에서 다른 서비스에 요청을 보내고 응답을 받기 위해 정의하는 API
오픈 API	API 중에서 플랫폼의 기능과 콘텐츠를 외부에서 웹 프로토콜(HTTP)로 호출해 사용할 수 있게 개방(공개)한 API → 누구나 사용 가능
Java API	자바를 이용해 쉽게 구현할 수 있도록 한 클래스 라이브러리의 집합

2 REST API

HTTP 위에서 SOAP이나 쿠키를 통한 세션 트랙킹 같은 별도의 전송 계층 없이 웹상의 자료를 보내기 위한 간단한 인터페이스이다.

■ REST API의 조건

조건	설명
클라이언트/서버 구조	클라이언트, 서버 기반의 일관적인 인터페이스로 분리
무상태(Stateless)	각 요청 간에 클라이언트의 콘텍스트가 서버에 저장되어서는 안 되는 성질
캐시 처리 기능 (Cacheable)	WWW에서와 같이 클라이언트 응답을 캐싱하는 기능
계층화 (Layered System)	중간 계층 서버를 통해 연결을 확인하고 로드 밸런싱이나 공유 기능 캐시를 제공하는 방법

Code On Demand	서버가 클라이언트를 실행시킬 수 있는 로직을 전송하여 기능 확장
인터페이스 일관성	아키텍처를 단순화하고 작은 단위로 분리하는 성질

■ REST API 메소드

메소드	역할
POST	POST를 통해 해당 URI를 요청하면 리소스를 생성
GET	– GET을 통해 해당 리소스를 조회 – 리소스를 조회하고 해당 도큐먼트에 대한 자세한 정보를 가져옴
PUT	PUT을 통해 해당 리소스를 수정
DELETE	DELETE를 통해 해당 리소스를 삭제

 실력 점검 문제

출제 예상 문제

01 REST API에 대한 다음 설명 중 틀린 것은?

① POST: POST를 통해 모든 API의 기능을 다 처리할 수 있다.

② GET: 리소스를 조회하고 정보를 가져온다.

③ PUT: PUT을 통해 해당 리소스를 수정한다.

④ DELETE: 해당 리소스를 삭제한다.

> 해설 POST를 통해 해당 URI를 요청하면 리소스를 생성하는 역할만 정의한다.

02 외부에서 해당 기능을 이용하거나 애플리케이션을 구현할 수 있도록 함수, 프로토콜, 기능 등을 제공할 수 있는 인터페이스를 무엇이라고 하는가?

① API　　　　② REST

③ TCP　　　　④ HTTP

> 해설 API는 Application Protocol Interface의 약자로 상호 연결하는 인터페이스라 할 수 있다.

03 다음에서 설명하는 용어는 무엇인가?

> 누구나 사용할 수 있도록 공개된 API를 말하며, 개발자의 사유 응용 소프트웨어나 웹 서비스에 프로그래밍적인 권한을 제공하는 API

① Open API

② Connected API

③ TCP

④ REST

> 해설 Open API에 대한 설명으로 여러 사람들이 공동으로 사용할 필요가 있는 자원에 대하여 자원의 사용을 개방하고, 사용자들이 자원에 대한 전문적인 지식이 없어도 쉽게 사용할 수 있도록 기능을 추상화하여 표준화한 인터페이스를 말한다.

208 | 인터페이스

1 인터페이스의 이해

개발에서 인터페이스(Interface)란 클래스나 모듈이 외부와 상호작용하는 방법을 정의한 일종의 계약 또는 명세서이다. 인터페이스는 구현 세부 사항을 감추고 시스템의 각 구성 요소들이 서로 일관된 방식으로 상호작용할 수 있도록 도와준다. 주로 객체지향 프로그래밍(OOP)에서 많이 사용되지만 모듈이나 API 설계에서도 널리 적용된다.

■ 인터페이스 목적

목적	설명
추상화	인터페이스는 기능의 명세를 정의하지만 구현은 포함하지 않는다. 이로 인해 클래스나 모듈이 구체적인 구현에 의존하지 않으며 특정 작업을 어떻게 수행할지에 대한 명세만 알고 있으면 된다.
일관성	인터페이스를 통해 여러 클래스가 동일한 매서드 시그니처(함수 이름, 매개변수)를 갖도록 강제할 수 있어 일괄된 방식으로 객체를 다룰 수 있다.
유연성 및 확장성	인터페이스를 사용해 시스템을 변경하거나 확장할 때 각 구성 요소를 독립적으로 변경할 수 있어 유연하고 확장성 있는 설계가 가능하다.
다형성	인터페이스는 다형성을 지원하여 다양한 클래스가 동일한 인터페이스를 구현하면 그 클래스들을 같은 방식으로 사용할 수 있고 코드의 재사용성을 높이는 역할을 한다.

2 인터페이스의 특징

■ 인터페이스 목적

인터페이스는 메소드의 이름과 시그니처(입력, 출력)를 정의하지만 구현은 제공하지 않아 인터페이스 구현 클래스는 인터페이스에 정의된 모든 메소드를 구현해야 한다. 예를 들어 자바에서는 Interface 키워드로 인터페이스를 정의한 후 Implements 키워드를 사용해 클래스가 메소드를 구현한다.

```
// 인터페이스 정의
public interface Animal {
   void makeSound();
}

// 인터페이스 구현
public class Dog implements Animal {
   @Override
   public void makeSound() {
      System.out.println("Bark");
   }
}

public class Cat implements Animal {
   @Override
   public void makeSound() {
      System.out.println("Meow");
   }
}
```

예시에서 Animal 인터페이스는 makeSound 메소드만 정의하고 있다. Dog와 Cat
클래스는 각각 이 메소드를 구현하고 있으며 해당 클래스들의 구현 방식에 따라 서로
다른 행동을 하게 된다.

■ 다형성 지원

인터페이스는 다형성을 지원한다. 여러 클래스가 동일한 인터페이스를 구현하면, 이
클래스들을 동일한 방식으로 처리할 수 있다. 예를 들어, Animal 인터페이스를 구현
한 Dog, Cat 클래스는 하나의 참조 타입(인터페이스 타입)으로 다룰 수 있다.

```
public class Main {
   public static void main(String[] args) {
      Animal dog = new Dog();
      Animal cat = new Cat();

      dog.makeSound();  // Output: Bark
      cat.makeSound();  // Output: Meow
   }
}
```

■ 다중 상속 지원

대부분의 객체지향 언어(예 Java)는 다중 상속을 지원하지 않지만 인터페이스 다중 구현은 가능하다. 이는 하나의 클래스가 여러 인터페이스를 구현할 수 있게 해, 다양한 기능을 쉽게 조합할 수 있다.

```java
public interface Flyable {
    void fly();
}

public interface Swimmable {
    void swim();
}

public class Duck implements Flyable, Swimmable {
    @Override
    public void fly() {
        System.out.println("Duck is flying");
    }

    @Override
    public void swim() {
        System.out.println("Duck is swimming");
    }
}
```

예시에서 Duck 클래스는 Flyable과 Swimmable 두 인터페이스를 동시에 구현해, 날 수 있고 수영도 할 수 있는 객체가 된다.

3 인터페이스의 활용 사례

■ API 설계

외부 모듈이나 시스템과 상호작용할 때 인터페이스를 사용해 API를 정의할 수 있다. 이를 통하여 내부 구현을 숨길 수 있으며 외부에서는 명확한 호출 방식만 알고 있으면 된다(예 API는 DatabaseConnection 인터페이스를 사용해 여러 데이터베이스 유형을 지원한다).

■ 의존성 역전(DI, Dependency Injection)

인터페이스는 의존성 주입 패턴에서 중요한 역할을 하며 인터페이스를 통해 객체가 구현 클래스에 의존하지 않고 인터페이스에 직접 의존하게 해 유연성과 확장성을 높이는 것을 말한다(예 PaymentService 인터페이스를 만든 다음 이를 구현하는 PaypalPaymentService와 StripePaymentService로 추후 교체할 수 있다).

■ 디자인 패턴의 전략 패턴(Strategy Pattern)

인터페이스는 전략 패턴에서도 자주 사용된다. 전략 패턴은 동일한 작업을 여러 방식으로 수행할 수 있는 알고리즘들을 인터페이스로 정의한 후 구체적인 클래스로 구현하는 방식이다. 런타임에 전략을 교체해 유연하게 사용할 수 있다.

4 언어별 인터페이스 사용

언어	설명
자바	interface 키워드를 사용해 인터페이스를 정의하며 클래스는 이를 Implements 키워드로 구현한다.
C#	interface 키워드를 사용하며 다중 구현을 지원한다.
파이썬	명시적인 인터페이스 키워드는 없지만 클래스에 메소드를 강제로 정의하고 구현하는 방식으로 인터페이스와 유사한 기능을 제공한다. abc 모듈을 통해 추상 베이스 클래스를 사용해 인터페이스를 흉내 낼 수 있다.
자바스크립트	명시적인 인터페이스는 없지만 동적 타이핑과 프로토타입 기반 상속 인터페이스와 유사한 구조를 만들 수 있다.

01 개발에서 인터페이스의 주된 목적이 아닌 것은 무엇인가?

① 구현 세부 사항을 감추고 추상화를 제공한다.

② 여러 클래스가 동일한 메소드 시그니처를 가지도록 강제한다.

③ 객체 지향 프로그래밍에서 다중 상속을 지원하기 위해 사용된다.

④ 시스템의 유연성과 확장성을 높이는 데 도움을 준다.

> **해설** 인터페이스는 객체 지향 프로그래밍에서 다중 상속을 지원하기 위해 사용되는 것이 아니다. 다중 상속은 상속 자체와 관련된 개념이며, 인터페이스는 구체적인 구현 없이 메소드의 명세를 정의하는 역할을 한다. 인터페이스는 다형성을 지원하며, 시스템의 유연성과 확장성을 높이는 데 중요한 역할을 한다.

02 다음 중 인터페이스를 사용함으로써 얻을 수 있는 이점으로 적절하지 않은 것은 무엇인가?

① 다양한 클래스들이 동일한 인터페이스를 구현함으로써 다형성을 지원한다.

② 시스템이 변경될 때마다 모든 모듈을 수정해야 한다.

③ 내부 구현에 의존하지 않고 상호작용할 수 있다.

④ 코드를 유연하게 확장할 수 있다.

> **해설** 인터페이스를 사용하면 모든 모듈을 수정할 필요 없이 시스템을 변경할 수 있다. 인터페이스는 구현 세부 사항을 추상화하고, 구체적인 구현 없이 상호작용 방법만 제공하기 때문에 변경 사항이 있을 때 유연하게 대처할 수 있다.

03 Java로 구현된 다음 코드에서 인터페이스의 역할을 올바르게 설명한 것은 무엇인가?

```java
public interface Flyable {
    void fly();
}

public class Bird implements Flyable {
    @Override
    public void fly() {
        System.out.println("Bird is flying");
    }
}

public class Plane implements Flyable {
    @Override
    public void fly() {
        System.out.println("Plane is flying");
    }
}
```

① Flyable 인터페이스는 두 클래스 간의 다중 상속을 지원한다.

② Bird와 Plane 클래스는 동일한 메소드를 상속받아 자동으로 구현한다.

③ Flyable 인터페이스는 Bird와 Plane이 동일한 방식으로 호출될 수 있게 한다.

④ 인터페이스는 구체적인 구현과 관련된 메소드를 제공한다.

> **해설** Flyable 인터페이스는 Bird와 Plane 클래스가 동일한 메소드 시그니처를 가지게 하며, 이로 인해 두 클래스는 동일한 방식으로 호출될 수 있다. 인터페이스는 구체적인 구현을 제공하지 않고, 다형성을 지원하여 서로 다른 클래스가 동일한 메소드 명세를 따르도록 강제한다.

과목

데이터베이스 활용

데이터베이스 이해

이번 장에서 다룰 종합 내용

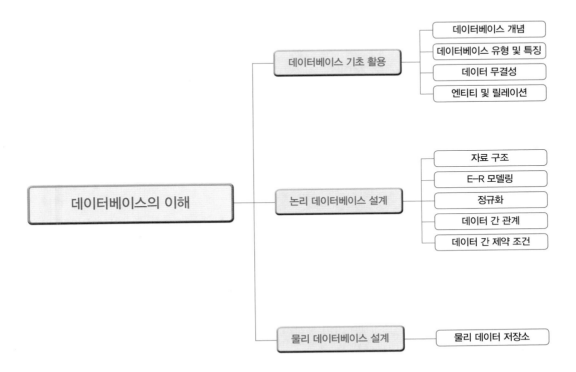

데이터베이스의 이해

- 데이터베이스 기초 활용
  - 데이터베이스 개념
  - 데이터베이스 유형 및 특징
  - 데이터 무결성
  - 엔티티 및 릴레이션
- 논리 데이터베이스 설계
  - 자료 구조
  - E-R 모델링
  - 정규화
  - 데이터 간 관계
  - 데이터 간 제약 조건
- 물리 데이터베이스 설계
  - 물리 데이터 저장소

- ☑ 데이터베이스란 무엇인지 학습한다.
- ☑ 선형, 비선형 자료 구조의 특징을 이해한다.
- ☑ E-R 모델링을 통해 논리 데이터베이스를 설계할 수 있다.
- ☑ 데이터 간의 제약 조건을 통해 정규화를 구성하고 객체 간 상관관계를 이해한다.

101 | 데이터베이스 개념

1 데이터베이스의 개념

데이터베이스의 정의

데이터베이스는 여러 사람이 공유하여 사용할 목적으로 통합·관리되는 데이터의 집합이다. 다음과 같이 크게 네 가지로 분류한다.

- **통합된 데이터(Integrated Data):** 중복된 자료를 제외한 데이터
- **저장된 데이터(Stored Data):** 언제든지 접근 가능한 저장매체에 저장된 자료
- **운영 데이터(Operational Data):** 기업에서 업무를 수행할 때 반드시 필요한 데이터의 집합
- **공용 데이터(Shared Data):** 여러 응용 시스템이나 다수의 사용자가 공동으로 사용하고 유지하는 데이터

데이터베이스의 특징

- **실시간 접근:** 질의에 대한 실시간 처리 및 응답
- **내용에 의한 참조:** 데이터의 물리적 주소와 위치에 의존하지 않고 사용자가 요구하는 내용으로 데이터를 찾음
- **동시 공용:** 여러 사용자가 동시에 사용할 수 있는 데이터
- **계속적인 변화:** 데이터를 삽입, 삭제, 갱신하여 항상 새로운 데이터를 유지

2 데이터베이스 시스템

데이터베이스 시스템은 데이터베이스에 데이터를 저장해 조직에 필요한 정보를 생성 및 관리하는 컴퓨터 중심 시스템이다.

데이터베이스의 필수 기능

(1) 데이터 정의 기능

- 스키마, 도메인, 테이블, 뷰 등에 대한 정의(CREATE)와 수정 및 삭제를 하기 위한 기능
- 명령어로는 CREATE, ALTER, DROP, TRUNCATE가 있다.

(2) 데이터 조작 기능

- 데이터를 조작(테이블에 데이터를 저장, 조회, 변경, 삭제)하여 생명 주기를 제어하는 기능
- 주요 명령어로는 INSERT, SELECT, UPDATE, DELETE가 있다.

(3) 데이터 제어 기능

- 사용자를 등록하고 사용자에게 특정 데이터베이스를 사용할 수 있는 권리를 부여하기 위한 언어
- 주요 명령어로는 GRANT, REVOKE, COMMIT, ROLLBACK이 있다.

■ 데이터베이스 시스템(DBMS, Database Management System)의 구성 요소

🎓 **알아두기**

시스템 카탈로그는 DBMS에 따라 구조가 다를 수 있으며 사용자도 SQL을 이용해 검색이 가능하다.

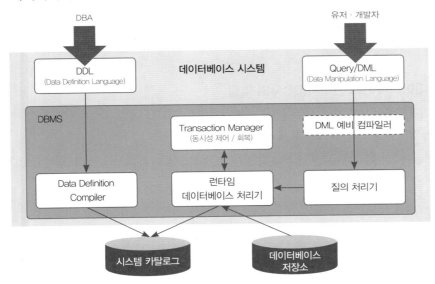

(1) DDL(Data Definition Language) 컴파일러

DDL로 명시된 스키마를 내부에서 사용할 수 있는 형태(메타데이터)로 변환하여 시스템 카탈로그에 저장

(2) DML(Data Manipulation Language) 컴파일러

DML명령어를 목적 코드*로 변환

★ **목적 코드**

질의문(쿼리)을 분석하고 컴파일한 이후의 코드

(3) 예비 컴파일러

응용 프로그램에 삽입된 DML을 추출하고 DML 컴파일러로 전달

(4) 질의 처리기

질의문을 패어링, 애널라이징, 컴파일하여 DB에 접근하기 위한 목적 코드를 생성

(5) 런타임 데이터베이스 처리기

저장 데이터 관리자를 통해 데이터베이스로 접근하여 DB 연산(Operation)을 수행

(6) 트랜잭션 관리자

트랜잭션 단위로 작업을 수행하며 데이터베이스의 무결성과 사용자의 접근 권한을 제어하고 병행 제어와 회복 작업을 수행

(7) 저장 데이터 관리자

디스크에 있는 사용자 데이터베이스와 카탈로그 접근을 제어

(8) 시스템 카탈로그

데이터 사전이라고도 칭하며 시스템이 필요로 하는 스키마 객체에 대한 정보를 포함한 시스템 데이터베이스이다. 저장된 내용은 메타데이터라 부르며 DBMS에 따라 구조가 다르고 일반 사용자도 SQL을 이용해 검색할 수 있다.

■ 데이터베이스 관리자(DBA)의 역할

- 데이터베이스 스키마 정의
- 데이터의 보안성 및 무결성 유지
- 백업 관리 및 회복 전략 정의

기출 유형 문제

2019.03

01 데이터베이스 관리시스템(DBMS)의 필수 기능이 아닌 것은?

① 데이터베이스 정의 기능

② 데이터베이스 종속 기능

③ 데이터베이스 조작 기능

④ 데이터베이스 제어 기능

> **해설** 데이터베이스의 필수 기능은 정의, 제어, 조작이다.

2019.08

02 데이터베이스 관리자(DBA)의 역할로 거리가 먼 것은?

① 데이터베이스 스키마 정의

② 사용자 통제 및 감시

③ 자료의 보안성 및 무결성 유지

④ 백업 및 회복 전략 정의

> **해설** 데이터베이스 관리자는 데이터베이스와 관련된 역할을 담당하며, 데이터베이스 스키마, 데이터의 보안 및 무결성 점검, 백업 관리 및 회복 전략을 정의한다. 사용자 통제 및 관리는 데이터베이스 관리자(DBA)의 역할로는 거리가 멀다.

03 시스템 카탈로그에 대한 설명으로 틀린 것은?

① DBMS에 따라 다른 구조를 가진다.

② 사용자도 SQL을 이용해 검색할 수 있다.

③ 데이터베이스에 대한 통계 정보가 저장될 수 있다.

④ 사용자 데이터베이스이다.

> **해설** 시스템 카탈로그는 데이터베이스 시스템의 정보를 담고 있는 시스템 데이터베이스로 사용자 데이터베이스는 틀린 말이다.

04 시스템 카탈로그에 대한 설명으로 옳지 않은 것은?

① 데이터베이스에 대한 통계 정보가 저장될 수 있다.

② 무결성 확보를 위하여 일반 사용자는 내용을 검색할 수 없다.

③ 기본 테이블, 뷰, 인덱스, 패키지, 접근 권한 등의 정보를 저장한다.

④ 시스템이 필요로 하는 스키마 및 여러 가지 객체에 관한 정보를 포함하고 있는 시스템 데이터베이스이다.

> **해설** 시스템 카탈로그는 일반 사용자도 내용을 검색할 수 있으며 무결성 확보를 위해 수정은 불가능하다.

05 다음 중 데이터베이스의 특징에 해당되지 않는 것은?

① 실시간 접근

② 동시 공용

③ 계속적인 변화

④ 키 값에 의한 참조

> **해설** 데이터베이스의 특징은 '실, 내, 동, 계(실시간 접근, 내용에 의한 참조, 동시 공용, 계속적인 변화)'로 키 값에 의한 참조는 데이터베이스의 특징으로 볼 수 없다.

06 다음 중 데이터베이스의 정의에 대한 설명으로 옳지 않은 것은?

① 주제 중심적 데이터: 필요한 주제를 중심으로 모아진 데이터의 집합

② 운영 데이터: 기업에서 업무를 수행할 때 반드시 필요한 데이터의 집합

③ 저장된 데이터: 언제든지 접근 가능한 저장매체에 저장된 자료

④ 공용 데이터: 여러 응용 시스템이나 다수의 사용자가 공동으로 사용하고 유지하는 데이터

> **해설** 데이터베이스의 정의는 '통, 저, 운, 공(통합된 데이터, 저장된 데이터, 운영 데이터, 공용 데이터)'이다. 주제 중심적 데이터는 데이터 웨어하우스의 특징이다.

102 데이터베이스 유형 및 특징

1 데이터베이스 유형 및 특징

데이터베이스 유형은 저장을 원하는 데이터의 성격, 구조, 활용 방식에 따라 구분하며 대표적으로 관계형 데이터베이스, NoSQL 데이터베이스, 객체 지향 데이터베이스, 그래프 데이터베이스, 시계열 데이터베이스, 컬럼형 데이터베이스가 있다.

■ 관계형 데이터베이스(RDBMS)

데이터를 테이블 형식으로 구성해 저장하고 서로 연관된 데이터를 관계(Relation)로 연결하는 방식이다. 각 테이블은 행과 열로 구성되며 SQL을 통해 데이터를 관리하고 질의한다. MySQL, PostgreSQL, Oracle Database, SQL Server 등이 대표적이다.

- **특징:** 데이터를 중복없이 저장하고 데이터의 일관성과 무결성을 보장한다.
- **장점:** 데이터 무결성과 일관성 유지가 용이하며, 트랜잭션 관리에 강점이 있다.
- **단점:** 복잡한 복잡한 데이터구조와 확장성에 제한이 있어 대규모 비정형 데이터 처리에 어려움이 있다.

■ NoSQL 데이터베이스

"Not Only SQL"의 약어로 다양한 데이터 모델(키-값, 문서, 그래프, 컬럼형)을 사용해 데이터를 저장하고 관리한다. 비정형 데이터나 대규모 데이터를 유연하게 처리하기 위해 고안되었다. MongoDB(문서기반), Cassandra(컬럼기반), Redis(키-값 저장소), Neo4J(그래프기반) 등의 데이터베이스가 있다.

- **특징:** 테이블 구조 대신 문서, 그래프, 키-값 등 다양한 구조로 데이터를 저장해 비정형 데이터나 고속 데이터 처리에 적합하고 확장성이 뛰어나다.
- **장점:** 높은 확장성, 다양한 데이터 구조 지원, 빠르게 데이터를 읽고 쓰기가 가능하다.
- **단점:** 데이터 관계 관리에 한계가 있으며 SQL 쿼리 언어 대신 각 데이터베이스에 특화된 쿼리 언어의 학습이 필요하다.

■ 객체 지향 데이터베이스

객체 지향 프로그래밍의 개념을 기반으로 데이터를 객체 단위로 관리하는 데이터베이스이다. 객체와 클래스 형태로 데이터를 저장해 프로그래밍 언어의 데이터와 일관성을 유지하는데 중점을 두는 데이터베이스로 Db4o, Object DB등이 있다.

- **특징**: 객체의 속성과 메소드를 함께 저장하여 객체 지향 어플리케이션과의 호환성을 높인다.
- **장점**: 객체 지향 언어와 통합에 강점이 있으며 프로그래밍 모델과 데이터베이스 모델 간의 불일치를 줄일 수 있다.
- **단점**: 관계형데이터베이스에 비해 관리 도구가 제한적이고 성숙도가 낮다.

■ 그래프 데이터베이스

No SQL 데이터베이스의 한 유형으로 노드(데이터)와 엣지(연결 관계)를 이용해 그래프의 형태로 데이터를 저장하여 데이터 항목 간의 관계와 연결을 시각적으로 표현하는 데이터베이스이다. 대표적으로 Neo4o, Amazon Neptune 등의 데이터베이스가 있다.

- **특징**: 소셜 네트워크, 추천시스템, 네트워크 분석 등 복잡한 관계가 많은 데이터를 효율적으로 처리할 수 있다.
- **장점**: 네트워크와 관계 기반 데이터 처리에 용이해 추천 시스템이나 소셜 네트워크 분석에 효과적이다.
- **단점**: 복잡한 관계를 처리하는데 유리하나 일반적인 트랜잭션 처리에는 적합하지 않다.

■ 시계열 데이터베이스

일정한 간격으로 수집되는 시계열 데이터를 저장하고 처리하는 데이터베이스이다. 대표적으로 InfluxDB, TimescaleDB가 있다.

- **특징**: 시간에 따라 변하는 데이터를 기록하고 분석하는데 최적화 되어 있다. 주로 IoT, 주식거래, 로그 데이터 등을 저장하는데 사용된다.
- **장점**: 시계열 데이터의 저장, 분석, 검색 기능이 뛰어나다.
- **단점**: 한정된 사례에만 적합하다.

■ 컬럼형 데이터베이스

데이터를 행(Row)단위가 아닌 컬럼(Column)단위로 저장하여 분석 쿼리에 최적화된 데이터베이스이다. Apache Cassandra, HBase 등이 이에 속한다.

- **특징**: 데이터 분석에서 특정 컬럼의 데이터를 빠르게 조회 할 수 있어 데이터웨어하우스와 같은 대규모 분석에 용이하다.
- **장점**: 대용량 데이터에서의 조회 성능이 우수하고, 데이터 압축 효율성이 높다.
- **단점**: 특정 조회에 최적화 되어 있어 전체 데이터 조작에 한계가 있다.

2 데이터 모델의 개요

- 현실 세계의 정보들을 컴퓨터에 표현하기 위해 데이터를 추상화해 체계적으로 표현한 개념적 모델이다.
- 데이터나 데이터 간의 관계, 데이터의 의미 및 제약 조건, 일관성 등을 기술하기 위한 개념적 도구들의 집합이다.
- 현실 세계의 데이터베이스를 표현하는 중간 과정으로 데이터베이스 설계 과정에서 데이터의 구조를 논리적으로 표현하기 위해 사용하는 모델이다.

■ 데이터 모델의 구성 요소

구성 요소	설명
개체(Entity)	- 데이터베이스에 표현하려는 것으로, 정보 단위 같은 현실 세계의 대상체를 의미 - 유·무형의 정보로 서로 연관된 몇 개의 속성으로 구성 - 파일의 레코드에 대응하는 것으로 어떤 정보를 제공하는 역할을 수행
속성(Attribute)	- 데이터의 가장 작은 논리적 단위 - 파일 구조상의 데이터 항목 또는 데이터 필드로 개체를 구성하는 항목
관계(Relation)	개체 간의 관계나 속성 간의 논리적인 연결을 의미하며 관계는 1:1 관계, 1:다 관계 다: 다 관계의 세 가지 유형으로 구성

멘토 코멘트

데이터 모델은 요구사항 분석 → 개념적 모델 → 논리적 모델 → 물리적 모델 → 데이터베이스 구현 과정으로 진행한다.

3 데이터 모델의 종류

■ 개념적 데이터 모델

- 현실 세계에 대한 이해를 돕기 위해 현실 세계의 인식을 추상적 개념으로 표현하는 과정이다.
- 속성들로 기술된 개체 타입과 이 개체 타입들 간의 관계를 이용해 현실 세계를 표현한다.
- 현실 세계에 존재하는 개체를 인간이 이해할 수 있는 정보 구조로 표현하기 때문에 정보 모델이라고도 하며, 대표적인 개념 모델은 E-R(Entity-Relational) 모델이다.

■ 논리적 데이터 모델

- 개념적 모델링 과정에서 얻은 개념적 구조를 컴퓨터가 이해하고 처리할 수 있도록 컴퓨터 세계의 환경으로 변환하는 과정이다.
- 필드로 기술된 데이터 타입과 이 데이터 타입들 간의 관계를 이용하여 현실 세계를 표현한다.
- 일반적으로 데이터 모델이라고 하면 논리적 데이터 모델을 의미한다.

- 논리적 데이터 모델은 데이터 간의 관계 표현 방법에 따라 관계 모델, 계층 모델, 네트워크 모델로 구분한다.
- 특정 데이터베이스 시스템은 특정한 논리적 데이터 모델 하나만 선정하여 사용한다.

■ 물리적 데이터 모델
- 논리적 데이터 모델을 사용하기 위해 각 DBMS의 특성을 고려하여 데이터베이스의 물리적 데이터 모델(저장 구조)로 변환한다.
- 테이블, 인덱스, 뷰, 파티션 등의 객체를 생성한다.

4 논리적 데이터 모델의 종류

■ 계층형 모델
- 트리 구조를 이용해 데이터 간의 상호관계를 계층적으로 정의한 구조이다.
- 상위와 하위가 1:다 대응 관계로 이루어지는 구조이다.
- 개체(=세그먼트: Segment)는 정보 전달이 되는 기본 단위로 개체 간의 관계를 부모와 자식의 관계로 표현한다.

■ 망형 데이터 모델
- 네트워크 데이터 모델이라고도 부르며 그래프 구조를 이용해 데이터 간의 상호관계를 계층적으로 정의한 구조이다.
- 상위와 하위가 다:다 대응 관계로 이루어지는 구조이다.
- 객체 간의 오너-멤버(Owner-Member) 관계를 가지며 'CODASYL DBTG 모델'이라고도 불린다.

■ 객체 지향형 데이터 모델
- 객체 개념을 데이터베이스에 도입하여 공학이나 멀티미디어 데이터와 같은 복잡한 관계를 가진 데이터들을 표현하는데 효과적인 구조이다.
- 모든 것을 클래스나 객체로 표현한다.

■ 관계형 데이터 모델
- 개념 세계에서 표현된 각 개체와 개체 간의 관계들을 서로 독립된 2차원 테이블, 즉 릴레이션으로 표현해 가장 널리 사용되는 모델이다.
- 계층형 모델과 망형 모델의 복잡한 구조를 단순화하였다.
- 기본 키와 외래 키로 데이터 간의 관계를 표현한다.
- 관계형 데이터 모델에서 도메인은 속성이 취할 수 있는 값들의 집합이다.
- 대표적인 언어로 SQL이 있으며 1:1, 1:다, 다:다 관계를 자유롭게 표현할 수 있다.

5 논리적 데이터 모델의 품질 기준

- **정확성:** 표기법에 따라 표현, 업무 영역, 요구사항이 정확하게 반영되었는지 검토한다.
- **완전성:** 구성 요소 정의, 요구사항 및 업무 영역 반영에 누락이 없는지 검토한다.
- **준거성:** 제반 준수 요건들이 누락 없이 정확하게 준수되었는지 검토한다.
- **최신성:** 현행 시스템의 최신 상태를 반영하고 이슈 사항들의 반영 여부를 검토한다.
- **일관성:** 공통으로 사용되는 데이터 요소가 중복 없이 정의되어 있는지, 이를 여러 다른 영역에서 참조하고 활용 시에 모델 표현상의 일관성을 유지하고 있는지 검토한다.
- **활용성:** 작성된 모델과 그 설명 내용이 이해관계자에게 의미를 충분히 전달할 수 있으며, 업무 변화 시에 설계 변경이 최소화 되도록 설계되어 있는지 검토한다.

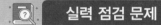

실력 점검 문제

기출 유형 문제

2019.03

01 개념 세계에서 표현된 각 개체와 개체 간의 관계들을 서로 독립된 2차원 테이블, 즉 릴레이션으로 표현해 가장 널리 사용되고 있는 데이터 모델은?

① 개체형 데이터 모델
② 관계형 데이터 모델
③ 계층형 데이터 모델
④ 네트워크형 데이터 모델

> **해설** 개념 세계에서 표현된 각 개체와 개체 간의 관계들을 서로 독립된 2차원 테이블(=릴레이션)로 표현하는 것은 관계형 데이터 모델이다.

2019.08

02 관계형 데이터 모델에서 속성이 취할 수 있는 값들의 집합을 의미하는 것은?

① 릴레이션
② 도메인
③ 튜플
④ 차수

> **해설** 도메인은 관계형 데이터 모델에서 속성이 취할 수 있는 값들의 집합이다.

2021.04

03 논리적 데이터 모델 중 오너-멤버 관계를 가지며, 'CODASYL DBTG 모델'이라고도 불리는 것은?

① 네트워크 데이터 모델

② 뷰 데이터 모델

③ 계층 데이터 모델

④ 분산 데이터 모델

> **해설** 망형 데이터 모델(=네트워크 데이터 모델)은 그래프를 이용해 데이터 상관관계를 계층적으로 정의한 구조로 오너-멤버 관계를 가지고 'CODASYL DBTG 모델'이라고도 불린다.

출제 예상 문제

04 다음 중 데이터 모델의 구성 요소가 아닌 것은?

① 개체

② 관계

③ 속성

④ 레코드

> **해설** 데이터 모델은 개체(Entity), 관계(Relation), 속성(Attribute)으로 구성된다.

05 다음에서 설명하는 데이터베이스의 유형은 무엇인가?

> CAP Theory(Consistency, Availability, Partition Tolerance)중 C+P, A+P의 특징을 갖는 데이터베이스로 관계 데이터베이스(RDBMS) 한계를 극복하기 위해 join이 없고 고정된 스키마를 갖지 않는 새로운 형태의 저장소.

① NEWSQL DBMS

② 관계 DBMS

③ No-SQL DBMS

④ 객체지향 DBMS

> **해설** CAP Theory 중 C+P, A+P의 특징을 갖는 것은 No-SQL, A+C의 특징을 선택한 것은 관계 DBMS이다.

06 다음에서 설명하는 데이터베이스는 무엇인가?

> - 여러 가지 데이터모델을 사용해 데이터를 저장하고 관리할 수 있다.
> - 대표적인 데이터모델은 key-value, document, graph, Column-family의 유형이 있다.
> - 비정형 데이터나 대규모 데이터를 유연하게 처리하기 위해 고안되었다.

① 객체 지향 데이터베이스

② 그래프 데이터베이스

③ 시계열 데이터베이스

④ NoSQL 데이터베이스

> **해설** 비정형데이터의 처리를 위해 key-value, document, graph, Column-family의 형태로 데이터를 저장하는 NoSQL 데이터베이스에 대한 설명이다.

데이터 무결성

1 데이터 무결성의 개념

절차적, 선언적 방법 및 동시성 제어와 회복 기법을 이용해 데이터의 정확성, 일관성, 유효성, 신뢰성 등과 무효 갱신으로부터 데이터를 보호하기 위한 기법이다.

■ 데이터 무결성의 설계 목적

데이터의 정확성, 일관성, 유효성, 신뢰성 등과 무효 갱신으로부터 데이터를 보호하기 위해 필요하다.

■ 데이터 무결성의 유지 방법

구분	선언적 방법	절차적 방법
개념	DBMS 기능으로 무결성 구현	애플리케이션으로 무결성 구현
구현 방법	DDL문으로 구현	서버상 DML문으로 구현
무결성 점검	DBMS	프로그램
장점	절차적 데이터 무결성보다 오류 발생 가능성이 적음	여러 번 반복해서 사용하는 경우에 편리함
단점	성능에 영향을 줄 수 있음	오류가 발생할 수 있는 가능성이 존재함
사례	– DDL(Create, Alter) – 기본 키, 외래 키	– 트리거, Stored Procedure – 애플리케이션

■ 데이터 무결성의 종류

무결성 종류	설명	방법
개체 무결성	– '실체 무결성'이라고도 하며 실체에서 개체*의 유일성을 보장하기 위한 무결성으로 반드시 보장되어야 하는 성질이다. – 개체(Relation) 내에 기본 키의 값이 NULL* 값이 아닌 원자값을 갖는 성질이다.	기본 키 제약 조건과 UNIQUE 키의 제약 조건 등을 이용한다.
영역 무결성	– '속성 무결성'이라고도 한다. – 컬럼 데이터 타입, 길이, 유효값이 일관성 있게 유지되어야 한다는 성질이다.	데이터 타입 & 길이, 유효값
참조 무결성	– 두 실체 사이의 관계 규칙을 정의하기 위한 제약 조건이다. – 데이터가 입력, 수정, 삭제될 때 두 실체의 튜플* 들 사이의 정합성과 일관성 유지에 사용한다.	입력 참조 무결성, 수정 삭제 참조 무결성, Default

사용자 정의 무결성	다양하게 정의될 수 있는 비즈니스 규칙이 데이터적으로 일관성을 유지하는 성질이다.	– 트리거(Trigger) – 사용자 정의 데이터 타입(User Define Data Type)
키 무결성	속성에는 중복된 값이 존재하면 안 된다는 조건이다.	기본 키, UNIQUE 키로 릴레이션 내에 중복된 값을 허용하지 않는다.

🎓 **멘토 코멘트**

데이터 무결성의 종류
(개) 개체(실체) 무결성
(참) 참조 무결성
(속) 속성(영역) 무결성
(사) 사용자 무결성
(키) 키 무결성
'개, 참, 속, 사, 키'로 암기

■ 데이터 무결성 강화

- 데이터의 무결성은 데이터 품질에 직접적인 영향을 줘 품질을 확보하고 유지하기 위해 데이터베이스 구축 단계부터 적절한 무결성 방안을 확보해야 한다.
- 데이터 무결성 제약을 데이터베이스로 모두 처리할 수 없으므로 상호 간에 유지해야 하는 정합성은 애플리케이션 내에서 처리한다.

■ 데이터 무결성 강화 방법

(1) 애플리케이션(Application)

데이터 조작 프로그램 내에 생성, 수정, 삭제 시 무결성 조건을 검증하는 코드를 추가해 데이터 무결성을 강화

- **장점:** 사용자 정의 같은 복잡한 무결성 조건을 정의함
- **단점:** ① 소스 코드에 분산되어 관리가 어려움
  ② 개별적으로 수행되어 적정성 검토에 어려움

(2) 트리거(Trigger)

이벤트 발생 시 무결성 조건을 실행할 수 있는 트리거에 정의된 저장 SQL을 추가해 데이터 무결성을 강화

- **장점:** 통합 관리가 가능, 복잡한 요구 조건 구현 가능
- **단점:** ① 운영 중 변경이 어려움
  ② 사용상 주의 필요

(3) 제약 조건(Constraints)

데이터베이스 제약 조건을 선언해 무결성을 강화하는 기법

- **장점:** 통합 관리, 간단 선언을 통한 구현, 변경이 용이, 유 · 무효 상태 변경 가능, 원천적으로 잘못된 데이터 발생을 막을 수 있음
- **단점:** ① 복잡한 제약 조건 구현의 어려움
  ② 예외적인 처리 불가능

2020.03, 2020.08

01 릴레이션의 기본 키를 구성하는 어떤 속성도 널 (NULL) 값이나 중복값을 가질 수 없음을 의미하는 것은?

① 참조 무결성 제약 조건

② 정보 무결성 제약 조건

③ 개체 무결성 제약 조건

④ 주소 무결성 제약 조건

해설 실체 무결성 혹은 개체 무결성 제약 조건에 대한 설명으로 NULL 및 중복 속성을 갖지 못하고 원자값을 가질 수 있는 성질이다.

02 다음 설명에서 ( )의 내용으로 옳은 것은?

> 개체 무결성 제약 조건은 한 릴레이션이 기본 키를 구성하는 어떠한 속성 값도 ( ) 값이나 중복값을 가질 수 없다.

① NULL

② Tuple

③ Domain

④ Entity

해설 개체 무결성 제약 조건은 속성의 값이 중복되거나 NULL일 수 없다는 속성이다.

03 데이터의 무결성을 강화하는 방법으로 옳지 않은 것은?

① 애플리케이션을 통한 무결성 강화

② 데이터베이스 제약 조건 선언을 통한 무결성 강화

③ 인덱스 선언을 통한 무결성 강화

④ 트리거 선언을 통한 무결성 강화

해설 데이터의 무결성 강화 방법에는 첫 번째 애플리케이션을 이용, 두 번째 제약 조건을 이용, 세 번째 트리거를 이용하는 방법이 있다.

04 다음 중 데이터 무결성 유형에 해당하지 않는 것은?

① 개체 무결성

② 사용자 무결성

③ 참조 무결성

④ 선언 무결성

해설 데이터 무결성 유형은 개체 무결성, 참조 무결성, 영역(속성) 무결성, 사용자 무결성, 키 무결성이 있다.

104 엔티티 및 릴레이션

1 엔티티

■ 테이블의 개념

- 데이터는 관계형 데이터베이스의 기본 단위인 테이블(표) 형태로 저장되며 엔티티는 특정한 주제와 목적으로 만들어지는 일종의 집합이다.
- 엔티티는 테이블과 같은 의미로 데이터가 테이블 형태로 구성된 구조를 뜻하며 테이블은 행과 열로 구성된 2차원 형태로 저장된다.
- 하나의 테이블은 특정 주제나 개체에 관한 정보를 담고 있다.
- 릴레이션 혹은 엔티티라고도 하며 편의상 테이블로 작성한다.

칼럼 〈 테이블 〈 데이터베이스

▲데이터베이스의 테이블

■ 테이블의 특징

- **유일한 이름**: 각 테이블은 데이터베이스 내에서 유일한 이름을 부여받으며 식별된다.
- **정해진 속성의 수**: 테이블의 각 속성은 개수가 고정되어 있으며 모든 행은 동일한 속성의 집합을 갖는다.
- **순서가 없는 행**: 테이블의 행은 순서가 없으며 고유한 기본 키(Primary Key)로 식별된다.
- **중복 없는 행**: 테이블에서 각 행은 고유해야 하며, 중복을 허용하지 않고 이를 막기 위해 기본 키가 사용된다.

■ 테이블의 용어

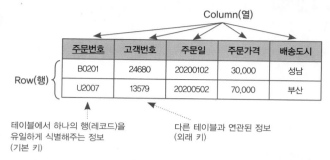

용어	설명
행 / 튜플 / 레코드	– 테이블 내의 행을 의미하며, 여러 이름으로 불림 – 튜플은 기본 키가 존재하는 릴레이션(테이블) 내에서 같은 값을 가질 수 없음
열 / 속성	테이블 내의 열을 의미한다.
카디널리티(Cardinality)	행의 개수, 튜플의 개수, 레코드의 개수라고도 한다.
차수(Degree)	열의 개수를 의미한다.
기본 키	튜플의 유일성, 최소성*, 대표성을 만족하는 테이블 내의 컬럼이다.
외래 키	다른 테이블과 연관된 정보로 릴레이션 간의 관계를 설정하고 연관 관계가 있는 다른 테이블의 후보 키값을 참조하는 컬럼

★ 최소성
튜플을 유일하게 식별하기 위해 꼭 필요한 속성의 집합

■ 릴레이션과 데이터 무결성

- **데이터 무결성:** 릴레이션 구조를 통해 데이터의 일관성과 정확성을 유지한다. 예를 들어 사번을 키로 설정하게 되면 같은 번호를 가진 두 개의 행이 생성되지 않아 데이터 중복과 오류를 방지할 수 있다.
- **관계 형성:** 릴레이션 간에 외래 키를 이용해 관계를 맺어 서로 연관된 데이터를 효과적으로 연결할 수 있다.

📝 **알아두기**

- 행, 튜플, 레코드가 모두 행을 지칭하는 용어이다.
- 열과 속성도 같은 뜻이다.

📝 **알아두기**

도메인(Domain)
하나의 속성이 가질 수 있는 원자값들의 집합이다.

2 키(Key)

- 한 릴레이션 내에 튜플을 유일하게 식별할 수 있는 속성의 집합을 정의한다.
- 여러 개의 집합체에 담고 있는 각각의 엔티티를 구분할 수 있는 결정자이다.

■ 키의 종류

키	설명	특성
슈퍼 키 (Super Key)	– 레코드를 유일하게 식별할 수 있는 하나 또는 그 이상의 속성 (Attribute) 집합 – 유일성은 만족하나 최소성(NOT NULL)은 만족하지 않는 키	유일성
후보 키 (Candidate Key)	– 레코드를 유일하게 구분할 수 있도록 최적화한 필드의 집합 – 키의 특성인 유일성과 최소성을 만족하는 키	– 유일성 – 최소성
기본 키 (PK, Primary Key)	– 후보 키 중 레코드를 효율적으로 관리하기 위해 선택한 메인 키 – 여러 개의 후보 키 중에서 하나를 선정하여 테이블을 대표 하 는 키	– 유일성 – 최소성 – 대표성
대체 키 (Alternate Key)	– 여러 개의 후보 키 중에서 기본 키로 선정되고 남은 키 – 기본 키를 대체할 수 있는 키	– 유일성 – 최소성
외래 키 (FK, Foreign Key)	– 연관 관계가 있는 다른 테이블의 후보 키 값을 참조하는 키 – 어느 한 릴레이션의 속성 집합이 다른 릴레이션에서 기본 키로 사 용되는 키	

 실력 점검 문제

2020.01

기출 유형 문제

2020.01

01 릴레이션에 존재하는 튜플의 개수를 의미하는 것은?

① Cardinality

② Degree

③ Domain

④ Attribute

> **해설** 카디널리티(Cardinality)는 튜플의 개수, 레코드의 개수, 행의 개수를 의미하고, 차수(Degree)는 열의 개수를 의미한다. 애트리뷰트(Attribute)는 속성으로 테이블 내에 열을 의미한다.

02 릴레이션의 특징으로 옳지 않은 것은?

① 한 릴레이션에 포함된 튜플들은 모두 상이하다.

② 모든 속성값은 세분화가 가능해야 하므로 원자값이어서는 안 된다.

③ 한 릴레이션에 포함된 튜플 사이에는 순서가 없다.

④ 한 릴레이션을 구성하는 속성 사이에는 순서가 없다.

> **해설** 한 릴레이션의 모든 속성값은 논리적으로 더 이상 분해할 수 없는 원자값이어야 한다. 예를 들어 도시 속성이 '서울', '부산', '대구', '대전'의 원자값일 때 '서울부산', '대구대전' 등의 값을 가져서는 안 된다.

2019.04

03 다음 릴레이션의 차수는?

학번	이름	학년	학과
100	강감찬	3	전기
200	홍길동	4	전자
300	이순신	2	전산

① 2
② 3
③ 4
④ 9

해설 차수는 열의 개수를 의미한다. 학번, 이름, 학년, 학과 4개의 열이 있다.

2019.03

04 관계형 데이터베이스에서 사용되는 키에 대한 설명으로 틀린 것은?

① 후보 키: 개체들을 고유하게 식별할 수 있는 속성
② 슈퍼 키: 릴레이션을 구성하는 속성들 중에서 각 튜플을 유일하게 식별하기 위해 사용되는 하나 이상의 속성들의 집합
③ 외래 키: 참조하는 릴레이션에서 기본 키로 사용되는 속성
④ 보조 키: 후보 키 중에서 대표로 선정된 키

해설 후보 키 중에서 대표로 선정된 키는 기본 키이다.

2020.08

05 릴레이션 R1, R2 관계에서 릴레이션 R1이 참조하는 릴레이션 R2의 기본 키와 같은 R1 릴레이션의 속성을 무엇이라 하는가?

① 후보 키
② 외래 키
③ 슈퍼 키
④ 대체 키

해설 참조하는 릴레이션에서 기본 키로 사용되는 속성은 외래 키이다.

출제 예상 문제

06 한 릴레이션에 스키마가 4개의 속성, 2개의 후보 키, 그리고 그 스키마의 대응 릴레이션의 인스턴스가 7개의 튜플을 갖는다면 그 릴레이션의 차수는?

① 1
② 2
③ 4
④ 7

해설 릴레이션의 차수(Degree)는 속성의 수이다. 즉, 한 릴레이션에서 4개의 속성을 갖는다면 차수는 4이다.

07 다음 설명 중 테이블에 대한 특징으로 옳지 않은 것은?

① 테이블에 포함된 레코드는 유일해야 하고 중복된 행이 존재할 수 있다.
② 테이블을 구성하는 열들 간에 순서는 존재하지 않는다.
③ 테이블에 포함된 행의 순서는 존재하지 않는다.
④ 데이터베이스에 여러 개의 테이블이 존재할 수 있고 릴레이션 혹은 엔티티라고도 한다.

해설 테이블에 포함된 레코드는 유일해야 하고 중복된 행이 존재할 수 없다.

08 다음 중 테이블에서 사용되는 용어에 대한 설명으로 적절하지 않은 것은?

① 레코드(Record): 테이블 내의 행을 의미하며 튜플이라고도 한다.

② 카디널리티(Cardinality): 레코드, 튜플의 개수를 의미한다.

③ 기본 키(Primary key): 튜플의 유일성, 최소성을 만족하는 테이블 내의 컬럼이다.

④ 속성(Attribute): 테이블 내의 행의 개수이며 차수라고도 한다.

> **해설** 속성은 테이블 내의 열을 의미하며 열의 개수는 차수(Degree)라고도 한다. 행의 개수는 레코드, 튜플 등으로 불린다.

09 다음 설명의 (   ) 안에 들어갈 내용으로 적합한 것은?

> 후보 키는 릴레이션에 있는 모든 튜플에 대해 유일성과 (   )을 모두 만족시켜야 한다.

① 중복성
② 최소성
③ 참조성
④ 동일성

> **해설** 후보 키는 유일성과 최소성을 모두 만족시켜야 한다.

10 다음 관계형 데이터 모델에 대한 설명으로 옳은 것은?

고객ID	고객이름	거주도시
S1	홍길동	서울
S2	이정재	인천
S3	신보라	인천
S4	김흥국	서울
S5	도요새	용인

① Relation 3개, Attribute 3개, Tuple 5개
② Relation 3개, Attribute 5개, Tuple 3개
③ Relation 1개, Attribute 5개, Tuple 3개
④ Relation 1개, Attribute 3개, Tuple 5개

> **해설** 릴레이션은 행과 열로 구성되는 테이블이며, 엔티티라고도 한다. 애트리뷰트는 속성이고 컬럼의 개수를 의미한다. 튜플은 데이터 레코드의 개수, 행의 개수, 카디널리티라고도 한다.

11 릴레이션에 있는 모든 튜플에 대해 유일성은 만족시키지지만 최소성은 만족시키지 못하는 키는?

① 후보 키
② 기본 키
③ 슈퍼 키
④ 외래 키

> **해설** 유일성은 만족시키나 최소성은 만족시키지 못하는 키는 슈퍼 키이다.

105 | 자료 구조

1 자료 구조의 이해

- 자료를 조직적, 체계적으로 구분하여 표현
- 논리적 구조로 자료의 저장 및 접근 등을 효율적으로 처리

■ 자료 구조의 특징

- **효율성:** 적절한 자료 구조를 이용하면 데이터 처리의 효율을 높일 수 있다.
- **추상화:** 모듈, 시스템, 복잡한 자료 등으로부터 핵심적인 개념이나 기능을 간추려 내는 방법이다.
- **재사용성:** 자료 구조를 범용성 있게 설계하여 자료 구조의 인터페이스만으로 데이터 처리가 가능하다.

2 자료 구조의 분류

자료 구조는 크게 선형 구조와 비선형 구조로 분류된다.

■ 선형 구조와 비선형 구조의 비교

구분	선형 구조(Linear Structure)	비선형 구조(Non-Linear Structure)
개념	하나의 자료 뒤에 또 하나의 자료가 존재하는 자료 구조이다.	하나의 자료 뒤에 여러 개의 자료가 존재할 수 있는 자료 구조이다.

개념도	1 — 2 — 3 — 4 — 5 — 6 — 7	(트리 구조) 1 / 2 3 / 4 5 6 7
관계	1:1 선형 관계	1:다 또는 다:다 관계
특징	구조가 간단하고, 기억 장소의 효율이 높다.	계층적 구조를 나타내기에 적절하다.
종류	배열, 리스트(선형 리스트, 연결 리스트), 스택, 큐, 데크	트리, 그래프

3 선형 구조(Liner Structure)

선형 구조의 종류에는 배열, 리스트(선형 리스트, 연결 리스트), 스택, 큐, 데크가 존재한다.

■ 배열(Array)

배열은 가장 일반적인 구조로 동일한 형태의 데이터들을 순차적으로 저장할 수 있는 자료 구조이다.

▲ 배열의 구조

(1) 배열의 특징
- 메모리에 연속으로 저장된다.
- 첨자(인덱스)를 통해 모든 데이터에 직접 접근(액세스)이 가능하다.
- 배열의 각 요소에 접근하는 시간은 모두 동일하다. → 시간 복잡도(빅오 표기법★): $O(1)$
- 배열 요소들을 임의 순서로 처리가 가능하다.
- 배열 내에 요소의 삽입, 삭제에는 비교적 많은 시간이 소요된다.
- 배열의 처음과 끝에 요소의 추가, 삭제는 빠르다.

■ 리스트(List)

(1) 선형(순차) 리스트(Linear List)
- 선형 리스트는 배열과 같이 연속되는 기억 장소에 저장되는 리스트이다.
- 선형 리스트는 원소들 간의 논리적인 순서와 메모리에 저장하는 물리적인 순서가 동일하다.

★ 빅오(Big-O) 표기법
알고리즘의 효율성을 나타내는 지표로 시간 복잡도(실행 시간)와 공간 복잡도(실행 공간)로 구성된다.

멘토 코멘트

선형 리스트는 연속된 기억 장소에, 연결 리스트는 포인터를 이용한 임의의 기억 장소에 저장되는 자료 구조라는 개념을 이해해야 한다.

▲ 선형 리스트의 구조

| 선형 리스트의 데이터 삽입과 삭제 과정 |

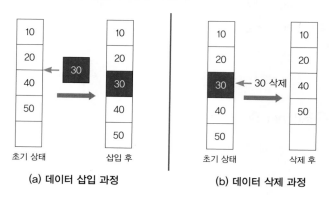

(a) 데이터 삽입 과정

(b) 데이터 삭제 과정

동작(연산)	설명
데이터 삽입	데이터를 삽입하려는 위치부터 그 뒤의 데이터들을 모두 한 칸씩 뒤로 이동한 후에 저장한다.
데이터 삭제	데이터를 삭제하고 그 뒤의 데이터들을 한 칸씩 앞으로 이동한다.

(2) 연결 리스트(Linked List)

연결 리스트는 데이터들을 임의의 기억 공간에 기억시켜 각 노드*의 포인터*를 이용해 서로 연결한 자료 구조이다.

★ 노드(Node)
대형 네트워크에서의 장치나 데이터 포인트를 의미한다. 여기에서는 데이터 포인트를 의미한다.

★ 포인터(Pointer)
현재 노드 위치에서 다음 노드 위치를 알려주는 요소이다.

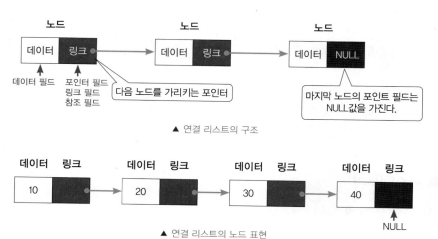

▲ 연결 리스트의 구조

▲ 연결 리스트의 노드 표현

| 연결 리스트의 특징 |

- 노드의 삽입과 삭제가 용이하며, 기억 공간이 절약된다.
- 데이터의 어느 곳이나 링크를 통해 연결이 가능하다.
- 상대적으로 구현이 어렵고, 포인터의 저장에 필요한 저장 공간이 더 많이 소요된다.
- 연결을 위한 포인터 검색 시간이 필요해 접근 속도가 선형(순차) 리스트에 비해 느리다.

| 연결 리스트의 종류 |

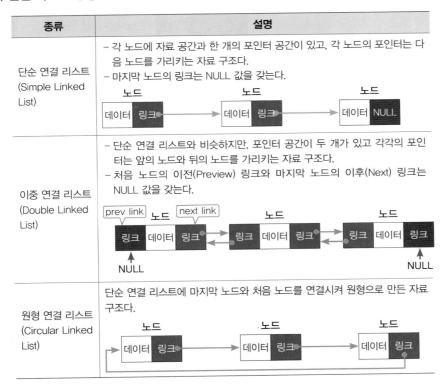

종류	설명
단순 연결 리스트 (Simple Linked List)	– 각 노드에 자료 공간과 한 개의 포인터 공간이 있고, 각 노드의 포인터는 다음 노드를 가리키는 자료 구조다. – 마지막 노드의 링크는 NULL 값을 갖는다.
이중 연결 리스트 (Double Linked List)	– 단순 연결 리스트와 비슷하지만, 포인터 공간이 두 개가 있고 각각의 포인터는 앞의 노드와 뒤의 노드를 가리키는 자료 구조다. – 처음 노드의 이전(Preview) 링크와 마지막 노드의 이후(Next) 링크는 NULL 값을 갖는다.
원형 연결 리스트 (Circular Linked List)	단순 연결 리스트에 마지막 노드와 처음 노드를 연결시켜 원형으로 만든 자료 구조다.

■ 스택(Stack)

(1) 스택(Stack)의 개념

- 한쪽 끝에서만 자료의 삽입과 삭제가 이루어지며, 가장 나중에 삽입된 자료가 가장 먼저 삭제되는 후입선출(LIFO, Last In First Out) 방식의 자료 구조다.

- **시간 복잡도** : $O(1)$

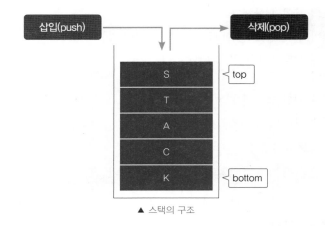

▲ 스택의 구조

구성	설명
top	스택에서 가장 나중에 삽입된 자료가 기억된 위치를 가리키는 요소로 스택 포인터(Stack Pointer)라고도 한다.
bottom	스택에서 가장 아랫부분에 해당하는 위치를 가리키는 요소이다.

(2) 스택의 동작(연산)

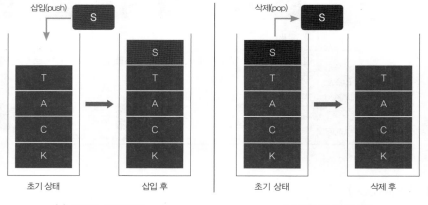

| (a) 데이터 삽입 과정 | (b) 데이터 삭제 과정 |

동작(연산)	설명
삽입(push)	자료를 스택에 삽입하는 과정이다.
삭제(pop)	스택에서 가장 나중에 삽입된 자료를 삭제하는 과정이다.

■ 큐(Queue)

- 큐(Queue)는 스택과 달리 한쪽 끝에서는 삽입 작업이, 다른 한쪽에서는 삭제 작업이 이루어지며, 가장 먼저 삽입된 자료가 가장 먼저 삭제되는 선입선출(FIFO, First In First Out) 방식의 자료 구조다.
- **시간 복잡도 :** O(1)

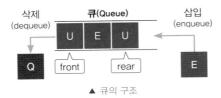

▲ 큐의 구조

구성	설명
front	가장 먼저 삽입된 자료의 위치를 가리키는 포인터이다.
rear	가장 마지막에 삽입된 자료의 위치를 가리키는 포인터이다.

(1) 큐(Queue)의 동작(연산)

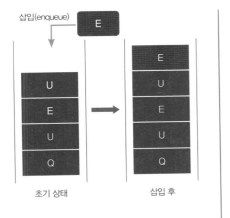

(a) 데이터 삽입 과정

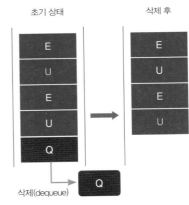

(b) 데이터 삭제 과정

동작(연산)	설명
삽입(enqueue)	큐에 자료를 삽입하는 연산 과정이다.
삭제(dequeue)	큐에 자료를 삭제하는 연산 과정이다.

■ 데크(Deque)

- 데크(Deque)는 두 개의 포인터를 사용해 큐의 양쪽 끝에서 삽입과 삭제가 모두 가능한 자료 구조다.
- **시간 복잡도 :** O(1)

▲ 데크의 구조

4 비선형 구조(Non-Linear Structure)

비선형 구조(Non-Linear Structure)에는 트리와 그래프가 존재한다.

■ 트리(Tree)

- 트리는 노드에 계층적인 사이클이 이루어지지 않도록 구성한 자료 구조이다.
- 트리는 인덱스를 조직하는 방법으로 가장 많이 사용되며, 노드와 노드를 연결하는 선을 링크(Link)라고 한다.

(1) 트리의 특징

- 노드가 n개인 트리는 항상 N-1개의 링크를 가진다.
- 루트 노드에서 목적 노드로 경로를 탐색할 때 같은 노드를 두 번 이상 방문하지 않아 유일한 탐색 경로를 가지고 있다.

(2) 트리의 구조와 용어 정리

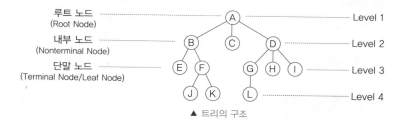

▲ 트리의 구조

구분	설명
노드(Node)	트리를 구성하는 기본 요소이다.
루트 노드 (Root Node)	부모가 없는 최상위 노드이다. 예 A
단말 노드(Terminal Node), 리프 노드(Leaf Node)	자식이 하나도 없는 노드로 차수(Degree) = 0인 노드이다. 예 C, E, J, K, L, H, I

비단말 노드 (Non-Terminal Node)	자식이 하나라도 있는 노드로, 차수(Degree) 〉0인 노드이다. 예 A, B, D, F, G
조상 노드 (Ancestors Node)	임의의 노드에서 루트 노드에 이르는 경로상에 있는 모든 노드들 이다. 예 L의 조상 노드는 G, D, A
부모 노드 (Parent Node)	어떤 노드에 연결된 이전 레벨의 노드들이다. 예 E, F의 부모 노드는 B
자식 노드 (Child Node)	어떤 노드에 연결된 다음 레벨의 노드들이다. 예 B의 자식 노드는 E, F
형제 노드 (Sibling(Brother) Node)	동일한 부모 노드를 갖는 노드들이다. 예 H의 형제 노드는 G, I
차수(Degree)	한 노드에 연결된 자식 노드의 수이다. 예 A = 3 , B = 2
레벨(Level)	루트 노드로부터 임의의 노드까지의 경로 길이이다. 예 H의 레벨은 3
깊이(Depth)	루트 노드에서 임의 노드까지 거쳐야 하는 간선의 수이다. 예 B = 1, F = 2
트리의 차수 (Degree of Tree)	트리의 노드들 중 차수가 가장 많은 수이다. 예 노드 A = 3, D = 3 : 해당 트리의 차수 = 3

(3) 트리 순회(Tree Traversal) 방법

노드 방문 순서에 따라 크게 전위 순회, 중위 순회, 후위 순회 세 가지로 분류된다.

순회 방법	개념도	설명
전위 순회 (Pre-Order Traversal)	C L R C → L → R	루트부터 시작해서 왼쪽 서브트리, 오른쪽 서 브트리 순서로 순회하는 방식이다. **[순회 순서]** ① 루트 노드 순회 ② 왼쪽 자식 노드를 전위 순회 ③ 오른쪽 자식 노드를 전위 순회
중위 순회 (In-Order Traversal)	C L R L → C → R	왼쪽 서브트리부터 시작해서 루트, 오른쪽 서 브트리 순서로 순회하는 방식이다. **[순회 순서]** ① 왼쪽 자식 노드를 중위 순회 ② 루트 노드 순회 ③ 오른쪽 자식 노드를 중위 순회
후위 순회 (Post-Order Traversal)	C L R L → R → C	왼쪽 서브트리부터 시작해서 오른쪽 서브트 리, 루트 순서로 순회하는 방식이다. **[순회 순서]** ① 왼쪽 자식 노드를 후위 순회 ② 오른쪽 자식 노드를 후위 순회 ③ 루트 노드 순회

■ 수식의 표기법

수식의 표기법에는 전위(Prefix), 중위(Infix), 후위(Postfix) 표기법이 있다.

표기법 종류	설명
전위 표기법 (Prefix Notation)	- 연산자를 피연산자의 앞에 표기하는 방법이다. - 연산자 → Left(피연산자) → Right(피연산자) 예 + A B
중위 표기법 (Infix Notation)	- 연산자를 피연산자의 사이에 표기하는 방법이다. - Left(피연산자) → 연산자 → Right(피연산자) 예 A + B
후위 표기법 (Postfix Notation)	- 연산자를 피연산자의 뒤에 표기하는 방법이다. - 컴퓨터에서 수식을 계산하기 위해서는 후위 표기법으로 바꾸어야 한다. - Left(피연산자) → Right(피연산자) → 연산자 예 A B +

■ 수식 표기법의 변환

(1) 중위(Infix) 표기법을 전위(Prefix) 표기법으로 변환하기

전위 표기법은 연산자를 두 개의 해당 피연산자 왼쪽으로 이동시켜 변환한다.

예 $A + B * C - D / E$

① 연산자 우선순위에 따라 중위 표기법을 괄호로 묶는다.

$$((A + (B * C)) - (D / E))$$

② 각 연산자를 묶고 있는 괄호의 왼쪽 괄호로 연산자를 이동시킨다.

$$((A + (B * C)) - (D / E)) \Rightarrow - (+ (A * (B C)) / (D E))$$

③ 불필요한 괄호를 제거한다.

$$- + A * B C / D E$$

(2) 중위(Infix) 표기법을 후위(Postfix) 표기법으로 변환하기

후위 표기법은 연산자를 두 개의 해당 피연산자의 오른쪽으로 이동시켜 변환한다.

예 $A + B * C - D / E$

① 연산자 우선순위에 따라 중위 표기법을 괄호로 묶는다.

$$((A + (B * C)) - (D / E))$$

② 각 연산자를 묶고 있는 괄호의 오른쪽 괄호로 연산자를 이동시킨다.

$$((A + (B * C)) - (D / E)) \implies ((A (B C) *) + (D E) /) -$$

③ 불필요한 괄호를 제거한다.

$$A\ B\ C * + D E / -$$

(3) 전위(Prefix) 표기법을 중위(Infix) 표기법으로 변환하기

연산자를 두 개의 해당 피연산자 가운데로 이동시켜 변환한다.

예 $- + A * B C / D E$

① 인접한 두 개의 피연산자와 왼쪽의 연산자를 괄호로 묶는다.

$$(- (+ A (* B C)) (/ D\ E))$$

② 왼쪽의 연산자를 피연산자 사이로 이동시킨다.

$$(- (+ A (* B C)) (/ D E)) \implies ((A + (B * C)) - (D / E))$$

③ 불필요한 괄호를 제거한다.

$$A + B * C - D / E$$

(4) 후위(Postfix) 표기법을 중위(Infix) 표기법으로 변환하기

연산자를 두 개의 해당 피연산자 가운데로 이동시켜 변환한다.

예 $A\ B\ C * + D E / -$

① 인접한 두 개의 피연산자와 오른쪽의 연산자를 괄호로 묶는다.

$$((A (B C *) +) (D\ E /) -)$$

② 오른쪽의 연산자를 피연산자 사이로 이동시킨다.

$$((A (B C *) +) (D E /) -) \implies ((A + (B * C)) - (D / E))$$

③ 불필요한 괄호를 제거한다.

$$A + B * C - D / E$$

■ 이진 트리(Binary Tree)

모든 노드의 차수가 2 이하이며, 각 노드는 최대 두 개의 자식 노드로 구성된 트리이다.

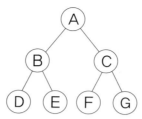

▲ 이진 트리의 구조

(1) 이진 트리의 종류

종류	개념도	설명
포화 이진 트리 (Perfect Binary Tree)		– 모든 레벨의 노드가 모두 채워져 있는 트리이다. – 단말 노드를 제외한 모든 노드의 차수가 2인 형태이다. – 높이가 h인 경우 2^h-1개의 노드를 가진다.
완전 이진 트리 (Complete Binary Tree)		– 마지막 레벨을 제외하고 노드가 모두 채워져 있는 트리이다. – 단말 노드는 왼쪽부터 채워진다.
편향 이진 트리 (Skewed Binary Tree)		노드들이 왼쪽 또는 오른쪽의 한쪽 방향으로 편향된 트리이다.

■ 그래프(Graph)

그래프는 정점(V, Vertex)과 정점들을 연결하는 간선(E, Edge)을 모아 놓은 자료 구조다.

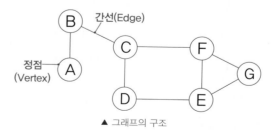

▲ 그래프의 구조

(1) 그래프의 표현 방법

표현 방법	표현 방법 예시
그래프 G = (V, E) – V(G): 정점(Vertex) – E(G): 간선(Edge), 정점들을 　연결하는 선	V(G) = (A, B, C) E(G) = {(A, B), (B, A), (B, C)} 정점 3개, 간선 3개로 이루어진 집합이다.

(2) 그래프의 용어 정리

용어	설명
인접 (Adjacent)	두 정점 V1과 V2에 대한 간선 (V1, V2)가 있을 때, 정점 V1은 정점 V2에 인접되어 있다고 표현한다.
부속 (Incident)	두 정점 V1과 V2에 대한 간선 (V1, V2)가 있을 때, 간선 (V1, V2)는 두 정점 V1과 V2에 부속되어 있다고 표현한다.
차수 (Degree)	– 정점에 부속되어 있는 간선의 수이다. – 진입 차수(In-Degree): 방향 그래프에서 한 정점으로 들어오는 연결선의 수이다. – 진출 차수(Out-Degree): 방향 그래프에서 한 정점에서 나가는 연결선의 수이다.
경로(Path)	두 정점 사이를 잇는 간선들을 순서대로 나열한 것이다.
경로 길이 (Path Length)	경로 상에 있는 간선의 수이다.
단순 경로 (Simple Path)	시작과 끝 정점을 제외하고 모두 다른 정점으로 구성된 경로로 경로상 정점이 중복되지 않는다.
사이클 (Cycle)	시작과 끝 정점이 같은 단순 경로로 단순 경로 중에서도 경로의 시작과 끝 정점이 같은 경로이다.
연결됨 (Connected)	두 정점들 간에 경로가 존재하면 연결되었다고 표현한다.

(3) 그래프의 종류

방향성에 따라 무방향 그래프와 방향 그래프로 분류된다.

종류	예시	설명
무방향 그래프 (Undirected Graph)		– 정점을 연결하는 선에 방향이 없는 그래프이다. – 두 정점 연결선에 순서가 없다. – n개의 정점으로 이루어진 무방향 그래프의 최대 간선 수는 $\frac{n(n-1)}{2}$ 이다.
방향 그래프 (Directed Graph)		– 정점을 연결하는 선에 방향이 있는 그래프이다. – 두 정점 연결선에 순서가 있다. – n개의 정점으로 이루어진 방향 그래프의 최대 간선 수는 n(n-1)이다.

5 정렬

정렬(Sort)은 파일을 구성하는 각 레코드를 특정 키 항목을 기준으로 오름차순이나 내림차순으로 재배열하는 작업을 의미한다.

■ 정렬의 유형

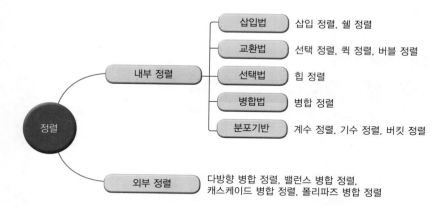

(1) 내부 정렬(Internal Sort)

- 주기억장치에서 정렬을 수행하는 방법으로 정렬해야 하는 데이터의 양이 적어 속도가 매우 빠르다.
- 정렬해야 하는 자료의 양이 많을 경우 외부 정렬을 이용하는 것이 좋다.

| 내부 정렬의 대표적인 정렬 유형 |

① 삽입 정렬(Insertion Sort)

이미 정렬된 파일에 새로운 레코드를 추가하여 순서에 맞게 정렬을 시작하는 방법이다.

② 선택 정렬(Selection Sort)

레코드의 최솟값을 첫 번째 위치에 놓고 다음 최솟값을 찾아 두 번째 위치에 놓는 과정을 반복하는 정렬 방법이다.

③ 버블 정렬(Bubble Sort)

인접한 데이터들을 비교해 정렬하는 방식으로 오른쪽 끝의 값부터 정해진다.

④ 퀵 정렬(Quick Sort)

정렬 대상을 균등하게 분할한 후 기준 키를 기준으로 데이터의 분할과 정복(Divide & Conquer)을 진행하여 결합하는 방식으로 오름차순으로 정렬한다.

⑤ 힙 정렬(Heap Sort)

최대힙과 최소힙 트리를 구성해 정렬하는 방법이다. 최대힙을 구성해 내림차순 정렬을 하고, 최소힙 구성을 위해 오름차순 정렬을 진행한다.

(2) 외부 정렬(External Sort)

- 보조기억장치(테이프, 디스크)에서 수행하는 정렬 기법으로 정렬해야 하는 데 이터의 양이 많아 속도가 느리다.
- 내부 정렬 기법을 적용할 수는 있지만, 자유로운 조작이 어렵고 읽고 쓰는 속 도가 현저히 느리다.

6 검색 – 해싱(Hasing)

▣ 해싱의 개념

- 문자열을 보다 빨리 찾을 수 있도록 주소에 직접 접근할 수 있는 짧은 길이의 값이 나 키로 변환하는 것. 그 키에 해당하는 기억 공간에 문자열을 저장해 둔다면 찾을 때는 한 번의 해시 키 계산으로 빠른 검색이 가능하다.
- 해싱은 직접 접근(DMA, Direct Memory Access) 파일을 구성할 때 사용된다.

▣ 해싱의 특징

- 기억 공간을 많이 사용하지만 다른 검색 방식에 비해 속도가 빠르다.
- 삽입, 삭제가 자주 일어나는 경우 유리한 작업 방식이다.
- 키 – 주소 변환 방법이라고도 한다.

▣ 해시 테이블

- 해시 테이블은 레코드를 한 개 이상 보관할 수 있는 버킷들로 구성된 기억 공간이다.
- [Key, Value]로 데이터를 저장하는 자료 구조이다.
- 예를 들어 이름을 키로 하여 전화번호를 저장하는 해시 테이블은 다음과 같이 만들 수 있다.

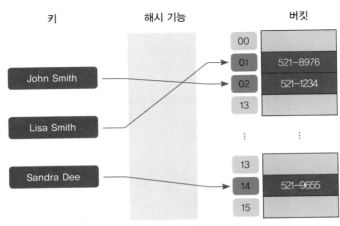

▲ 해시 테이블 예시(전화번호부)

■ 해시 테이블의 구성

(1) 버킷(Bucket)

버킷은 하나의 주소를 갖는 파일의 한 구역을 의미하며, 버킷의 크기는 같은 주소에 포함될 수 있는 레코드의 수를 의미한다.

(2) 슬롯(Slot)

한 개의 레코드를 저장할 수 있는 공간으로 n개의 슬롯이 모여 하나의 버킷을 형성한다.

(3) 충돌(Collision)

서로 다른 두 개 이상의 레코드가 동일한 주소를 갖는 현상이다.

(4) 오버플로(Overflow)

계산된 주소를 버킷 내에 저장할 기억 공간이 없는 상태이다.

(5) 시노님(Synonym)

같은 주소를 갖는 레코드들의 집합이다.

■ 해시 함수

(1) 제산법(Division Method)

키를 소수(Prime Number)로 나눈 나머지 값을 주소로 이용하는 방식이다.

(2) 제곱법(Squared Method)

레코드 키 값을 제곱한 후 그 중간 부분을 주소로 이용하는 방식이다.

(3) 폴딩법(Folding Method)

레코드 키 값을 여러 부분으로 나누어 각 부분의 값을 더하거나 XOR(배타적 논리합)을 진행해 주소로 이용하는 방식이다.

(4) 기수 변환법(Radix Conversion Method)

키 숫자의 진수를 다른 진수로 변환시키고 주소 크기를 초과한 높은 자릿수를 절단해 주소 범위에 맞게 조정하는 방식이다.

(5) 계수 분석법(=숫자 분석법, Digit Analysis Method)

키 값을 이루는 숫자의 분포를 분석하여 고른 자리 분포를 보이는 자릿수들을 필요한 만큼 선택해 홈 주소로 사용하는 방식이다.

2021.04

01 삽입 정렬(Insertion Sort)을 사용해 다음의 자료를 오름차순으로 정렬하려고 한다. 2회전 후의 결과로 올바른 것은?

> 5, 4, 3, 2, 1

① 4, 5, 3, 2, 1

② 2, 3, 4, 5, 1

③ 3, 4, 5, 2, 1

④ 1, 2, 3, 4, 5

> **해설** 이미 정렬된 파일에 새로운 레코드를 추가하여 순서에 맞게 정렬을 시작하는 알고리즘이다.
> 초기 데이터: 5, 4, 3, 2, 1
>
> 1회전 데이터: 5, 4, 3, 2, 1 → 4, 5, 3, 2, 1
> → 두 번째 값의 4를 첫 번째 값과 비교하여 첫 번째 자리에 4를 삽입하고 5를 뒤로 이동
>
> 2회전 데이터: 4, 5, 3, 2, 1 → 3, 4, 5, 2, 1
> → 세 번째 값의 3을 첫 번째, 두 번째 값과 비교하여 4의 자리에 삽입하고 4와 5는 뒤로 이동
>
> 3회전 데이터: 3, 4, 5, 2, 1 → 2, 3, 4, 5, 1
> → 네 번째 값의 2를 첫 번째, 두 번째, 세 번째 값과 비교하여 3의 자리에 삽입하고 3, 4, 5는 뒤로 이동
>
> 4회전 데이터: 2, 3, 4, 5, 1 → 1, 2, 3, 4, 5
> → 1을 2~5와 비교하여 2의 자리에 삽입하고 2~5는 뒤로 이동

2021.04

02 해싱에서 서로 다른 두 개 이상의 레코드가 동일한 주소를 갖는 현상을 의미하는 것은?

① Synonym

② Bucket

③ Slot

④ Collision

> **해설** 충돌(Collision)은 서로 다른 두 개 이상의 레코드가 동일한 주소를 갖는 현상을 의미한다.

2020.06

03 해싱(Hashing)에서 한 개의 레코드를 저장할 수 있는 공간을 의미하는 것은?

① Bucket

② Synonym

③ Slot

④ Collision

> **해설** 슬롯은 한 개의 레코드를 저장할 수 있는 공간으로 n개의 슬롯이 모여 하나의 버킷을 형성한다.

2019.03

04 해싱 함수 기법 중 주어진 모든 키 값을 이루는 숫자의 분포를 분석하여 고른 자리 분포를 보이는 자릿수들을 필요한 만큼 선택해 홈 주소로 사용하는 방식은?

① 제산법(Division Method)

② 폴딩법(Foldion Method)

③ 기수 변환법(Radix Conversion Method)

④ 계수 분석법(Digit Analysis Method)

> **해설** 계수 분석법은 키 값을 이루는 숫자의 분포를 분석하여 고른 자리 분포를 보이는 자릿수들을 필요한 만큼 선택해 홈 주소로 사용하는 방식이다.

2021.04

05 다음 그림에서 트리의 차수는?

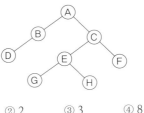

① 1   ② 2   ③ 3   ④ 8

> **해설** 트리의 차수는 가장 차수가 많은 노드의 차수를 의미한다. 즉, A-2, C-2, E-2로 수가 크고 같기에 트리의 차수는 2이다.

2021.04

06 다음 전위(Prefix) 표기법을 중위(Infix) 표기법으로 옳게 변환한 것은?

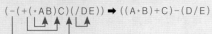

$$-+*ABC/DE$$

① B * D + A -E / C

② C * D + B -A/E

③ E * D + C-B /A

④ A * B + C - D / E

> **해설** ① 인접한 두 개의 피연산자와 왼쪽의 연산자를 괄호로 묶는다.
> (-(+(*A B) C) (/D E))
>
> ② 왼쪽의 연산자를 피연산자 사이로 이동시킨다.
> (-(+(*AB)C)(/DE)) ➡ ((A*B)+C)-(D/E)
>
> ③ 불필요한 괄호를 제거한다.
> A * B + C - D / E

2021.04

07 다음 중 선형 구조에 해당 하지 않는 것은?

① 큐(Queue)

② 배열(Array)

③ 그래프(Graph)

④ 스택(Stack)

> **해설** 선형 구조: 배열, 리스트(선형 리스트, 연결 리스트), 스택, 큐, 데크
> 비선형 구조: 트리, 그래프

2020.09

08 비선형 구조에 해당하는 것은?

① 그래프

② 데크

③ 스택

④ 큐

> **해설** 비선형 구조는 트리와 그래프이다.

2019.03

09 다음 그림에 해당하는 선형 자료 구조는? (단, 삽입과 삭제가 리스트의 양쪽 끝에서 모두 발생)

삭제 ← | A | B | C | D | D | | ← 삽입
삽입 → | | | | | | | → 삭제

① Deque

② Stack

③ Queue

④ Graph

> **해설** 데크는 두 개의 포인터를 사용해 큐의 양쪽 끝에서 삽입과 삭제가 모두 가능한 자료 구조이다.

2019.08

10 트리 구조의 각 노드에서 파생된 직계 노드의 수를 의미하는 것은?

① Terminal Node

② Domain

③ Attribute

④ Degree

> **해설** 단말 노드(Terminal Node)는 자식이 하나도 없는 노드이고 Degree는 차수로 한 노드에 연결된 자식의 노드(직계 노드)를 의미한다.

2020.06

11 다음 그림에서 단말 노드(Terminal Node)의 개수는?

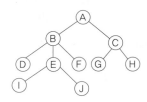

① 3

② 4

③ 6

④ 10

> **해설** 단말 노드는 자식이 없는 노드로 D, I, J, F, G, H로 6개이다.

12 마지막 노드와 처음 노드를 연결시켜 만든 리스트에 해당하는 것은?

① 선형 리스트　　　② 단순 연결 리스트

③ 이중 연결 리스트　④ 원형 연결 리스트

> **해설** 단순 연결 리스트에 마지막 노드와 처음 노드를 연결시켜 원형으로 만든 자료 구조는 원형 연결 리스트이다.

13 다음에서 설명하는 자료 구조로 알맞은 것은?

> – 마지막 레벨을 제외하고 노드가 모두 채워져 있는 자료 구조다.
> – 단말 노드는 왼쪽부터 채워지는 구조이다.
>
>

① 포화 이진 트리(Perfect Binary Tree)

② 완전 이진 트리(Complete Binary Tree)

③ 편향 이진 트리(Skewed Binary Tree)

④ 정 이진 트리(Full Binary Tree)

> **해설** 마지막 레벨을 제외하고 노드가 모두 채워져 있고 단말 노드가 왼쪽부터 채워지는 자료 구조는 완전 이진 트리이다.

14 n개의 노드로 구성된 무방향 그래프의 최대 간선의 수는?

① n-1

② n/2

③ n(n-1)/2

④ n(n+1)

> **해설** – 무방향 그래프의 최대 간선 수: n(n-1)/2
> – 방향 그래프의 최대 간선 수: n(n-1)

15 다음 후위(Postfix) 표기법을 전위(Prefix) 표기법으로 옳게 표현한 것은?

> A B C + + * D / E -

① - / * A + B C D E

② - + * A B / C D E

③ - + * A B C / D E

④ - / * A B + C D E

> **해설** 후위(Postfix) 표기법을 중위(Infix) 표기법으로 변환한 후 전위(Prefix) 표기법으로 변환한다.
> ❶ 인접한 두 개의 피연산자와 오른쪽의 연산자를 괄호로 묶는다.
> (((A (B C +) *) D /) E -)
> ❷ 오른쪽의 연산자를 피연산자 사이로 이동시켜 중위 표기법으로 변환한다.
> (((A * (B + C)) / D) - E)
> ❸ 전위 표현식으로 변환을 위해 각 연산자를 묶고 있는 괄호의 왼쪽 괄호로 연산자를 이동시킨다.
> - (/ (* (A + (B C)) D) E)
> ❹ 불필요한 괄호를 제거한다.
> - / * A + B C D E

16 다음 그래프의 자료 구조에서 정점(Vertex)과 간선(Edge)의 수는?

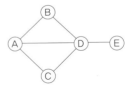

① 정점(Vertex): 6개, 간선(Edge): 5개

② 정점(Vertex): 6개, 간선(Edge): 4개

③ 정점(Vertex): 5개, 간선(Edge): 6개

④ 정점(Vertex): 5개, 간선(Edge): 4개

> **해설** 정점(Vertex)은 총 5개(A, B, C, D, E)이며, 정점들을 연결한 선인 간선(Edge)의 수는 총 6개이다.

17 다음 트리에 대한 In-Order 운행 결과는?

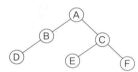

① D B A E C F

② A B D C E F

③ D B E C F A

④ A B C D E F

18 다음 Postfix 표기법에 대한 연산 결과로 옳은 것은?

> 3 4 * 5 6 * +

① 35

② 42

③ 77

④ 360

19 다음 트리를 Pre-Order 운행법으로 운행할 경우 가장 먼저 탐색되는 것은?

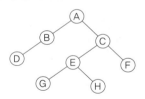

① A

② B

③ D

④ G

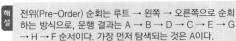
20 다음 트리의 차수(Degree)는?

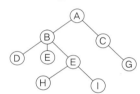

① 2

② 3

③ 4

④ 5

21 다음 트리의 차수(Degree)와 단말 노드(Terminal Node)의 수는?

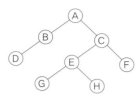

① 차수: 4, 단말 노드: 4

② 차수: 2, 단말 노드: 4

③ 차수: 4, 단말 노드: 8

④ 차수: 2, 단말 노드: 8

- 차수(Degree): 각 노드가 가진 가지의 수(한 노드에 연결된 자식 노드의 수)
- 트리의 차수(Degree of Tree): 트리의 노드들 중에 차수가 가장 많은 수
- 단말 노드(Terminal Node): 자식이 하나도 없는 노드, 차수 (Degree) = 0인 노드
→ 최대 차수는 A = 2, C = 2, E = 2로 트리의 차수는 2이다.
→ 자식이 없는 단말 노드는 D, F, G, H로 단말 노드의 수는 4 이다.

22 다음 트리를 전위 순회(Pre-Order Traversal) 한 결과는?

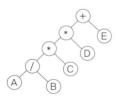

① + * A B / * C D E

② A B / C * D * E +

③ A / B * C * D + E

④ + * * / A B C D E

전위 순회는 루트부터 시작해서 왼쪽 서브트리, 오른쪽 서브 트리 순서로 순회하는 방식이다.
→ 순회 순서: +(루트) → * → * → / → A → B → C → D → E

23 순서가 A, B, C, D로 정해진 자료를 스택(Stack) 에 입력하였다가 출력한 결과로 옳지 않은 것은?

① B, A, D, C

② A, B, C, D

③ D, A, B, C

④ C, B, A, D

스택은 가장 나중에 삽입된 자료가 가장 먼저 삭제되는 후입 선출(LIFO) 방식의 자료 구조다.
※ 주의: A, B, C, D를 차례로 한 번에 다 넣고 출력을 하는 것 이 아니고, 중간에 입 · 출력이 이뤄지는 것에 주의해야 한다.

24 양방향에서 입 · 출력이 가능한 선형 자료 구조 로 두 개의 포인터를 이용해 리스트의 양쪽 끝에 서 삽입과 삭제가 가능한 것은?

① 데크(Deque)

② 스택(Stack)

③ 큐(Queue)

④ 트리(Tree)

- 데크(Deque): 두 개의 포인터를 사용해 큐의 양쪽 끝에서 삽입과 삭제가 모두 가능한 자료 구조다.
- 스택(Stack): 가장 나중에 삽입된 자료가 가장 먼저 삭제되 는 후입선출(LIFO) 방식의 자료 구조다.
- 큐(Queue): 한쪽 끝에서는 삽입 작업이, 다른 한쪽에서는 삭제 작업이 이루어지며, 가장 먼저 삽입된 자료가 가장 먼 저 삭제되는 선입선출(FIFO) 방식의 자료 구조다.
- 트리(Tree): 트리는 비선형 자료 구조로, 노드(Node)들을 계층적으로 사이클을 이루지 않도록 구성한 자료 구조다.

25 중위(Infix) 표기법의 수식 (A+B) * C+(D+E)을 후위(Postfix) 표기법으로 옳게 표기한 것은?

① AB + CDE * + +   ② AB + C * DE + +

③ +AB * C+DE+   ④ * * +ABC+DE

후위(Postfix) 표기법은 연산자를 두 개의 해당 피연산자의 오 른쪽으로 이동시켜 변환한다.
❶ 연산자 우선순위에 따라 중위 표기법을 괄호로 묶는다.
  (((A+B) * C) + (D+E))
❷ 각 연산자를 묶고 있는 괄호의 오른쪽 괄호로 연산자를 이 동시킨다.
  (((A B) + C) * (D E) +) +)
❸ 불필요한 괄호를 제거한다.
  AB+C * DE++

E-R 모델링

1 E-R 모델의 개념

- E-R 모델(Entity-Relationship Model)은 1976년 피터 첸(Peter Chen)의 제안으로 현실 세계에 존재하는 데이터와 그 데이터 간의 관계를 사람이 이해할 수 있는 형태로 명확하게 표현하기 위해 사용되고 있는 데이터베이스 모델이다.
- 데이터에 대해 관리자, 사용자, 개발자들이 서로 다르게 인식하고 있는 뷰들을 하나로 통합할 수 있는 단일화된 설계안을 구성한다.

■ E-R 모델의 특징

- **그림으로 표현:** 필요한 개체, 유일성을 보장해 주는 식별자, 개체 간의 상관 관계와 필요한 속성이 무엇인지에 대한 설명을 그림으로 표현한다.
- **물리적 환경을 고려하지 않음:** 업무에 필요한 데이터를 그림으로 그려 이를 검증하는 방법이다. 외래 키, 기본 키, 액세스 성능이나 분산 환경 등에 대한 물리적 환경을 고려하지 않는다.
- **데이터 중심 방식의 설계:** 잘 설계된 논리 데이터 모델은 업무의 변경(프로세스 변경)에 영향을 받지 않도록 프로세스 중심보다 데이터 중심의 설계 방식을 사용한다.
- **논리 모델과 물리 모델의 매칭:** 논리 데이터 모델과 물리 데이터 모델은 반드시 1:1 관계로 이루어지지 않으며, 한 개 혹은 한 개 이상의 테이블이 될 수 있다.

2 E-R 다이어그램 표기 기호

기호	이름	설명
사각형		개체(Entity) 타입
마름모		관계(Relationship)를 의미
타원		속성(Attribute)을 의미
이중 타원		다중 값 속성을 의미
밑줄 타원		기본 키 속성
복수 타원		복합 속성을 의미
링크, 선		개체 타입과 속성을 연결
관계		1:1, 다:다 등의 개체 간의 관계 타입

3 E-R 모델 표기법

표기법 유형	설명
Chen (첸 표기법)	대학 교재 등에서 많이 사용하는 모델로 실제로는 사용하지 않음 부서 ─1─ 〈소속한다〉 ─N─ 직원
IDEF1X	– 마름모와 원을 이용한 표기법 – 실무 현장에서 소수로 이용 부서 ●----------◇ 직원
IE/Crow's Foot (까마귀 발 표기법)	– 정보 공학 표기법 혹은 까마귀 발 모양의 표기법 – 가장 많이 사용 부서 ─┼─ 포함한다 / 소속된다 ─○< 직원
Min-Max/ISO	기수성을 좀 더 정교하게 표현한 방법이지만 활용은 많이 안함 부서 ─(0,N) 포함한다 / (1,1) 소속된다─ 직원
UML (UseCase 모델링)	스테레오타입 등을 이용해 엔티티를 표현하며, UML을 이용하여 데이터 모델링할 때 사용 〈〈Relationship〉〉 직원을 포함한다 〈〈Entity〉〉 부서 ─1─────0..N─ 〈〈Entity〉〉 부서
Case*Method/Barker 표기법	– 까마귀 발을 적용하면서 관계를 표기 – 일부 Barker Notation은 다르게 표기하기도 함 부서 ─┼1----------○< 0..N─ 직원

알아두기

첸 표기법은 개체를 사각형으로, 관계를 마름모, 속성을 타원형으로 표현하며, 데이터 모델링에 대한 이론을 배울 때 많이 활용된다.

알아두기

실무에서 많이 사용하는 E-R 모델 표기법은 바커 표기법(Barker Notation)과 정보 공학 표기법(IE Notation)이다.

2019.08

01 E-R 다이어그램에서 사각형이 의미하는 것은?

① 관계 타입

② 개체 타입

③ 속성

④ 링크

> 해설 E-R 다이어그램에서 개체 타입은 사각형, 관계 타입은 마름모, 속성은 타원으로 표현한다.

2021.04

02 E-R 다이어그램에서 개체를 의미하는 기호는?

① 오각형

② 타원

③ 삼각형

④ 사각형

> 해설 E-R 다이어그램에서 사각형은 개체를 의미한다.

2020.06

03 E-R 모델에 관한 설명으로 옳지 않은 것은?

① 개체 타입은 타원, 관계 타입은 사각형, 속성은 선으로 표현한다.

② 개체 타입과 이들 간의 관계 타입을 이용한다.

③ E-R 모델에서는 데이터를 개체, 관계, 속성으로 묘사한다.

④ 현실 세계가 내포하는 의미들이 포함된다.

> 해설 E-R 모델에서 개체 타입은 사각형, 관계 타입은 마름모, 속성은 타원으로 표현한다.

04 다음 E-R 모델의 특징 중 옳지 않은 것은?

① 필요한 개체, 식별자, 상관 관계 등을 그림으로 표현한다.

② 설계를 진행할 때 물리적인 환경을 고려하여 진행한다.

③ 논리 모델과 물리 모델의 매핑이 반드시 1:1의 관계로 이루어져야 하는 것은 아니다.

④ E-R 모델의 설계는 프로세스 중심보다 데이터 중심의 설계를 사용한다.

> 해설 E-R 모델의 설계를 진행할 때 물리적 환경을 고려하지 않는다.

05 다음 중 E-R 모델의 특징에 대한 설명으로 옳지 않은 것은?

① 업무 변경에 영향을 받지 않도록 프로세스 중심의 설계보다 데이터 중심의 설계 방식을 사용한다.

② 필요한 개체와 식별자, 속성 등이 무엇인지에 대한 설명을 그림으로 표현한다.

③ 외래 키, 기본 키, 엑세스 성능이나 분산 환경 등에 대한 물리적인 환경을 고려한다.

④ 논리 데이터 모델과 물리 데이터 모델이 반드시 1:1의 관계가 아닐 수 있다.

> 해설 E-R 모델은 업무에 필요한 데이터를 그림으로 그려 이를 검증하는 방식으로 외래 키, 기본 키, 엑세스 성능, 분산 환경 등에 대한 물리적 환경은 고려하지 않는다.

107 | 정규화

1 정규화의 개념

- 논리 데이터 모델링을 상세화하는 과정이다.
- 함수적 종속성을 이용해 이상 현상이 발생하지 않도록 릴레이션을 분해해가는 과정이다.

■ 정규화의 목적

- 구축된 데이터베이스의 품질을 보장하고 성능을 향상한다.
- 저장 공간의 최소화, 데이터베이스 내부 자료의 무결성 유지를 극대화한다.
- 데이터 구조의 안전성을 최대화한다.
  ① 개체 관계의 정확성
  ② 데이터의 일치성
  ③ 데이터 모델의 단순성
  ④ 개체 내에 존재하는 속성의 비중복성

■ 각 정규화 과정의 단계

단계	설명
제1정규형	– 반복 속성 제거 – 개체에 존재하는 속성들 중에서 반복되는 속성들을 하위 개체로 도출
제2정규형	– 주 식별자 전체가 완전 기능 종속(Full Function Dependency)이 되지 않는 속성을 제거 – 주 식별자 속성 일부에만 함수적 종속*되는 속성들을 상위 개체로 도출
제3정규형	– 주 식별자에 이행 함수 종속이 되는 속성을 제거 – 주 식별자를 제외한 일반 속성 중에 함수적 종속 속성들을 상위 개체로 도출
BCNF 정규형	– Boyce–Codd Normal Form – 결정자*(후보 키가 아닌) 속성을 제거한다. – 제3정규형을 만족하면서 추가로 해당 릴레이션의 모든 결정자는 후보 키여야 한다.
제4정규형	– 주 식별자에 종속(다중값: Multi-Value)되는 속성을 두 가지 이상 두지 않도록 한다. – 특정 조건에 대해 제공되는 결과값은 같은데, 데이터 값이 두 번 이상 발생하는 속성을 하위 개체로 도출한다.
제5정규형	다시 조인을 해서 중복 데이터가 발생할 경우 n개의 테이블로 분리한다.

★ 함수적 종속
릴레이션 R에서 속성 Y가 X에 함수적 종속(X→Y)이라는 의미는 속성 X의 값이 속성 Y의 값을 결정한다는 의미

★ 결정자
속성 간의 종속성을 규명하기 위해 기준이 되는 값

★ 스키마 설계
스키마 설계는 관련된 속성을 수집하고 이들 간의 존재하는 제약 조건을 식별해 이 제약 조건을 기본으로 속성을 릴레이션으로 그룹 짓는 과정이다.

■ 스키마 변환

스키마 설계*를 통해 만들어진 릴레이션을 바람직한 형태의 릴레이션으로 변환하는 과정이다.

| 스키마 변환의 세 가지 원리 |

① 정보 표현의 무손실
② 최소의 데이터 중복성
③ 분리의 원칙

2 함수적 종속성

어떤 릴레이션 R에서 X와 Y를 R의 부분 집합이라고 할 때 X 각각의 값이 Y의 값에 오직 하나만 연관되어 있을 때 Y를 X에 함수적 종속이라 한다.

| 함수적 종속의 사례 |

★ 종속자
결정자의 값에 의해 정해지는 값

릴레이션 R에서 속성 Y가 X에 함수적 종속(X→Y)이라는 의미는 속성 X의 값이 속성 Y의 값을 결정한다는 의미와 동일하고, X→Y 관계를 성립시키는 X를 결정자(Determinant), Y를 종속자(Dependent)*라고 한다.

구조	함수적 종속
학번 → 이름 학번 → 학년 학번 → 학과	학번 → (이름, 학년, 학과)

■ 함수적 종속의 추론 규칙

★ 암스트롱 공리
릴레이션 R에 대해 X, Y, Z라는 속성 집합이 주어졌을 때 여러 가지 함수적 종속 성질을 유도해 낼 수 있는 추론 규칙

R1~R3까지를 기본 규칙(건전성)이라 하고, R4~R6까지를 부가 규칙(완전성)이라 한다. 이러한 함수적 종속의 추론 규칙을 암스트롱 공리*라고 하며, 암스트롱 공리의 정당(Sound)하며 완전한(Complete) 성질을 데이터베이스 정규화에 이용한다.

추론 규칙	설명
R1: (반사 규칙)	A ⊇ B이면 A → B이고 A → A이다.
R2: (첨가 규칙)	A → B이면 AC → BC이고 AC → B이다.
R3: (이행 규칙)	A → B이고 B → C이면 A → C이다.
R4: (분해 규칙)	A → BC이면 A → B이고 A → C이다.
R5: (결합 규칙)	A → B이고 A → C이면 A → BC이다.
R6: (의사 이행성 규칙)	A → B이고 WB → G이면 WA → G이다.

3 이상 현상

관계 연산(삽입, 삭제, 수정)을 적용할 때 데이터의 불일치, 중복, 손실 등 삽입, 삭제, 갱신에 대한 비합리적인 결과가 도출되는 현상이다. 정규화 과정을 통해 이상 현상을 해결할 수 있다.

멘토 코멘트

이상 현상은 삽입, 삭제, 갱신의 세 가지 유형으로 나타난다.

■ 이상 현상의 유형

(1) 삽입 이상(Insertion Anomaly)

어떤 데이터를 삽입하려고 할 때 불필요하고 원하지 않는 데이터를 함께 삽입해야만 하는 현상이다.

〈수강〉 테이블				삽입 이상 사례			
학번	과목번호	성적	학년	학번	과목번호	성적	학년
100	D102	A	3	100	D102	A	3
100	E201	A	3	100	E201	A	3
200	C103	B	2	200	C103	B	2
300	E201	C	1	300	E201	C	1
				400			2

→ 〈수강〉 릴레이션에 〈학번〉이 400번이고 2학년이라는 릴레이션을 삽입하려고 할 때 〈과목번호〉와 〈성적〉을 알 수 없어 삽입 연산을 수행할 수 없음(〈학번〉과 〈과목번호〉가 기본 키(PK)라고 할 때 기본 키는 최소성의 속성을 가짐)

(2) 삭제 이상(Delete Anomaly)

튜플 삭제 시에 유지해야 하는 정보가 함께 삭제되는 연쇄 삭제(Triggered Detection) 현상이 일어나 정보 손실(Loss of Information)이 발생하는 현상이다.

〈수강〉 테이블				삭제 이상 사례			
학번	과목번호	성적	학년	학번	과목번호	성적	학년
100	D102	A	3	100	D102	A	3
100	E201	A	3	100	E201	A	3
200	C103	B	2	200		B	2
300	E201	C	1	300	E201	C	1

→ 200번 학생이 〈과목번호〉 'C103'을 등록 취소하려고 할 때 이 학생의 〈학년〉 정보도 함께 삭제될 것이며, 다른 릴레이션에 〈학년〉 정보가 없다면 200번 학생의 학년은 알 수 없어짐

(3) 갱신 이상(Update Anomaly)

중복된 튜플들 중에서 일부 튜플의 속성값만 갱신해 정보의 모순성이 생기는 현상이다.

〈수강〉 테이블				갱신 이상 사례			
학번	과목번호	성적	학년	학번	과목번호	성적	학년
100	D102	A	3	100	D102	A	3
100	E201	A	3	100	E201	A	2
200	C103	B	2	200	C103	B	2
300	E201	C	1	300	E201	C	1

➡ 〈학번〉이 100번인 학생의 〈학년〉을 3에서 2로 변경하려고 할 때, 〈학번〉 100이 있는 두 개의 행을 모두 갱신해야 하는데, 일부의 튜플만 갱신할 경우 두 개의 값을 가지게 되어 일관성이 결여됨

🎓 **멘토 코멘트**

정규화 절차

비정규 데이터
1NF - (도) 도메인 원자값
2NF - (부) 부분 함수 종속성 제거
3NF - (이) 이행 함수 종속성 제거
BCNF - (결) 결정자이면서 후보 키가 아닌 것 제거
4NF - (다) 다치 종속성 제거
5NF - (조) 조인 종속성 제거
'도부이결다조'로 암기

4 정규화 절차

■ 제1정규형(1NF, First Normal Form)

- 어떤 릴레이션 R에 속한 모든 도메인이 원자값만으로 되어 있다면 제1정규형(1NF)에 속한다.
- 릴레이션 내의 속성은 원자값을 가지고 있어야 한다.

| 사례 |

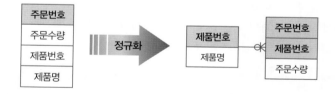

	하나의 〈주문〉에 여러 개를 주문한 제품이 존재해 〈주문번호〉가 중복되어 나타난다.			
	〈주문〉			
정규화 전	주문번호	주문수량	제품번호	제품명
	100	3	1002	의자
	100	1	1003	책상
	200	4	1002	의자
	300	1	1003	책상

정규화 후	– 〈제품번호〉와 〈제품명〉이 도메인 원자값이 아니어서 속성 한 개만 가지도록 변경해준다. 　〈제품번호〉와 〈제품명〉의 중복 속성을 분리한다. – 제1정규형을 만족하는 릴레이션		

〈제품〉

제품번호	제품명
1002	의자
1003	책상

〈주문〉

주문번호	제품번호	주문수량
100	1002	3
100	1003	1
200	1002	4
300	1003	1

■ 제2정규형(2NF, Second Normal Form)

어떤 릴레이션 R이 1NF이고 기본 키에 속하지 않은 모든 속성들이 기본 키에 완전 함수 종속이면 제2정규형에 속하는 규칙으로 특정 컬럼에만 종속되는 속성이(부분 함수 종속) 없어야 한다.

| 사례 |

정규화 전	– 〈학번, 과목코드〉가 〈학점〉에 영향을 주고 〈과목코드〉가 〈과목명〉에 영향을 주는 부분으로 함수 종속 관계 상태이다. – 〈학번, 과목코드, 과목명, 학점〉을 하나의 릴레이션에 두어 부분 함수 종속이 발생해 제2정규형을 만족하지 못한 상태이다.

〈성적정보〉

학번	과목코드	학점	과목명
100	D102	A	운영체제
100	E201	A	데이터베이스
200	C103	B	SW 공학
300	E201	C	데이터베이스

정규화 후	– 〈과목코드〉가 도메인 원자값이 아니어서 속성 1개만 가지도록 변경한다. 부분 함수 종속에 대한 종속성 제거를 위해 부분 관계인 〈과목코드〉 → 〈과목명〉을 분리한다. – 제2정규형을 만족하는 릴레이션

〈성적〉

학번	과목코드	학점
100	D102	A
100	E201	A

〈과목정보〉

과목코드	과목명
D102	운영체제
E201	데이터베이스
C103	SW 공학

■ 제3정규형(3NF, Third Normal Form)

- 어떤 릴레이션 R이 2NF이고 기본 키에 속하지 않은 모든 속성들이 기본 키에 이행적 함수 종속이 아닐 때 제3정규형(3NF)에 속하는 규칙이다.
- 주 식별자에 이행 종속(Transitive Dependency)되는 속성을 제거한다. 주 식별자를 제외한 일반 속성들 중에서 함수적 종속 속성들을 상위 개체로 도출한다.

| 사례 |

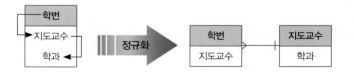

정규화 전	- 〈학번〉 → 〈지도교수〉와 〈지도교수〉 → 〈학과〉에 함수적 종속이 나타난다. - 〈학번〉이 〈지도교수〉에 영향을 주고 〈지도교수〉가 〈학과〉에 영향을 주는 이행 함수 종속 상태이다. 〈지도〉 	학번	지도교수	학과
---	---	---
100	P1	컴퓨터
200	P2	전기
300	P3	컴퓨터
400	P1	컴퓨터	
정규화 후	- 〈학번〉 → 〈지도교수〉 → 〈학과〉 이행 함수 종속을 제거하기 위해 〈학번〉 → 〈지도교수〉를 분리하고, 〈지도교수〉 → 〈학과〉를 분리한다. - 제3정규형을 만족하는 릴레이션 〈학생지도〉　　　　　　　　〈지도교수학과〉 | 학번	지도교수		지도교수	학과
---	---	---	---	---
100	P1		P1	컴퓨터
200	P2		P2	전기
300	P3		P3	컴퓨터
400	P1				

■ BCNF 정규형(BCNF, Boyce-Code Normal Form)

- 릴레이션 R의 결정자(Determinant)가 모두 후보 키이면 보이스·코드 정규형(BCNF)에 속한다.
- 후보 키가 아니면서 결정자인 속성이 존재할 때 발생하는 이상 현상 방지를 목적으로 수행한다.

| 사례 |

정규화 전	– 릴레이션 조건 ① 학생(학번)은 각 과목에 대해 한 교수의 강의만 수강한다. ② 각 교수는 한 과목만 담당한다. ③ 한 학생(학번)은 여러 교수가 담당 가능하다. – 〈학번, 과목, 교수〉를 한 릴레이션에 두는 것은 〈교수〉가 결정자이지만, 후보 키가 아니기 때문에 BCNF를 만족하지 못한다. 〈지도〉 <table><tr><th>학번</th><th>과목</th><th>교수</th></tr><tr><td>100</td><td>D102</td><td>P1</td></tr><tr><td>100</td><td>E201</td><td>P2</td></tr><tr><td>200</td><td>C103</td><td>P3</td></tr><tr><td>300</td><td>E201</td><td>P2</td></tr></table>
정규화 후	– 〈교수〉는 〈과목〉에 직접 영향을 주기 때문에 〈교수, 과목〉을 분리하여 〈교수〉가 후보 키 역할을 하도록 한다. – BCNF를 만족하는 릴레이션 〈학번교수〉 <table><tr><th>학번</th><th>교수</th></tr><tr><td>100</td><td>P1</td></tr><tr><td>100</td><td>P2</td></tr><tr><td>200</td><td>P3</td></tr><tr><td>300</td><td>P2</td></tr></table> 〈교수과목〉 <table><tr><th>교수</th><th>과목</th></tr><tr><td>P1</td><td>D102</td></tr><tr><td>P2</td><td>E201</td></tr><tr><td>P3</td><td>C103</td></tr></table>

● 제4정규형(4NF, Fourth Normal Form)

- 하나의 속성이 다른 속성의 값을 결정하는 것이 아니라 R의 모든 속성이 집합을 결정한다.
- 하나의 릴레이션에 두 개 이상의 다치 종속(Multi-Valued Dependency)이 발생하고 이를 제거하는 과정이다.
- 다치 종속은 Fagin에 의해 처음 소개되고 정의되었으며, A →→ B로 표기한다.

| 사례 |

정규화 전	– 〈과목〉, 〈교수〉, 〈교재〉를 릴레이션 R의 속성의 부분 집합이라 할 때 속성 쌍(과목, 교재) 값에 대응되는 〈교수〉 값의 집합이 〈과목〉 값에만 종속되고 〈교재〉 값에는 무관하면 〈교수〉는 〈과목〉에 다치 종속이라 한다.		

〈과목교수교재〉

과목	교수	교재
파일 구조	P1	B1
파일 구조	P1	B2
파일 구조	P2	B1
파일 구조	P2	B2
데이터베이스	P3	B3

– 이해를 돕기 위한 반복 그룹 표현

과목	교수	교재
파일 구조	{P1,P2}	{B1,B2}
데이터베이스	{P3}	{B3}

정규화 후	– 다치 종속 관계를 제거하기 위해 〈과목〉 →→ 〈교수〉, 〈과목〉 →→ 〈교재〉를 〈과목〉 →→ 〈교수|교재〉로 표현한다. – 제4정규형을 만족하는 릴레이션

〈과목교수〉

교수	과목
P1	파일 구조
P2	파일 구조
P3	데이터베이스

〈과목교재〉

과목	교재
파일 구조	B1
파일 구조	B2
데이터베이스	B3

알아두기

제5정규형을 PJ/NF(Pr -ojection-Join Normal Form)라고도 한다.

■ 제5정규형(5NF, Fifth Normal Form)

릴레이션 R에 존재하는 모든 조인 종속이 릴레이션 R의 후보 키를 통해서만 만족된다면 릴레이션 R은 제5정규형이다.

| 사례 |

정규화 전	제4정규형 릴레이션에 조인 연산을 수행하면, 제4정규형 수행 전 데이터와 다르게 되는 조인 종속성이 발생한다. 〈과목교수〉 ⋈ 〈과목교재〉 (조인) **〈과목교수〉** 	교수	과목
P1	파일 구조
P2	파일 구조
P3	데이터베이스	 **〈과목교재〉** 	과목	교재
파일 구조	T1
파일 구조	T2
데이터베이스	T3 | ↓ | 교수	과목	교재
---	---	---
P1	파일 구조	T1
P1	파일 구조	T2
P2	파일 구조	T1
P2	파일 구조	T2
P3	데이터베이스	T3 | | 과목	교수	교재
---	---	---
파일 구조	P1	T1
파일 구조	P1	T2
파일 구조	P2	T1
파일 구조	P2	T2
데이터베이스	P3	T3	

조인 종속성을 제거하기 위해 모든 종속성 관계인 〈교수, 과목〉, 〈과목, 교재〉, 〈교수, 교재〉의 관계에 대한 테이블을 만들어 위조 튜플 없이 원래의 데이터만 조회될 수 있게 한다.

정규화 후

〈교수〉

교수	과목
P1	파일 구조
P2	파일 구조
P3	데이터베이스

〈과목〉

과목	교재
파일 구조	T1
파일 구조	T2
데이터베이스	T3
데이터베이스	T4

〈교재〉

교수	교재
P1	T1
P1	T2
P2	T3

2021.04

01 속성 간에 존재하는 여러 가지 종속 관계를 분석해 하나의 종속성이 하나의 릴레이션으로 표현되도록 분해하는 과정을 정규화라고 한다. 정규화의 원칙으로 거리가 먼 것은?

① 데이터의 종속성이 많아야 한다.

② 데이터의 중복성이 감소되어야 한다.

③ 하나의 스키마에서 다른 스키마로 변환시킬 때 정보의 손실이 있어서는 안 된다.

④ 하나의 독립된 관계성은 하나의 독립된 릴레이션으로 분리시켜 표현한다.

> **해설** 정규화는 함수적 종속성을 이용해 릴레이션을 분해하여 이상 현상이 발생하지 않는 릴레이션을 만들어나가는 과정이다.

2020.08

02 정규화의 원칙으로 거리가 먼 것은?

① 하나의 스키마에서 다른 스키마로 변환시킬 때 정보의 손실이 있어서는 안 된다.

② 이상 현상 제거를 위해 데이터의 종속성이 많아야 한다.

③ 하나의 독립된 관계성은 하나의 독립된 릴레이션으로 분리시켜 표현한다.

④ 데이터의 중복성이 감소되어야 한다.

> **해설** 데이터 종속성으로 이상 현상이 발생하고 이상 현상을 제거 하기 위해 정규화를 진행한다.

2019.03

03 제1정규형에서 제2정규형 수행 시에 작업으로 옳은 것은?

① 이행적 함수 종속성 제거

② 다치 종속 제거

③ 모든 결정자가 후보 키가 되도록 분해

④ 부분 함수 종속성 제거

> **해설** 정규화 절차의 어느 단계든 물어볼 수 있는 문제로 '도부이결다조'로 암기하자.
> 1NF – (도) 도메인 원자값
> 2NF – (부) 부분 함수 종속성 제거
> 3NF – (이) 이행 함수 종속성 제거
> BCNF – (결) 결정자이면서 후보 키가 아닌 것 제거
> 4NF – (다) 다치 종속성 제거
> 5NF – (조) 조인 종속성 제거

04 다음의 조건을 모두 만족하는 정규형은?

> 모든 도메인의 원자값이고 기본 키가 아닌 모든 속성들이 기본 키에 완전 함수 종속적이며 이행적 함수 종속 관계는 제거되었다.

① 제1정규형

② 제2정규형

③ 제3정규형

④ 비정규 릴레이션

> **해설** 도메인 원자값 –제1정규형 만족, 부분 함수 종속 제거(=완전 함수 종속적) –제2정규형 만족, 이행적 함수 종속 관계 제거 –제3정규형 만족, 조건을 모두 만족하는 것은 제3정규형이다.

05 다음 중 함수적 종속의 추론 규칙에 대한 설명으로 옳지 않은 것은?

① 반사 규칙: A ⊇ B이면 A → B이고 A → A이다.

② 첨가 규칙: A → B이면 B → C이고 A → C이다.

③ 분해 규칙: A → BC이면 A → B이고 A → C이다.

④ 이행 규칙: A → B이고 B → C이면 A → C이다.

> 해설 함수적 종속의 첨가 규칙은 A → B이면 AC → BC이고 AC → B이다.

06 다음에서 설명하는 이상 현상 중 올바르지 않은 것은?

① 삽입 이상: 어떤 데이터를 삽입하려고 할 때 불필요한 데이터를 함께 삽입해야 하는 현상

② 갱신 이상: 중복된 튜플들 중에서 일부 튜플의 속성만 갱신하여 정보의 모순성이 발생하는 현상

③ 삭제 이상: 원하지 않는 데이터가 같이 삭제되는 현상

④ 조회 이상: 원하지 않는 데이터가 같이 조회되는 현상

> 해설 이상 현상에는 삽입, 삭제 갱신 이상이 있으며 조회 이상은 이상 현상으로 볼 수 없다.

07 다음 정규화에 대한 설명으로 틀린 것은?

① 데이터베이스의 개념적 설계 단계에서 수행한다.

② 데이터 구조의 안정성을 최대화한다.

③ 중복을 배제하여 삽입, 삭제, 갱신 이상의 발생을 방지한다.

④ 데이터 삽입 시 릴레이션을 재구성 해야하는 필요성을 줄인다.

> 해설 정규화는 데이터베이스의 논리적 설계 단계에서 수행하는 절차이다.

08 정규화 과정에서 A → B이고 B → C일 때 A → C인 관계를 제거하는 단계는?

① 1NF → 2NF

② 2NF → 3NF

③ 3NF → BCNF

④ BCNF → 4NF

> 해설 이행 함수에 대한 설명으로 2NF → 3NF가 되기 위한 조건이다.

09 정규화의 목적으로 옳지 않은 것은?

① 어떠한 릴레이션이라도 데이터베이스 내에서 표현 가능하게 만든다.

② 데이터 삽입 시 릴레이션을 재구성할 필요성을 줄인다.

③ 중복을 배제해 삽입, 삭제, 갱신 이상의 발생을 야기한다.

④ 효과적인 검색 알고리즘을 생성할 수 있다.

> 해설 정규화의 목적은 중복을 배제해 삽입, 삭제, 갱신 이상의 발생을 없애기 위함이다.

10 정규화 과정에서 발생하는 이상(Anomaly)에 관한 설명으로 옳지 않은 것은?

① 이상은 속성들 간에 존재하는 여러 종류의 종속 관계를 하나의 릴레이션에 표현할 때 발생한다.

② 속성들 간의 종속 관계를 분석하여 여러 개의 릴레이션을 하나로 결합해 이상을 해결한다.

③ 삭제, 삽입, 갱신 이상이 있다.

④ 정규화는 이상을 제거하기 위해서 중복성 및 종속성을 배제시키는 방법으로 사용한다.

> 해설 정규화 과정에서 발생하는 이상은 정규화를 통해 이상 현상을 제거한다.

11 다음 위쪽 표의 릴레이션을 아래쪽 표와 같이 정규화하였을 때 결과를 만족하는 정규화 작업으로 올바른 것은?

국가	도시
대한민국	서울, 부산
미국	워싱턴, 뉴욕
중국	베이징

국가	도시
대한민국	서울
대한민국	부산
미국	워싱턴
미국	뉴욕
중국	베이징

① 제1정규형

② 제2정규형

③ 제3정규형

④ 제4정규형

> 해설 도메인 원자값은 서울, 부산, 워싱턴, 뉴욕 등으로 중복된 도메인 값이 원자값을 가질 수 있도록 분리하는 작업을 제1정규형이라고 한다.

108 | 데이터 간 관계

1 데이터 간 관계의 이해

■ 관계의 정의
관계는 '두 개 이상의 개체들 간에 명명된 의미 있는 연결'로 정의한다.

■ 관계의 의미
시스템에서 개체가 어떻게 관리되는지에 따라 관계의 표현이 달라질 수 있다.

의미	설명
연관 관계를 파악	개체들 간의 관계는 개체의 명칭 파악이 아니라 개체들 간의 업무 연관 관계를 파악해 결정한다.
다양한 목적	개체들 간의 1:1 관계와 1:0 관계를 뜻하며, 1:1 관계의 경우 개체 1과 개체 2 간의 주식별자가 동일할 때 데이터 분할과 시스템의 성능 향상, 데이터 보안 등의 목적을 가진다.
유일성, 최소성	1:다 관계가 설정되는 개체들은 식별자를 잘 선택해 개체가 유일하면서도 최적의 구조가 되도록 설계되어야 한다.

알아두기

관계 데이터베이스는 관계 데이터 모델에 기반을 두고 있으며 코드(E. F. Codd)에 의해 제안되었다. 외적으로는 테이블 형태의 구조로 데이터를 표현하고, 이론적으로는 수학적인 릴레이션을 기초로 한다.

■ 관계의 표현
* 외형적으로 테이블 형태의 구조로 데이터를 표현하고 이론적으로 수학적인 릴레이션을 기초로 한다.
* 데이터 모델링을 수행할 때 도출되어 표현되는 관계는 다음과 같다.

관계	설명
1:1 관계	개체 1과 개체 2가 반드시 한 개씩 존재
1:0 또는 1:1 관계	개체 1은 존재하지만, 개체 2는 없거나 하나만 존재
1:1 또는 1:다 관계	개체 1은 반드시 한 개만 존재해야 하며, 개체 2는 한 개 이상 존재

알아두기

다:다 관계의 해소
다:다 관계는 불특정 관계로도 알려져 있으며 데이터 구조에 있어서 실제적 방법으로도 구현이 불가능하다.
- 새로운 개체를 추가해 다:1 관계로 변경해야 한다.

■ 관계의 종류
데이터 간 관계는 업무의 처리 방법에 따라 아래와 같이 다양하게 존재하고 있다.

제1장 데이터베이스 이해 **275**

(1) 종속 관계(Dependent Relationship)

유형	설명
식별 관계 (Identifying Relationship)	하위 개체에 존재하는 상위 개체의 주 식별자인 외래 식별자가 하위 개체의 주 식별자의 전체 또는 일부로 존재하는 관계
비식별 관계 (Non-Identifying Relationship)	하위 개체에서 존재하는 외래 식별자가 하위 개체의 일반 속성으로 존재하는 관계

(2) 배타 관계(Exclusive Relationship)

유형	설명
배타 AND 관계 (Exclusive AND Relationship)	하위 개체로 구성되는 개체들 중에 구분자 조건에 따라 반드시 한 개의 개체만 선택해야 하는 경우
배타 OR 관계 (Exclusive OR Relationship)	하나 이상의 개체를 선택할 수 있는 경우

(3) 중복 관계(Redundant Relationship)

특정한 두 개체들 간에 두 번 이상의 종속 관계가 발생하는 관계로, 실제 업무에서 꼭 필요한 경우가 아니라면 사용하지 않는 것이 좋다.

(4) 재귀 관계(Recursive Relationship)

데이터의 종속 관계에 있어서 특정 개체가 자기 개체를 다시 참조하는 관계로, 스스로 종속 관계를 지정하는 것을 의미한다.

2 정보 공학 표기법을 통한 관계의 표현

■ 정보 공학 표기법(Information Engineering Notation)

- 1981년 클리프 핀켈쉬타인(Clive Finkelstein)과 제임스 마틴(James Martin)이 공동으로 저술하고 발표하였으며, 1980년대 중반에 제임스 마틴에 의해 그 체계가 정리되며 본격적으로 활용되었다.
- 정보 시스템 구축 시 데이터 분석과 데이터베이스 설계를 위해 매우 유용한 기법이다.

알아두기

관계의 표현 시에 다(Many)쪽에 까마귀 발을 사용해 까마귀 발 모델(Crow's Foot Model)이라 부른다.

■ 정보 공학 표기법의 기호

기호	의미
□	- 개체(Entity) - 각진 사각형으로 하나 이상의 속성(Attribute)으로 구성됨
○	- 타원 - 0개를 의미

기호	설명
|	– 해시 마크 – 한 개를 의미
←	– 까마귀 발 – 두 개 이상(n개)을 의미
———	– 필수 관계(Identifying) – 부모 테이블의 기본 키를 자식 테이블의 기본 키로 사용 – 부모가 없으면 자식이 존재할 수 없는 관계 부모 ┤———————○< 자식
------------	– 비식별 관계(Non–Identifying) – 부모가 없어도 자식이 존재할 수 있는 관계 부모 ┤----------------○< 자식

■ 정보 공학 표기법의 구성

(1) 개체(Entity)

개념도	설명
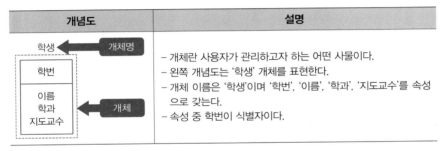	– 개체란 사용자가 관리하고자 하는 어떤 사물이다. – 왼쪽 개념도는 '학생' 개체를 표현한다. – 개체 이름은 '학생'이며 '학번', '이름', '학과', '지도교수'를 속성으로 갖는다. – 속성 중 학번이 식별자이다.

(2) 속성(Attribute)

개념도	설명
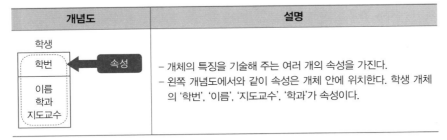	– 개체의 특징을 기술해 주는 여러 개의 속성을 가진다. – 왼쪽 개념도에서와 같이 속성은 개체 안에 위치한다. 학생 개체의 '학번', '이름', '지도교수', '학과'가 속성이다.

(3) 관계(Relation)

까마귀 발 부호는 관계의 다(Many)쪽을 보여 주는 데 사용된다. 타원(Oval), 해시 마크 및 까마귀 발의 다양한 조합들은 개념도와 같이 사용한다.

관계	표현	설명
1:1	부모 ┤——————┤ 자식	하나의 부모는 하나의 자식으로 구성된다.

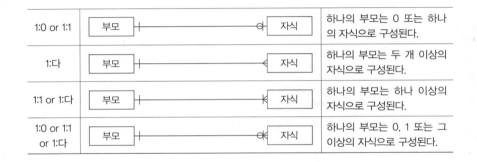

1:0 or 1:1	부모 ⊢——————o⊂ 자식	하나의 부모는 0 또는 하나의 자식으로 구성된다.
1:다	부모 ⊢——————⊂ 자식	하나의 부모는 두 개 이상의 자식으로 구성된다.
1:1 or 1:다	부모 ⊢——————⊀ 자식	하나의 부모는 하나 이상의 자식으로 구성된다.
1:0 or 1:1 or 1:다	부모 ⊢——————o⊀ 자식	하나의 부모는 0, 1 또는 그 이상의 자식으로 구성된다.

출제 예상 문제

01 데이터 간 관계의 종류에 대한 설명으로 옳지 않은 것은?

① 종속 관계: 식별 관계는 하위 객체에 존재하는 상위 객체가 일반 식별자에 속하는 경우이다.

② 배타 관계: 배타 AND 관계와 배타 OR 관계가 있다.

③ 중복 관계: 특정한 두 개체들 간에 두 번 이상의 종속 관계가 발생하는 것이다.

④ 재귀 관계: 데이터의 종속 관계에 있어서 특정 개체가 자기 개체를 다시 참조하는 관계이다.

> **해설** 종속 관계 중 식별 관계는 하위 개체에 존재하는 상위 개체의 주 식별자인 외래 식별자가 하위 개체의 주 식별자의 전체 또는 일부로 존재하는 관계이다.

02 데이터 모델링을 수행할 때 도출되어 표현되는 관계의 종류가 아닌 것은?

① 1:1 관계

② 1:0 관계

③ 다:다 관계

④ 1:다 관계

> **해설** 다:다 관계는 불특정 관계로 해소되어야 할 관계이다.

03 다음 중 정보 공학 표기법의 구성 대상이 아닌 것은?

① 개체(Entity)

② 속성(Attribute)

③ 서브타입(Sub-type)

④ 사용자(User)

> **해설** 사용자(User)는 정보 공학 표기법의 구성 대상이 아니다.

109 | 데이터 간 제약 조건

1 데이터 간 제약 조건

- 제약 조건이란 개체 단위에서 데이터의 정확성, 무결성을 보장하기 위한 규칙이다.
- 데이터 간 제약 조건은 개체 간의 관계에서 개체 무결성 제약, 참조 무결성 제약 등을 의미한다.

■ 데이터 무결성을 위한 키의 제약

유형	설명
본질적 제약	- 데이터 모델의 구조적인 특성으로 인한 제약, 제1정규형 만족 - 형태: Primary Key, Unique Key
내재적 제약	- 데이터의 의미를 정확히 파악하고 오류를 방지, 스키마에 지정 - 형태: Foreign Key, Check, Default, Not Null
명시적 제약	- 프로그램에 명시하거나 사용자가 수작업으로 정의 - 형태: User Define Function, Programmatically 등

🎓 **멘토 코멘트**

데이터 간 제약 조건은 본질적, 내재적, 명시적 제약 조건을 통해 구현할 수 있으며 보통 키(Key) 속성을 통해 정의한다.

키 무결성은 개체, 참조, 속성, 사용자, 키의 유형으로 분류된다.

■ 본질적 제약 조건 키의 특성

- **유일성**: 기본 키로서 각 튜플을 유일하게 구별할 수 있는 속성
- **최소성**: 최소한의 속성을 기본 키로 사용하여 유일성을 보장할 수 있게 하는 속성

■ 본질적 제약 조건 키의 유형

- **후보 키**: 유일성과 최소성을 모두 만족하는 키
- **기본 키**: 후보 키 중에서 대표성을 갖는 키
- **대체 키**: 후보 키 중에서 기본 키를 제외한 키, 보조 키라고도 한다.

■ 내재적 제약을 위한 키의 유형

(1) 참조 무결성 제약

- 두 개체 간에 일관성을 유지하기 위해 명시하는 제약
- 외래 키*나 트리거(Trigger)를 통해 구현한다.

(2) 범위(Domain) 제약

- 속성 형식의 제약으로 잘못된 입력을 방지한다.
- Check, Default, Not Null, Rule 적용 등으로 구현한다.

★ 외래 키
  (Foreign Key)
참조하는 릴레이션에서 기본 키로 사용되는 속성

출제 예상 문제

01 데이터의 무결성을 위한 키 제약 조건의 유형이 아닌 것은?

① 명시적 제약
② 독립적 제약
③ 본질적 제약
④ 내재적 제약

> 해설 키 제약 조건의 유형은 본질적 제약, 내재적 제약, 명시적 제약의 세 가지 유형으로 나누어지며 독립적 제약은 키의 제약 조건 유형이 아니다.

02 다음 중 데이터 무결성을 위한 키의 제약 조건에 대한 설명으로 옳지 않은 것은?

① 본질적 제약은 Primary Key, Unique Key의 형태로 구성한다.
② 내재적 제약은 Foreign Key, Not Null의 형태로 구성한다.
③ 독립적 제약은 Isolation Level의 형태로 구성한다.
④ 명시적 제약은 User Define Function 형태로 구성한다.

> 해설 키의 제약 조건은 본질적, 내재적, 명시적 제약 조건의 세 가지 형태가 존재하며 Isolation Level은 고립성을 구성하기 위한 단계이다.

03 다음 중 데이터 간 제약 조건의 키의 유형에 대한 설명으로 옳지 않은 것은?

① 참조 무결성 제약은 두 개체 간의 일관성을 유지하기 위한 제약 조건이다.
② 참조 무결성 제약 조건은 Unique Key를 통해 구현한다.
③ 범위 제약은 속성 형식의 제약으로 잘못된 입력을 방지하기 위한 제약 조건이다.
④ 범위 제약 조건은 Check, Not Null, Rule 적용 등을 통해 구현한다.

> 해설 참조 무결성 제약 조건은 Foreign Key, Trigger 등을 통해 구현한다.

110 | 물리 데이터 저장소

1 물리 데이터 저장소의 개요

물리 데이터 저장소는 논리 데이터 모델을 바탕으로 목표 시스템의 물리적 특성 및 성능을 고려해 물리적 데이터 모델로 변환된 데이터를 저장하는 저장소이다.

■ 데이터베이스 스키마의 개념

데이터베이스를 구성하는 데이터 개체와 이들 사이의 속성, 관계, 구조와 데이터 값들이 갖는 제약 조건에 관해 정의한 것이다.

■ 데이터베이스 스키마의 종류

데이터베이스의 구조와 제약 조건에 관한 전반적인 명세를 기술한 메타데이터(Metadata)의 집합으로 개념 스키마, 외부 스키마, 내부 스키마로 분류된다.

(1) 외부 스키마(External Schema)

사용자나 응용 프로그래머 입장에서 논리적으로 데이터베이스의 구조를 정의한다.

(2) 개념 스키마(Conceptual Schema)

- 조직이나 기관의 총괄적 입장에서 본 데이터베이스의 전체적인 논리적 구조이다.
- 모든 응용 프로그램이나 사용자들이 필요로 하는 데이터를 종합한 조직 전체의 데이터베이스 구조를 말하며, 데이터베이스 내에 하나만 존재한다.
- 데이터베이스 파일에 저장되는 데이터 형태를 표현한 것으로 단순히 스키마라고도 한다.

(3) 내부 스키마(Internal Schema)

- 데이터베이스에 실제로 저장될 레코드의 구조와 저장 데이터 항목의 표현 방법, 내부 레코드의 물리적 순서 등을 정의한다.
- 사용자 및 응용 프로그래머가 사용할 수 있도록 데이터베이스를 정의한다.

2 물리 데이터 저장소의 데이터 모델 변환 방법

논리 데이터 모델을 바탕으로 물리 데이터 모델로 변환한다.

(1) 단위 개체를 테이블로 변환

논리 데이터 모델에서 정의된 개체를 물리 데이터 모델에서 테이블로 변환한다.

(2) 속성을 컬럼으로 변환

논리 데이터 모델에서 정의된 속성은 물리 데이터 모델에서 컬럼으로 변환한다.

(3) UID(Primary UID)를 기본 키로 변환

논리 데이터 모델에서 정의된 UID는 물리 데이터 모델에서 기본 키로 변환한다.

(4) 관계를 외래 키로 변환

논리 데이터 모델에서 정의된 관계는 외래 키로 변환한다.

(5) 컬럼 유형과 길이를 정의

실제 적용할 DBMS에서 제공하는 데이터 유형을 파악한 후, 정의된 각 컬럼을 적절한 유형으로 정의하고 데이터의 길이를 설정한다.

(6) 반정규화 수행

- 정규화된 데이터 모델을 시스템의 성능 향상, 개발 편의성, 운영 효율성을 위해 반정규화를 수행한다.
- 테이블 추가, 테이블 조합, 테이블 분할, 테이블 제거, 중복 컬럼 추가 등의 방법이 존재한다.

반정규화 유형	설명
테이블 추가	- 집계(통계) 테이블, 진행 테이블(이력 관리 등 목적)을 추가한다. - 특정 부분만 포함하는 경우 새로운 테이블을 추가한다.
테이블 조합	- 1:1 관계, 1:다 관계의 테이블을 조합한다. - 슈퍼타입 및 서브타입 테이블을 조합한다.
테이블 분할	- 수직 분할: 자주 사용되는 컬럼들과 그렇지 않은 컬럼들을 분할하는 방법이다. - 수평 분할: 행을 기준으로 테이블을 분할하는 방법이다.
중복 컬럼 추가	조인을 줄이기 위해 컬럼을 중복 정의한다.
파생 컬럼 추가	트랜잭션 처리 시 계산이 필요한 경우 미리 값을 계산하여 컬럼에 추가한다.
중복 관계 추가	관계를 추가하여 데이터 접근 경로를 단축한다.

3 물리 데이터 저장소 구성 절차

물리 데이터 저장소의 설계에 따라 데이터 저장소에 실제 데이터가 저장될 물리적 공간을 구성한다.

(1) 테이블 제약 조건 설계
- 참조 무결성을 관리하기 위한 제약 조건(Constraint)을 정의한다.
- 대표적으로 삭제 제약 조건과 수정 제약 조건이 존재한다.

(2) 인덱스 설계
인덱스의 효율성을 검토하여 인덱스 적용 기준 및 인덱스 컬럼을 선정하고 인덱스 최적화를 수행한다.

(3) 뷰 설계
뷰의 SELECT문 조건은 가능한 한 최적의 액세스 경로를 사용하거나 양호한 액세스 경로가 되도록 설계한다.

(4) 클러스터 설계
- 조회 속도를 높이기 위해 분포도가 넓은 테이블이나 자주 조회하는 테이블 등은 물리적으로 가까운 곳에 저장하도록 설계한다.
- 처리 범위가 넓은 테이블이나 자주 조인되는 테이블 등을 대상으로 수행한다.

(5) 파티션 설계
- 대용량의 테이블이나 인덱스를 작은 단위로 분리 설계한다.
- 파티션 종류, 파티션 키, 파티션 수의 결정 순서대로 진행한다.
- 파티션의 유형은 방식에 따라 범위 분할, 해시 분할, 조합 분할, 리스트 분할 등으로 분류된다.

파티션 유형	설명
범위 분할 (Range Partitioning)	지정한 열의 값을 기준으로 데이터를 분할한다. 예 월별, 일별, 시간별 등
해시 분할 (Hash Partitioning)	해시 함수를 적용한 결과값에 따라 데이터를 분할한다.
조합 분할 (Composite Partitioning)	범위 분할과 해시 분할의 조합이다. 범위 분할로 데이터를 분할한 다음 해시 함수를 적용하여 결과값에 따라 다시 분할한다.
리스트 분할 (List Partitioning)	사용자에 의해 미리 정해진 그룹 기준에 따라 데이터를 분할한다.

(6) 디스크 구성 설계

디스크 구성 설계 시 테이블에 저장할 데이터의 양과 인덱스, 클러스터 등이 차지하는 공간 등을 고려해 설계한다.

	절차	주요 프로세스
1	요구 조건 분석	요구 조건 명세 작성
2	개념적 설계 단계	DBMS의 독립적인 개념 스키마 설계, 트랜잭션 모델링, E-R 모델링 수행
3	논리적 설계 단계	논리 데이터 모델로 변환, 트랜잭션 인터페이스 설계, 목표 DBMS에 맞는 스키마 평가 및 정제
4	물리적 설계 단계	- 저장 레코드 양식 설계, 레코드 집중 분석 및 설계, 파일 조작 방법과 저장 방법 그리고 파일 접근 경로 설계 - 목표 DBMS에 맞는 물리적 구조로 변환 수행, 물리적 환경 조사분석, 트랜잭션 세부 설계
5	구현	목표 DBMS의 DDL 수행, 데이터베이스 생성, 트랜잭션 작성

실력 점검 문제

기출 유형 문제

2019.08

01 데이터베이스를 구성하는 데이터 개체, 이들 사이의 속성 그리고 이들 간에 존재하는 관계 및 구조와 데이터 값들이 갖는 제약 조건에 관해 정의한 걸 무엇이라고 하는가?

① View　　　　② Domain

③ Schema　　　④ DBA

> **해설** 스키마는 데이터베이스를 구성하는 데이터 개체(Entity), 이들 사이의 속성(Attribute), 관계(Relationship) 및 데이터 조작 시 데이터 값들이 갖는 제약 조건 등에 관해 전반적으로 정의한다.

2019.03

02 개념 스키마에 대한 설명으로 옳지 않은 것은?

① 조직이나 기관의 총괄적 입장에서 본 데이터베이스의 전체적인 논리적 구조이다.

② 실제 데이터베이스가 기억장치 내에 저장되어 있으므로 저장 스키마라고도 한다.

③ 모든 응용 프로그램이나 사용자들이 필요로 하는 데이터를 종합한 조직 전체의 데이터베이스 구조이다.

④ 데이터베이스 파일에 저장되는 데이터의 형태를 나타낸 것으로 단순히 스키마라고도 한다.

> **해설** 실제 데이터베이스가 기억장치 내에 저장되어 있는 것은 저장 스키마이다.

2019.03

03 데이터베이스 3단계 구조 중 사용자나 응용 프로그래머가 사용할 수 있도록 데이터베이스를 정의한 것은?

① 외부 스키마(External Schema)

② 개념 스키마(Conceptual Schema)

③ 내부 스키마(Internal Schema)

④ 관계 스키마(Relational Schema)

> **해설** 외부 스키마를 통해 사용자나 응용 프로그래머가 사용할 수 있도록 데이터베이스 스키마를 정의한다.

2019.03

04 데이터베이스 설계 단계 중 물리적 설계 단계와 거리가 먼 것은?

① 접근 경로 설계

② 저장 레코드 양식 설계

③ 레코드 집중의 분석 및 설계

④ 트랜잭션 모델링

> **해설** 트랜잭션 모델링은 개념적 설계 단계에서 진행한다.

05 물리 데이터 저장소 설계 시에 올바르지 않은 것은?

① 참조 무결성을 관리하기 위해 제약 조건을 정의한다.

② 뷰(View)는 가능한 최적의 액세스 경로를 사용한다.

③ 테이블에 저장할 데이터 양과 인덱스 등이 차지하는 공간을 고려한다.

④ 조회 속도를 높이기 위해 모든 상황에 인덱스를 설정한다.

> **해설** 인덱스는 효율성을 검토하여 인덱스 적용 기준 정의 및 인덱스 컬럼을 선정하고 인덱스 최적화를 수행한다. 과도한 인덱스는 저장 공간 낭비, 성능 저하 등의 원인이 된다.

06 논리 데이터 모델을 물리 데이터 모델로 변환하는 방법 중 다음에 해당하는 것은?

> – 시스템의 성능 향상, 개발 과정의 편의성, 운영의 효율성을 위해 수행한다.
> – 중복 테이블 추가, 테이블 조합, 테이블 분할, 테이블 제거, 컬럼 중복화 등의 방법이 존재한다.

① 속성-컬럼 변환　　② 개체-테이블 변환

③ 반정규화 수행　　④ 관계-외래 키 변환

> **해설** 정규화된 데이터 모델을 시스템의 성능 향상, 개발 편의성, 운영의 효율성을 위해 반정규화를 수행한다.

장

SQL 활용

```
                                                    ┌─────────────┐
                                                    │     DDL     │
                                                    ├─────────────┤
                                      ┌──────────┐  │     DML     │
                                      │ 기본 SQL 작성 │──├─────────────┤
                                      └──────────┘  │     DCL     │
                                                    ├─────────────┤
                                                    │     TCL     │
                                                    └─────────────┘
    ┌──────────────┐
    │   SQL 활용     │
    └──────────────┘
                                                    ┌─────────────┐
                                                    │   집합 연산자   │
                                                    ├─────────────┤
                                      ┌──────────┐  │ 조인, 서브 쿼리 │
                                      │ 고급 SQL 작성 │──├─────────────┤
                                      └──────────┘  │      뷰      │
                                                    ├─────────────┤
                                                    │    인덱스     │
                                                    └─────────────┘
```

☑ DDL, DML, DCL, TCL의 차이를 이해하고 기본적인 SQL을 작성할 수 있다.

☑ DML 중 SELECT와 조인을 이해하고 서브 쿼리의 개념과 특징을 학습한다.

☑ 테이블과 뷰의 차이점, 뷰의 사용 목적, 구현 및 사용 방법을 학습한다.

☑ 인덱스의 필요성 및 인덱스의 유형, 사용 효과를 학습한다.

201 | DDL

1 SQL(Structured Query Language)

■ SQL 문법의 개념

- 데이터를 정의하고 조작하는 데 필요한 표준 언어를 활용할 수 있게 해주는 규칙으로, 데이터베이스가 이해할 수 있는 질의 언어이다.
- SQL은 IBM 산호세 연구소를 통해 개발되었으며 관계형 데이터 모델뿐 아니라 다양한 데이터베이스에서 널리 사용되었고, 미국 국립표준협회가 표준으로 제정하며 가장 많이 사용되고 있다.

■ SQL 문법의 분류

분류	설명
데이터 정의어 (DDL)	- Data Definition Language - 스키마, 도메인, 테이블, 뷰 등에 대한 정의(CREATE), 수정, 삭제를 하기 위한 언어 - 명령어: CREATE, ALTER, DROP, TRUNCATE
데이터 조작어 (DML)	- Data Manipulation Language - 데이터를 조작(테이블에 데이터를 저장, 조회, 변경, 삭제)하여 생명주기를 제어하는 언어 - 명령어: INSERT, SELECT, UPDATE, DELETE
데이터 제어어 (DCL)	- Data Control Language - 사용자를 등록하고 사용자에게 특정 데이터베이스를 사용할 수 있는 권리를 부여하기 위한 언어 - 명령어: GRANT, REVOKE, COMMIT, ROLLBACK

2 DDL(데이터 정의어)

- DDL(Data Definition Language)은 데이터를 정의하는 언어로 데이터를 담기 위한 그릇이라 표현하고, 이러한 그릇을 DBMS에서는 '객체(Objects)'라고 한다.
- DBMS에서 사용하는 테이블과 뷰 등 데이터 구조를 정의하는 명령어로 특정한 구조를 생성, 변경, 삭제하는 데이터 구조와 관련된 스키마★를 정의한다.

★ 스키마
데이터베이스의 구조와 제약 조건에 관한 전반적인 명세를 기술한 메타데이터의 집합이다. 외부, 개념, 내부 스키마로 나뉘어져 각각의 독립성을 유지할 수 있게 해준다.

3 DDL의 대상

대상	설명	비고
스키마	– DBMS의 특성과 구현 환경을 감안한 데이터 구조 – 직관적으로 하나의 데이터베이스로 이해 가능	DBMS마다 다름
도메인	속성의 데이터 타입과 크기	예 VARCHAR(50)으로 지정
테이블	데이터 저장 공간	정형 데이터 저장
뷰	하나 이상의 물리 테이블에서 유도되는 가상의 테이블	가상 테이블
인덱스	빠른 검색을 위한 데이터 구조	기본 키, 외래 키 필요에 따른 정의

4 DDL의 유형

오브젝트를 생성, 변경, 삭제하기 위해 다음과 같은 명령어를 이용한다.

구분	명령어	설명
생성	CREATE	데이터베이스 오브젝트 생성
변경	ALTER	데이터베이스 오브젝트 변경
삭제	DROP	데이터베이스 오브젝트 삭제
	TRUNCATE	데이터베이스 오브젝트 내용 삭제

5 DDL의 활용

데이터베이스를 구축하기 위해 스키마, 테이블*, 뷰 등 다양한 오브젝트에 대한 DDL 적용이 필요하나 대표적인 테이블 사례를 기준으로 작성한다.

■ 테이블 생성: CREATE

문법	CREATE TABLE 테이블_이름
	(
	열_이름 데이터_타입 [DEFAULT 값] [NOT NULL]
	{, 열_이름 데이터_타입 [DEFAULT 값] [NOT NULL]
	}
	[PRIMARY KEY (열_리스트),]
	{[FOREIGN KEY (열_리스트)
	    [REFERENCES 참조_테이블_이름 (열_이름)]
	    [ON DELETE 옵션]
	    [ON UPDATE 옵션]
	], } [CONSTRAINTS 제약조건명 제약조건 .]
	[CHECK (조건식) | UNIQUE(열_이름)]
	) ;

★ 테이블
데이터베이스를 구성하는 가장 기본적인 객체로 생성, 컬럼 추가, 이름 변경 등 기본 명령어에 대한 숙지가 필요하다.

알아두기

고정 명령어의 경우 굵은 글씨로 강조 표시하였다.

| CREATE 사례 |

직원번호, 직원명, 생년월일, 입사일자, 업무로 구성된 〈직원〉 테이블을 만든다.

```
CREATE TABLE 직원
(
      직원번호 BIGINT NOT NULL
    . 직원명 VARCHAR(10) NOT NULL
    . 생년월일 VARCHAR(8)
    . 입사일자 VARCHAR(8)
    . 업무_코드 VARCHAR(3)
    . PRIMARY KEY(직원번호)
    . FOREIGN KEY(업무_코드) REFERENCES 업무(업무_코드)
      CONSTRAINTS 입사일 CHECK(입사일자 〈 '20050801') //창립기념일 〈 입사일자
)
```

■ 테이블 변경: ALTER

(1) 열 추가

문법	ALTER TABLE 테이블_이름 ADD 열_이름 데이터_타입 [DEFAULT 값]

(2) 열 데이터 타입 변경

문법	ALTER TABLE 테이블_이름 MODIFY 열_이름 데이터_타입 [DEFAULT 값]

(3) 열 삭제

문법	ALTER TABLE 테이블_이름 DROP 열_이름

■ 테이블 삭제: DROP

문법	DROP TABLE 테이블_이름

■ 테이블 내용 삭제: TRUNCATE

빠른 포맷과 흡사하다.

문법	TRUNCATE TABLE 테이블_이름

6 제약 조건 적용

- 테이블에 데이터 입력 시 부적절한 자료의 입력을 방지하기 위해 삽입, 갱신, 삭제 등의 테이블 규칙을 적용한다.
- **제약 조건의 사용(활용):** 테이블을 생성하기 위한 CREATE문에 제약 조건을 명시하는 형태로 초기에 정의하고 ALTER를 통해 상황에 따른 제약 조건을 변경할 수 있다.

알아두기

Rename
테이블 이름을 변경할 때 사용할 수 있으며, 'Alter rename table' 변경 전_테이블_이름 TO 변경 후_테이블_이름으로 한다.

■ 테이블 생성에 사용되는 제약 조건

제약 조건	설명
기본 키	– 테이블에서 사용되는 기본 키를 정의 – 기본으로 NOT NULL, UNIQUE 제약이 포함되며, 각 행을 식별하는 유일한 값
외래 키	– 외래 키를 정의 – 참조 대상을 테이블 이름(열 이름)으로 명시해야 하며, 참조 무결성을 위배 시에 처리 방법을 옵션으로 지정 가능 – NO ACTION, SET DEFAULT, SET NULL, CASCADE
UNIQUE	테이블 내에서 열은 유일한 값을 가져야 하며 동일한 항목을 가질 수 없는 열에 지정
NOT NULL	– 테이블 내에서 NOT NULL로 정의된 열의 값은 NULL이 입력될 수 없음 – 주로 필수 입력 항목에 대해 제약 조건으로 설정
CHECK	– 개발자나 설계자가 정의하는 제약 조건 – 상황에 따른 다양한 조건을 설정 가능

제2장 SQL 활용 **291**

2020.06

01 다음 SQL문에서 테이블 생성에 사용되는 문장은?

① DROP
② INSERT
③ SELECT
④ CREATE

> 해설 테이블 생성에 사용되는 문장은 CREATE TABLE로 테이블 이름(열 이름 데이터 타입)이다.

02 DDL의 대상이 아닌 것은?

① 스키마(Schema)
② 도메인(Domain)
③ 테이블(Table)
④ 데이터베이스(Database)

> 해설 DDL의 대상은 데이터베이스를 제외한 스키마, 도메인, 테이블, 뷰, 인덱스 등이다.

03 DDL의 대상에 대한 설명으로 올바르지 않은 것은?

① 스키마: DBMS의 구조와 제약 조건에 관한 전반적인 명세를 기술한 메타데이터의 집합이다.
② 테이블: 정형 데이터를 저장하며 ALTER 구문을 이용하여 수정한다.
③ 뷰: 하나 이상의 테이블에서 유도되는 가상의 테이블이다.
④ 인덱스: 빠른 검색을 위한 데이터 구조로 한 번 생성하면 변경할 수 없다.

> 해설 인덱스는 빠른 검색을 위한 데이터 구조로 데이터의 양과 실행 계획 등을 위해 변경해서 사용한다.

04 DDL 명령어에 대한 설명으로 옳지 않은 것은?

① 테이블 생성은 CREATE TABLE을 이용해 신규로 생성할 수 있으며 수정은 불가능하다.
② ALTER TABLE을 이용해 테이블 내에 열을 추가하거나 열 이름을 변경할 수 있다.
③ DROP TABLE을 이용해 테이블을 삭제할 수 있다.
④ 기본 키, 외래 키 등을 이용해 테이블에 제약 조건을 생성할 수 있다.

> 해설 테이블은 CREATE로 생성하고, ALTER 등으로 수정이 가능하다.

202 DML

1 DML(데이터 조작어)

DML(Data Manipulation Language)은 데이터 관점에서 생명주기를 제어하는 데이터 조작 언어이다.

2 DML의 유형

DML 유형에는 INSERT, SELECT, UPDATE, DELETE의 네 가지가 있다.

구분	명령어	설명
데이터 생성	INSERT	테이블에 새로운 튜플을 삽입해 신규 데이터를 테이블에 저장
데이터 조회	SELECT	대상 테이블의 검색 조건에 맞는 튜플을 조회
데이터 수정	UPDATE	테이블에 있는 튜플 전체 혹은 WHERE 조건에 부합하는 튜플에 대한 변경
데이터 삭제	DELETE	테이블에 있는 튜플 전체 혹은 WHERE 조건에 맞는 특정 튜플을 삭제

멘토 코멘트

DML 명령어 INSERT, UPDATE, DELETE는 롤백이 가능하나 DDL(TRUCATE, DROP), DCL(GRANT, REVOKE)은 롤백이 불가능하다.

3 DML의 활용

■ 데이터 삽입: INSERT

- 데이터를 삽입할 때 사용하는 명령어로 다음과 같은 두 가지 형태의 명령문 형식을 제공한다.
- INSERT 시 테이블에 저장되는 컬럼과 개수가 동일할 경우 VALUE만 지정하여 입력이 가능하나 관리적인 차원에서 추천하지 않는다(추후 컬럼 추가 시 Ripple Effect 발생).

멘토 코멘트

테이블과 동일한 컬럼을 입력할 때는 컬럼 이름을 명시하지 않아도 된다. 'INSERT ~ VALUES', 'INSERT ~ SELECT'도 가능하다.

문법	INSERT INTO Table_name(Col1, Col2, …) VALUES(Val1, Val2, ….)
	INSERT INTO Table_name VALUES(Val1, Val2 ….)

| 사례 |

〈직원〉 테이블에 직원번호 '10008', 직원명 '김길동', 입사년월 '2021-01-02' 데이터를 입력한다.

```
INSERT INTO 직원(직원번호, 직원명, 입사년월) VALUES('10008', '김길동', '2021-01-02')
```

또는

```
INSERT INTO 직원 VALUES('10008', '김길동', '2021-01-02')
```

■ 데이터 조회: SELECT

데이터를 조회할 때 사용하는 명령어로 복잡하지만 많이 사용된다.

🎓 **멘토 코멘트**

HAVING은 GROUP BY
와 함께 사용할 수 있다.
GROUP BY한 값에 조
건절을 줄 때 이용한다.

문법	SELECT [ALL | DISTINCT] [* | Col1, Col2, ..] 　　FROM Table_name1 [Alias1] , Table_name2 [Alias2] 　　WHERE 조건 　　GROUP BY 조건 　　HAVING GROUP BY 조건 　　ORDER BY 조건

구문	구문 설명
SELECT절	– 검색 결과로 나오는 컬럼, 계산식 등 – 전체 혹은 조회할 컬럼 명시 – 다중 테이블을 선택할 때 테이블 명이나 테이블 별명을 이용해서 짧게 입력 가능 　예 alias.name
FROM절	– SELECT절에서 사용하는 테이블명 [Alias]를 모두 기술 – 동일한 테이블을 Alias를 이용해 여러 번 기술 가능
WHERE절	검색 조건
GROUP BY절	속성값을 그룹으로 분류할 때 사용
HAVING절	GROUP BY의 Grouping 결과에 대한 조건 입력
ORDER BY절	– 결과 컬럼에 대한 정렬을 이용 　➔ ASC(오름차순, 미표기시 default), DESC(내림차순) – 컬럼 이름 표기 혹은 컬럼 순서로 표기도 가능

| 사례-1 |

〈직원〉 테이블에서 직원번호가 '10008'이고 직원명 '김길동'의 입사년월을 검색한다.

```
SELECT 입사년월 FROM 직원 WHERE 직원번호='10008' AND 직원명 = '김길동'
```

| 사례-2 |

〈직원〉 테이블에서 급여가 5,000원 이상이고 20,000원 이하인 직원의 직원명을 검색한다.

🎓 **멘토 코멘트**

UPDATE, DELETE 구문
수행 시 WHERE절을 빼
면 전체 테이블에 적용되
므로 각별한 주의가 필요
하다.

```
SELECT 직원명 FROM 직원 WHERE 급여 BETWEEN 5000 AND 20000
```

– BETWEEN은 범위 조건을 조회하는 의미로 SELECT, UPDATE, DELETE 구문의 WHERE 조건에서 사용 가능하다.

– BETWEEN 사용: 'BETWEEN A AND B'로 A 이상 B 이하를 의미한다. A값이 B보다 작을 수는 없다.

■ 데이터 수정: UPDATE

- 데이터의 내용 변경 시에 사용하는 명령어이다.
- 테이블의 데이터에서 조건(WHERE)에 해당하는 컬럼을 수정한다.
- WHERE 조건은 입력하지 않으면 전체 행(Row)이 수정된다.

문법	UPDATE Table_name **SET** column = value [WHERE 조건]

| 사례 |

〈직원〉 테이블에서 직원번호가 '10008'인 직원의 직원명을 '김길순'으로 변경한다.

```
UPDATE 직원 SET 직원명 = ' 김길순' WHERE 직원번호='10008'
```

■ 데이터 삭제: DELETE

- 조건에 맞는 튜플이나 테이블을 삭제할 때 이용하는 명령이다.
- 테이블의 데이터에서 조건(WHERE)에 해당하는 튜플을 삭제한다.
- WHERE 조건은 입력하지 않으면 전체 행(Row)이 삭제된다.

문법	**DELETE FROM** Table_name [WHERE 조건]

| 사례 |

〈직원〉 테이블에서 직원번호가 '10008'인 직원을 삭제한다.

```
DELETE 직원 WHERE 직원번호='10008'
```

> **멘토 코멘트**
>
> 테이블의 스키마(구조)를 변경할 때는 ALTER 명령어를 이용한다. 데이터의 내용을 수정하는 것과 데이터를 담는 구조의 모양을 변경하는 것은 다르다.

실력 점검 문제

기출 유형 문제

2021.04

01 SQL을 정의, 조작, 제어문으로 구분할 경우, 다음 중 나머지 셋과 성격이 다른 것은?

① UPDATE ② DROP ③ SELECT ④ DELETE

> 해설
> DDL – DROP
> DML – UPDATE, SELECT, DELETE

2020.08

02 다음 내용과 관련된 SQL 명령은?

> A Command that can be request to remove tuples from a relation

① KILL ② DELETE
③ DROP ④ ERASE

> 해설
> 튜플을 제거하도록 요청하는 명령어는 DELETE이다.

2019.08

03 SQL에서 SELECT문에 나타날 수 없는 절은?

① HAVING

② GROUP BY

③ DROP

④ ORDER BY

 SELECT문에서는 SELECT ~ FROM ~ WHERE ~ GROUP BY ~ HAVING ~ ORDER BY가 들어갈 수 있다. DROP은 객체를 삭제하는 명령어이다.

2021.04

04 SQL의 조작문 유형으로 옳지 않은 것은?

① SELECT ~ FROM ~ WHERE ~

② UPDATE ~ SET ~ WHERE ~

③ INSERT ~ FROM ~ SET ~

④ DELETE ~ FROM ~ WHERE ~

해설 INSERT 구문은 INSERT INTO ~ VALUE ~이거나 INSERT ~ SELECT ~로 나타낼 수 있다.

2019.03

05 학생(STUDENT) 테이블에서 어떤 학과(DEPT)들이 있는지 검색하는 SQL 명령문은? (단, 결과는 중복된 데이터가 없도록 한다)

① SELECT ONLY * FROM STUDENT;

② SELECT DISTINCT DEPT FROM STUDENT;

③ SELECT ONLY DEPT FROM STUDENT;

④ SELECT NOT DUPLICATE DEPT FROM STUDENT;

해설 중복을 제거하는 명령어는 DISTINCT를 사용하거나 DEPT 를 GROUP BY하면 된다.
정리하면 SELECT 조회하려는 컬럼명(DEPT) DISTINCT DEFT FROM 테이블명(STUDENT)을 사용한다.

출제 예상 문제

06 다음 DML 구문에 대한 설명으로 옳지 않은 것은?

① INSERT: 테이블에 새로운 데이터를 입력할 때 사용한다.

② DELETE: 테이블에서 데이터를 삭제할 때 이용하며 한 번 삭제한 데이터는 되돌릴 수 없다.

③ UPDATE: 테이블에서 특정 조건에 부합하는 튜플을 변경할 때 이용한다.

④ SELECT: 테이블의 데이터를 조회할 때 이용한다.

해설 DELETE는 삭제할 때 이용하며 ROLLBACK을 통해 삭제 데이터를 되돌릴 수 있다.

07 다음 명령문에 대한 해석으로 옳지 않은 것은?

```
INSERT INTO 직원(직원번호, 직원명, 입사년월)
VALUES('10008', '김길동', '2010-01-02')
```

① 직원 테이블에 데이터를 입력한다.

② 테이블의 컬럼은 직원번호, 직원명, 입사년월 이다.

③ 직원번호 컬럼의 데이터 타입은 숫자형이다.

④ 직원명의 데이터 타입은 char이거나 varchar이다.

해설 직원번호는 10008이지만, 문자열을 입력하는 따옴표에 쌓여 있어 데이터 타입은 문자형이다.

08 데이터 조회 명령문에 대한 설명으로 옳지 않은 것은?

① GROUP BY 속성값을 그룹으로 분류할 때 이용한다.

② [ORDER BY 컬럼명]으로 작성 시 오름차순으로 조회된다.

③ ALIAS를 이용해 컬럼명을 변경할 수 있다.

④ HAVING은 조회 조건에 단독으로 사용할 수 있다.

해설 HAVING은 GROUP BY와 함께 사용 가능하다.

203 | DCL

1 DCL(데이터 제어어)

DCL(Data Control Language)은 데이터 관리자가 접근 통제(데이터 보안), 병행 제어, 무결성, 회복 등을 관리하기 위해 사용하는 제어용 언어이다.

2 DCL의 유형

멘토 코멘트

TCL에 대한 내용은 다음 장에서 자세히 설명하고 있으니 참고하길 바란다.

- 데이터 제어어의 유형에는 GRANT(권한 부여)와 REVOKE(권한 회수)가 있다.
- 트랜잭션 제어를 위한 명령어 TCL은 적용 대상이 달라서 다른 개념으로 분류할 수 있으나, 공통된 제어 기능 때문에 DCL로 분류하기도 한다.

구분	명령어	목적
DCL	GRANT	데이터베이스 사용자 권한 부여
	REVOKE	데이터베이스 사용자 권한 회수
TCL	COMMIT	트랜잭션 확정
	ROLLBACK	트랜잭션 취소
	CHECKPOINT	트랜잭션의 복귀 지점 설정

3 DCL의 활용

■ 시스템 권한과 객체 권한의 종류

데이터 제어어의 권한은 시스템 권한과 객체 권한으로 분류한다.

권한	내용	설명
시스템 권한	CREATE USER	계정을 생성할 수 있는 권한
	DROP USER	계정을 삭제할 수 있는 권한
	DROP ANY TABLE	테이블을 삭제할 수 있는 권한
	CREATE SESSION	데이터베이스에 접속해 세션을 생성할 수 있는 권한
	CREATE TABLE	테이블을 생성할 수 있는 권한

	CREAT VIEW	뷰를 생성할 수 있는 권한
	CREATE SEQUENCE	시퀀스를 생성할 수 있는 권한
	CREATE PROCEDURE	PROCEDURE*를 생성할 수 있는 권한
객체 권한	ALTER	테이블 변경 권한
	INSERT	데이터를 조작할 수 있는 권한
	DELETE	
	SELECT	
	UPDATE	
	EXECUTE	PROCEDURE 실행 권한

■ 사용자 권한 부여: GRANT

권한 소유자나 권한을 부여받은 사용자가 다른 사용자에게 객체 권한을 부여하는 명령어이다.

(1) 시스템 권한

문법	GRANT 권한1, 권한2 TO 권한부여_계정

(2) 객체 권한

문법	GRANT 권한1, 권한2 ON 객체명 TO 권한부여_계정 [WITH GRANT OPTION]

■ 사용자 권한 회수: REVOKE

- 권한 소유자가 사용자에게 부여했던 권한을 회수하기 위한 명령어이다.
- CASCADE*는 WITH GRANT OPTION*으로 권한을 재부여 받은 사용자의 권한까지도 연쇄적으로 회수한다.

(1) 시스템 권한

문법	REVOKE 권한1, 권한2 FROM 권한부여_계정

(2) 객체 권한

문법	REVOKE 권한1, 권한2 ON 객체명 FROM 권한부여_계정 [CASCADE]

| 사례 |

〈직원〉 테이블의 UPDATE 권한을 회수하고, 사용자1로부터 연쇄적 권한 회수를 진행한다.

```
REVOKE UPDATE ON 직원 FROM 사용자1 CASCADE
```

2020.06

01 SQL 언어의 DCL에 해당하는 것은?

① SELECT

② INSERT

③ UPDATE

④ GRANT

> **해설** 데이터 제어어(DCL)의 명령어는 GRANT와 REVOKE가 있다.

2019.08

02 STUDENT 릴레이션에 대한 SELECT 권한을 모든 사용자에게 허가하는 SQL 명령문은?

① GRANT SELECT FROM STUDENT TO PROTECT;

② GRANT SELECT ON STUDENT TO PUBLIC;

③ GRANT SELECT FROM STUDENT TO ALL;

④ GRANT SELECT ON STUDENT TO ALL;

> **해설** 객체 권한 부여 시에 사용하는 명령어는 'GRANT 권한1, 권한2 ON 객체명 TO 권한부여_계정'이다.
> – PROTECT: 특정 룰을 준 권한 그룹에 이용한다(예 관리자 권한 그룹, 사용자 권한 그룹).
> – ALL: 모든 권한(사용자를 포함한 객체실행(프로시져 실행) 등의 모든 권한 부여를 의미)을 부여
> – PUBLIC: 모든 사용자를 뜻한다.

03 다음 명령어 중 DCL에 속하는 명령어는?

① REVOKE UPDATE ON USER_TABLE

② CREATE TABLE USER_TABLE

③ ROLLBACK TRAN

④ INSERT INTO TABLE USER_TABLE SELECT * FROM MEMBER

> **해설** DCL 명령어는 GRANT, REVOKE 등이다.

04 사용자 권한 부여 GRANT에 대한 설명으로 옳지 않은 것은?

① 시스템 권한으로 CREATE USER, CREATE TABLE 등의 권한이 있다.

② 객체 권한으로는 ALTER, INSERT만 존재한다.

③ 권한을 부여할 때 WITH GRANT OPTION을 통해 권한을 부여 받은 사용자가 다른 사용자에게 권한을 부여할 수 있다.

④ 권한 부여 문법은 'GRANT 권한1, 권한2 TO 권한부여_계정'이다.

> **해설** 객체 권한도 동일하게 GRANT로 부여하고 REVOKE를 통해 회수한다.

05 사용자 권한 회수 REVOKE에 대한 설명으로 옳지 않은 것은?

① 소유자만이 권한 회수 및 권한 부여를 할 수 있다.

② CASCADE는 권한을 부여 받았던 사용자가 권한 취소 시에 다른 사용자에게 부여받은 권한도 연쇄적으로 취소되는 명령어이다.

③ 'REVOKE 권한1 ON 테이블 FROM 권한 부여 사용자 CASCADE'의 문법을 이용한다.

④ 권한 소유자가 사용자에게 부여했던 권한을 회수하기 위한 명령어이다.

> **해설** 권한을 부여받은 사용자도 다른 사용자에게 권한을 부여하거나 회수할 수 있다.

204 | TCL

1 트랜잭션

■ 트랜잭션(Transaction)의 개념

- 분리할 수 없는 논리적인 연산의 최소 단위로 데이터베이스 시스템에서 논리적인 기능을 정상적으로 수행하기 위한 작업 단위이다.
- 트랜잭션은 어떠한 형태의 실패에도 안전한 거래를 보장하는 수단이다.

■ 트랜잭션의 특성

특성	내용	비고
원자성(Atomicity)	트랜잭션 안에 정의된 연산은 모두 실행되거나 모두 실행되지 않아야 한다.	All or Nothing
일관성(Consistency)	트랜잭션 실행 전과 후는 동일하게 오류가 없어야 한다.	무결성
고립성(Isolation)	– 트랜잭션 실행 중 다른 트랜잭션의 영향을 받지 않아야 한다. – 각 DBMS 벤더별로 독립성을 위한 상태를 지원한다.	– 독립성 – Read Uncommitted, Read Committed, Phantom Read, Serializable Read
영속성(Durability)	트랜잭션 결과는 항상 동일하게 보존된다.	장애 대응성, 회복 기법

■ 트랜잭션의 상태 변화

상태	설명
활동(Active)	트랜잭션 실행으로 연산이 실행 중인 상태
부분 완료(Partially Committed)	마지막 명령어를 실행한 이후의 상태
완료(Committed)	트랜잭션이 성공적으로 완료된 후 커밋 연산을 수행한 상태
실패(Failed)	정상적인 트랜잭션의 실행이 더 이상 진행되기 어려운 상태
철회(Aborted)	트랜잭션이 실행에 실패해 취소되고 트랜잭션 시작 전 상태로 환원된 상태(롤백 연산을 수행한 상태)

2 TCL(Transaction Control Language)

■ 트랜잭션 제어

- 트랜잭션의 결과를 수용하거나 취소한다는 것(흐름의 구조를 바꾼다는 것은 아님)으로, TCL 관련 명령어를 이용한다.
- 트랜잭션의 구현 원리를 이해하기 위해 다음의 데이터베이스 관리 방법에 대해 확인해야 한다.
  ① DBMS의 모든 정보는 하드 디스크에 저장
  ② DBMS에서 이루어지는 모든 조작 또는 연산은 메모리에서 이루어짐
  ③ 하드 디스크에 있는 정보를 메모리로 옮겨서 연산을 수행함
  ④ 적당한 시점에 메모리 정보를 하드 디스크로 옮김

■ TCL 명령어

명령어	내용	TCL에 따른 메모리 동작
COMMIT	거래 내역을 확정	메모리의 내용을 하드 디스크에 저장(영구 저장)
ROLLBACK	거래 내역을 취소	메모리의 내용을 하드 디스크에 저장하지 않고 버림
CHECK POINT	저장점 설정	롤백 범위 설정을 위해 메모리 상에 경계를 설정

(1) COMMIT 연산

데이터베이스가 일관성 있는 상태일 때 하나의 트랜잭션이 성공적으로 완료되었음을 알려주기 위한 연산이다.

(2) ROLLBACK 연산

하나의 트랜잭션 처리가 비정상적으로 종료되어 트랜잭션의 원자성이 깨진 경우 트랜잭션을 처음부터 다시 시작하거나 부분적으로만 연산된 결과를 취소하는 연산이다.

3 동시성 제어

다중 사용자 환경을 지원하는 데이터베이스에 여러 트랜잭션이 동시에 실행될 수 있도록 지원하는 기법으로 병행제어라고도 한다.

■ 동시성 제어를 하지 않는 경우 발생하는 문제점

문제점	설명
갱신 손실 (Lost Update)	이전 트랜잭션의 데이터를 갱신한 후 트랜잭션을 종료하기 전에 뒤따라 오는 트랜잭션에 갱신 값을 덮어씌우는 경우 발생한다.
현황 파악 오류 (Dirty Read)	트랜잭션의 중간 수행 결과를 다른 트랜잭션이 참조함으로써 발생하는 오류이다.
모순성 (Inconsistency)	두 트랜잭션을 동시에 실행할 때 데이터베이스가 일관성이 없는 상태로 남는 문제이다.
연쇄 복귀 (Cascading Rollback)	복수의 트랜잭션이 데이터 공유 시, 하나의 트랜잭션이 처리를 취소할 경우 이미 처리된 부분에 대한 취소가 불가능한 문제이다.

■ 동시성 제어의 유형

(1) 로킹(Locking)

- 트랜잭션이 사용하는 자원에 대하여 상호 배제(Mutual Exclusive)★ 기능을 제공하는 기법이다.
- 한 번에 로킹할 수 있는 객체의 크기를 로킹 단위라고 한다.
- 로킹 단위가 작아지면 로킹 오버헤드가 증가한다.
- 데이터베이스, 파일, 레코드 등이 로킹 단위가 될 수 있다.
- 로킹 단위가 작아지면 데이터베이스 공유도(병행성)가 증가한다.

(2) 2PL(Two-Phase Locking)

- 모든 트랜잭션들이 잠금과 잠금 해제 연산을 확장 단계와 축소 단계로 구분하여 수행한다.
- **확장 단계:** 트랜잭션은 잠금만 가능하고 해제는 불가능하다.
- **축소 단계:** 트랜잭션은 해제만 가능하고 잠금은 불가능하다.

(3) 타임스탬프 순서(Timestamp Ordering)

- 시스템에서 생성하는 고유 번호인 시간 스탬프를 트랜잭션에 부여하는 방법으로 트랜잭션 간의 순서를 미리 선택한다.
- **유형:** 시스템 시계, 논리적 계수기

(4) 낙관적 검증(Optimistic Validation)

- 트랜잭션이 어떠한 검증도 하지 않은 채 트랜잭션을 실행한 후, 종료 시 검증을 수행해 데이터베이스에 반영하는 방법이다.
- 판독 단계(Read Phase: R), 확인 단계(Validation Phase: V), 기록 단계(Execution Phase: E)로 진행된다.

★ 상호 배제
하나의 트랜잭션이 실행되는 동안 특정 데이터에 잠금을 설정하면 그 잠금이 해제되기 전까지 데이터를 독점적으로 사용할 수 있는 것

(5) 다중 버전 동시성 제어(MVCC, Multi-Version Concurrency Control)

- 하나의 데이터에 여러 버전의 값을 유지한다.
- SCN을 기준으로 큰 값이 있을 경우 CR-COPY 영역에서 데이터를 가져와 일관성을 보장한다.

출제 예상 문제

01 다음 중 트랜잭션의 상태에 해당하지 않는 것은?

① 실행(Active) ② 완료(Committed)

③ 성공(Success) ④ 실패(Failed)

해설 트랜잭션은 실행, 부분 완료, 완료, 실패, 철회의 상태를 가질 수 있다.

02 트랜잭션의 상태 설명으로 옳지 않은 것은?

① 부분 완료(Partially Commit): 마지막 명령어를 실행한 이후의 상태

② 실패(Failed): 정상적인 트랜잭션 실행이 더 이상 진행되기 어려운 상태

③ 철회(Aborted): 트랜잭션이 실행에 실패해 취소되었으나 롤백 되기 전 상태

④ 실행(Active): 트랜잭션이 실행되어 연산들이 실행 중인 상태

해설 철회는 트랜잭션이 실행에 실패해 취소된 후 시작 전으로 환원된 상태이다.

03 다음 중 트랜잭션 제어에 대한 설명으로 옳지 않은 것은?

① 트랜잭션의 결과를 수용하거나 취소하는 것으로 TCL 관련 명령어를 이용한다.

② TCL 명령어로 COMMIT, ROLLBACK이 있다.

③ ROLLBACK 명령어는 트랜잭션의 실패 시 수행된다.

④ DBMS의 모든 정보는 메모리에 저장된다.

해설 DBMS의 모든 정보는 디스크에 저장된다.

집합 연산자

1 집합 연산자(Set Operator)의 개념

- 집합 연산자는 테이블을 집합의 개념으로 보고 두 테이블 연산에 집합 연산자를 사용하는 방식이다.
- 집합 연산자는 두 개 이상의 질의 결과를 하나의 결과로 만들어준다.
- 일반적으로 집합 연산자를 사용하는 상황은 서로 다른 테이블에서 반환한 유사한 결과를 하나의 결과로 합할 때 또는 동일 테이블에서 서로 다른 질의를 수행하여 나온 결과를 합할 때 사용 가능하다.

2 집합 연산자의 유형

■ 일반 집합 연산자

수학적 집합 이론에서 사용하는 연산자로 릴레이션에서도 동일하게 사용 가능하다.

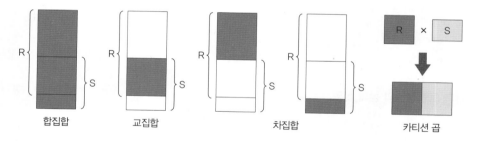

| 합집합 | 교집합 | 차집합 | 카티션 곱 |

연산자	기호	표현	설명
합집합 (Union)	∪	R ∪ S	릴레이션 R이나 릴레이션 S 중 한쪽에만 속하거나 릴레이션 R과 S에 모두 속한 튜플
교집합 (Intersection)	∩	R ∩ S	릴레이션 R에 속하면서 동시에 릴레이션 S에 속한 튜플들의 집합
차집합 (Difference)	−	R − S	릴레이션 R에는 속하지만 릴레이션 S에는 속하지 않는 튜플들로 이루어진 릴레이션
카티션 곱 (Cartesian Product)	×	R × S	릴레이션 R의 모든 튜플을 다른 릴레이션 S의 모든 튜플과 결합

(1) UNION

- UNION의 기본 개념은 합집합이다.
- 두 개 이상의 SQL문의 결과 집합에서 중복을 제거하고 합집합 결과를 반환한다.

| UNION 개념도 |

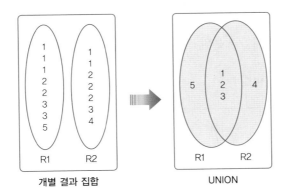

개별 결과 집합   UNION

| UNION 예제 |

```
SELECT 부서, 근속년수, 급여 FROM 직원 R1 WHERE 주소 = '서울'
UNION
SELECT 부서, 근속년수, 급여 FROM 임원 R2 WHERE 주소 = '경기'
```

(2) UNION ALL

- 두 개 이상의 SQL문의 결과 집합에서 중복된 결과도 포함해 반환한다.
- 중복 제거를 하지 않기 때문에 UNION보다 상대적으로 처리 속도가 빠르다.

| UNION ALL 개념도 |

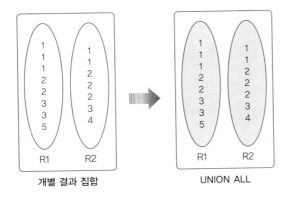

개별 결과 집합   UNION ALL

```
SELECT 부서, 근속년수, 급여 FROM 직원 R1 WHERE 주소 = '서울'
UNION ALL
SELECT 부서, 근속년수, 급여 FROM 임원 R2 WHERE 주소 = '경기'
```

(3) INTERSECTION

중복 행이 제거된 여러 SQL문의 결과에 대한 교집합을 추출한다.

| INTERSECTION 개념도 |

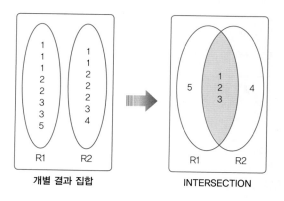

개별 결과 집합　　　　　　INTERSECTION

| INTERSECTION 예제 |

```
SELECT 부서, 근속년수, 주소 FROM 직원 R1 WHERE 급여 〉 100000
INTERSECTION
SELECT 부서, 근속년수, 주소 FROM 임원 R2 WHERE 급여 〉 100000
```

(4) EXCEPT(MINUS)

- 첫 번째 SQL문의 결과와 두 번째 SQL문의 결과 사이의 차집합(중복 행이 제거된) 결과를 반환한다.
- 일부 데이터베이스 벤더에서는 EXCEPT 대신 MINUS를 사용한다.
- MINUS 연산자는 NOT EXISTS 또는 NOT IN 서브 쿼리를 이용한 SQL문으로도 변경이 가능하다.

| EXCEPT(MINUS) 개념도 |

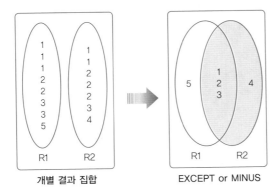

| 개별 결과 집합 | EXCEPT or MINUS |

| EXCEPT 예제 |

```
SELECT 부서, 근속년수, 주소 FROM 임원 R1 WHERE 급여 〉100000
EXCEPT
SELECT 부서, 근속년수, 주소 FROM 직원 R2 WHERE 급여 〉100000
```

| NOT EXISTS (or NOT IN) 예제 |

```
SELECT 부서, 근속년수, 주소 FROM 임원 R1
      WHERE 급여 〉100000 AND (부서, 근속년수, 주소)
      NOT EXISTS
      (SELECT 부서, 근속년수, 주소 FROM 직원 R2
            WHERE 급여 〉100000 )
```

■ 순수 관계 연산자

관계 데이터베이스에서 적용할 수 있도록 셀렉트, 프로젝트, 조인, 디비전 등을 이용해 관계를 수직적으로 검색하는 방법이다.

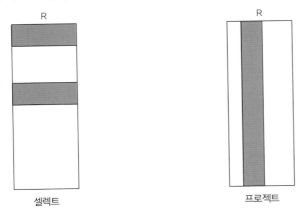

| 셀렉트 | 프로젝트 |

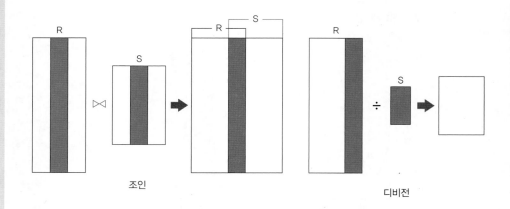

조인   디비전

연산자	기호	표현	설명
셀렉트 (SELECT)	σ	$\sigma_{조건\ 술어}(R)$	– '시그마'라고 읽음 – 조건을 만족하는 릴레이션의 수평적 부분 집합을 추출
프로젝트 (PROJECT)	π	$\pi_{속성\ 리스트}(R)$	– '파이'라고 읽음 – 파이의 오른쪽에 추출할 열, R에는 릴레이션 표기 속성을 추출한다.
조인 (JOIN)	⋈	R ⋈ S	공통적인 속성을 이용해 R과 S의 튜플을 연결해 만들어진 튜플 반환
디비전 (DIVISION)	÷	R ÷ S	릴레이션 R에서 다른 릴레이션 S의 속성을 제외한 나머지 속성만 검색

2021.04

01 순수 관계 연산자 중 SELECT 연산의 연산자 기호는?

① π(pi) 　　　② ▽

③ ∪ 　　　④ σ(sigma)

해설 순수 관계 연산자 중 σ는 SELECT 연산을 의미한다.

2019.03

02 관계 대수에서 JOIN 연산자 기호에 해당하는 것은?

① ÷ 　　　② ▷◁

③ π 　　　④ ∩

해설 관계 대수에서 ▷◁은 JOIN을 의미하고 ÷은 DIVISION, π은 PROJECT, ∩은 교집합을 의미한다.

03 다음 중 관계 대수의 일반 집합 연산자에 대한 설명으로 옳지 않은 것은?

① 합집합: R∪S로 표현할 수 있으며 릴레이션 R과 릴레이션 S의 한쪽에 속한 튜플의 집합이다.

② 교집합: 릴레이션 R에 속하면서 릴레이션 S에 속한 튜플들의 집합이다.

③ 차집합: 릴레이션 R에는 속하지만 릴레이션 S에는 속하지 않는 튜플의 집합이다.

④ 디비전: 릴레이션 R에서 다른 릴레이션 S의 속성을 제외한 나머지 속성만 조회한다.

해설 디비전은 관계 대수 중 순수 관계 연산자이다.

04 관계 대수의 일반 집합 연산자에 대한 설명으로 옳지 않은 것은?

① ∩, R∩S: 릴레이션 R에 속하면서 릴레이션 S에 속한 튜플의 집합

② -, R-S: 릴레이션 R에는 속하지만 릴레이션 S에는 속하지 않는 튜플의 집합

③ ×, R×S: 릴레이션 R의 모든 튜플을 다른 릴레이션 S의 모든 튜플과 결합

④ ∪, R∪S: 릴레이션 R과 릴레이션 S 중 동시에 속한 튜플의 집합

해설 ∪, R∪S는 합집합으로 릴레이션이 한쪽에만 속하거나 모두에 속한 튜플이다.

05 다음 중 관계 대수의 순수 관계 연산자에 대한 연산자와 표현 방법이 옳지 않은 것은?

① 셀렉트 - $\sigma_{조건\ 술어}(R)$

② 프로젝트 - $\pi_{속성\ 리스트}(R)$

③ 디비전 - R × S

④ 조인 - R ▷◁ S

해설 디비전은 R÷S로 표기하고, R×S는 일반 집합 연산자인 카티션 곱의 표현 방법이다.

| # 조인, 서브 쿼리

1 조인의 개념

- 조인은 관계형 데이터베이스에서 교집합과 결과를 가지는 결합 방법을 의미한다.
- 교집합이 되는 공통점은 다양한 관점에서 정의될 수 있는데 그 관점을 정의하는 것이 조인의 조건이다.
- 일반적으로 조인은 두 테이블의 공통 값을 이용해 컬럼을 조합하는 수단으로 보통 기본 키와 외래 키 값을 결합해 사용한다.
- 세 개 이상의 테이블에 대한 조인은 두 개의 테이블을 우선 결합한 결과와 나머지 한 개의 테이블을 다시 결합하여 진행한다.

2 조인의 유형

- 조인은 관계형 데이터베이스의 핵심 기능이며 가장 큰 장점이다.
- 조인은 물리적 조인과 논리적 조인으로 구분할 수 있다. 물리적 조인은 데이터베이스의 성능을 높이기 위한 튜닝 관점의 조인이고, 논리적 조인은 사용자의 SQL문에 표현되는 테이블 결합 방식을 의미한다.

구분	유형	내용
논리적 조인	- 내부 조인 - 외부 조인	사용자의 SQL문에 표현되는 테이블을 결합하는 방식
물리적 조인	- 중첩 반복 조인 - 정렬 병합 조인 - 해시 조인	데이터베이스의 옵티마이저(Optimizer)*에 의해 내부적으로 발생하는 테이블을 결합하는 방식

★옵티마이저(Optimizer)
사용자가 질의한 SQL문을 수행하기 위해 비용을 추정하여 최적의 실행 계획을 수립하는 DBMS의 핵심 엔진이다.

◼ 논리적인 조인

(1) 내부 조인(Inner Join)
- 두 테이블에 공통으로 존재하는 컬럼을 이용하는 공통 컬럼 기반 방식이다.
- 조인의 대상이 되는 컬럼을 명시적으로 선언하기 위해 USING 조건절이나 ON 조건절을 이용할 수도 있다.
- 내부 조인의 유형은 조인의 조건에 따라 세분화된다.

유형	내용
동등 조인(Equi Join)	공통 컬럼의 값이 같은 경우를 추출
자연 조인(Natural Join)	조인되는 테이블에서 컬럼명과 값이 같은 경우 추출한다.
교차 조인(Cross Join)	조인 조건이 없는 모든 데이터 조합을 추출

(2) 외부 조인(Outer Join)

- 특정 테이블의 모든 데이터와 다른 테이블의 동일 데이터가 추출되며 다른 테이블에 값이 없어도 출력된다.
- 기준 테이블의 모든 값에 참조 테이블의 데이터가 반드시 존재한다는 보장이 없는 경우 외부 조인을 사용한다.

유형	내용
왼쪽 외부 조인 (Left Outer Join)	왼쪽 테이블의 모든 데이터와 오른쪽 테이블의 동일 데이터를 추출
오른쪽 외부 조인 (Right Outer Join)	오른쪽 테이블의 모든 데이터와 왼쪽 테이블의 동일 데이터를 추출
완전 외부 조인 (Full Outer Join)	양쪽의 모든 데이터를 추출

■ 물리적 조인

(1) 중첩 반복 조인(Nested-Loop Join)

- 선행 테이블의 처리 범위를 하나씩 조회하면서 그 추출된 값으로 연결할 테이블을 조인하는 방식이다.
- 반복문의 외부에 있는 테이블을 선행 테이블 또는 외부 테이블(Outer Table)이라 하고, 반복문의 내부에 있는 테이블을 후행 테이블 혹은 내부 테이블(Inner Table)이라 한다.

> **멘토 코멘트**
>
> 중첩 반복 조인은 선행 테이블의 선택에 따라 성능이 확연히 달라진다. 선행이 적은 테이블을 선택해야 성능이 좋다.

| 개념도 |

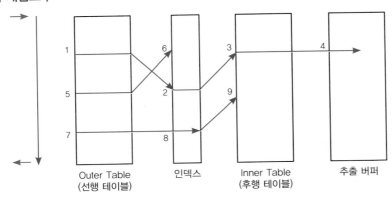

Outer Table (선행 테이블) / 인덱스 / Inner Table (후행 테이블) / 추출 버퍼

| 작업 방법 |

① 선행 테이블에서 조건을 만족시키는 행을 탐색한다.

② 선행 테이블의 조인 키 값으로 후행 테이블에서 조인을 수행한다.

③ 선행 테이블의 조건을 만족하는 모든 행에 대하여 ①번 작업을 반복한다.

| 특징 |

- 실행 속도 = 선행 테이블 사이즈 × 후행 테이블 접근 횟수
- 좁은 범위 처리에 유리하다.
- 추출 버퍼는 SQL문의 실행 결과를 보관하는 버퍼로 크기 설정이나 결과를 추출한 후 사용자에게 결과를 반환한다(운반 단위, Array Size, Fetch Size 라고도 한다).

🎓 **멘토 코멘트**

두 개 이상의 테이블을 정렬-병합 조인을 할 경우
예 A, B, C
① A, B → R1
② R1, C → 결과처럼 여러 번의 정렬-병합 조인을 수행한다.

(2) 정렬-병합 조인(Sort-Merge Join)

- 조인하려는 선행 테이블과 후행 테이블을 조인 속성으로 정렬해 정렬 리스트를 만든 후 이들을 병합하는 조인 방법이다. 여러 개의 테이블을 조인하는 경우 여러 번의 정렬-병합 조인을 수행한다.
- 인덱스가 없을 때 Simple Nested-Loop 조인을 수행하는 비효율을 개선하기 위한 방안으로 이용되기도 한다.

| 개념도 |

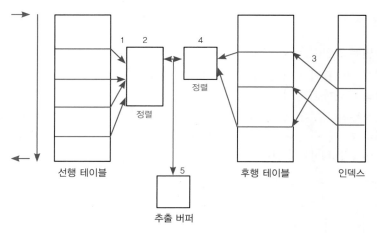

| 작업 방법 |

① 선행 테이블에서 주어진 조건을 만족하는 행을 찾는다.

② 선행 테이블의 조인 키를 기준으로 정렬 작업을 수행한다. → ①, ② 작업을 선행 테이블의 조건을 만족하는 모든 행에 반복 수행

③ 후행 테이블에서 주어진 조건을 만족하는 행을 찾는다.

④ 후행 테이블의 조인 키를 기준으로 정렬 작업을 수행한다. → ③, ④ 작업을 후행 테이블의 조건을 만족하는 모든 행에 대해 반복 수행

⑤ 정렬된 결과를 이용해 조인을 수행하고, 조인에 성공하면 추출 버퍼에 넣는다.

| 특징 |

- 넓은 범위의 데이터 처리에 적합하다.
- 정렬할 데이터가 많아 메모리에서 모든 정렬 작업을 수행하기 어려운 경우 디스크를 임시 영역으로 사용해 성능이 떨어질 수 있다.

(3) 해시 조인(Hash Join)

- 해싱 기법을 이용해 조인을 수행한다.
- 조인 컬럼을 기준으로 해시 함수를 수행하기 때문에 동일한 해시 값을 갖는 대상 중에 실제 값이 같은지 비교하며 조인을 수행한다.
- 서브 쿼리의 결과가 여러 컬럼들로 반환되는 서브 쿼리이다.
- 중첩 반복 조인의 랜덤 액세스 문제와 정렬−병합 조인의 정렬 작업에 대한 문제를 해결하기 위해 사용된다.

멘토 코멘트

하나의 SELECT에서 다양한 서브 쿼리를 이용할 수 있으며, 과도한 서브 쿼리는 성능 저하의 직접적인 원인이 되므로 주의해야 한다.

| 개념도 |

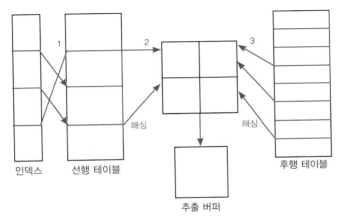

인덱스   선행 테이블   해싱   해싱   후행 테이블

추출 버퍼

| 작업 방법 |

① 선행 테이블에서 주어진 조건을 만족하는 행을 탐색한다.
② 선행 테이블의 조인 키를 기준으로 해시 함수를 적용하여 해시 테이블을 생성한다. → ①, ② 작업을 선행 테이블의 조건을 만족하는 모든 행에 반복 수행
③ 후행 테이블에서 주어진 조건을 만족하는 행을 탐색한다.
④ 후행 테이블의 조인 키를 기준으로 해시 함수를 적용해 해당 버킷을 찾는다.
⑤ 조인에 성공하면 추출 버퍼에 입력한다. → ③ ~ ⑤ 작업을 후행 테이블의 조건을 만족하는 모든 행에 대해서 반복 수행한다.

| 특징 |

- 조인 컬럼의 인덱스가 존재하지 않아도 사용할 수 있다.
- 해시 함수를 이용해 조인을 수행하기 때문에 동등 조인(=)에서만 사용할 수 있다.

- 해시 테이블을 메모리에 생성해야 한다.
- 데이터가 커지면 임시 영역(디스크) 등에 저장하고 디스크에 저장 시 I/O가 증가되어 성능이 저하되기 때문에 결과 행의 수가 적은 테이블을 선행으로 사용하는 것이 좋다.

3 서브 쿼리의 개념

- 서브 쿼리는 다음 그림처럼 SQL문 안에 포함된 또 다른 SQL문을 의미한다.

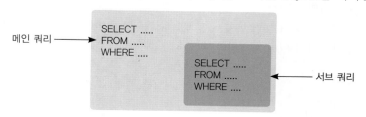

▲ 서브 쿼리의 개념도

- 서브 쿼리의 용도는 알려지지 않은 기준을 검색하기 위해 사용된다.
- 메인 쿼리와 서브 쿼리의 관계는 주종 관계로 서브 쿼리에 사용되는 컬럼 정보는 메인 쿼리의 컬럼 정보로 사용할 수 있으나 역으로는 불가능하다.

알아두기

Alias(별칭)
값에 별칭을 주어 접근을 별칭 형태로 할 수 있는 역할을 한다. 데이터, 컬럼, 케이블, 서브 쿼리 등에서 사용할 수 있다.

4 서브 쿼리의 유형

서브 쿼리는 동작하는 방식이나 반환되는 데이터의 형태에 따라 분류할 수 있다.

■ 서브 쿼리의 종류(동작 방식 기준)

종류	설명
비연관(Un–Correlated) 서브 쿼리	– 서브 쿼리가 메인 쿼리의 컬럼을 가지고 있지 않은 형태이다. – 메인 쿼리에 서브 쿼리가 실행된 결과값을 제공하는 용도로 사용한다.
연관(Correlated) 서브 쿼리	– 서브 쿼리가 메인 쿼리의 컬럼을 가지고 있는 형태이다. – 메인 쿼리가 먼저 수행되어 얻은 데이터를 서브 쿼리의 조건에 맞는지 확인하고자 할 경우에 사용한다.

■ 서브 쿼리의 종류(반환 데이터 기준)

종류	설명
단일 행(Single Row) 서브 쿼리	– 서브 쿼리의 결과가 항상 한 건 이하인 서브 쿼리(결과가 두 건 이상일 때 오류 발생)이다. – 단일 행 비교 연산자(=, 〈, 〈=, 〉, 〉=, 〈〉)가 사용된다.
복수 행(Multiple Row) 서브 쿼리	– 서브 쿼리 실행 결과가 여러 건인 서브 쿼리이다. – 복수 행 비교 연산자(IN, ALL, ANY, SOME, EXISTS)가 사용된다.
다중 컬럼(Multiple Column) 서브 쿼리	– 서브 쿼리 결과가 여러 컬럼으로 반환되는 서브 쿼리이다. – 메인 쿼리의 조건절에 여러 컬럼을 동시에 비교할 때, 서브 쿼리와 메인 쿼리의 비교 대상 컬럼은 반드시 1:1 대응해야 한다.

5 서브 쿼리의 주의사항

- 서브 쿼리를 괄호로 감싸서 사용한다.
- 서브 쿼리는 단일 행, 복수 행과 같은 비교 연산자와 함께 사용한다.
- 서브 쿼리에서는 ORDER BY를 사용할 수 없다. → ORDER BY는 SELECT 구문에서 한 개만 가능하고 메인 쿼리의 마지막 문장에 위치한다(한 개가 중간에 와도 오류가 난다).
- 서브 쿼리에서 Alias를 사용할 수 있으며 중복되는 컬럼의 경우 Alias를 통해 구분할 수 있다.

실력 점검 문제

출제 예상 문제

01 다음 중 물리적 조인의 유형에 해당하지 않은 것은?

① Nested Loop Join

② Hash Join

③ Outer Join

④ Sort-Merge Join

> 해설 물리적 조인으로는 Nested Loop Join, Sort-Merge Join, Hash Join이 있고 논리 조인으로는 Inner Join, Outer Join 등이 있다.

02 다음 내부 조인에 대한 설명 중 옳지 않은 것은?

① 동등 조인: 공통 컬럼의 값이 같은 경우에 추출한다.

② 자연 조인: 조인되는 테이블에서 컬럼명과 값이 같은 경우 추출한다.

③ 해시 조인: 해시 테이블을 이용해 데이터를 추출한다.

④ 교차 조인: 조인 조건이 없는 모든 데이터 조합을 추출한다.

> 해설 내부 조인으로는 동등 조인, 자연 조인, 교차 조인이 있다. 해시 조인은 물리적 조인 유형이다.

03 다음 중 외부 조인에 대한 설명으로 옳지 않은 것은?

① 왼쪽 외부 조인: 왼쪽 테이블의 모든 데이터와 오른쪽 테이블의 동일 데이터를 추출한다.

② 오른쪽 외부 조인: 오른쪽 테이블의 모든 데이터와 왼쪽 테이블의 동일 데이터를 추출한다.

③ 완전 외부 조인: 양쪽의 모든 데이터를 추출한다.

④ 단일 외부 조인: 지정한 한쪽 테이블에 대한 모든 데이터를 추출한다.

> **해설** 외부 조인에는 왼쪽 외부 조인, 오른쪽 외부 조인, 완전 외부 조인이 있다. 단일 외부 조인은 외부 조인의 조건이 아니다.

04 두 테이블에 공통으로 존재하는 데이터를 이용해 교집합되는 컬럼을 추출하는 조인 유형으로 옳은 것은?

① 자연 조인(Natural Join)

② 외부 조인(Outer Join)

③ 교차 조인(Cross Join)

④ 동등 조인(Equi Join)

> **해설** 두 테이블에 공통으로 존재하는 데이터를 이용해 교집합되는 컬럼을 추출하는 조인은 동등 조인이다.

05 SQL문 안에 포함된 또 다른 SQL문을 의미하며 하나의 컬럼, 테이블의 역할을 하는 것은?

① ORDER BY

② Sub-Query

③ Alias

④ TABLE

> **해설** SQL문 안에 포함된 또 다른 SQL문을 의미하는 건 서브 쿼리에 대한 설명이다.

06 서브 쿼리에 대한 주의사항으로 해당하지 않는 것은?

① 서브 쿼리는 괄호로 감싸서 사용한다.

② 서브 쿼리는 단일 행, 복수 행과 같은 비교 연산자와 함께 사용한다.

③ 서브 쿼리에서는 ORDER BY를 사용할 수 없다.

④ 서브 쿼리에서는 Alias를 사용할 수 없다.

> **해설** 서브 쿼리에서도 Alias를 사용할 수 있으며, 중복되는 컬럼의 경우 Alias를 통해 구분할 수 있다.

07 서브 쿼리가 메인 쿼리의 컬럼을 갖고 있지 않으며, 메인 쿼리에 실행된 결과값만을 제공하는 용도로 사용하는 서브 쿼리는 무엇인가?

① 비연관(Un-Correlated) 서브 쿼리

② 연관(Correlated) 서브 쿼리

③ 단일 행(Single Row) 서브 쿼리

④ 복수 행(Multiple Row) 서브 쿼리

> **해설** 메인 쿼리가 서브 쿼리에 실행되는 값이 없고, 결과값만 제공한다면 비연관 서브 쿼리에 대한 설명이다.

207 | 뷰

1 뷰(View)의 개념

- 논리 테이블로서, 생성이 아닌 사용 관점에서 기본 테이블과 동일하다.
- 실제 데이터를 갖고 있진 않지만 테이블이 수행하는 역할을 하고 있기 때문에 가상 테이블(Virtual Table)이라고도 한다.
- 다음 그림에서 〈학생〉 테이블과 〈성적〉 테이블은 물리 테이블을 의미하고 〈학생 정보〉 뷰는 두 개의 테이블을 이용해 생성한 뷰를 의미한다.

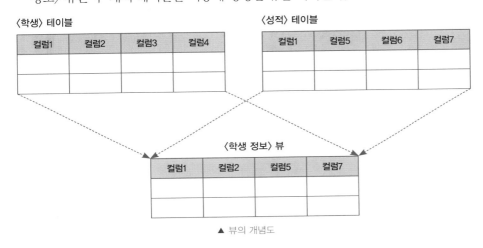

〈학생〉 테이블

컬럼1	컬럼2	컬럼3	컬럼4

〈성적〉 테이블

컬럼1	컬럼5	컬럼6	컬럼7

〈학생 정보〉 뷰

컬럼1	컬럼2	컬럼5	컬럼7

▲ 뷰의 개념도

- 뷰는 〈학생〉 테이블과 같은 하나의 물리 테이블로부터 생성 가능하며, 다수의 테이블 또는 다른 뷰를 이용해 만들 수 있다.
- 개념도와 같은 뷰를 만들기 위해 조인으로 구현할 수도 있으나, 뷰가 만들어져 있다면 사용자는 조인 없이 하나의 테이블을 대상으로 단순 질의어를 사용할 수 있다.

2 뷰의 특징

- 저장 장치 내에 물리적으로 존재하지 않는다.
- 논리적인 독립성을 제공한다.
- 독립적인 인덱스를 가질 수 없다.
- 뷰의 이름이나 쿼리문을 변경할 수 없다.

멘토 코멘트

뷰에서 사용하는 컬럼의 이름은 Alias를 통해 변경한 후 사용할 수 있으며 여러 개의 테이블에 동일 이름이 있을 경우 반드시 변경해서 사용해야 한다.

3 뷰의 사용

■ 뷰의 생성

(1) 기본 문법

문법	CREATE VIEW 〈뷰이름〉(컬럼목록) AS 〈뷰를 통해 보여줄 데이터 조회용 쿼리문〉 [CASCADE] [RISTRICT]

(2) 생성 방법

뷰 생성 명령어의 일반 형태로 상황별로 뷰를 생성하는 방법은 다음과 같다.

상황	뷰 생성 Query 예제
테이블A 그대로 생성	CREATE VIEW 뷰A AS SELECT * FROM 테이블A;
테이블A 일부 컬럼	CREATE VIEW 뷰X AS SELECT 컬럼1, 컬럼2, 컬럼3 FROM 테이블A
테이블A와 테이블B 조인 결과	CREATE VIEW 뷰Y AS SELECT * FROM 테이블A a, 테이블B b WHERE a.칼럼1 = b.칼럼1;

– SELECT문에는 UNION*이나 ORDER BY절을 사용할 수 없다(UNION ALL*은 사용 가능).

– SELECT문에서 * 등으로 컬럼명을 정의하지 않으면 조회되는 테이블과 동일한 컬럼명을 갖게 된다.

■ 뷰의 삭제 및 변경

(1) 기본 문법

문법	DROP VIEW 〈View_name〉;

(2) 뷰 삭제

- 뷰의 정의 자체를 변경하는 것은 불가능하다.
- 뷰를 정의하면 뷰의 이름과 쿼리문만 물리적 내용으로 존재한다. → 이름, 쿼리문 변경 불가
- 뷰의 삭제와 재생성을 통해 뷰에 대한 정의와 변경이 가능하다.

(3) 뷰 내용 변경

- 뷰를 통해 접근 가능한 데이터는 변경도 가능하다.
- 데이터 변경에는 일부 제약이 존재한다. → 뷰의 컬럼 구성 시에 기본 키 컬럼을 뷰에 정의하지 않았을 경우 INSERT는 당연히 불가능하다.

4 뷰 사용의 장·단점

■ 장점

- 논리적 독립성 제공: 뷰는 논리 테이블로 테이블의 구조가 변경되더라도 뷰를 사용하는 응용 프로그램은 변경하지 않아도 된다.
- 사용자 데이터의 관리 용이: 복수의 테이블에 존재하는 여러 종류의 데이터에 대해 단순한 질의어 사용이 가능하다.
- 데이터의 보안이 용이: 중요 보안 데이터가 존재하는 테이블에 접근을 불허하고, 해당 테이블의 비 중요 데이터만으로 뷰를 구성해 접근을 제공한다.

■ 단점

- 뷰 자체 인덱스 불가: 뷰는 논리적인 구성으로만 존재하기 때문에 물리적인 데이터를 대상으로 인덱스를 생성할 수 없다.
- 뷰 정의 변경 불가: 정의를 변경하려면 삭제 후 재생성해야 된다.
- 데이터 변경에 제약이 존재: 뷰의 내용에 대한 삽입, 삭제, 변경에 제약이 있다.

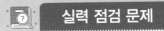
실력 점검 문제

기출 유형 문제

2021.04

01 뷰(View)에 대한 설명으로 옳지 않은 것은?

① 실제 저장된 데이터 중에서 사용자가 필요한 내용만을 선별해서 볼 수 있다.

② 실제로는 존재하지 않는 가상의 테이블이다.

③ 뷰의 내용에 대해 삽입, 삭제, 갱신 연산에 제약이 없다.

④ 데이터 접근 제어로 보완을 제공한다.

> **해설** 뷰로 구성된 내용은 원 테이블의 제약 조건이 적용되어 삽입, 삭제, 갱신 연산에 제약이 존재할 수 있다.

2020.06

02 뷰에 대한 설명으로 옳지 않은 것은?

① 실제 저장된 데이터 중에서 사용자가 필요한 내용만을 선별해서 볼 수 있다.

② 데이터 접근 제어로 보안을 제공한다.

③ 뷰를 제거할 때는 DELETE문을 사용한다.

④ 실제로는 존재하지 않는 가상의 테이블이다.

> **해설** 뷰를 제거할 때에는 DROP VIEW 구문을 이용한다.

2019.03, 2019. 08

03 뷰 삭제문의 형식으로 옳은 것은?

① DELETE VIEW 뷰이름;

② DROP VIEW 뷰이름;

③ REMOVE VIEW 뷰이름;

④ OUT VIEW 뷰이름;

> **해설** 뷰를 제거할 때는 DROP VIEW 구문을 이용한다.

2019.03, 2019. 08

04 뷰에 대한 설명으로 틀린 것은?

① DBA는 보안 측면에서 뷰를 활용할 수 있다.

② 데이터의 논리적 독립성을 제공한다.

③ 뷰를 이용한 또 다른 뷰를 생성할 수 있다.

④ 삽입, 삭제, 갱신 연산에 아무런 제한이 없으므로 사용자가 뷰를 다루기가 용이하다.

> **해설** 뷰도 다른 테이블과 마찬가지로 테이블 제약 조건을 동일하게 적용받는다.

출제 예상 문제

05 다음 중 뷰에 대한 단점으로 적절하지 않은 것은?

① 중요 데이터의 접근을 뷰를 통해 불허할 수 있다.

② 뷰 자체 인덱스를 생성할 수 없다.

③ 정의한 뷰를 변경할 수 없다.

④ 뷰의 내용에 대한 삽입, 삭제 변경에 제약이 있다.

> **해설** 뷰를 통해 중요 데이터의 접근을 불허해 보안을 향상시키는 장점이 있다.

06 뷰를 사용할 경우 장점에 해당하지 않는 것은?

① 논리적인 독립성을 제공해 테이블 구조에 응용 프로그램을 변경하지 않아도 된다.

② 뷰 자체의 인덱스를 통한 성능 향상이 가능하다.

③ 중요한 데이터의 경우 컬럼을 조회하지 않아 데이터 보안에 용이하다.

④ 복수의 테이블에서 존재하는 여러 종류의 데이터에 대해 단순한 질의어 사용이 가능하다.

> **해설** 뷰는 자체 인덱스를 생성할 수 없다.

07 다음 중 뷰의 생성 및 삭제, 변경에 대한 설명으로 올바르지 않은 것은?

① 생성 구문은 CREATE VIEW 〈뷰이름〉 AS SELECT * FROM 〈TABLE〉로 구성할 수 있다.

② 삭제 구문은 DROP VIEW 〈뷰이름〉이다.

③ 뷰 생성 시 UNION이나 ORDER BY절을 사용할 수 있다.

④ 뷰의 컬럼 이름은 원본 테이블의 컬럼과 동일한 이름만 가질 수 있다.

> **해설** Alias를 통해 원본 테이블과 다른 컬럼 이름을 지정할 수 있다.

208 | 인덱스

1 인덱스의 개념

멘토 코멘트

인덱스는 자동으로 생성되지 않지만 기본 키 컬럼은 기본 키 생성 시 자동으로 인덱스가 생성된다.

- 데이터를 빠르게 찾을 수 있는 수단으로, 테이블의 조회 속도를 높여주는 자료 구조다.
- 인덱스는 다음 그림과 같이 테이블의 특정 레코드 위치를 알려주는 용도로 사용된다.

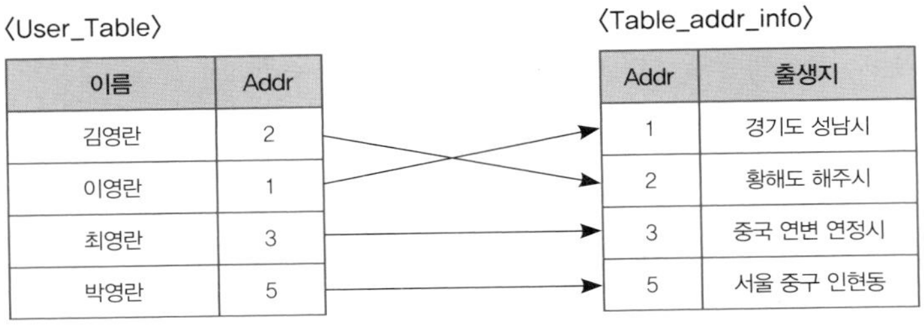

⟨User_Table⟩

이름	Addr
김영란	2
이영란	1
최영란	3
박영란	5

⟨Table_addr_info⟩

Addr	출생지
1	경기도 성남시
2	황해도 해주시
3	중국 연변 연정시
5	서울 중구 인현동

▲ 인덱스의 개념도

- 위의 그림과 같이 테이블에서 인덱스를 생성할 때 일련번호를 기본 키로 하면 일련번호는 인덱스가 자동으로 생성되나 이름이나 생년월일과 같은 컬럼은 인덱스가 자동으로 생성되지 않는다.

| 사례 |

```
SELECT * FROM Table_addr_info WHERE 이름 = '영란';
```

- 조건문 WHERE절에서 '이름'을 비교하고 있다. 이때, 이름 컬럼에 인덱스가 없는 경우 테이블 전체 내용을 검색(Table Full Scan)하게 된다.
- 반면, 인덱스가 생성되어 있다면 테이블의 일부분만 검색(Range Scan)하여 조회 속도를 빠르게 할 수 있다. 조건절에 '='로 비교되는 컬럼을 대상으로 인덱스를 생성하면 검색 속도를 높일 수 있다.

2 인덱스의 분류

(1) 단일 인덱스(Singled Index)
- 하나의 컬럼만 인덱스 지정
- 주로 사용하는 컬럼이 한 개일 경우 이용

(2) 순서 인덱스(Ordered Index)
- 데이터가 정렬되어 생성되는 인덱스
- B-Tree 알고리즘을 이용(오름차순과 내림차순 지정 가능)

(3) 해시 인덱스(Hash Index)
- 해시 함수에 의해 직접 데이터 키 값으로 접근
- 데이터 접근 비용이 균일하고 튜플(Row)양에 무관

(4) 결합 인덱스(Composite Index)
- 두 개 이상의 컬럼으로 구성된 인덱스
- WHERE 조건으로 사용하는 빈도가 높은 경우에 사용

(5) 함수 기반 인덱스(Functional Index)
수식, 함수 등을 이용해 만든 인덱스 함수 기반으로 사전에 인덱스 설정
예 CREATE INDEX IDX_EMP01 ON EMP01(SAL*12);

(6) 비트맵 인덱스(Bitmap Index)
- 특정 컬럼의 비트 열을 인덱스로 활용
  예 성별
- 수정 변경이 적은 경우 유용

(7) 클러스터드 인덱스(Clustered Index)
데이터 레코드의 물리적 순서와 파일 인덱스 순서가 동일

3 인덱스의 사용

■ 인덱스 생성

- DBMS는 인덱스를 사용해 빠른 검색을 수행한다. 이를 위해 사용자는 DBMS가 인덱스를 잘 사용할 수 있게 준비할 필요가 있다.
- 데이터베이스 사용자는 '생성, 삭제, 변경'의 조작을 통해 준비할 수 있으며 인덱스 조작 명령어는 각 DBMS 공급사마다 사용 방법이 조금씩 다르다.
- 인덱스를 생성하는 명령문 형식은 다음과 같다.

문법	CREATE [UNIQUE] **INDEX** ⟨index_name⟩ **ON** ⟨table_name⟩ (⟨column(s)⟩);

- [UNIQUE]*: 인덱스 대상 컬럼에 중복값 입력 불가능(생략 가능하며 생략 시에 중복값 입력 가능)
- ⟨index_name⟩: 인덱스의 이름 표기
- ⟨table_name⟩: 인덱스 대상 테이블
- ⟨column(s)⟩: 인덱스 대상 테이블의 특정 컬럼 이름(들)

★ UNIQUE
CREAT TABLE에서 사용하는 UNIQUE 조건과 동일하다.
여러 개의 복수 컬럼 지정이 가능하다.

■ 인덱스 삭제

- 인덱스를 테이블의 종속 구조로 인식해 인덱스를 삭제하기 위해 테이블을 변경하는 명령어를 많이 사용한다. 즉, ALTER TABLE에 DROP INDEX 명령을 추가해 사용한다.
- 인덱스를 삭제하는 명령문 형식은 다음과 같다.

문법	**DROP INDEX** ⟨index_name⟩;

알아두기

Index Sequential File
키 값은 인덱스를 이용해 정렬하고 순차적인 접근을 제고하는 방식이다.

- 기본 영역(Prime Area)
 : 데이터 영역
- 색인 영역(Index Area)
 : 색인이 기록되는 영역
- 오버 플로우 영역(Over Flow Area): 예비로 확보해둔 영역

■ 인덱스 변경

- 한 번 생성한 인덱스를 변경하는 경우는 드물며 인덱스 관련 SQL문은 표준화되어 있지 않아 DBMS 벤더별로 다르다. 일부 벤더는 변경 SQL문도 제공하지 않아서 삭제 후 신규 인덱스를 생성해야 할 수도 있다.
- 인덱스에 대한 정의를 변경하는 명령문 형식은 다음과 같다.

문법	**ALTER** [UNIQUE] **INDEX** ⟨index_name⟩ **ON** ⟨table_name⟩ (⟨column(s)⟩);

4 인덱스 스캔 방식

방식	개념도	설명
Index Full Scan		수직적 탐색 없이 처음부터 끝까지 인덱스 리프 블록을 수평적으로 탐색
Index Unique Scan		– 수직적 탐색으로만 데이터를 스캔 – **작동 시점**: UNIQUE 인덱스를 통해 '=' 조건으로 탐색 시
Index Skip Scan		– Root, Branch Block에서 읽은 선두 컬럼을 스킵하면서 후행 컬럼값이 있을 때만 리프 블록을 검색 – 후행 컬럼의 Distance Value가 많을 때 유용
Index Fast Full Scan	extent1 extent2	– 인덱스 트리 구조를 무시하고 인덱스 세그먼트 전체를 멀티 블록(Multi Block)* 방식으로 스캔 – Index Full Scan보다 빠름
Index Range Scan Descending		Index Range Scan과 동일한 스캔 방식이지만, 내림차순으로 정렬된 결과의 집합을 얻는다는 점이 다름

★ **멀티 블록 방식**
디스크로부터 대량의 인덱스 블록을 읽어야 하는 상황에서 효과가 크다.

멘토 코멘트

Index Range Scan
인덱스의 일부분만 스캔해서 데이터를 액세스 하는 방법이다.

01 다음 중 인덱스 스캔 방식에 대한 설명으로 옳지 않은 것은?

① Index Full Scan: 수직적 탐색 없이 처음부터 끝까지 인덱스 리프 블록을 탐색하는 방법

② Index Skip Scan: 조건에 빠진 인덱스 선두 컬럼의 Distance Value의 개수가 적고 후행 컬럼의 Distance Value가 많을 때 유용한 스캔 방식

③ Index Unique Scan: 수직적 탐색만으로 데이터를 스캔하는 방식

④ Index Range Scan Descending: Index Range Scan과 동일하고 오름차순으로 결과의 집합이 반환됨

> 해설 Index Range Scan Descending은 이름에서 알 수 있듯이 내림차순으로 정렬된 결과의 집합이 반환된다.

02 다음 중 인덱스에 대한 설명으로 옳지 않은 것은?

① 데이터베이스는 인덱스를 이용해 빠른 검색을 할 수 있다.

② 대용량의 데이터가 입력될 때 인덱스가 미리 생성되어 있어도 입력 속도에 별 차이가 없다.

③ 인덱스를 조작하는 명령어는 데이터베이스 시스템에 따라서 조금식 차이가 있다.

④ Alter Table에 Drop Index를 이용해 인덱스를 삭제한다.

> 해설 대용량 데이터가 입력될 때 인덱스가 미리 생성되어 있으면 데이터를 입력할 때마다 인덱스를 생성해야 하기 때문에 입력 속도가 느려진다.

03 다음 중 인덱스에 대한 설명으로 옳지 않은 것은?

① 한 번 생성한 인덱스는 삭제할 수 없다.

② 테이블에 기본 키를 생성하면 인덱스는 자동으로 생성된다.

③ 인덱스는 기본 키를 제외하고 자동으로 생성되지 않는다.

④ 인덱스의 성능 향상을 위해 주기적으로 통계 정보를 업데이트한다.

> 해설 인덱스는 여러 가지 상황을 고려하여 추가, 삭제, 수정이 가능하다.

04 다음 중 인덱스의 종류에 대한 설명으로 옳지 않은 것은?

① 순서 인덱스: 두 개 이상의 컬럼으로 구성한 인덱스

② 단일 인덱스: 하나의 컬럼으로 인덱스를 지정한 인덱스

③ 해시 인덱스: 해시 함수에 의해 직접 데이터 키 값으로 접근하는 인덱스

④ 비트맵 인덱스: 특정 컬럼이 비트 열을 인덱스로 이용하는 인덱스

> 해설 순서 인덱스는 데이터가 정렬되어 생성되는 인덱스이다.

데이터베이스 프로그래밍

이번 장에서 다룰 종합 내용

☑ 데이터 조작 프로시저에 대해 학습한다.
☑ 데이터 조작 프로시저를 어떻게 최적화하는지 학습한다.

301 | 데이터 조작 프로시저 작성

1 프로시저의 이해

■ 프로시저(Procedure) 개념

- 프로시저는 여러 SQL 구문을 하나의 요청으로 수행하는 서브 프로그램이다.
- 프로시저 실행 전에 구문 분석 및 내부 중간 코드로 변환이 종료되어, 처리 시간이 단축된다.

(1) 프로시저의 생성 방법

프로시저 생성은 CREATE PROCEDURE 명령어를 사용해 생성한다.

문법	설명

CREATE [OR REPLACE] PROCEDURE procedure_name ❶
(
　❷ ❸
　argument1 [mode] data_type,
　argument2 [mode] data_type ...
)
IS
　❹ local_variable declaration
BEGIN
　statement1;
　statement2; ❺
　...
END;
	❶ procedure_name: 프로시저 이름
	❷ argument: 파라미터 변수 이름
	mode: 3가지 모드
	IN: 프로시저에 값을 전달
	OUT: 프로시저 실행 결과값 반환
	INOUT: 프로시저에 값을 전달하고 실행 결과값을 반환
	❹ local_variable: 지역 변수
	❺ statement: 프로시저의 코드 작성

(2) 프로시저 실행 방법

프로시저 실행은 EXECUTE(줄여서 EXEC) 또는 CALL 명령어를 사용한다.

문법	설명
EXECUTE procedure_name; EXEC procedure_name;; CALL procedure_name;;	procedure_name: 실행할 프로시저 이름

(3) 프로시저 삭제 방법

프로시저를 삭제하기 위해서는 DROP PROCEDURE 명령어를 사용한다.

문법	설명
DROP PROCEDURE procedure_name;	procedure_name: 삭제할 프로시저 이름

2 프로시저의 실행 및 오류처리 이해

다음은 'T_DEPT' 테이블에서 부서코드를 입력받아 부서코드와 부서이름을 출력하는 사례이다.

■ 프로시저 작성

- 프로시저 변수 선언 : 외부 연동 입/출력 변수 선언 및 내부 생성 및 활용되어야 하는 변수 선언한다.
- 기능설계를 기준으로 작성 : 가독성 확보 및 블록별 실행 순서 명시화를 위한 줄 바꿈에 유의해 작성한다.
- 예외처리 구현 : 프로시저 내부에서 사용하는 SQL문의 예외발생 상황에 대한 처리 방안을 작성한다.
- 코딩 규칙 준수 확인 : 줄 바꿈 등에 유의하여 작성 및 변수명 규칙 준수 확인 및 표준 용어 사용을 확인한다. 가독성 확대를 위한 주석 작성도 유의한다.

| 사례 |

사례	설명
CREATE OR REPLACE PROCEDURE PROC_DEPT (P_DEPT_ID IN T_DEPT.DEPT_ID%TYPE) IS	PROC_DEPT 프로시저 선언 P_DEPT_ID에 입력된 부서코드 값을 넘겨주는 Input Variable
V_DEPT_ID T_DEPT.DEPT_ID%TYPE; V_DEPT_NAME T_DEPT.DEPT_NAME%TYPE; BEGIN	부서코드 데이터형 변수 선언 부서이름 데이터형 변수 선언
DBMS_OUTPUT.ENABLE;	메시지 버퍼 내용 할당

SELECT DEPT_ID, DEPT_NAME
    INTO V_DEPT_ID, V_DEPT_NAME
  FROM T_DEPT
  WHERE
    DEPT_ID = P_DEPT_ID;
	Input variable인 P_DEPT_ID를
	조건으로, T_DEPT 부서 테이블을 조회하여
	부서코드, 부서이름을 V_DEPT_ID,
	V_DEPT_NAME 변수에 저장

DBMS_OUTPUT.PUT_LINE('부서코드 : ' || V_DEPT_ID); DBMS_OUTPUT.PUT_LINE('부서이름 : ' || V_DEPT_NAME); END;	검색된 부서코드를 출력 검색된 부서이름을 출력

■ 프로시저 실행

- 프로시저를 컴파일한다. 컴파일을 진행하면 DBMS에 반영되고 이후 사용이 가능하다.
- SQL 명령문을 실행하여 프로시저를 호출하여 실행시킨다. PL/SQL 실행 시 오류가 발생하면 'SHOW ERRORS' 명령어를 통해 오류 내용을 확인한다.

| 사례 |

사례	설명
SQL〉 SET SERVEROUTPUT ON SQL〉 EXEC PROC_DEPT(1);	처리 결과를 화면에 출력하기 위한 설정 PROC_DEPT 프로시저를 호출하여 부서코드 '1'을 조회
부서코드: 1 부서이름: 지원팀	처리 결과 내용
SQL〉 SHOW ERRORS; No errors.	오류 내용 확인

■ 프로시저의 정상처리 및 오류처리 이해

(1) 정상 종료

- 수립한 목표대로 작업이 완료 되었는지 확인한다.
- 데이터 질의어를 사용하여 추가, 수정, 삭제되는 데이터를 확인한다.

(2) 비정상 종료로 인한 오류 처리

- 오류 메시지를 참조하여 오류 과정을 확인한다.
- PL/SQL 실행 시 오류가 발생하면 'SHOW ERRORS' 명령어로 오류를 확인할 수 있다.
- 오류문을 참고로 호출문을 수정하여 재호출을 진행한다.
① 프로시저 컴파일은 되었으나 수행과정 중 오류는 수행 중 오류행과 오류 메시지를 확인하여 조치 후 재호출을 진행한다.
② 프로시저 문제가 아닌 외부 호출문으로 인한 문제 발생 시 오류 메시지를 확인하고 외부 호출문이나 변수를 수정한다.
③ 프로시저를 재호출하여 오류가 해결된 것을 확인하고, 다른 부분에도 문제가 없는지 추가적으로 확인한다.

01 다음 중 프로시저에 대한 설명으로 틀린 것은?

① 프로시저 생성 – CREATE PROCEDURE

② 프로시저 실행 - EXECUTE

③ 프로시저 수정 - ALTER

④ 프로시저 삭제 – DROP PROCEDURE

> 해설 프로시저의 수정은 REPLACE를 사용해 변경한다.

02 다음에서 설명하는 프로시저의 진행 과정은 무엇인가?

> – 프로시저를 컴파일한다. 컴파일을 진행하면 DBMS에 반영되고 이후 사용이 가능하다
> – SQL을 통해 프로시저를 호출하고 PL/SQL 오류가 발생하면 'SHOW ERRORS'를 통해 오류 내용을 확인할 수 있다.

① 프로시저 작성

② 프로시저 실행

③ 프로시저 종료

④ 프로시저 오류

> 해설 프로시저 실행에 대한 설명이다. 프로시저를 작성 후 컴파일을 하고 실행을 하고 결과에 따라 정상 및 오류 처리를 진행한다.

03 다음 프로시저에 대한 설명으로 옳지 않은 것은?

```
CREATE OR REPLACE PROCEDURE PR_DEPT
(P_DEPT_ID IN T_DEPT.DEPT_ID%TYPE)

IS
 T_DEPT_ID T_DEPT.DEPT_ID%TYPE;
BEGIN
DBMS_OUTPUT.ENABLE;

SELECT DEPT_ID
INTO V_DEPT_ID
FROM T_DEPT – 부서코드
WHERE DEPT_ID = P_DEPT_ID;

DBMS_OUTPUT.PUT_LINE('부서코드 : ' || V_
DEPT_ID);
END;
```

① 이 프로시저의 이름은 PR_DEPT이다.

② P_DEPT_ID와 일치하는 T_DEPT(부서코드)를 OUTPUT으로 출력한다.

③ P_DEPT_ID는 출력값이다.

④ DBMS_OUTPUT 패키지를 활성화하여 프로시저 실행 시 출력 문구가 나타나도록 한다.

> 해설 P_DEPT_ID는 입력값이다. Argument는 세 가지 모드로 IN, OUT, INOUT이다.

302 | 데이터 조작 프로시저 최적화

1 쿼리 성능 측정의 개념

작성한 쿼리(SQL)문의 성능을 최적화하기 위해 SQL문의 처리 시간, 응답 시간 등의 지표를 검사하는 방법이다.

■ 쿼리 성능 측정 방법

Oracle DBMS의 경우, 쿼리 성능 측정 방법에는 TKPROF와 EXPLAIN PLAN 도구를 활용한다.

★ PLAN TABLE
실행 계획의 수행 결과 정보가 저장되는 테이블이다. 별도로 테이블을 생성한 적이 없다면 직접 만들어줘야 한다.

도구	설명
TKPROF (Trace Kernel PROFile)	SQL 문장의 처리 성능을 파악하기 위해 SQL 문장을 실행하면서 발생하는 통계 정보를 분석하는 도구이다.
EXPLAIN PLAN	SQL 쿼리 성능을 측정 및 개선하기 위해 SQL 구문을 분석, 해석해 실행 계획 수립 및 실행 계획 결과를 PLAN TABLE*에 저장하는 도구이다. SQL이 사용하는 액세스 경로를 파악하기 위해 사용된다.

★ SQL TRACE
실행되는 SQL문의 실행 통계를 세션별로 모아서 Trace 파일(.TRC)을 생성하는 도구로 세션과 인스턴스 레벨에서 SQL 문장들을 분석할 수 있다(SQL 작업 처리 횟수, CPU 시간, 물리적(Disk)/논리적(Memory) 읽기 수행 횟수, 처리된 행의 전체 개수 등의 정보를 제공).

■ 쿼리 성능 최적화 방법

작성된 SQL 구문의 성능 향상을 위해 다음과 같은 절차로 성능 최적화를 수행한다.

SQL 구문 식별 ▶ 옵티마이저 통계 확인 ▶ 실행 계획 검토 ▶ SQL 구문 재구성 ▶ 인덱스 재구성 ▶ 실행 계획 유지관리

★ 선행 테이블 (Driving Table)
조인이 발생할 때 가장 먼저 액세스(Access)되는 테이블이다. 가장 적은 데이터를 가진 테이블을 지정한다.

(1) SQL 구문 식별

APM(Application Performance Management), TKPROF, SQL TRACE* 등을 활용해 SQL문을 확인한다.

(2) 옵티마이저 통계 확인

작성된 SQL문의 실행 계획 통계를 확인한다.

(3) 실행 계획 검토

선행 테이블(Driving Table)*을 중심으로 검토한다.

(4) SQL 구문 재구성

- 조건절(WHERE)은 범위보다 특정 값을 지정하고 가능한 한 컬럼 변경 연산자를 사용하지 않도록 한다.
- 서브 쿼리의 데이터 유무 확인은 IN보다는 EXISTS를 이용한다.
- 옵티마이저의 실행 계획이 잘못된 경우 힌트(Hint)*를 활용해 액세스 경로, 조인 순서를 변경한다.

(5) 인덱스 재구성

- 성능에 중요한 액세스 경로를 고려해 인덱스를 구성한다.
- 실행 계획을 확인하여 기존 인덱스의 열 순서를 변경 또는 추가한다.
- 인덱스 추가, 변경 시 정상적인 SQL문에 영향을 줄 수 있으므로 주요 SQL 질의 결과를 함께 검토한다.
- 불필요한 인덱스를 제거한다.

(6) 실행 계획 유지관리

유지관리 DBMS 업그레이드, 데이터 이동 등 시스템의 다양한 환경 변경 시에도 실행 계획이 원활하게 수행될 수 있도록 관리한다.

★ **힌트(Hint)**
SQL문에 추가되어 실행 계획을 원하는 대로 바꿀 수 있게 해주는 지시 구문이다.

01 다음 프로시저 생성구문에서 부서 테이블을 조회하여 부서코드와, 부서이름을 변수에 저장하는 부분은? (단, 부서코드와 부서이름의 변수는 각각 V_DEPT, V_DEPT_NAME이다)

사례

```
CREATE OR REPLACE PROCEDURE PROC_DEPT
( P_DEPT_ID IN T_DEPT.DEPT_ID%TYPE )
IS
①
    V_DEPT_ID   T_DEPT.DEPT_ID%TYPE;
    V_DEPT_NAME T_DEPT.DEPT_NAME%TYPE;
BEGIN
②
  DBMS_OUTPUT.ENABLE;
③
  SELECT DEPT_ID, DEPT_NAME
    INTO V_DEPT_ID, V_DEPT_NAME
  FROM T_DEPT
  WHERE
    DEPT_ID = P_DEPT_ID;

④
  DBMS_OUTPUT.PUT_LINE('부서코드 : ' || V_DEPT_ID);
  DBMS_OUTPUT.PUT_LINE('부서이름 : ' || V_DEPT_NAME);
END;
```

해설 부서 테이블을 조회하기 위해서는 SELECT 구문을 이용해야 한다.

02 쿼리 성능 최적화 절차가 맞는 것을 고르시오.

① 옵티마이저 통계 확인 − 실행 계획 검토 − SQL 구문 식별 − SQL 구문 재구성 − 인덱스 재구성 − 실행 계획 유지관리

② SQL 구문 식별 − 옵티마이저 통계 확인 − 실행 계획 검토 − SQL 구문 재구성 − 인덱스 재구성 − 실행 계획 유지관리

③ 실행 계획 검토 − SQL 구문 식별 − 옵티마이저 통계 확인 − SQL 구문 재구성 − 인덱스 재구성 − 실행 계획 유지관리

④ 인덱스 재구성 − 실행 계획 검토 − SQL 구문 식별 − 옵티마이저 통계 확인 − SQL 구문 재구성 − 실행 계획 유지관리

해설 쿼리 성능 최적화 절차는 먼저, SQL 구문을 식별하고, 이후 옵티마이저 통계를 확인 − 실행 계획 검토 − SQL 구문 재구성 − 인덱스 재구성 − 실행 계획 유지관리의 순서로 진행한다.

부록

파이널 실전모의고사 1, 2회
2022 기출복원문제
2024 기출유형문제

01 디자인 패턴 중 구조 패턴인 것은?

① 파사드(Facade)　　② 커맨드(Command)

③ 반복자(Iterator)　　④ 빌더(Builder)

02 운영체제 성능 평가의 기준으로 올바르지 않은 것은?

① 처리 능력(Throughput)

② 반환 시간(Turn Around Time)

③ 사용가능도(Availability)

④ 사용량(Usage)

03 메모리 교체 정책 중 올바르지 않은 것은?

① LFU(Least Frequently Used)는 참조 횟수가 가장 적은 페이지를 교체하는 정책이다.

② LRU(Least Recently Used)는 참조된 시간 기준으로 가장 오래된 페이지를 교체하는 정책이다.

③ OPT(OPTimal replacement)는 가장 오래 사용한 페이지를 교체하는 정책이다.

④ NUR(Not Used Recently)는 최근에 사용하지 않은 페이지를 교체하는 방법이다.

04 문맥 교환의 절차로 올바른 것은?

① 인터럽트/시스템 호출 〉 커널모드 전환 〉 현재 프로세스 PCB 저장 〉 다음 프로세스 실행 〉 사용자 모드 전환

② 커널모드 전환 〉 현재 프로세스 PCB 저장 〉 인터럽트/시스템 호출 〉 다음 프로세스 실행 〉 사용자 모드 전환

③ 사용자 모드 전환〉 커널모드 전환 〉 현재 프로세스 PCB 저장 〉 다음 프로세스 실행 〉 인터럽트/시스템 호출

④ 현재 프로세스 PCB 저장 〉 다음 프로세스 실행 〉 사용자 모드 전환 〉 인터럽트/시스템 호출 〉 커널모드 전환

05 RR(Round Robin) 기법을 적용하여 작업 스케줄링을 할 때 다음 작업들의 평균 반환 시간은?

작업	도착시간	실행시간
A	0	8
B	1	4
C	2	9
D	3	5

① 12.25　　　　　② 15.25

③ 16.75　　　　　④ 18.25

06 외부 인터럽트의 종류로 올바르지 않은 것은?

① 전원 이상 인터럽트는 정전 또는 전원 이상에 의해 발생하는 인터럽트이다.

② 기계 착오 인터럽트는 CPU의 기능적인 오류 동작으로 발생하는 인터럽트이다.

③ 외부 신호 인터럽트는 0으로 나누기가 발생한 경우나 Overflow와 같이 기억 장소의 참조 및 프로그램상 오류로 발생하는 인터럽트이다.

④ 입/출력 인터럽트는 입출력 데이터의 오류 또는 이상 현상으로 발생하는 인터럽트이다.

07 다음에서 설명하는 알고리즘은 무엇인가?

- 가장 짧은 시간이 소요된다고 판단되는 프로세스를 먼저 수행
- 남은 처리 시간이 더 짧다고 판단되는 프로세스가 준비 큐에 생기면 언제라도 프로세스가 선점됨

① 라운드 로빈

② SRT

③ Multi-Level Queue

④ FCFS

08 UNIX에서 현재 프로세스의 상태를 확인할 때 사용하는 명령어는?

① ps   ② cp

③ chmod   ④ cat

09 다음 스케줄링 기법 중 비선점 스케줄링 기법이 아닌 것은?

① SRT(Shortest Remaining Time)

② FCFS(First Come First Serve)

③ HRN(Highest Response Ratio Next)

④ SJF(Shortest Job First)

10 교착 상태의 해결방안이 아닌 것은?

① 예방   ② 회피

③ 발견   ④ 분할

11 ARP, IGMP, ICMP는 OSI-7계층 중 어느 계층인가?

① 응용   ② 표현

③ 전송   ④ 네트워크

12 IP에 대한 설명이 틀린 것은?

① 인터넷에 연결된 모든 컴퓨터 자원을 구분하기 위한 고유한 주소이다.

② IPv4 주소 체계를 주로 사용하고 있으나 주소가 부족해짐에 따라 IPv6 주소체계를 사용하는 추세이다.

③ IPv4는 32비트, IPv6은 256비트로 구성되어 있다.

④ IPv4는 약 43억개의 주소를 생성할 수 있다.

13 객체 지향 모델링의 절차가 아닌 것은?

① 객체 모델링   ② 동적 모델링

③ 기능 모델링   ④ 상태 모델링

14 UML 다이어그램 중 전체 관계나 전체 클래스 소멸 시 부분 클래스도 함께 소멸되는 관계를 나타내는 것은?

① 의존 관계   ② 집합 연관 관계

③ 복합 연관 관계   ④ 실체화 관계

15 소프트웨어 아키텍처 프레임워크의 구성 요소가 아닌 것은?

① 이해관계자   ② 관심사

③ 관점   ④ 테이블

16 객체 지향 설계 원칙 중 자식 타입들은 부모 타입들이 사용되는 곳에 대체될 수 있어야 한다는 설계 원칙은 무엇인가?

① 단일 책임의 원칙(SRP: Single Response Principle)

② 개방 폐쇄 원칙(OCP: Open Closed Principle)

③ 리스코프 교체의 원칙(LSP: Liskov Substitution Principle)

④ 인터페이스 분리의 원칙(ISP: Interface Segregation Principle)

17 디자인 패턴 중 "복잡한 객체 생성 방법을 별도로 캡슐화하여 구현 시 동일한 과정으로 다양한 형태의 합성 객체를 얻을 수 있게 해주는 패턴"은?

① 어댑터(Adapter)   ② 브리지(Bridge)

③ 컴포지트(Composite)   ④ 빌더(Builder)

18 단위 모듈 테스트에서 블랙박스 테스트 방법으로 올바르지 않은 것은?

① 원인-결과 그래프 테스트

② 경계값 분석 테스트

③ 페어와이즈 테스트

④ 조건 검사(Condition) 테스트

19 하향식 통합 테스트 수행을 위해 일시적으로 필요한 조건만 가지고 임시로 제공되는 시험용 모듈의 명칭은?

① alpha   ② builder

③ cluster   ④ stub

20 형상관리의 절차로 올바른 것은?

① 형상 기록 〉 형상 통제 〉 형상 감사 〉 형상 식별

② 형상 통제 〉 형상 감사 〉 형상 식별 〉 형상 기록

③ 형상 식별 〉 형상 통제 〉 형상 감사 〉 형상 기록

④ 형상 통제 〉 형상 식별 〉 형상 감사 〉 형상 기록

2과목 프로그래밍 언어 활용

21 파이썬의 변수명으로 올바르지 않은 것은?

① int는 자연수를 포함해 값의 영역이 정수로 한정한 값이다

② float은 소수점이 포함된 값이다

③ list는 하나의 변수에 여러 값을 할당하는 자료형이다

④ tuple은 list와 같은 구성으로 [ ]로 표시한다.

22 Java 프로그래밍 언어의 정수 데이터 타입 중 long의 크기는?

① 1byte   ② 2byte

③ 4byte   ④ 8byte

23 유형별 연산자 중 왼쪽 값에서 오른쪽 값을 더하는 할당 연산자는 무엇인가?

① +=   ② =+

③ /=   ④ =/

24 C 언어에서 사용할 수 없는 변수명은?

① student2019   ② text-color

③ _korea   ④ amount

25 다음 파이썬으로 구현된 프로그램의 실행 결과로 옳은 것은?

```
>>> a = [0,10,20,30,40,50,60,70,80,90]
>>> a[:7:2]
```

① [20, 60]

② [60, 20]

③ [0, 20, 40, 60]

④ [10, 30, 50, 70]

26 절차적 프로그래밍 언어 중 과학 계산에서 필수적인 벡터, 행렬 기능 등이 포함된 과학 기술 전문 언어는?

① ALGOL   ② COBOL

③ C   ④ FORTRAN

27 응집도 척도 중 가장 높은 응집도는 무엇인가?

① 교환적 응집도   ② 순차적 응집도

③ 논리적 응집도   ④ 절차적 응집도

28 형상관리의 구성 요소 중 소프트웨어 개발 생명주기에 공식적으로 구현되어 형체가 있는 형상관리의 대상을 무엇이라 하는가?

① 기준선

② 형상 항목

③ 형상물

④ CCB(Configuration Control Board)

29 형상관리의 절차로 올바른 것은?

① 형상 식별 → 형상 기록 → 형상 감사 → 형상 통제

② 형상 기록 → 형상 통제 → 형상 감사 → 형상 식별

③ 형상 식별 → 형상 통제 → 형상 감사 → 형상 기록

④ 형상 식별 → 형상 통제 → 형상 기록 → 형상 감사

30 다음 C 언어의 결과값은?

```c
#include <stdio.h>

int main() {
int i;
int sum = 0 ;
for(i = 1; i <= 10 ; i = i+2) {
  sum = sum +i;
}
printf("%d" , sum);
}
```

① 15

② 19

③ 25

④ 27

31 C 언어에서 두 개의 논리값 중 하나라도 참이면 1을, 모두 거짓이면 0을 반환하는 연산자는?

① || ② &&

③ **   ④ !=

32 C 언어에서 정수와 변수 a, b에 각각 1, 2가 저장되어 있을 때 다음 식의 연산 결과로 옳은 것은?

```
a < b + 2 && a << 1 <= b
```

① 0

② 1

③ 3

④ 5

33 객체 지향 개념에서 공통 성질을 추출해 슈퍼 클래스로 구성하는 것을 무엇이라 하는가?

① Abstraction   ② Method

③ Inheritance   ④ Message

34 서버 보안 취약의 유형 중 웹 서버 사용자에 대한 입력값 검증이 미흡할 때 발생하는 취약점으로, 여러 사용자가 보는 게시판이나 메일 등에 악성 스크립트를 삽입하는 공격 기법은?

① SQL Injection
② 포맷 스트링 버그
③ 버퍼 오버플로
④ 크로스 사이트 스크립팅(XSS, Cross Site Scripting)

35 서버 보안을 위한 시큐어 코딩 방법이 아닌 것은?

① 입력 데이터 검증 및 표현
② 시간 및 상태
③ 에러 처리
④ 객체화

36 모듈화에 대한 설명으로 가장 거리가 먼 것은?

① 프로그램의 복잡도가 줄어든다.
② 시스템 개발 시 소프트웨어의 품질을 증대 시킬 수 있다.
③ 시스템 개발 시 시간과 노력을 절감할 수 있다.
④ 시스템의 디버깅과 수정이 복잡하고 어렵다.

37 결합도(Coupling)에 대한 설명으로 틀린 것은?

① 자료 결합도(Data Coupling)는 두 모듈이 매개변수로 자료를 전달할 때, 자료 구조 형태로 전달되어 이용될 때 데이터가 결합되어 있다고 한다.
② 내용 결합도(Content Coupling)는 하나의 모듈이 직접적으로 다른 모듈의 내용을 참조할 때 두 모듈은 내용적으로 결합되어 있다고 한다.
③ 공통 결합도(Common Coupling)는 두 모듈이 동일한 전역 데이터를 접근한다면 공통 결합되어 있다고 한다.
④ 결합도(Coupling)는 두 모듈 간의 상호작용 또는 의존도 정도를 나타내는 것이다.

38 HTML에 대한 설명이 올바르지 않은 것은?

① 〈head〉 웹 페이지의 정보, 문서에서 사용할 정보를 저장하는 태그
② 〈body〉 브라우저에 실제 표현되는 내용 넣는 태그
③ 〈title〉 웹 브라우저의 제목 표시줄 표시하는 태그
④ 〈meta〉 그룹해야 하는 내용이 있을 경우 적용하는 태그

39 자바스크립트의 특징이 아닌 것은?

① 객체 지향형 프로그래밍과 함수형 프로그래밍을 모두 표현할 수 있다.
② JVM(Java Virtual Machine)에서 작동한다.
③ 동적이며, 타입을 명시할 필요가 없는 인터프리터 언어이다.
④ 객체 기반의 스크립트 언어이다.

40 다음 자바 코드를 실행한 결과값은?

```
public class Main {
  public static void main(String[] args) {
    int i = 0, j = 3;
    while(i < 5){
      i = i + 1;
  } j = j * i;
    System. out.println(j);
  }
}
```

① 10
② 15
③ 20
④ 25

41 무결성의 종류 중 다양하게 정의될 수 있는 비즈니스 규칙이 데이터적으로 일관성을 유지하는 성질을 설명한 것은?

① 참조 무결성 ② 정보 무결성
③ 개체 무결성 ④ 사용자 정의 무결성

42 키(Key)에 대한 설명으로 틀린 것은?

① 레코드를 유일하게 식별할 수 있는 하나 또는 그 이상의 속성 집합을 슈퍼 키라 한다.
② 레코드를 유일하게 구분할 수 있도록 최적화한 필드 집합을 후보 키라 한다.
③ 대체 키는 여러 개의 후보 키 중 기본 키로 선정되고 남은 키이다.
④ 외래 키는 유일성과 최소성을 갖는다.

43 가장 먼저 삽입된 자료가 가장 먼저 삭제되는 선입선출(FIFO: First In First Out) 방식의 자료 처리 구조는 무엇인가?

① Queue ② Graph
③ Stack ④ Tree

44 다음 이진 트리에 대한 Post-order 운행 결과는?

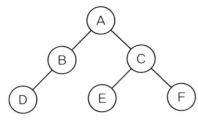

① A B C D E F ② D B A E C F
③ D B E F C A ④ A B D C E F

45 n개의 정점으로 구성된 방향 그래프의 최대 간선 수는?

① n(n-1) ② $\frac{n(n-1)}{2}$
③ $\frac{n-2}{2}$ ④ n-5

46 다음 후위(Postfix) 표기법을 전위(Prefix) 표기법으로 옳게 표현한 것은?

A B C + + * D / E -

① - / * A + B C D E
② - + * A B / C D E
③ - + * A B C / D E
④ - / * A B + C D E

47 다음 트리의 차수(degree)는?

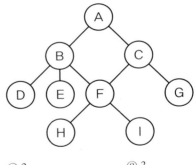

① 2 ② 3
③ 4 ④ 5

48 E-R 다이어그램에서 개체 타입을 의미하는 것은?

①  ②
③  ④

49 정규화 과정에서 A → B이고 B → C일 때 A → C인 관계를 제거하는 단계는?

① 1NF → 2NF

② 2NF → 3NF

③ 3NF → BCNF

④ BCNF → 4NF

50 데이터베이스 스키마의 종류를 잘못 설명한 것은?

① 외부 스키마는 사용자나 응용프로그래머 입장에서 논리적으로 데이터베이스 구조를 정의한다.

② 개념 스키마는 실제로 데이터베이스에 저장될 레코드의 물리적인 구조를 정의한다.

③ 내부 스키마는 사용자나 응용 프로그래머가 사용할 수 있도록 데이터베이스를 정의한다.

④ 개념 스키마는 모든 응용 프로그램이나 사용자들이 필요로 하는 데이터를 종합한 것이다.

51 논리 데이터 모델을 물리 데이터 모델로 변환하는 방법 중 보기에 해당하는 것은?

> – 시스템의 성능 향상과 개발 과정의 편의성, 운영의 효율성을 위해 수행한다.
> – 중복 테이블 추가, 테이블 조합, 테이블 분할, 테이블 제거, 컬럼 중복화 등의 방법을 수행한다.

① 속성-컬럼 변환

② 반정규화

③ 개체-테이블 변환

④ 관계-외래 키 변환

52 데이터 정의어(DDL)에서 열삭제를 명령하는 ALTER 문장으로 올바른 것은?

① ALTER TABLE 테이블_이름 DROP 열_이름;

② ALTER TABLE 테이블_이름 MODIFY 열_이름 데이터_타입 [DEFAULT 값];

③ DROP TABLE 테이블 이름;

④ ALTER TABLE 테이블_이름 ADD 열_이름 데이터_타입 [DEFAULT 값];

53 데이터 조작어(DML) 구문에 대한 설명으로 옳지 않은 것은?

① INSERT: 테이블에 새로운 데이터를 입력할 때 사용한다.

② DELETE: 테이블에 데이터를 삭제할 때 이용하며 한번 삭제한 데이터는 되돌릴 수 없다.

③ UPDATE: 테이블에 특정 조건에 부합하는 튜플에 대한 변경 시 이용한다.

④ SELECT: 테이블의 데이터를 조회 시 이용한다.

54 트랜잭션의 동시성을 제어하지 않을 경우 발생하는 문제점이 아닌 것은?

① 갱신 손실

② 현황 파악 오류

③ 보안 취약성

④ 연쇄 복귀

55 동시성 제어 기법 중 트랜잭션이 어떠한 검증도 수행하지 않고 트랜잭션을 수행한 후, 종료 시에 검증을 수행해 데이터베이스에 반영하는 기법은?

① 2PL(Two-Phase Locking)

② 타임스탬프 순서(Timestamp Odering)

③ 다중 버전 동시성 제어(MVCC: Multi-Version Concurrency Control)

④ 낙관적 검증(Validation)

56 관계 대수에서 Project 연산자 기호에 해당하는 것은?

① ÷   ② ⋈

③ π   ④ ∩

57 뷰(view)에 대한 설명으로 옳지 않은 것은?

① 실제 저장된 데이터 중에서 사용자가 필요한 내용만을 선별해서 볼 수 있다.

② 데이터 접근 제어로 보안을 제공한다.

③ 뷰를 제거할 때는 DELETE문을 사용한다.

④ 실제로는 존재하지 않는 가상의 테이블이다.

58 인덱스에 대한 설명으로 옳지 않은 것은?

① 인덱스는 삭제 시 DELETE문을 사용한다.

② 인덱스는 변경할 수 있으며 ALTER INDEX문을 사용한다.

③ 인덱스는 여러 개 생성할 수 있다.

④ 인덱스는 데이터를 빠르게 찾을 수 있는 수단으로, 테이블의 조회 속도를 높여주는 자료 구조다.

59 데이터 조작문의 유형으로 옳지 않은 것은?

① SELECT ~ FROM ~ WHERE ~

② INSERT INTO ~ VALUES ~

③ DELETE ~ FROM ~ WHERE ~

④ UPDATE ~ FROM ~ WHERE

60 버블 정렬을 이용한 오름차순 정렬 시 다음 자료에 대한 1회전 후 결과는?

> 8, 6 ,7 ,3, 5

① 3, 5, 6, 7, 8

② 6, 3, 5, 7, 8

③ 6, 7, 3, 5, 8

④ 8, 7, 6, 5, 3

정보처리산업기사 필기 파이널 실전 모의고사 2회

1과목 정보시스템 기반 기술

01 메모리 관리의 필요성에 대한 설명으로 옳지 않은 것은?

① 주기억장치의 크기에 제한이 없어 효율적인 멀티 프로그래밍이 가능한가?

② 다수의 사용자가 주기억장치를 동적으로 공유할 수 있는가?

③ 프로그램의 전체를 주기억장치에 적재해야 실행이 가능한가?

④ 주기억장치 용량보다 더 넓은 가상 기억 공간을 확보할 수 있는가?

02 프로세스 대기 상태에 대한 설명으로 옳은 것은?

① 프로세스가 CPU를 할당받아 동작 중인 상태이다.

② 프로세스 실행 중 입출력 처리 등으로 인해 CPU를 양도하고 입출력 처리가 완료될 때까지 기다리는 상태이다.

③ 프로세스가 CPU를 할당받을 수 있는 상태이다.

④ 프로세스가 생성된 후 아직 CPU를 할당받지 않은 상태이다.

03 순차적 지역성에 대한 설명으로 옳은 것은?

① 주기억장치에서 CPU가 요청한 주소 지점에 인접한 데이터들이 앞으로 참조될 가능성이 높은 현상이다.

② 최근 사용된 데이터가 앞으로도 참조될 가능성이 높은 현상이다.

③ 분기가 없는 한 데이터가 기억장치에 저장된 순서대로 순차적으로 인출되고 실행될 가능성이 높은 현상이다.

④ Trashing 현상을 방지하기 위해 적용되는 알고리즘에 이용된다.

04 캡슐화(Encapsulation)에 대한 설명으로 옳은 것은?

① 송신 측으로부터 전송하는 데이터의 양이나 속도를 조절하는 기능을 제공한다.

② 주소, 오류 검출 코드, 프로토콜 제어 정보 등의 정보를 전송하려는 데이터에 헤더를 붙이는 것을 말한다.

③ 두 시스템 간 데이터를 교환할 때 연결을 설정하고, 연결 설정, 데이터 전송, 연결 해제 등의 제어를 할 수 있다.

④ 통신 선로 하나에서 여러 시스템이 동시에 통신할 수 있는 기능이다.

05 UDP(User Datagram Protocol)의 특징에 대한 설명으로 옳은 것은?

① 연결 지향형 프로토콜로 신뢰성을 보장하기 위해 오류 제어를 제공한다.

② 데이터가 정확히 도달했는지 확인하는 절차가 있으며, 재전송 기능을 지원한다.

③ 고정 크기의 8바이트 헤더를 사용하여 단순한 헤더 구조를 가지고 있다.

④ 슬라이딩 윈도우를 사용하여 흐름 제어를 제공한다.

06 IPv6의 특징에 대한 설명으로 옳은 것은?

① 32비트 주소 체계를 사용하며, 주소의 길이가 짧아 관리가 용이하다.

② 보안 기능을 기본적으로 제공하지 않으며, 별도의 프로토콜 설치가 필요하다.

③ IPv4와 달리 플러그 앤 플레이 기능을 지원하며, 자동 구성 기능이 있다.

④ 8비트씩 4부분으로 나누어 10진수로 표시한다.

07 자료 흐름도(DFD: Data Flow Diagram)의 구성 요소에 대한 설명으로 옳은 것은?

① 프로세스는 시스템과 교신하는 외부 개체를 나타내며, 사각형(□)으로 표시한다.

② 데이터 흐름은 데이터가 저장된 장소를 나타내며, 평행선(=)으로 표시한다.

③ 데이터 저장소는 데이터가 저장된 장소를 나타내며, 평행선(=)으로 표시한다.

④ 단말(Terminator)은 데이터를 원하는 형태로 출력하기 위한 과정이며, 원(○)으로 표시한다.

08 다음 UML의 행위(동적) 다이어그램에 해당하는 것은?

① 배치 다이어그램(Deployment Diagram)

② 유스케이스 다이어그램(Use Case Diagram)

③ 객체 다이어그램(Object Diagram)

④ 클래스 다이어그램(Class Diagram)

09 시나리오 기반 평가 모델에 해당하는 것은?

① ATAM(Architecture Tradeoff Analysis Method)

② CBAM(Cost Benefit Analysis Method)

③ ARID(Architecture Review for Intermediate Design)

④ ADR(Active Design Review)

10 단일 책임 원칙(SRP: Single Responsibility Principle)에 대한 설명으로 옳은 것은?

① 시스템의 모든 객체는 하나의 책임만을 가지며, 객체가 제공하는 모든 서비스는 그 하나만의 책임을 수행해야 한다.

② 소프트웨어 개체는 확장에 열려 있고, 수정에 닫혀 있어야 한다.

③ 자식 타입은 부모 타입이 사용되는 곳에 대체될 수 있어야 한다.

④ 높은 레벨의 모듈은 낮은 레벨의 모듈에 의존하지 않고, 추상에 의존해야 한다.

11 구조 패턴(Structural Pattern)에 해당하는 것은 무엇인가?

① 팩토리 메소드(Factory Method)

② 커맨드(Command)

③ 상태(State)

④ 데코레이터(Decorator)

12 단위 모듈의 설계 원리에 해당하지 않는 것은?

① 정보 은닉(Information Hiding)

② 자료 추상화(Data Abstraction)

③ 단위 모듈의 통합(Integration of Unit Modules)

④ 분할과 정복(Divide & Conquer)

13 통합 테스트의 수행 방법 중 비점증적 방법에 해당하는 것은?

① 상향식 통합 테스트

② 하향식 통합 테스트

③ 깊이-우선 통합 테스트

④ 빅뱅 통합 테스트

14 테스트 결함 관리에서 프로세스의 결함을 수정하여 확인 테스트 수행 후 조치 완료 상태로 설정하는 단계는?

① 에러 분석

② 결함 조치

③ 결함 조치 검토 및 승인

④ 결함 할당

15 UI 설계 원칙에 해당하지 않는 것은?

① 직관성: 누구나 쉽게 이해하고 사용할 수 있어야 함

② 학습성: 사용자가 시스템을 통해 경험하는 총체적 경험

③ 유효성: 사용자의 목적을 정확하게 달성하여야 함

④ 유연성: 사용자의 요구사항을 최대한 수용하며, 오류를 최소화하여야 함

16 형상관리의 역할에 해당하지 않는 것은?

① 이전 리비전이나 버전에 대한 정보에 접근 가능하며, 배포본 관리에 유용하다.

② 동일 프로젝트에 대해 여러 개발자가 동시에 개발할 수 있다.

③ 모든 프로젝트 파일을 자동으로 수정하고 업데이트한다.

④ 에러 발생 시 복구가 가능하다.

17 형상관리 도구의 체크아웃(Check-Out) 기능에 대한 설명으로 옳은 것은?

① 수정 완료한 파일을 저장소에 새로운 버전으로 갱신 및 저장하는 기능

② 저장소에 있는 파일을 로컬에 다운로드하는 기능

③ 저장소에 있는 파일의 이전 버전과 차이점을 비교하는 기능

④ 파일 또는 디렉터리를 버전 관리 대상으로 추가하는 기능

18 형상관리 절차에서 형상 식별에 해당하는 활동으로 옳은 것은?

① 변경 요구 관리와 변경 제어를 지원하는 활동

② 베이스라인 변경 시 요구사항과 일치 여부를 검토하는 활동

③ 형상관리 대상을 정의하고 추적성을 부여하기 위해 ID 관리 번호를 부여하는 활동

④ 소프트웨어 형상 및 변경 관리에 대한 수행 결과를 기록하는 활동

19 Jenkins에 대한 설명으로 옳은 것은?

① 소스 코드를 .war나 .jar로 압축하여 실행 파일로 만드는 도구

② 정해진 라이프 사이클에 따라 작업을 수행하며, 전반적인 프로젝트 관리 기능을 포함하는 도구

③ Java 기반의 오픈 소스 빌드 자동화 도구로, 지속적 통합 관리(CI)를 지원하는 도구

④ 안드로이드 앱 개발 환경에서 사용 가능한 빌드 자동화 도구로, Groovy로 작성된 스크립트를 사용하는 도구

20 릴리즈 노트 작성 항목에 포함되지 않는 것은?

① 문서 이름, 제품 이름, 버전 번호, 릴리즈 날짜 등을 포함하는 헤더

② 버그 발견에 따른 재현 단계 기술

③ 제품의 설치 방법 및 업그레이드 항목 메모

④ 소스 코드 파일을 컴파일하여 애플리케이션 단위로 변환하는 과정

21 다음 중 C 언어에서 사용할 수 없는 변수명은?

① student11

② text-size

③ _korea

④ amount

22 Java에서 기본 데이터 타입(primitive data type)에 해당하지 않는 것은 무엇인가?

① int

② string

③ double

④ boolean

23 다음 java 코드의 실행 결과는 무엇인가?

```java
public static void main() {
 int x = 1, y = 6;
 while(y--) {
  x++;
 }
 System.out.println("x =" + x
+ "y =" +y);
}
```

① x = 7, y = 0

② x = 6, y = -1

③ x = 7, y = -1

④ Unresolved compilation problem 오류 발생

24 다음 중 파이썬의 튜플에 대한 설명으로 옳지 않은 것은?

① 튜플은 변경이 불가능하다.

② 튜플은 소괄호로 정의된다.

③ 튜플은 리스트와 같이 중첩이 가능하다.

④ 튜플은 단일 요소를 가질 수 없다.

25 C 언어에서 scanf( ) 함수의 역할은 무엇인가?

① 값을 출력한다.

② 값을 입력받는다.

③ 메모리를 할당한다.

④ 변수의 주소를 반환한다.

26 다음 중 객체 지향 프로그래밍 언어의 특징이 아닌 것은?

① 캡슐화

② 상속성

③ 불변성

④ 다형성

27 파이썬에서 input( ) 함수는 어떤 타입을 반환하는가?

① 정수형

② 부동 소수점형

③ 문자열형

④ 불리언형

28 다음 중 Java에서 객체를 생성하는 방법으로 옳은 것은?

① new 연산자를 사용한다.

② malloc( ) 함수를 사용한다.

③ assign( ) 함수를 사용한다.

④ create( ) 메서드를 사용한다.

29 C 언어에서 포인터란 무엇을 저장하는 변수인가?

① 변수의 값

② 메모리 주소

③ 함수의 반환 값

④ 상수

30 다음 중 Java의 접근 제한자가 아닌 것은?

① public

② protected

③ static

④ private

31 파이썬에서 lambda 함수의 특징은 무엇인가?

① 멀티스레딩을 지원한다.

② 이름 없는 익명 함수를 정의한다.

③ 클래스 메서드를 정의한다.

④ 패키지 내에서 모듈을 참조한다.

32 다음 중 Java에서 문자열을 비교할 때 사용하는 메서드는?

① compare( )

② equals( )

③ match( )

④ check( )

33 파이썬의 리스트와 관련하여 옳지 않은 것은?

① 리스트는 변경 가능하다.

② 리스트는 중복된 값을 가질 수 없다.

③ 리스트는 대괄호로 정의된다.

④ 리스트는 다양한 데이터 타입을 가질 수 있다.

34 Java의 메소드 오버로딩(Overloading)이란 무엇인가?

① 동일한 이름의 메서드를 여러 개 정의하는 것

② 상속받은 메서드를 재정의하는 것

③ 생성자를 정의하는 것

④ 인터페이스를 구현하는 것

35 C 언어에서 for 반복문은 주로 어떤 경우에 사용되는가?

① 무한 반복을 위해

② 조건에 따라 한 번 실행하기 위해

③ 특정 횟수만큼 반복하기 위해

④ 파일을 읽기 위해

36 Python의 예외 처리 방법으로 옳은 것은?

① throw-catch

② raise-try

③ throw-finally

④ try-except

37 파이썬의 데이터 타입이 아닌 것은?

① int   ② float

③ boolean   ④ bit

38 Java에서 메서드의 반환값이 없는 경우 사용하는 키워드는?

① return   ② void

③ null   ④ empty

39 C 언어에서 #define은 무엇을 정의하는 데 사용되는가?

① 함수   ② 매크로

③ 클래스   ④ 튜플

40 Python에서 리스트의 길이를 반환하는 함수는?

① length( )   ② len( )

③ size( )   ④ count( )

3과목 데이터베이스 활용

41 스키마 변환은 스키마 설계를 통해 만들어진 릴레이션을 바람직한 형태의 릴레이션으로 변환하는 과정이다. 스키마 변환의 세 가지 원리에 해당하지 않는 것은?

① 분리의 원칙   ② 최소 데이터 중복성

③ 정보 표현의 무손실 ④ 모델 중심 설계

42 제2정규형에서 제3정규형으로 수행 시 작업으로 옳은 것은?

① 이행 함수 종속성 제거

② 다치 종속 제거

③ 모든 결정자가 후보 키가 되도록 분리

④ 부분 함수 종속성 제거

43 학생 테이블에서 2학년 계절학기 과목의 출석이 3회 미만인 학생의 점수를 0점으로 변경하는 SQL문으로 올바른 것은?

① UPDATE 학생 SET 점수 = 0 WHERE 학년 = 2 and 과목 ="계절학기" AND 출석 〈3 ;

② SELECT 점수 FROM 학생 WHERE 학년 = 2 and 과목 ="계절학기" AND 출석 〈3 ;

③ UPDATE 점수 SET 학생 = 0 WHERE 학년 = 2 and 과목 ="계절학기" AND 출석 〈3 ;

④ SELECT 학생 FROM 점수 WHERE 과목 ="계절학기" AND 출석 〈3 ;

44 학생 테이블에서 어떤 학과들이 있는지 검색하는 SQL명령은? (단, 중복 데이터가 없도록 한다)

① SELECT * FROM 학생;

② SEELCT DISTINCT 학과 FROM 학생;

③ SELECT UNION ALL 학과 FROM 학생;

④ SELECT ONLY 학과 FROM 학생

45 트랜잭션의 특성으로 옳지 않은 것은?

① 원자성은 트랜잭션 안에 정의된 연산은 모두 실행되거나 실행되지 않아야 하는 특성이다.

② 고립성은 트랜잭션 실행 중 다른 트랜잭션의 영향을 받지 않는 특성이다.

③ 영속성은 트랜잭션의 결과는 항상 동일하게 보존 된다는 특성이다.

④ 일관성은 하나의 트랜잭션이 정상적으로 종료된 상태적 특성이다.

46 SQL에서 테이블 수정에 사용하는 명령어는?

① CREATE   ② SELECT

③ DROP   ④ ALTER

47 다음 그림과 같은 자료구조의 연결리스트는 무엇인가?

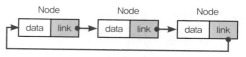

① 스택

② 원형 연결 리스트

③ 이중 연결 리스트

④ 단순 연결 리스트

48 해시 테이블의 구성 요소와 설명으로 올바르지 않은 것은?

① 버킷 - 하나의 주소를 갖는 파일의 한 구역

② 오버플로 - 계산된 주소를 버킷내에 저장할 기억 공간이 없는 상태

③ 시노님 - 같은 주소를 갖는 버킷의 집합

④ 슬롯 - 1개의 레코드를 저장할 수 있는 공간

49 다음 이진 트리에 대한 INORDER 운행 결과는?

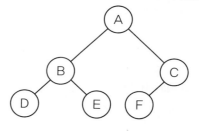

① D B E A F C

② A B C D E F

③ A B D E C F

④ F C A D E B

50 다음 순수 관계 연산자 중 파이라고 읽으며 속성을 추출 시 사용하는 연산자는?

① π ② $\bowtie$

③ $\div$ ④ σ

51 다음에서 설명하는 데이터베이스의 값은 무엇인가?

> 아직 알려지지 않거나 모르는 값으로 정보 부재(값이 없음)를 나타내기 위해 사용하는 특수한 데이터 값

① 참조값(Reference value)
② 원자값(Atomic value)
③ 널값(Null value)
④ 공백(Blank value)

52 리스트 자료 구조의 연결 리스트에서 마지막 노트 포인트 필드의 값은?

① Data
② Link
③ Null
④ Next node

53 시스템 카탈로그에 대한 설명으로 옳지 않은 것은?

① 데이터 사전이라고도 부른다
② 시스템 카탈로그에 저장된 내용을 메타 데이터라고 한다.
③ 일반 사용자는 시스템 카탈로그를 검색할 수 없다.
④ 시스템이 필요로 하는 스키마 및 객체에 대한 정보를 포함하고 있는 시스템 데이터베이스 이다.

54 E-R 다이어그램에서 이중 타원이 의미하는 것은?

① 기본 키 속성
② 다중 값 속성
③ 복합 속성
④ 개체 타입 속성

55 뷰(View)에 대한 설명으로 옳지 않은 것은?

① 데이터의 논리적 독립성을 제공한다.
② 뷰는 하나 이상의 기본 테이블로부터 유도되어 만들어지는 가상 테이블이다.
③ 삽입, 삭제, 갱신 연산에 제한이 없다.
④ SQL에서 뷰를 생성할 시 CREATE를 사용한다.

56 자료가 다음과 같을 때 삽입(Insertion) 정렬을 이용해 오름차순 정렬할 경우 2회전을 수행한 결과는?

> 자료 : 8, 5, 6, 1, 4

① 5, 8, 6, 1, 4
② 5, 6, 8, 1, 4
③ 1, 5, 6, 8, 4
④ 1, 4, 5, 6, 8

57 다음 SQL문을 올바르게 설명한 것은?

```
SELECT *
FROM 학생
WHERE 이름 LIKE '박%';
```

① 이름이 '박'으로 끝나는 테이블 데이터를 조회한다.
② 이름이 '박'으로 시작하는 테이블 데이터를 조회한다.
③ 이름이 '박'이면 데이터를 삭제한다.
④ 이름이 '박'으로 시작하면 데이터를 수정한다.

58 다음 보기에서 설명하는 데이터베이스 스키마의 종류는 무엇인가?

> – 실제 데이터베이스에 저장될 레코드의 물리적인 구조를 저장하고, 저장 데이터 항목의 표현 방법, 레코드 등의 물리적 순서 등을 정의한다.
> – 사용자나 응용 프로그래머가 사용할 수 있도록 데이터베이스를 정의한다.

① 메타 스키마
② 외부 스키마
③ 내부 스키마
④ 개념 스키마

59 동시성 제어 기법인 로킹에 대한 설명으로 옳지 않은 것은?

① 트랜잭션이 사용하는 자원에 대해 상호배제 기능을 제공하는 기법이다.

② 한 번에 로킹할 수 있는 객체의 크기를 로킹 단위라고 한다.

③ 로킹의 단위가 작아지면 공유도는 작아진다.

④ 데이터베이스, 파일, 레코드 등은 로킹 단위가 될 수 있다.

60 다음과 같은 그래프에서 정점과 간선의 개수는?

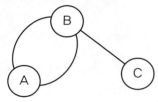

① 정점 : 1, 간선 : 3

② 정점 : 2, 간선 : 2

③ 정점 : 3, 간선 : 3

④ 정점 : 2, 간선 : 1

정답

1	2	3	4	5	6	7	8	9	10
①	④	③	①	④	③	②	①	①	④
11	12	13	14	15	16	17	18	19	20
④	③	④	③	④	③	④	④	④	③
21	22	23	24	25	26	27	28	29	30
④	④	①	②	③	④	③	③	③	③
31	32	33	34	35	36	37	38	39	40
①	②	①	④	④	④	①	④	②	②
41	42	43	44	45	46	47	48	49	50
④	④	①	③	①	①	②	①	③	②
51	52	53	54	55	56	57	58	59	60
②	①	②	③	④	③	③	①	④	③

해설

1과목 정보시스템 기반 기술

01 디자인 패턴의 구조 패턴에는 어댑터(Adapter), 브리지(Bridge), 컴포지트(Composite), 데코레이터(Decorator), 파사드(Facade), 플라이웨이트(Flyweight), 프록시(Proxy)가 있다.

02 ④번의 사용량은 성능 평가의 기준이 아니다. 성능 평가의 기준으로는 처리시간, 반환시간, 사용가능도, 신뢰도의 네 가지가 있다.

03 ③번의 OPT(OPTimal replacement)는 가장 오랫동안 사용하지 않을 페이지를 교체하는 정책이다.

04 문맥 교환은 현재 사용 중인 프로세스에 인터럽트/시스템 신호를 호출해 커널모드로 전환하고 PCB에 프로세스 정보를 저장한 후 그 다음 실행할 프로세스 상태를 가져와 사용자 모드로 전환한다.

05

0	4	8	12	16	20	24	25	26
작업 A	작업 B	작업 C	작업 D	작업 A	작업 C	작업 D	작업 C	

A는 0초에 도착해 20초에 실행이 끝나, 총 20초가 소요됐다. B는 1초에 도착해 8초에 실행이 끝나, 총 7초가 소요됐다. C는 2초에 도착해 26초에 실행이 끝나, 총 24초가 소요됐다. D는 3초에 도착해 25초에 실행이 끝나, 총 22초가 소요됐다. 정리하면 평균 반환 시간은 (20+7+24+22)/4 = 18.25초이다.

06 ③번의 0으로 나누기가 발생한 경우나 Overflow 또는 Underflow와 같이 기억 장소의 참조 및 프로그램상 오류로 발생하는 인터럽트는 프로그램 검사 인터럽트이다.

07 ②번의 SRT 알고리즘은 가장 짧은 시간이 소요된다고 판단되는 프로세스를 먼저 수행하는 알고리즘으로 SJF 스케줄링과 라운드 로빈 스케줄링을 혼합한 방식이다.

08 ②번의 cp는 복사 명령어, ③번의 chmod는 파일에 대한 개인, 그룹, 타인의 접근 권한을 변경하는 명령어, ④번의 cat은 파일의 내용을 화면에 출력하는 명령어이다.

09 ①번의 SRT(Shortest Remaining Time) 스케줄링은 가장 짧은 시간이 소요된다고 판단되는 프로세스를 먼저 수행하는 선점 스케줄링 기법이다.

10 ①번의 예방(Prevention)은 상호 배제 조건, 점유와 대기 조건, 비선점 조건 및 환형 대기 조건을 부정하는 방법이며, ②번의 회피(Avoidance)는 교착 상태의 발생 조건을 없애기보다는 발생하지 않도록 적용하는 방법이다. ③번의 발견(Detection)은 시스템의 상태를 감시 알고리즘으로 교착 상태를 검사하는 방법이다.

11 ④번의 네트워크 계층은 송·수신자 간 논리적 주소를 지정하고 데이터를 전달해 라우팅을 수행할 수 있도록 지원하는 계층으로 ARP, IGMP, ICMP와 같은 종류가 있다.

12 IPv6는 128비트로 구성되어 있다.

13 객체 지향 모델링의 절차는 객체 모델링, 동적 모델링, 기능 모델링의 세 단계로 진행된다.

14 ①번의 의존 관계는 클래스의 변화가 다른 클래스에 영향을 주는 관계를 나타내며, ②번의 집합 연관 관계는 클래스와 클래스 간의 부분과 전체의 관계를 나타낸다. ④번의 실체화 관계는 하나의 객체가 다른 객체에 의해 실행되는 인터페이스 관계를 표현한 것이다.

15 소프트웨어 아키텍처 프레임워크는 Architecture Description(AD), 이해관계자(Sstakeholder), 관심사(Concerns), 관점(viewpoint), 뷰(view)로 구성된다.

16 ①번의 단일 책임의 원칙(SRP: Single Response Principle)은 시스템의 모든 객체는 하나의 책임만을 가지며 객체가 제공하는 모든 서비스는 그 하나만의 책임을 수행해야 한다는 설계 원칙이다. ②번의 개방 폐쇄 원칙(OCP: Open Closed Principle)은 소프트웨어 개체(Classes, Modules, Function)는 확장에 열려 있고 수정에 닫혀 있어야 한다는 설계 원칙이다. ④번의 인터페이스 분리의 원칙(ISP: Interface Segregation Principle)은 어떤 클래스가 다른 클래스에 종속될 때는 최소한의 인터페이스만을 사용해야 한다는 설계 원칙으로 클라이언트는 자신이 사용하지 않는 인터페이스 때문에 영향을 받아선 안 된다는 원칙이다.

17 ①번의 어댑터(Adapter) 패턴은 호환성이 없는 객체 간의 인터페이스를 이용해 작동하는 패턴이며, ②번의 브리지(Bridge) 패턴은 구현부에서 추상층을 분리해 결합도를 약화하는 패턴이다. ③번의 컴포지트(Composite) 패턴은 계층적 복합 객체를 트리 구조로 구성하고 각 요소들을 동일한 방식으로 사용하는 구조 패턴이다.

18 ④번의 조건 검사(Condition) 테스트는 화이트 박스 테스트이다. 화이트 박스 테스트 방법에는 제어 구조(Control Structure), 기본 경로(Basic Path), 루프(Loop), 조건 검사(Condition), 데이터 흐름(Data Flow)이 있다.

19 하위 더미 모듈은 스텁(Stub), 상위 더미 모듈은 드라이버(Driver)이다.

20 형상관리는 형상관리 대상을 정의 및 식별하고 해당 항목에 추적성을 부여하기 위해 ID 관리 번호를 부여한다. 또한, 형상 통제 시 변경 요구 관리, 변경 제어, 형상관리 등의 통제도 지원한다. 형상 식별 시에는 베이스라인 변경 시 요구사항과 일치 여부를 검토하며 소프트웨어 형상 및 변경 관리에 대한 수행 결과를 기록한다.

2과목 프로그래밍 언어 활용

21 ④번의 tuple은 list와 같은 구성이지만, 데이터를 변경할 수 없는 자료 구조 의미로 ( )를 사용한다.

22 Java 프로그래밍 언어의 정수 데이터 타입 중 long의 크기는 8byte이다.

23 할당 연산자는 다음과 같다.
+= : 왼쪽 값에 오른쪽 값을 더해서 넣는다.
-= : 왼쪽 값에 오른쪽 값을 빼서 넣는다.
*= : 왼쪽 값에 오른쪽 값을 곱해서 넣는다.
/= : 왼쪽 값에 오른쪽 값으로 나누어 몫을 넣는다.

%= : 왼쪽 값에 오른쪽 값으로 나누어 나머지를 넣는다.

24 C 언어의 변수명은 알파벳, 숫자, 언더바(_)로 구성되어야 하며 하이픈(-)을 사용할 수 없다.

25 여러 수를 담을 때는 [시작위치:종료위치:단계]로 표현한다.
a[시작 번호:끝 번호]에서 끝 번호 부분을 생략하면 시작 번호부터 그 문자열의 끝까지 추출한다.
a[시작 번호:끝 번호]에서 시작 번호를 생략하면 문자열의 처음부터 끝 번호까지 추출한다.

26 ①번의 ALGOL 언어는 알고리즘 연구 개발을 위해 개발되었고, ②번의 COBOL 언어는 효율적인 사무 처리를 위해 개발, ③번의 C 언어는 유닉스 운영체제에서 사용하기 위해 개발한 프로그래밍 언어이다.

27 응집도는 기능적 < 순차적 < 교환(통신)적 < 절차적 < 시간적 < 논리적 < 우연적 순으로 높다.

28 ①번의 기준선은 각 형상 항목들의 기술적 통제 시점, 모든 변화를 통제하는 시점의 기준이며, ②번의 형상 항목은 소프트웨어 생명주기에 공식 정의되어 관리되는 대상이다. ④번의 CCB(Configuration Control Board)는 형상관리에 대한 전략과 통제 등 전반적인 관리 통제를 하는 조직이다.

29 형상관리의 절차는 ③번의 형상 식별 → 형상 통제 → 형상 감사 → 형상 기록의 순으로 진행된다.

30 for(i = 1; i <= 10 ; i = i+2) sum = sum +i;
❶ i = i+2
i가 매 회 2씩 증가 : i 값은 1, 3, 5, 7, 9로 변경
❷ i <= 10
for 문은 5번 반복 과정 작동
❸ sum = sum +i;
sum 값은 1, 4, 9, 16, 25로 변경
→ 최종적으로 sum은 25를 출력한다.

31 ①번의 논리 OR 연산자(||)는 두 조건이 하나라도 참이면 전체 조건을 참(1)으로 평가한다. 모든 조건이 거짓일 때만 거짓(0)으로 평가한다. ②번의 논리 AND(&&) 연산자는 두 조건이 모두 참일 때만 전체 조건을 참으로 평가한다. ③번의 ** 연산자는 C 언어에 없으며,

④번의 부등호 연산자(!=)는 두 값이 서로 다르면 참(true), 같으면 거짓(false)을 반환한다.

32 ❶ b + 2 계산
b는 2이고, 여기에 2를 더하면 결과는 4이다. 따라서 식은 a < 4 && a << 1 <= b로 변환된다.
❷ a < 4 계산
변수 a는 1이므로 1 < 4는 참이다. 따라서 이 부분의 결과는 1이다.
❸ a << 1 계산
비트 이동 연산자 <<는 왼쪽으로 비트를 이동시키는 연산이다. a는 1이며, 이진수로 표현하면 0001이다. 왼쪽으로 1비트 이동하면 0010이 되며, 이는 십진수로 2이다. 따라서 a << 1의 결과는 2이다.
❹ a << 1 <= b 계산
a << 1의 결과는 2이고, b 역시 2이다. 2 <= 2는 참이다. 따라서 이 부분의 결과는 1이다.
❺ 논리 AND(&&) 연산
논리 AND 연산자는 양쪽 피연산자가 모두 참일 때만 참이 된다. 첫 번째 조건 a < 4는 참(1)이다. 두 번째 조건 a << 1 <= b도 참(1)이다. 따라서 최종 결과는 1이다.

33 ②번의 Method는 객체의 행위로 클래스에서 생성된 객체를 사용하는 방법이며, ③번의 Inheritance는 이미 정의되어 있는 상위 클래스(슈퍼 클래스) 혹은 부모 클래스의 모든 속성을 하위 클래스가 물려 받는 것이며, ④번의 Message는 객체들 사이에서 정보 교환을 위한 수단이다.

34 ①번의 SQL Injection은 응용 프로그램 보안상의 허점을 의도적으로 이용해 조작된 SQL문을 삽입하여 실행하는 공격 기법이다. ②번의 포맷 스트링 버그는 포맷팅을 수행하는 printf( )와 같은 함수를 수정해 포맷 출력을 변경하는 공격 기법이다. ③번의 버퍼 오버플로는 버퍼 오버플로 메모리를 다루는 데 오류가 발생하여 잘못된 동작을 유발하는 침입 방법이다.

35 ④번의 객체화는 프로그래밍 설계 및 구현 기법이다.

36 소스코드가 분할되는 모듈화 작업을 통하여 시스템의 디버깅과 수정이 수월해진다.

37 ①번의 자료 결합도는 모듈들이 변수를 파라미터로 간단히 교환하는 방식이다. 모듈 사이에 자료 구조 형태로 교환하는 방식은 스탬프 결합도에 대한 설명이다.

38 ④번의 〈meta〉는 문자 인코딩 및 문서 키워드, 요약 정보를 넣는 태그로 그룹하는 내용이 있을 경우 적용하는 태그는 〈div〉이다.

39 ②번의 JVM은 Java 언어에서 사용하는 플랫폼이며 자바스크립트와 관계없이 작동한다.

40 초기 변수 값은 i = 0, j = 3으로 초기화되어 있다. while 반복문에서 조건은 i ⟨ 5로 i가 5보다 작을 때 반복된다. 따라서 다섯 번째 반복되며 i = 5가 된다. j 값 계산은 j = j * i에서 초기 j는 3이고, i는 5이므로 j = 3 * 5 = 15로 최종 15가 출력된다.

41 ①번의 참조 무결성은 두 실체 사이의 관계 규칙을 정의하기 위한 제약 조건으로 외래 키(Foreign Key) 값은 Null이거나 참조 릴레이션의 기본 키(Primary Key) 값과 동일해야 한다는 걸 의미한다. ③번의 개체 무결성은 릴레이션의 기본 키를 구성하는 어떤 속성도 널(Null) 값이나 중복값을 가질 수 없음을 의미하며 ②번의 정보 무결성은 존재하지 않는다.

42 ④번의 유일성과 최소성은 후보 키와, 기본 키, 대체 키가 갖는 성질이다.

43

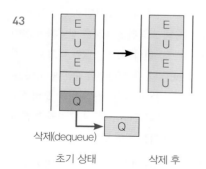

삭제(dequeue)

초기 상태　　　삭제 후

①번의 큐(Queue)에 대한 설명이다. ③번의 Stack은 반대로 가장 나중에 들어온 자료가 먼저 처리되는 선입 선출(LIFO:Last In First Out) 방식이다.

44 후위(Post-order) 순회는 왼쪽 서브 트리부터 시작해 오른쪽 서브 트리, 루트 순서로 순회하는 방식이다. 정리하면 D 〉 B 〉 E 〉 F〉 C 〉 A 순서로 탐색한다.

45 n개의 정점으로 이루어진 방향 그래프의 최대 간선 수는 n(n-1) 이고, n개의 정점으로 이루어진 무방향 그래프의 최대 간선 수는 n(n-1)/2 이다.

46 후위(Postfix) 표기법을 중위(Infix)에서 전위(Prefix) 표기법으로 변환한다.

❶ 인접한 두 개의 피연산자와 오른쪽의 연산자를 괄호로 묶는다.

(((A (B C +) *) D /) E -)

❷ 오른쪽의 연산자를 피연산자 사이로 이동시켜 중위 표현식을 완료한다.

(((A * (B + C)) / D) - E)

❸ 전위 표현식으로 변환을 위해 각 연산자를 묶고 있는 괄호의 왼쪽 괄호로 연산자를 이동시킨다.

- (/ (* (A + (B C)) D) E)

❹ 불필요한 괄호를 제거한다.

- / * A + B C D E

47 • 차수(Degree): 각 노드가 가진 가지의 수(한 노드에 연결된 자식 노드의 수)

• 트리의 차수(Degree Of Tree): 트리의 노드들 중 차수가 가장 많은 수

→ 차수가 가장 많은 노드는 B = 3으로 트리의 차수는 3이다.

48 E-R 다이어그램에서 개체 타입을 의미하는 것은 ①번의 사각형(▭)이다. 관계 타입은 ②번의 마름모(◇), 속성 타입은 ③번의 타원(◯) 마지막 기본 키 속성은 ④번의 밑줄 타원(◯)을 사용한다.

49 문제의 설명은 이행 함수에 대한 설명으로 2NF → 3NF가 되기 위한 조건이다.

50 ②번은 내부 스키마에 대한 설명으로 실제 데이터베이스에 저장될 레코드의 물리적인 구조를 정의한다.

51 ②번의 반정규화는 정규화된 데이터 모델의 시스템 성능 향상 및 개발과 운영의 효율성을 위해 중복을 허용한다.

52 ②번의 문장은 열데이터 타입 변경, ③번의 문장은 테이블 삭제, ④번의 문장은 열 추가 명령법이다.

53 ②번의 DELETE는 데이터 삭제 시 사용하며 데이터 조작어(DML)는 ROLLBACK을 통해 삭제한 데이터를 되돌릴 수 있다.

54 트랜잭션의 동시성을 제어하지 않을 경우 갱신손실, 현황 파악 오류, 모순성, 연쇄 복귀의 네 가지 문제점이 발생한다.

55 ①번의 2PL(Two-Phase Locking)은 데이터베이스 트랜잭션에서 일관성을 유지하며 동시성 제어를 보장하기 위한 주요 기법 중 하나이다. 트랜잭션은 데이터 잠금 시점과 잠금 해제 시점을 구분해 일관성을 유지하는데 트랜잭션이 '확장 단계'와 '축소 단계'라는 두 단계로 진행되도록 제한해 직렬 가능성(Serializability)을 보장한다. ②번의 타임스탬프 순서(Timestamp Ordering)는 각 트랜잭션은 시작될 때 시스템의 시간을 단순한 카운터 값으로 타임스탬프를 부여받아 트랜잭션의 수행 순서를 결정하는 방식이다. 잠금(lock)을 사용하지 않고도 동시성을 제어할 수 있으며 높은 성능을 제공한다. ③번 다중 버전 동시성 제어(MVCC: Multi-Version Concurrency Control)는 각 트랜잭션이 데이터를 읽을 때 데이터를 변경하지 않고도 이전 버전의 데이터를 읽을 수 있도록 데이터의 여러 버전을 유지하며 관리하는 기법이다. 트랜잭션이 읽는 시점에 따라 데이터의 특정 버전을 제공해 여러 사용자가 동시에 동일한 데이터를 읽고 쓸 수 있도록 지원하는 방식으로 다중 트랜잭션 관리에서 매우 유용하다.

56 ①번의 ÷은 Division, ②번의 ⋈은 JOIN, ④번의 ∩은 교집합을 의미한다.

57 ③번의 DELETE는 데이터 삭제 명령어로 뷰를 제거할 때는 DROP 명령어를 사용한다.

58 ①번의 DELETE는 데이터 삭제 명령어로 인덱스를 삭제하기 위해서는 테이블을 변경하는 명령어를 많이 사용하는데 주로 ALTER TABLE에 DROP INDEX 명령을 추가해 사용한다.

59 ④번의 UPDATE 문장은 SET을 사용한다. 정리하면 다음과 같다. UPDATE ~ SET ~ WHERE ~

60 버블 정렬은 주어진 자료에 대해 인접한 두 개의 값을 비교하여 그 크기에 따라 위치를 교환하는 방식이다.
초기값 : 8, 6, 7, 3, 5
1회전 : 8, 6, 7, 3, 5 → 6, 8, 7, 3, 5 → 6, 7, 8, 3, 5 → 6, 7, 3, 8, 5 : 1회전 후 6, 7, 3, 5, 8
→ 8과 인접한 6을 기준으로 두 개씩 우측으로 비교해 나간다.

정보처리산업기사 필기 파이널 실전 모의고사 2회 정답과 해설

정답

1	2	3	4	5	6	7	8	9	10
③	②	③	②	③	③	③	②	①	①
11	12	13	14	15	16	17	18	19	20
④	③	④	③	②	③	②	③	③	④
21	22	23	24	25	26	27	28	29	30
②	②	③	④	②	③	③	①	②	③
31	32	33	34	35	36	37	38	39	40
②	②	②	①	②	④	②	④	②	②
41	42	43	44	45	46	47	48	49	50
④	①	①	②	④	④	②	③	①	①
51	52	53	54	55	56	57	58	59	60
③	③	③	②	③	②	②	②	③	③

해설

1과목 정보시스템 기반 기술

01 메모리 관리 기법을 통해 프로그램의 일부만 적재해도 실행이 가능하다.

02 ①번의 CPU를 할당받아 동작 중인 상태는 실행 상태이며, ③번의 CPU를 할당받을 수 있는 상태는 준비 상태, ④번의 프로세스가 생성된 후 아직 CPU를 할당받지 않은 상태는 생성 상태이다.

03 ①번은 공간적 지역성에 해당하며, ②번은 시간적 지역성에 해당하고, ④번의 Trashing 현상을 방지하기 위해 적용되는 알고리즘은 순차적 지역성과 서로 관련이 없다.

04 ①번의 송신 측으로부터 전송하는 데이터의 양이나 속도를 조절하는 기능은 흐름 제어(Flow Control)에 해당하며, ③번의 두 시스템 간 데이터를 교환할 때 연결을 설정하고 제어하는 기능은 연결 제어(Connection Control)에 해당하고, ④번의 통신 선로 하나에서 여러 시스템이 동시에 통신할 수 있는 기능은 다중화(Multiplexing)에 해당한다.

05 ①번의 연결 지향형 프로토콜로 신뢰성을 보장하는 건 TCP의 특징이고, ②번의 데이터 도달 확인 및 재전송 기능도 TCP의 특징이며, ④번의 슬라이딩 윈도우를 사용해 흐름 제어를 제공하는 것 또한 TCP의 특징이다.

06 ①번의 32비트 주소 체계를 사용하는 것은 IPv4의 특징, IPv6는 128비트 주소 체계를 사용한다. ②번의 IPv6는 보안 기능(IPSec)을 기본적으로 제공하고, ④번의 8비트씩 4부분으로 나누어 10진수로 표시하는 것은 IPv4의 특징, IPv6는 16비트씩 8부분으로 나누어 16진수로 표시한다.

07 ①번의 프로세스는 입력된 데이터를 원하는 형태로 출력하기 위한 과정이며, 원(○)으로 표시한다. ②번의 데이터 흐름은 DFD 구성 요소들 간의 데이터 이동을 나타내며, 화살표(→)로 표시한다. ④번의 단말(Terminator)은 시스템과 교신하는 외부 개체를 나타내며, 사각형(□)으로 표시한다.

08 ①번의 배치 다이어그램은 구조(정적) 다이어그램이
며, ③번의 객체 다이어그램은 구조(정적) 다이어그램
이다. ④번의 클래스 다이어그램은 구조(정적) 다이어
그램에 해당한다.

09 ②번의 CBAM은 시나리오 기반 평가 모델로 ATAM에
서 부족한 경제적 평가 부분을 보강한 평가 방법이며,
③번의 ARID는 설계/혼합 기반 평가 모델로 부분 아
키텍처를 초기 단계에서 평가하는 방법이다. ④번의
ADR은 설계 기반 평가 모델로 설계 요소 간의 응집도
를 중점으로 평가하는 방법이다.

10 ②번의 설명은 개방 폐쇄 원칙(OCP: Open Closed Princi
ple)이며, ③번의 설명은 리스코프 교체 원칙(LSP: Liskov
Substitution Principle)이고, ④번의 설명은 의존관계 역전
원칙(DIP: Dependency Inversion Principle)에 해당한다.

11 ①번의 팩토리 메소드는 생성 패턴(Creational Pattern)
에 해당하며, 객체 생성의 유연성을 극대화하는 패턴
이다. ②번의 커맨드는 행위 패턴(Behavioral Pattern)에
해당하며, 요청을 객체화하여 호출하는 객체와 수행하
는 객체를 분리하는 패턴이다. ③번의 상태는 행위 패
턴(Behavioral Pattern)에 해당하며, 객체의 상태가 변경
될 때마다 별도의 행위를 지정하는 패턴이다.

12 ①번의 정보 은닉은 모듈의 정보가 노출되거나 변경되
지 않도록 다른 모듈로부터 은폐하는 원리이며, ②번
의 자료 추상화는 각 단위 모듈의 자료 구조를 액세스
하거나 변경해 함수 내에 자료 구조의 표현 내역을 은
폐하는 원리이다. ④번의 분할과 정복은 복잡한 문제
를 분해하고 단위 모듈로 문제를 해결하는 원리이다.

13 ①번의 상향식 통합 테스트는 점증적 방법에 해당하
며, 최하위 레벨의 모듈부터 위쪽 방향으로 테스트를
진행한다. ②번의 하향식 통합 테스트는 점증적 방법
에 해당하며, 메인 제어 모듈부터 아래 방향으로 테스
트를 진행한다. ③번의 깊이-우선 통합 테스트는 하향
식 통합 테스트의 방법 중 하나로, 점증적 방법에 해당
한다.

14 ①번의 에러 분석은 등록된 에러가 단순 에러인지 실제
결함인지를 분석하는 단계, ②번의 결함 조치는 결함의
수정 활동을 수행하는 단계, ④번의 결함 할당은 결함
해결 담당자를 지정하고 결함을 할당하는 단계이다.

15 ②번의 학습성은 UI 설계 원칙 중 하나이지만, "사용자
가 시스템을 통해 경험하는 총체적 경험"은 UX의 개념
에 해당하므로 잘못된 설명이다.

16 ③번의 모든 프로젝트 파일을 자동 수정하고 업데이트
하는 건 형상관리의 역할이 아니다.

17 ①번의 수정 완료한 파일을 저장소에 새로운 버전으로
갱신 및 저장하는 기능은 체크인(Check-In)이다. ③번
의 저장소에 있는 파일의 이전 버전과 차이점을 비교
하는 기능은 diff 명령어이다. ④번의 파일 또는 디렉터
리를 버전 관리 대상으로 추가하는 기능은 add 명령어
에 해당한다.

18 ①번의 변경 요구 관리와 변경 제어를 지원하는 활동
은 형상 통제이며, ②번의 베이스라인 변경 시 요구사
항과 일치 여부 검토 활동은 형상 감사이고, ④번의 소
프트웨어 형상 및 변경 관리에 대한 수행 결과를 기록
하는 활동은 형상 기록에 해당한다.

19 ①번의 소스 코드를 .war나 .jar로 압축해 실행 파일로
만드는 도구는 Ant에 해당하고, ②번의 정해진 라이프
사이클에 따라 작업을 수행 및 전반적인 프로젝트 관
리 기능을 포함하는 도구는 Maven이며, ④번의 안드
로이드 앱 개발 환경에서 사용 가능한 빌드 자동화 도
구로 Groovy로 작성된 스크립트를 사용하는 도구는
Gradle에 해당한다.

20 ①번의 헤더는 릴리즈 노트의 작성 항목으로 문서 이
름, 제품 이름, 버전 번호, 릴리즈 날짜 등을 포함하며,
②번의 버그 발견에 따른 재현 단계 기술은 릴리즈 노
트의 작성 항목 중 재현 항목에 해당하고, ③번의 제품
설치 방법 및 업그레이드 항목 메모는 릴리즈 노트의
작성 항목 중 노트에 해당한다.

21 C 언어의 변수명은 알파벳, 숫자, 언더바(_)로만 구성할 수 있으며 하이픈(-)은 사용할 수 없다.

22 Java에서 기본 데이터 타입은 메모리를 효율적으로 사용하고 값을 직접 저장하는 타입이다. 기본 데이터 타입에는 int, double, boolean, char, byte, short, long, float가 있으며, 이들은 객체가 아닌 값만 저장한다. 반면, String은 객체(참조 타입)로, 메모리의 힙 영역에 인스턴스로 저장되며 문자열을 관리하기 위해 특수한 클래스로 제공된다. 따라서 String은 Java의 기본 데이터 타입에 포함되지 않는다.

23 코드의 y--는 후위 감소 연산자로 조건문이 평가된 후에 y의 값이 감소하여 마지막 반복 후에는 x= 7이 되고, y= -1이 된다.

24 튜플은 단일 요소를 가질 수 있으며 요소 다음에 콤마를 붙여 정의해야 한다.

25 C 언어에서 scanf( ) 함수는 키보드로부터 입력받은 값을 변수에 저장하는 역할을 한다.

26 객체 지향 프로그래밍 언어의 특징은 다음과 같다.
① 캡슐화: 데이터와 메서드를 하나로 묶고 외부에서 직접 접근하지 못하도록 보호.
② 상속성: 기존 클래스를 바탕으로 새로운 클래스를 만들고 이를 통해 코드를 재사용.
④ 다형성: 같은 이름의 메서드가 여러 클래스에서 다르게 동작할 수 있도록 하는 것.

27 파이썬에서 input( ) 함수는 사용자로부터 입력받은 값을 문자열형(String)으로 반환한다.

28 ②번의 malloc( ) 함수는 C 언어에서 메모리의 동적 할당을 위해 사용하며, ③번의 assign( ) 함수는 C++ 언어에서 기존의 데이터를 제거하고 새로운 데이터로 재배열 하기 위해 사용하며, ④번의 create( ) 메서드는 Java와 관련이 없다.

29 C 언어의 포인터는 메모리 주소를 저장하는 변수이다.

30 ③번의 static은 접근 제한자가 아니라 클래스 변수 또는 메서드를 정의할 때 사용하는 키워드이다.

31 ①번의 멀티스레딩은 상속, 인스턴스 메서드, 추상 클래스 등을 제공하는 라이브러리로 lambda 함수와 관련이 없으며, ③번의 클래스 메서드 정의 역시 lambda 함수와 관련이 없으며, ④번의 패키지는 모듈을 모아두고 관리하는 상위 폴더 또는 디렉터리로 패키지 내에서 모듈을 참조하는 것도 lambda 함수의 특징이 아니다.

32 Java에서 문자열을 비교할 때 ②번의 equals( ) 메서드를 사용한다.

33 파이썬의 리스트는 중복된 값을 가질 수 있다.

34 ②번의 상속받은 메서드를 재정하는 건 오버라이딩(Overriding)에 대한 설명이며, ③번의 생성자 정의는 오버로딩과 관련이 없고, ④번의 인터페이스 역시 구현해야 하는 클래스가 따라야 하는 일종의 규약으로 오버로딩과 관련이 없다.

35 C 언어에서 for 반복문은 주로 특정 횟수만큼 반복 실행할 때 사용한다.

36 ①번의 throw-catch는 C++ 언어의 예외 처리 방법으로 구문이 아닌 throw, catch문으로 사용하며, ②번의 raise-try는 파이썬의 예외 처리 방법이지만 구문이 아닌 raise문으로 사용하고, ③번의 throw-finally는 Java의 예외 처리 방법으로 역시 구문이 아닌 throw, finally문으로 사용한다.

37 파이썬의 기본 데이터 타입은 int, float, boolean, str로 ④번의 bit은 파이썬의 데이터 타입이 아니다.

38 Java에서 메서드 반환값이 없는 경우 ②번의 void로 정의한다.

39 C 언어에서 #define은 전처리기 지시자(preprocessor directive)로 컴파일러가 소스 코드를 컴파일하기 전에 미리 처리하는 전처리 단계에서 사용된다. 주로 매크로 상수나 매크로로 함수를 정의한다.

40 파이썬에서 len( ) 함수는 객체의 길이를 반환하는 내장
함수이다. 이 함수는 시퀀스 타입(例 문자열, 리스트,
튜플 등)과 컬렉션 타입(例 딕셔너리, 세트 등)에서 사
용되어 요소의 개수를 반환한다.

3과목 데이터베이스 활용

41 스키마 변환의 세 가지 원리는 분리의 원칙, 최소 데이
터 중복성, 정보 표현의 무손실이다. ④번의 모델 중심
설계는 스키마 변환의 원리와 관련이 없다.

42 ②번의 다치 종속 제거는 제4정규형에서 진행하고, ③
번의 모든 결정자가 후보 키가 되도록 분리하는 건 보
이스-코드 정규형에서 진행하며 BCNF라 부른다. ④번
의 부분 함수 종속성 제거는 제2정규형에서 진행한다.

43 ❶ 변경하는 → UPDATE, 학생 테이블에서 →
UPDATE 학생
❷ 점수를 0점으로 변경 → SET 점수 = 0,
❸ 2학년이며 계절학기 과목의 출석이 3회 미만
(WHERE 절 조건) → 학년 = 2 and 과목 = '계절학기'
AND 출석 <3으로 찾을 수 있다.

44 ②번의 DISTINCT 명령어는 학과를 중복없이 조회하는
명령문이다.

45 ④번의 일관성은 하나의 트랜잭션 이전과 이후에도 데
이터베이스의 상태는 일관되게 유지되어야 하는 특성
이다.

46 ①번의 CREATE 명령어는 새롭게 데이터를 생성하는
명령어, ②번의 SELECT 명령어는 데이터를 조회하고
검색하는 명령어, ③번의 DROP 명령어는 테이블 삭제
명령어이다.

47 단순 연결 리스트에 마지막 노드와 처음 노드를 연결
해 원형으로 만든 자료구조는 ②번의 원형 연결리스트
이다.

48 시노님(Synonym)은 같은 주소를 갖는 레코드들의 집합
이다.

49 이진 트리는 각각의 노드가 최대 두 개의 자식 노드를

가지는 자료 구조로 다음과 같은 순회 방식이 있다.
• 전위(Pre-Order) 순회: 루트부터 시작해 왼쪽 서브트
리, 오른쪽 서브트리 순서로 순회하는 방식
• 중위(In-Order) 순회: 왼쪽 서브트리부터 시작해 루
트, 오른쪽 서브트리 순서로 순회하는 방식
• 후위(Post-Order) 순회: 왼쪽 서브트리부터 시작해
오른쪽 서브트리, 루트 순서로 순회하는 방식
보기의 INORDER은 Left → Root → Right 순서로 순회
해 D(Left) → B(Root) → E(Right) → A(Root) → F(Left)
→ C(Root)

50 ②번의 ⋈은 조인으로 두 릴레이션의 공통 속성을 중심
으로 2개의 릴레이션을 결합하며 ③번의 ÷은 디비전으
로 릴레이션 S에 속한 모든 튜플과 연관이 있는 릴레이
션 R의 튜플을 반환한다. ④번의 σ은 셀렉트로 릴레이
션에 존재하는 튜플 중 선택 조건을 만족하는 튜플.

51 보기의 설명은 널값으로 널값은 공백과는 다른 의미로
값이 없음을 나타내기 위해 사용하는 특수한 데이터
값이다.

52 리스트 구조의 마지막 연결자 값은 Null값을 갖는다.

53 일반 사용자도 SQL구문을 통해 검색이 가능하다.

54 ①번의 기본 키 속성은 밑줄 타원이며, ③번의 복합 속
성은 복수 타원, ④번의 개체 타입 속성은 선으로 표현
한다.

55 뷰는 데이터 변경에 제약이 있어 삽입, 삭제, 갱신 연산
에 제한이 있다.

56 두 번째 자료를 첫 키로 하여 왼쪽 자료와 비교해 삽입
할 위치를 지정하고 정렬하는 방식

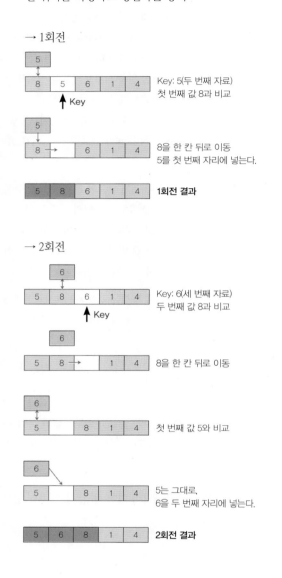

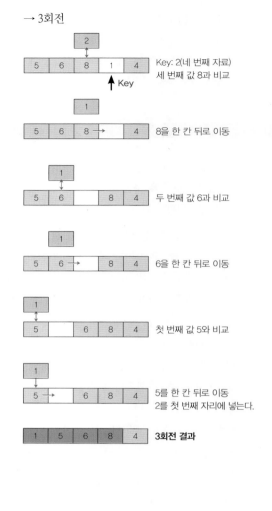

→ 4회전

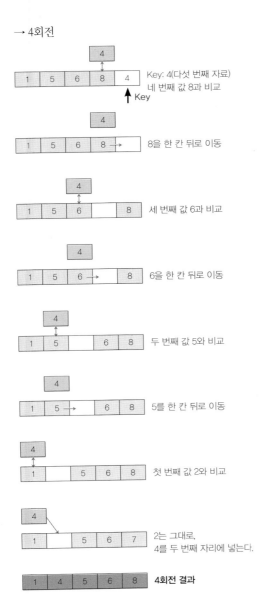

Key: 4(다섯 번째 자료)
네 번째 값 8과 비교

8을 한 칸 뒤로 이동

세 번째 값 6과 비교

6을 한 칸 뒤로 이동

두 번째 값 5와 비교

5를 한 칸 뒤로 이동

첫 번째 값 2와 비교

2는 그대로,
4를 두 번째 자리에 넣는다.

4회전 결과

오름차순 최종 결과는 1, 4, 5, 6, 8 이지만 문제의 2회전 결과는 ②번의 5, 6, 8, 1, 4이다.

57 보기의 SQL문은 ②번의 이름이 박으로 시작하는 테이블의 데이터를 조회하는 구문이다.

58 보기는 내부 스키마에 대한 설명으로 내부 스키마는 실제 데이터베이스에 저장될 레코드의 물리적인 구조를 저장하고 레코드 등의 물리적 순서 등을 정의한다.

59 로깅의 단위가 작아지면 공유도(병행성)는 증가하고 로깅 오버헤드가 증가한다.

60 그래프는 정점(Vertex)과 정점 들을 연결하는 간선(Edge)을 모아놓은 자료구조이다. 정점 3(A, B, C)과 그를 잇는 간선 3개로 구성되어 있다.

2022

정보처리산업기사 필기
기출복원문제

01 디지털 코드 중에서 에러 검출 및 교정이 가능한 코드는?

① 그레이(Gray) 코드   ② 해밍(Hamming) 코드

③ 3초과(Excess-3) 코드 ④ BCD 코드

02 해싱에서 동일한 버킷 주소를 갖는 레코드들의 집합을 의미하는 것은?

① Chaining   ② Collision

③ Division   ④ Synonym

03 라우팅(Routing) 프로토콜이 아닌 것은?

① BGP   ② OSPF

③ SMTP   ④ RIP

04 아키텍처 설계에서 뷰의 종류가 아닌 것은?

① 물리적 뷰   ② 논리적 뷰

③ 프로세스 뷰   ④ 배포 뷰

05 파이프 필터 형태의 소프트웨어 아키텍처에 대한 설명으로 옳은 것은?

① 노드와 간선으로 구성된다.

② 계층 모델이라고도 한다.

③ 서브 시스템이 입력 데이터를 받아 처리하고 결과를 다음 서브 시스템으로 넘겨주는 과정을 반복한다.

④ 3개의 서브 시스템(모델, 뷰, 제어)으로 구성되어 있다.

06 한 객체의 상태가 변화하면 객체에 상속되어 있는 다른 객체들에게도 변화된 상태를 전달하는 패턴은?

① State   ② Observer

③ Visitor   ④ Mediator

07 OSI 참조 모델에서 UDP가 속한 계층은?

① 데이터 링크 계층   ② 세션 계층

③ 응용 계층   ④ 전송 계층

08 디렉터리 구조 중 중앙에 마스터 파일 디렉터리가 있고, 그 아래에 사용자 별로 서로 다른 파일 디렉터리가 있는 구조는?

① 1단계 디렉터리 구조

② 2단계 디렉터리 구조

③ 트리 디렉터리 구조

④ 비순환 그래프 디렉터리 구조

09 개체-관계(E-R) 모델에서 개체 타입을 표시하는 기호는?

① (마름모)   ② (타원)

③ (사각형)   ④ (직선)

10 FCFS 기법을 적용하여 작업 스케줄링 했을 때, 다음 작업들의 평균 회수 시간(Turn Around Time)은? (단, 문맥 교환 시간은 무시한다)

작업	도착시간	실행시간
A	0	6
B	1	3
C	2	1
D	3	8

① 9.25　② 8.25　③ 7.75　④ 7.25

11 IPv6에 대한 설명으로 틀린 것은?

① IPv6 주소는 128비트로 구성된다.
② 인증 및 보안 기능을 포함하고 있다.
③ 브로드캐스트, 유니캐스트, 멀티캐스트로 구성된다.
④ IPv6 확장 헤더를 통해 네트워크의 기능 확장이 용이하다.

12 LAN의 한 종류인 100Base-T 네트워크에서 사용되는 전송 매체는?

① Coaxial cable　② Optical cable
③ UTP cable　④ Microwave cable

13 사용자 인터페이스(User Interface)에 대한 설명으로 틀린 것은?

① 사용자와 시스템이 정보를 주고받는 상호작용이 잘 이루어지도록 하는 장치나 소프트웨어를 의미한다.
② 편리한 유지보수를 위해 개발자 중심으로 설계되어야 한다.
③ 배우기가 용이하고 쉽게 사용할 수 있도록 만들어져야 한다.
④ 사용자 요구사항이 UI에 반영될 수 있도록 구성해야 한다.

14 디스크 대기 큐에 다음과 같은 순서(왼쪽부터 먼저 도착한 순서임)로 트랙의 액세스 요청이 대기 중이다. 모든 트랙을 서비스하기 위하여 FCFS 스케줄링 기법이 사용되었을 때, 모두 몇 트랙의 헤드 이동이 생기는가? (단, 현재 헤드의 위치는 50 트랙이다)

> 디스크 대기 큐 : 10, 40, 55, 35

① 50　　　　② 85
③ 105　　　④ 110

15 소프트웨어 개발 과정에서 변경 사항을 관리하기 위해 개발된 일련의 활동은?

① 정규화　　　② 프로토타입
③ 통합 테스트　④ 형상관리

16 프로세스 정의 중 틀린 것은?

① 동기적 행위를 일으키는 주체
② 실행 중인 프로그램
③ PCB를 가진 프로그램
④ 프로세서가 할당되는 실체

17 UML 모델에서 하나의 사물이 다른 사물과 비교해 더 일반적인지 구체적인지를 표현할 때 나타나는 관계는?

① 의존 관계
② 일반화 관계
③ 연관 관계
④ 포함 관계

18 기업의 정보 시스템을 공유와 재사용이 가능한 단위나 컴포넌트 중심으로 구축하는 정보기술 아키텍처는?

① SSO

② MEMS

③ SaaS

④ SOA

19 통합 테스트에 대한 설명으로 틀린 것은?

① 드라이버를 사용하는 것은 상향식 테스트이다.

② 스텁을 사용하는 것은 하향식 테스트이다.

③ 모듈 또는 컴포넌트 간의 상호 작용 오류를 검사한다.

④ 모듈이나 컴포넌트의 기능성 테스트를 최우선으로 한다.

20 다음 설명에 해당하는 용어는?

> 소프트웨어의 구현 단계에서 보안상 취약점이 발생할 수 있는 부분을 보완하여 코딩하는 것을 의미하며 보안 취약점을 사전에 대응하여 안정성과 신뢰성을 확보하기 위해 사용된다.

① SDLC

② Secure Coding

③ CLASP

④ OWASP

21 한 모듈이 다른 모듈의 내부 자료를 직접적으로 참조하는 결합도를 의미하는 것은?

① 내용 결합도

② 공통 결합도

③ 제어 결합도

④ 스탬프 결합도

22 JavaScript에서 다음 그림과 같은 창을 띄우기 위해 사용한 명령어로 옳은 것은?

```
이 페이지 내용:
title
[ default ]
                              [ 확인 ]  [ 취소 ]
```

① alert("title", "default")

② prompt("title", "default")

③ alert("default", "title")

④ prompt("default", "title")

23 C 언어에서 변수명으로 사용할 수 있는 것은?

① 8_dei

② while

③ di sum

④ iAvg

24 C 언어에서 상수를 정의할 때 사용하는 예약어는?

① #include

② #define

③ #valuable

④ #function

25 다음 Java 코드가 실행되었을 때의 결과는?

```
int a[][] = new int[2][3];
System.out.print(a.length);
```

① 2

② 3

③ 5

④ 6

26 Python에서 사용되는 서식 문자열과 그 의미가 바르게 연결되지 않은 것은?

① %d – 정수형 10진수

② %x – 정수형 8진수

③ %f – 실수

④ %s – 문자열

27 Python의 문자열이나 리스트와 같은 순차형 객체에서 일부를 잘라 반환하는 기능은?

① Goto

② Range

③ Slice

④ Set

28 HTML에서 다음과 같이 frameset 태그를 사용했을 때 나타나는 결과로 올바른 것은?

```
<FRAMESET cols="50%, 50%">
    <FRAMSET rows="50%, 50%">
    </FRAMESET>
</FRAMESET>
```

①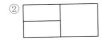

②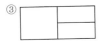

③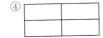

④

29 C 언어에서 수학 함수를 사용하기 위해 추가해야 하는 라이브러리는?

① stdio.h

② math.h

③ stdlib.h

④ time.h

30 JavaScript의 프레임워크가 아닌 것은?

① Angular

② React

③ Ember

④ Django

31 C 언어의 함수 중 키보드로 문자 하나를 입력받아 변수에 저장하는 함수는?

① gets( )

② putchar( )

③ puts( )

④ getchar( )

32 프레임워크(Framework)에 대한 설명으로 틀린 것은?

① 개발표준에 의한 모듈화로 유지보수가 용이하다.

② 재사용 모듈을 제공하여 생산성이 향상된다.

③ 인터페이스 확장을 통해 다양한 형태와 기능을 가진 애플리케이션 개발이 가능하다.

④ 라이브러리와 같이 객체들을 사용자가 직접 관리하고 통제해야 한다.

33 빌드 도구가 아닌 것은?

① Zeplin

② Ant

③ Maven

④ Gradle

34 모듈을 설계하기 위해서 바람직한 응집도(Cohesion)와 결합도(Coupling)의 관계는?

① 응집도는 약하고 결합도는 강해야 한다.

② 응집도는 강하고 결합도는 약해야 한다.

③ 응집도도 약하고 결합도도 약해야 한다.

④ 응집도도 강하고 결합도도 강해야 한다.

35 다음 C 언어 프로그램이 실행되었을 때의 결과는?

```
#include <stdio.h>
Void func(int* p) {
    *p = *p - 5;
}
main() {
    int a = 13;
    func(&a);
    printf("%d", a);
}
```

① -5

② 3

③ 8

④ 13

36 추상 클래스에 대한 설명으로 옳은 것은?

① 구상 클래스 또는 구현 클래스라고도 불린다.

② 개별적인 인스턴스 생성이 가능하다.

③ 구현하려는 기능들의 공통점만 모아 놓은 것이다.

④ 객체 생성을 위한 속성과 메소드의 구체적인 설계도이다.

37 객체 지향 언어에 속하는 것은?

① ALGOL

② COBOL

③ C

④ C++

38 커서를 왼쪽으로 한 칸 이동하는 제어 문자는?

① \n

② \b

③ \t

④ \a

39 특정 모듈에 존재하는 처리 요소들의 기능적 연관성을 의미하는 것으로, 입력이나 에러 처리와 같은 유사한 기능을 행하는 요소끼리 하나로 묶은 응집도는?

① 기능적 응집도

② 순차적 응집도

③ 논리적 응집도

④ 절차적 응집도

40 정보보안의 3대 요소에 해당하지 않는 것은?

① 휘발성

② 기밀성

③ 무결성

④ 가용성

41 스택의 응용 분야로 거리가 먼 것은?

① 서브루틴 호출

② 인터럽트 처리

③ 수식 계산 및 수식 표기법

④ 운영체제의 작업 스케줄링

42 3, 5, 6, 8의 순서로 정해진 입력 자료를 스택에 입력하여 출력 결과가 될 수 없는 것은?(단, 왼쪽부터 먼저 출력된 순서이다)

① 6, 5, 3, 8

② 6, 8, 3, 5

③ 5, 3, 8, 6

④ 5, 6, 8, 3

43 다음과 같은 그래프에서 간선의 개수는?

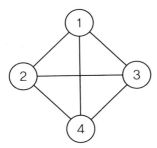

① 2개
② 4개
③ 6개
④ 8개

44 자료가 다음과 같을 때, 삽입(Insertion) 정렬 방법을 적용해 오름차순으로 정렬할 경우 Pass 2를 수행한 결과는?

> 자료 : 8, 3, 4, 9, 7

① 3, 8, 4, 9, 7
② 3, 4, 8, 9, 7
③ 3, 4, 7, 9, 8
④ 3, 4, 7, 8, 9

45 A → B 이고, B → C 일 때, A → C를 만족하는 종속 관계를 제거하는 정규화 단계는?

① 1NF → 2NF
② 2NF → 3NF
③ 3NF → BCNF
④ 비정규 릴레이션 → 1NF

46 다음 SQL문을 올바르게 설명한 것은?

```
SELECT
FROM STUDENT
WHERE SNAME LIKE '홍%'
```

① SNAME 이 '홍'씨로 시작하면 삭제한다.
② SNAME 이 '홍'씨로 시작되는 튜플을 찾는다.
③ SNAME 이 '홍'씨로 시작하면 0으로 치환한다.
④ SNAME 이 '홍'씨로 시작되는 튜플을 삭제한다.

47 트랜잭션의 특징인 ACID에 속하지 않는 것은?

① Atomicity
② Consistency
③ Integrity
④ Durability

48 SQL 정의어에 포함되지 않는 명령어는?

① CREATE
② SELECT
③ ALTER
④ DROP

49 데이터베이스 설계 단계 중 물리적 설계에 대한 설명으로 옳지 않은 것은?

① 개념적 설계 단계에서 만들어진 정보 구조로부터 특정 목표 DBMS가 처리할 수 있는 스키마를 생성한다.
② 다양한 데이터베이스 응용에 대해서 처리 성능을 얻기 위해 데이터베이스 파일의 저장 구조 및 액세스 경로를 결정한다.
③ 물리적 저장 장치에 저장할 수 있는 물리적 구조의 데이터로 변환하는 과정이다.
④ 물리적 설계에서 옵션 선택 시 응답시간, 저장공간 효율화, 트랜잭션 처리율 등을 고려하여야 한다.

50 릴레이션에서 속성의 수와 튜플의 수를 의미하는 것으로 순서대로 올바르게 짝지어진 것은?

① CARDINALITY, DEGREE

② DOMAIN, DEGREE

③ DEGREE, CARDINALITY

④ DEGREE, DOMAIN

51 릴레이션의 기본 키를 구성하는 어떤 속성도 널 (Null)값이나 중복값을 가질 수 없음을 의미하는 것은?

① 참조 무결성 제약조건

② 정보 무결성 제약조건

③ 개체 무결성 제약조건

④ 주소 무결성 제약조건

52 두 릴레이션에 존재하는 튜플의 합집합을 구하되, 결과로 생성된 릴레이션에서 중복되는 튜플을 제거하는 연산은?

① UNION

② DIFFERENCE

③ INTERSECTION

④ CARTESIAN PRODUCT

53 뷰에 대한 설명으로 옳지 않은 것은?

① 뷰는 하나 이상의 기본 테이블로부터 유도되어 만들어지는 가상 테이블이다.

② 삽입, 삭제, 갱신 연산에 제한이 있다.

③ 데이터의 논리적 독립성을 제공한다.

④ SQL에서 뷰를 생성할 때는 MAKE를 사용한다.

54 버블 정렬을 이용한 오름차순 정렬 시 다음 자료에 대한 3회전 후의 결과는?

9, 6, 7, 3, 5

① 3, 5, 6, 7, 9

② 6, 3, 5, 7, 9

③ 6, 7, 3, 5, 9

④ 9, 7, 6, 5, 3

55 버블 정렬을 이용한 오름차순 정렬 시 다음 자료에 대한 3회전 후의 결과는?

〈거래내역〉

상호	금액
대명금속	255,000
정금강업	900,000
효신산업	600,000
율촌화학	220,000
한국제지	200,000
한국화이바	795,000

〈SQL〉

```
SELECT 상호 FROM 거래내역 WHERE 금액 IN
(SELECT MAX(금액) FROM 거래내역);
```

① 대명금속

② 정금강업

③ 효신산업

④ 율촌화학

56 데이터베이스의 무결성 규정(Integrity Rule)과 관련된 설명으로 틀린 것은?

① 무결성 규정에는 데이터가 만족해야 될 제약조건, 규정을 참조할 때 사용하는 식별자 등의 요소가 포함될 수 있다.

② 무결성 규정의 대상으로는 도메인, 키, 종속성 등이 있다.

③ 정식으로 허가받은 사용자가 불법 사용자에 의한 갱신으로부터 데이터베이스를 보호하기 위한 규정이다.

④ 릴레이션 무결성 규정(Relation Integrity Rules)은 릴레이션을 조작하는 과정에서의 의미적 관계(Semantic Relationship)를 명세한 것이다.

57 정규화 과정 중 2NF에서 3NF로 진행하는 작업에 해당하는 것은?

① 부분적 함수 종속 제거

② 결정자이면서 후보 키가 아닌 것 제거

③ 이행적 함수 종속 제거

④ 다치 종속 제거

58 SQL의 데이터 조작문(DML)에 해당하는 것은?

① CREATE

② INSERT

③ ALTER

④ DROP

59 다음에 해당하는 트랜잭션(ACID)의 특성은?

> 둘 이상의 트랜잭션이 동시에 병행 실행되는 경우 트랜잭션 실행 중에 다른 트랜잭션의 연산이 끼어들 수 없다.

① Atomicity

② Consistency

③ Isolation

④ Durability

60 시스템 카탈로그에 대한 설명으로 틀린 것은?

① 시스템 자신이 필요로 하는 스키마 및 여러 가지 객체에 관한 정보를 포함하고 있는 시스템 데이터베이스이다.

② 시스템 카탈로그에 저장되는 내용을 메타데이터라고 한다.

③ 데이터 사전이라고도 한다.

④ 일반 사용자는 시스템 테이블의 내용을 검색할 수 없다.

정답

1	2	3	4	5	6	7	8	9	10
②	④	③	①	③	②	④	②	③	①
11	12	13	14	15	16	17	18	19	20
③	③	②	③	④	①	②	④	④	②
21	22	23	24	25	26	27	28	29	30
①	②	④	②	①	②	③	②	②	④
31	32	33	34	35	36	37	38	39	40
④	④	①	①	③	③	③	④	③	①
41	42	43	44	45	46	47	48	49	50
④	②	③	②	②	②	③	②	①	③
51	52	53	54	55	56	57	58	59	60
③	①	④	①	②	③	③	②	③	④

해설

01 에러 검출 및 교정이 가능한 디지털 코드는 해밍 코드로 수신 측에서 오류가 발생한 비트를 검출한 후 직접 수정하는 방식이며 오직 1비트의 오류만 수정이 가능하다. ④번의 BCD 코드는 10진법의 각 자리를 4비트의 2진 부호로 표현한 코드이고, ③번의 3초과 코드는 BCD 코드의 각 자리에 3을 더한 코드, ①번의 그레이 코드는 인접한 비트를 XOR 연산하는 코드이다.

02 ②번의 Collision은 해싱에서 서로 다른 두 개의 레코드가 동일한 주소를 갖는 현상이며 이로인해 충돌이 일어난 레코드의 집합을 Synonym이라 한다. ①번의 Chaining은 해시 테이블의 하나의 위치에 여러 개를 저장할 수 있는 방식이며, ③번의 Division은 관계형 데이터베이스의 관계대수이다.

03 ③번의 SMTP(Simple Mail Transfer Protocol)는 간이 전자 우편 전송 프로토콜로써 인터넷에서 이메일을 보내기 위해 이용되는 응용 계층의 프로토콜이다. ①번의 BGP는 독립적 또는 자율적으로 운용되는 대규모 네트워크로 상호 간에 사용되는 외부 라우팅 방식이며, ②번의 OSPF는 링크 상태(대역폭, 지연율 등)에 변화가

있을 시 즉각적으로 반영하여 최단 경로를 제공하는 프로토콜이다. ④번의 RIP는 최저 홉 수를 사용하여 네트워크에 도달하는 최적의 경로를 결정하는 거리 벡터 프로토콜이며 나아가 OSPF와 RIP는 내부용에서 많이 사용하는 라우팅 방식이다.

04 ②번의 논리적 뷰는 시스템의 기능적이 요구사항이 어떻게 제공되는지를 클래스나 컴포넌트의 종류와 관계를 설명하고 설계가 실제로 구현되는지를 설명하는 설계자 관점의 뷰이다. ③번의 프로세스 뷰는 시스템의 비기능적인 속성으로 자원의 효율적인 사용, 병행실행, 비동기, 이벤트 처리 등을 표현한 뷰이며, ④번의 배포 뷰는 컴포넌트가 물리적 환경에서 배치연결 작업이 어떻게 실행되는지를 매핑해서 보여주는 뷰이다.

05 ①번은 P2P(Peer to Peer) 패턴, ②번은 계층형 패턴, ④번은 MVC 패턴의 설명이다.

06 ①번의 State 패턴은 객체의 상태가 변경될 때마다 별도의 행위를 지정해야 되는 객체를 정의하는 방법을 제공하는 패턴이며, ③번의 Visitor 패턴은 데이터의 구

조와 기능 처리를 분리하는 패턴이다. ④번의 Mediator 패턴은 객체들 간의 상호작용을 분리하여 캡슐화함으로 상호작용이 유연한 변경을 지원하는 패턴이다.

07 OSI-7계층 중에 UDP와 TCP는 전송 계층(Transport Layer)에 속한다. 데이터링크 계층은 Ethernet, ATM, PPP가 있으며, 세션 계층은 NetBIOS, RPC, Winsock가 대표적이다. 응용 계층은 HTTP, SSH, SIP, FTP, TELNET, MODBUS 등의 종류가 있다.

08 ① 1단계 디렉터리는 모든 파일이 다같이 한 개의 디렉터리 밑에 있는 개념이며, ③번의 트리 구조 디렉터리는 2단계 구조를 여러 단계로 확장하는 방식이며 서브 디렉터리를 만들 수 있습니다. ④번의 비순환 그래프 디렉터리는 디렉터리들이 서브 디렉터리들과 파일들을 공유할 수 있도록 허용하는 방식이다.

09 ①번은 관계 ②번은 속성 ④번은 개체 타입과 속성의 연결을 나타냅니다.

10 FCFS(First Come First Served)는 먼저 들어온 작업을 우선 처리하는 방식입니다.

	0	1	2	3	4	5	6	7	8	9	10	11	12	13	14	15	16	17	18	19
A																				
B			대기 5																	
C				대기 7																
D					대기 7															

총 처리 시간   {A : 6 + B(5+3) + C(7+1) + D(7+8)} / 4
= (6 + 8 + 8 + 15) / 4 = 9.25

11 ③번의 브로드캐스트, 유니캐스트, 멀티캐스트는 IPv4의 통신 방식으로 IPv6의 주소 유형은 유니캐스트, 멀티캐스트, 애니캐스트로 구성된다.

12 100Base-T는 고속 이더넷(Fast ethernet)이라고 불리는 100Mbps 속도의 구내 정보통신망(LAN)으로 비차폐 연선(UTP)을 사용하는 기가바이트 이더넷의 규격이다. ①번의 Coaxial cable(동축케이블)은 아날로그와 디지털 신호 모두를 전송할 수 있는 매체이며 CATV에서 사용한다. ②번의 Optical cable(광케이블)은 데이터 전송 목적으로 만든 광섬유 케이블로써 레이저를 이용해 통신하기 때문에 구리 선과는 비교할 수 없을 만큼 장거리 및 고속 통신이 가능하다. ④번의 Microwave cable은

관련 없다.

13 사용자 인터페이스(User Interface)는 사용자가 좀 더 편리하게 사용할 수 있는 환경을 제공하는 설계 및 그 결과로 사용자의 만족도가 핵심 부분인 만큼 사용자 중심의 설계를 우선한다.

14 FCFS(first come first served)는 먼저 도착한 순서대로 헤드가 이동한다.
50 → 10   : 40 이동(처음 시작 50에서 10으로 이동)
10 → 40   : 30 이동(두 번째 40으로 이동)
40 → 55   : 15 이동(세 번째 55로 이동)
55 → 35   : 20 이동(세 번째 35로 이동, 총 40+30+15+20 = 105 이동)

15 형상관리는 특정 항목의 변화에 대해 관리하면서 시스템의 통합과 일치를 보장하는 것으로 개발 중이거나 개발이 완료된 산출물의 버전 및 히스토리를 확인할 수 있는 도구이다. 형상관리의 대표적인 시스템으로 CVS, SVN, Git, Subversion 등이 있다.

16 프로세스는 컴퓨터 내에서 실행 중인 프로그램을 일컫는 용어로 운영체제가 관리하는 최소 단위의 작업이다. 다수의 프로세스가 서로 규칙적이거나 연속적이지 않고 독립적으로 실행되기 때문에 비동기적 행위로 동작한다.

17 UML 모델링에서 일반화 관계는 한 모델 요소(하위)가 다른 모델 요소(상위)를 기반한 관계이다. 일반화 관계는 클래스, 컴포넌트, 배치 및 유스케이스 다이어그램에 사용되어 하위가 상위에 정의된 모든 속성 및 오퍼레이션 또는 관계 받음을 나타내고 있다.

18 ④번의 서비스 지향 아키텍처(SOA)는 네트워크에서 공통의 통신 언어를 사용하는 서비스 인터페이스를 활용해 업무 처리 변화를 시스템에 빠르게 반영하고자 만든 소프트웨어 설계 유형이다.

19 ④번의 모듈이나 컴포넌트의 기능성 테스트를 중요하게 생각하는 단계는 단위 테스트 단계이다.

20 ①번의 SDLC는 소프트웨어 애플리케이션을 제작하고 배포하는데 필요한 각각의 작업을 명시해 주는 소프트웨어 개발 생명주기이다. ③번의 CLASP는 소프트웨어

개발 생명주기의 초기 단계에 보안을 강화하기 위한 정형 프로세스이고, ④번의 OWASP는 오픈소스 웹 애플리케이션 보안 프로젝트이다.

21 ②번 공통 결합도는 공유되는 공통 데이터 영역을 여러 모듈이 사용할 때의 결합도이며, ③번의 제어 결합도는 어떤 모듈이 다른 모듈의 내부 논리 조직을 제어하기 위한 목적으로 제어 신호를 이용해 통신하는 결합도이고, ④번의 스탬프 결합도는 두 모듈이 동일한 자료 구조를 조회하는 경우의 결합도이다.

22 JavaScript에서 prompt( )함수는 사용자에게 입력을 요청하는 프롬프트 상자를 화면에 표시하기 위해 사용된다. prompt( )함수는 두 개의 인수를 가지며, 첫 번째 인수는 프롬프트 상자에 표시되는 레이블이며, 두 번째 인수는 상자의 텍스트 박스에 표시되는 문자열이다.

23 C 언어에서 변수명은 영문자, 숫자, 언더바(_)로만 구성될 수 있으며 숫자로 시작될 수 없고 미리 정의된 키워드는 사용할 수 없다. ③번의 'sum'은 정의된 키워드이기에 사용할 수 없다.

24 ①번의 #include는 외부의 헤더 파일과 소스 파일을 포함 시킬 때 사용되며, ③번의 #valuable과 ④번의 #function이라는 예약어는 없다.

25 보기의 코드는 2행을 선언하고 3개의 열을 선언한다는 의미이며, 화면 출력을 요청하는 부분은 행을 출력하므로 '2'가 출력된다.

26 ②번의 %x는 16진수 서식 문자열이며, 8진수 서식 문자열은 %o입니다.

27 ①번의 Goto는 지정한 곳으로 이동시키는 제어문이고, ②번의 Range는 증가폭을 지정해 해당 값만큼 숫자를 증가시키는 제어문이며, ④번의 Set은 집합에 관련된 것을 쉽게 처리하기 위해 만든 자료형이다.

28 〈frameset〉 태그는 문서의 레이아웃을 구성하기 위한 프레임(frame)의 집합을 정의할 때 사용한다. cols 속성은 프레임셋의 열(column)의 개수와 각각의 크기를 명시하고, rows 속성은 프레임셋의 행(row)의 개수와 각각의 크기를 명시한다. 첫 번째 frameset의 cols는 열을

50%씩 두 개로 나누는 것을 의미하며 두 번째 Frameset의 row는 첫 번째 열 영역에서 행을 50%씩 두 개로 나눈다는 뜻이다.

29 ①번의 stdio.h는 Standard Input · Output library(표준 입 · 출력 라이브러리)의 약어로써, C 언어 표준 라이브러리 함수의 매크로 정의, 상수, 여러 형의 입출력 함수가 포함된 헤더 파일이다. ③번의 stdlib.h는 C 표준 유틸리티 함수들을 모아놓은 헤더 파일이고, ④번의 time.h은 시간 관련 함수를 모아놓은 라이브러리이다.

30 JavaScript의 프레임워크에는 Angular, React, Ember, Vue.js 등이 있으며, ④번의 Django는 Python 웹 구성을 위한 프레임워크이다.

31 ①번 gets( )는 문자열을 입력받아 변수에 저장하는 함수로 문자열 입력 후 Enter를 누르면 해당 입력 문자까지 문자열로 인식하여 저장한다. ③번 Puts( )은 문자열을 출력하는 함수로 출력 이후 커서를 한 줄 아래로 자동 이동한다. ②번의 putchar( )는 입력받은 문자를 표준출력(standard output) 문자로 출력해주는 함수이다.

32 프레임워크는 객체들의 생성 및 생명주기 등 객체에 대한 제어권을 가지고 있어 사용자가 직접 관리할 필요가 없다.

33 ①번의 Zeplin은 디자이너 및 개발자를 위한 협업 프로그램으로 빌드 도구가 아니다. 대표적인 자동화 빌드 도구로는 Ant, Maven, Gradle, Jenkins 등이 있다.

34 모듈을 효율적으로 설계하기 위해서 응집도는 강하고, 결합도는 약해야 한다.

- 응집도 : 모듈 내부의 기능적인 응집 정도를 나타냄
- 결합도 : 모듈과 모듈 간의 상호 결합 정도를 나타냄

35 모든 프로그램은 main함수(main( ))에서 시작한다.

❶ main( )에서 수행 시작
정수형 변수 a를 13으로 초기화하고(int a = 13;)
func 함수를 호출하는데, parameter를 정수형 변수 a의 주소를 나타내는 &a를 입력한다. 이후 func 함수 내부의 로직이 수행된다.
(정수형 포인터 변수인 p가 a의 주소를 받아 로직을 수행)

❷ func( )에서 수행 시작

p가 가리키는 곳의 값은(*p) 13이고, 13에서 5를 빼는 로직을 수행하여 p가 가리키는 곳의 값이 8이 된다. 따라서 a값이 8로 변경되고, func( )은 종료되며, 수행 순서는 다시 main( )으로 돌아간다.

❸ main( )에서 이어서 수행

a의 값을 정수형으로 출력하는 명령어를 수행한다. (printf("%d", a);)

따라서 결과는 8이 출력된다.

36 ①, ②, ④는 일반적인 클래스에 대한 설명이다.

37 ①번의 ALGOL, ②번의 COBOL, ③번의 C 언어는 모두 절차적 프로그래밍 언어이다.

38 ① \n: New line을 의미하며, 커서를 다음 줄 앞으로 이동한다.

③ \t: Tab을 의미하며, 커서를 일정 간격 오른쪽으로 이동한다.

④ \a: Alert을 의미하며, 소리를 발생하는 제어 문자이다.

39 ① 기능적 응집도: 모듈 내부의 모든 기능이 단일 문제와 연관되어 수행되는 경우의 응집도

② 순차적 응집도: 모듈 내에 하나의 활동으로부터 나온 출력값을 그 다음 활동의 입력값으로 사용할 수 있는 경우의 응집도

④ 절차적 응집도: 관련 기능을 가진 모듈 안의 구성 요소들이 서로 다른 그 기능을 순차적으로 수행할 경우의 응집도

40 정보보안의 3대 요소는 무결성, 기밀성, 가용성으로 ①번의 휘발성은 정보보안의 3대 요소와 관련이 없다.

41 ④번의 운영체제 작업 스케줄링은 큐(Queue)를 이용한다.

42 스택은 가장 마지막에 입력된 데이터가 순차적으로 출력되는 자료 구조이다.

따라서,

① 6, 5, 3, 8 : 3, 5, 6 입력 후, 6, 5, 3 출력. 이후 8 입력 후, 8 출력.

③ 5, 3, 8, 6 : 3, 5 입력 후, 5, 3 출력. 6, 8 입력 후, 8, 6 출력.

④ 5, 6, 8, 3 : 3, 5 입력 후, 5 출력. 6, 8 입력 후, 8, 6, 3 출력.

43 간선의 개수는 노드를 연결하고 있는 선의 개수의 합으로 ③번의 6개이다.

44 삽입 정렬 방법을 적용해 오름차순으로 정렬할 경우 Pass 2의 수행 결과는 ②번의 3, 4, 8, 9, 7이다.

❶ Pass 1은 3, 8, 4, 9, 7

- 두 번째 자리 3을 8과 비교 후 교체, 이후 비교 대상이 없으니 종료

❷ Pass 2은 3, 4, 8, 9, 7

- 세 번째 자리 4를 8과 비교 후 교체, 이후 3과 비교 후 종료

❸ Pass 3은 3, 4, 7, 9, 8

- 네 번째 자리 9를 8과 비교 후 종료, 이동할 필요가 없음

❹ Pass 4은 3, 4, 7, 8, 9

- 다섯 번째 자리 7을 9와 비교 후 교체, 이후 8과 비교 후 교체, 4와 비교 후 종료

45 A → B 이고, B → C 일 때, A → C를 만족하는 종속관계는 이행적 종속 관계이다.

따라서, ②번의 2NF → 3NF이다.

1NF: 도메인 종속성 제거 완료

2NF: 부분함수 종속성 제거 완료

3NF: 이행함수 종속성 제거 완료

BCNF: 결정자 함수 종속성 제거 완료

4NF: 다치 종속성 제거 완료

5NF: 조인 종속성 제거 완료

46 SELECT문은

```
SELECT [ALL ¦ DISTINCT] 컬럼명
FROM 테이블명
[WHERE 조건]
[GROUP BY 컬럼명]
[HAVING GROUP BY 컬럼명]
[ORDER BY 조건]
```

으로 되어 있으며 여기에 WHERE에 나오는 LIKE는 문자열 패턴을 검색할 때 이용한다.

'%'는 모든 문자열을 의미하는 와일드 카드 문자이므로 SNAME LIKE '홍%'은 ②번의 SNAME이 '홍'으로 시작하는 모든 튜플을 찾으라는 명령어이다.

47 트랜잭션의 특징인 ACID는 Atomicity(원자성), Consistency(일관성), Isolation(고립성), Durability(영속성)이다.

48 DDL(Data Definition Language, 데이터 정의어)은 데이터베이스의 오브젝트를 생성, 변경, 삭제하기 위한 언어로 CREATE, ALTER, DROP의 명령어를 이용한다. ②번의 SELECT는 DML(Data Manipulation Language, 데이터 조작어)이다.

49 ①번의 개념적 설계 단계에서 만들어진 정보 구조로부터 특정 목표 DBMS가 처리할 수 있는 스키마를 생성하는 단계는 논리적 설계 단계로 물리적 설계에 대한 설명과는 거리가 멀다.

50 DEGREE - 차수(속성의 수, 열의 개수), CARDINALITY - 레코드의 개수, 튜플의 개수이다.

51 릴레이션의 기본 키를 구성하는 어떤 속성도 널(Null)값이나 중복값을 가질 수 없는 제약조건은 ③번의 개체 무결성 제약조건이다.

52 두 릴레이션에 존재하는 튜플의 합집합을 구하고 중복된 튜플을 제거하는 연산은 UNION이다(중복을 제거하지 않으려면 UNION ALL을 이용한다).
② DIFFERENCE(차집합): 두 릴레이션에 존재하는 튜플의 차집합을 구한다.
③ INTERSECTION(교집합): 두 릴레이션에 존재하는 튜플의 교집합을 구한다.
④ CARTESIAN PRODUCT(카티션곱): 두 릴레이션에 있는 튜플의 순서쌍을 구하는 연산이다.

53 SQL에서 뷰를 생성할 때는 MAKE가 아닌 [CREATE VIEW 뷰이름]을 사용한다.

54 버블 정렬은 주어진 자료에 대해 인접한 두 개의 값을 비교하여 그 크기에 따라 위치를 교환하는 방식이다.
초기값 : 9, 6, 7, 3, 5
1회전 : 9, 6, 7, 3, 5 → 6, 9, 7, 3, 5 → 6, 7, 9, 3, 5 → 6, 7, 3, 9, 5 : 1회전 후 6, 7, 3, 5, 9

→ 9와 인접한 6을 비교해 나간다.
2회전 : 6, 7, 3, 5, 9 (변경없음) → 6, 7, 3, 5, 9 → 6, 3, 7, 5, 9 → 6, 3, 5, 7, 9 (변경없음) : 2회전 후 6, 3, 5, 7, 9 → 6과 인접한 7을 기준으로 두 개씩 우측으로 비교해 나간다.
3회전 : 6, 3, 5, 7, 9 → 3, 6, 5, 7, 9 → 3, 5, 6, 7, 9 (변경없음) : 3회전 후 3, 5, 6, 7, 9 → 6과 인접한 3을 기준으로 두 개씩 우측으로 비교해 나간다.
4회전 : 3, 5, 6, 7, 9(변경없음으로 종료)

55 SQL은 뒤에서 부터 해석하는 게 좋다.
WHERE → FROM → SELECT
❶ WHERE 금액 IN ( ): 괄호 안 부터 해석
  1-1) FROM 거래내역: 거래내역 테이블에서
  1-2) SELECT MAX(금액): 금액이 가장 큰 1건

❷ WHERE IN (~): 거래금액 테이블에서 금액이 가장 큰 1건이 속한(IN) 건을 가져온다.
→ 정금강업, 900,000
❸ FROM 거래내역: 거래내역 테이블에서
❹ SELECT 상호: 상호를 가져온다.

❷~ ❹를 해석: 금액이 가장 큰 1건이 속한(IN) 거래금액 테이블의 상호를 가져온다.
→ 상호: 정금강업

56 ③번의 정식으로 허가받은 사용자가 불법 사용자에 의한 갱신으로부터 데이터를 보호하기 위한 규정은 데이터베이스 무결성 규정이 아닌 소프트웨어를 통한 구현 무결성 규정이다.

57 정규화 과정 중 2NF에서 3NF로 진행하는 작업은 이행함수 종속성 제거이다.
비정규 → 1NF: 도메인 원자값
1NF → 2NF: 부분적 함수 종속성 제거
2NF → 3NF: 이행함수 종속성 제거
3NF → BCNF: 결정자이면서 후보키가 아닌 것 제거
BCNF → 4NF: 다치 종속성 제거
4NF → 5NF: 조인 종속성 제거

58 ①번의 CREATE, ③번의 ALTER, ④번의 DROP은 모두 DDL 명령어이다.

DML: SELECT, INSERT, DELETE, UPDATE

DCL: COMMIT, ROLLBACK, GRANT, REVOKE

DDL: CREATE, ALTER, DROP

59 트랜잭션의 실행 중 다른 트랜잭션의 연산이 끼어들 수 없는(영향을 받지 않는) 것은 ③번의 Isolation(고립성)에 대한 설명이다.

60 시스템 테이블도 여러 가지 데이터가 저장된 테이블로 구성되어 일반 사용자도 손쉽게 조회할 수 있다.

2024
정보처리산업기사 필기
기출유형문제

01 GoF(Gang of Four)의 디자인 패턴에서 행위 패턴에 속하는 것은?

① Builder
② Visitor
③ Prototype
④ Bridge

> **해설** 객체의 행위를 조직화, 관리, 연합하고 객체나 클래스 연동에 대한 유형을 제시하는 행위 패턴에는 Chain of Responsibility, Command, Iterator, Mediator, Memento, Observer, State, Strategy, Visitor, Interpreter, Template Method가 있다.

02 효과적인 모듈화 설계 방안이 아닌 것은?

① 응집도를 높인다.
② 결합도를 낮춘다.
③ 복잡도와 중복을 피한다.
④ 예측 불가능하도록 정의한다.

> **해설** 예측 불가능한 모듈화는 프로그램의 유지보수를 어렵게 한다.

03 TCP/IP 모델에서 인터넷 계층에 해당되는 프로토콜은?

① SMTP
② ICMP
③ SNA
④ FTP

> **해설** TCP/IP에서의 인터넷 계층은 데이터 전송을 위한 주소를 지정하고 경로를 설정하는 네트워크 계층이다. 대표적으로 IP, ICMP, IGMP, ARP, RARP 등이 있다.

04 같은 이름의 메소드가 각 클래스마다 다른 기능으로 동작할 수 있게 하는 기법은 무엇인가?

① 캡슐화
② 추상화
③ 다형성
④ 정보은닉

> **해설** ①번의 캡슐화는 속성과 메소드를 하나로 묶어 객체로 구성하는 기법이며, ②번의 추상화는 개별 특성을 일반화하고 세부사항을 제거하여 단순하게 하는 기법이다. ④번의 정보은닉은 캡슐화된 항목들이 서로 간에 약속된 메시지를 전달하여 다른 객체에 정보를 은닉하는 기법이다.

05 FCFS 기법을 적용하여 작업 스케줄링을 하였을 때, 다음 작업들의 평균 회수 시간은?

작업	도착시간	실행시간
A	0	6
B	1	6
C	2	1
D	3	4

① 9.25
② 8.25
③ 7.75
④ 7.25

> **해설** FCFS(First Come First Served)는 먼저 들어온 작업을 우선 처리하는 방식으로 맨 처음 A 작업을 시작한 후 B 작업 요청이 왔지만, A 작업이 끝날 때까지 대기한다. A 작업은 6, B 작업은 5초 대기+3초 작업, C 작업은 7초 대기+1초 수행, D 작업은 7초 대기+4초 수행으로 총 수행 시간은 6+8+8+11= 33초이다. 33초를 4개의 작업으로 다시 나누면 8.25초이다(정리하면 {A : 6 + B(5+3) + C(7+1) + D(7+4)} / 4).

06 럼바우(Rumbaugh)의 객체 지향 분석 기법에서 자료 흐름도가 활용되는 모델링 단계는?

① 객체 모델링　　② 기능 모델링

③ 정적 모델링　　④ 동적 모델링

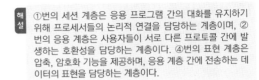 객체 지향 분석 기법(럼바우 모델링)에서 자료 흐름도(DFD)가 활용되는 모델링 단계는 ②번의 기능 모델링 단계이다.

07 UML 다이어그램에서 동적 다이어그램에 속하는 것은?

① 클래스 다이어그램

② 객체 다이어그램

③ 유즈케이스 다이어그램

④ 배치 다이어그램

해설 UML 동적(행위) 다이어그램에는 Use Case, Activity, State Machine, Sequence, Communication, interaction overview, Timing 다이어그램 등이 있다.

08 구조적 분석의 주요 도구인 DFD(Data Flow Diagram)의 구성 요소가 아닌 것은?

① process　　② data Flow

③ data store　　④ data dictionary

해설 DFD는 ①번의 프로세스(Process, 타원), ②번의 데이터 흐름(Data Flow, 화살표), ③번의 데이터 저장소(Data Store, 평행선), 단말(Terminator, 사각형)의 네 가지로 구성되어 있다.

09 OSI-7계층에서 다음 설명에 해당하는 계층은?

- 경로 설정, 트래픽 제어기능
- 네트워크 연결설정, 유지, 해제하는 기능

① 세션 계층

② 응용 계층

③ 네트워크 계층

④ 표현 계층

해설 ①번의 세션 계층은 응용 프로그램 간의 대화를 유지하기 위해 프로세서들의 논리적 연결을 담당하는 계층이며, ②번의 응용 계층은 사용자들이 서로 다른 프로토콜 간에 발생하는 호환성을 담당하는 계층이다. ④번의 표현 계층은 압축, 암호화 기능을 제공하며, 응용 계층 간에 전송하는 데이터의 표현을 담당하는 계층이다.

10 싱글톤 패턴에 대한 설명으로 옳은 것은?

① 하나의 객체를 생성하면 생성된 객체를 어디서든 참조할 수 있지만 여러 프로세스가 동시에 참조할 수 없는 패턴이다.

② 원본 객체를 복제하는 방법으로 객체를 생성하는 패턴이다.

③ 여러 객체를 가진 복합 객체와 단일 객체를 구분 없이 다루고자 할 때 사용하는 패턴이다.

④ 수많은 객체들 간의 복잡한 상호작용을 캡슐화하여 객체로 정의하는 패턴이다.

해설 ②번은 프로토타입, ③번은 컴포지트 패턴, ④번은 미디에이터 패턴에 대한 설명이다.

11 프로세스 스케줄링 방법 중 시분할 시스템을 위해 고안되었으며 타임슬라이스라는 작은 단위 시간이 정의되고 이 단위 시간 동안 CPU를 제공하는 방법은?

① 선입선출

② 다단계 큐

③ 라운드 로빈

④ 다단계 피드백 큐

해설 ①번의 선입선출은 먼저 들어온 작업을 우선 처리하는 작업 스케줄링이며, ②번의 다단계 큐는 작업을 다양한 종류의 그룹으로 나누어 여러 개의 큐를 이용하는 작업 스케줄링이다. ④번의 다단계 피드백 큐는 단계별 준비 큐마다 시간 할당량을 부여하고 그 시간 동안 완료하지 못한 프로세스는 다음 단계의 준비 큐로 이동하는 동적 스케줄링이다.

12 개별 모듈을 시험하는 것으로 모듈이 정확하게 구현되었는지 예정한 기능이 제대로 수행되는지를 점검하는 것이 주 목적인 테스트는 무엇인가?

① 통합 테스트　　② 단위 테스트

③ 인수 테스트　　④ 시스템 테스트

> **해설** ①번의 통합 테스트는 모듈 간의 인터페이스 연계를 검증 및 오류를 확인하고, 상호 작용과 연계 동작 여부를 파악하며, ③번의 인수 테스트는 사용자의 요구사항에 맞게 요구 분석 명세서에 명시된 사항을 모두 충족하는지 테스트하는 단계이다. 마지막 ④번의 시스템 테스트는 단위 및 통합 테스트 이후 전체 시스템이 정상적으로 작동하는지 기능 명세를 확인하는 테스트이다.

13 HRN(Highest Response Ratio Next) 스케줄링에서 우선순위 계산식은?

① (대기 시간 + 서비스 시간) / 대기시간

② (대기 시간 + 서비스 시간) / 서비스 시간

③ 대기 시간 / (대기 시간 + 서비스 시간)

④ 서비스 시간 / (대기 시간 + 서비스 시간)

> **해설** HRN은 CPU 처리 기간과 해당 프로세스의 대기 시간을 동시에 고려하여 각 작업의 우선순위를 산정하여 진행하는 스케줄링으로 우선순위는 [(대기 시간 + 서비스 처리 시간) / 서비스 처리 시간]으로 계산한다.

14 교착 상태의 필요 충분 조건에 해당하지 않은 것은?

① 상호 배제(Mutual Exclusion)

② 점유와 대기(Hold and wait)

③ 선점(Preemption)

④ 환형 대기(Circular Wait)

> **해설** 교착 상태의 발생 원인에는 상호 배제(Mutual Exclusion), 점유와 대기(Hold and wait), 비선점(Non-Preemption), 환형 대기(Circular Wait)가 있다.

15 소프트웨어 아키텍처 설계 시 고려사항이 아닌 것은?

① 개발자와 사용자 간의 의사소통 도구로 활용될 수 있어야 한다.

② 이해하기 쉽고, 명확하게 작성해야 한다.

③ 재사용이 불가능하도록 설계해야 한다.

④ 이해 관계자들의 품질 요구사항을 반영하여 품질 속성을 결정한다.

> **해설** 소프트웨어 아키텍처는 재사용이 가능하도록 설계해야 개발 속도를 향상할 수 있다.

16 서로 다른 기기들 간의 데이터 교환을 원활하게 수행할 수 있도록 표준화시켜 놓은 통신 규약을 무엇이라 하는가?

① 클라이언트　　② 터미널

③ 링크　　④ 프로토콜

> **해설** ①번의 클라이언트는 서버의 자원을 사용하려 요청을 보내고 응답을 받는 컴퓨터 또는 소프트웨어이다. ②번의 터미널은 사용자와 컴퓨터 시스템이 상호작용할 수 있는 인터페이스이며, ③번의 링크는 네트워크에서 장치나 리소스를 서로 연결하는 경로나 방법 등을 말한다.

17 UNIX 시스템에서 파일의 권한 모드 설정에 관한 명령어는?

① chmod　　② cp

③ ls　　④ chown

> **해설** ②번의 cp는 파일을 복사할 때 사용하며, ③번의 ls는 list로 각각의 파일과 디렉터리에 대한 자세한 정보를 볼 때, ④번의 chown은 파일이나 디렉터리의 소유주나 그룹을 변경할 때 쓰는 명령어이다.

18 다음 중 빌드 자동화 도구가 아닌 것은?

① Fedora　　② Gradle

③ Jenkin　　④ Maven

> **해설** Fedora는 레드햇 후원으로 개발된 컴퓨터 운영체제의 종류이다. 자동화 도구로는 Ant, Maven, Jenkins, Gradle 등이 있다.

19 소프트웨어 테스트 순서를 바르게 나열한 것은?

① 단위 테스트 → 인수 테스트 → 통합 테스트 → 시스템 테스트

② 단위 테스트 → 통합 테스트 → 시스템 테스트 → 인수 테스트

③ 인수 테스트 → 단위 테스트 → 시스템 테스트 → 통합 테스트

④ 시스템 테스트 → 인수 테스트 → 단위 테스트 → 통합 테스트

 먼저 단위 테스트를 진행하며 소프트웨어의 개별 구성 요소를 개발자가 독립적으로 테스트하며 다음 통합 테스트에서 여러 단위가 서로 결합해 의도된 대로 상호작용하는지 확인한다. 통합 테스트가 끝나면 시스템 테스트 단계로 넘어가 소프트웨어의 모든 구성 요소가 통합된 전체 시스템이 정상 작동되는지 테스트하며 마지막 인수 테스트 단계에서는 소프트웨어가 최종 사용자의 요구사항을 최종적으로 충족하는지 검증한다.

20 한 객체의 상태가 변화하면 객체에 상속되어 있는 다른 객체들에게 변화된 상태를 전달하는 패턴은?

① State　　　　　② Observe

③ Visitor　　　　④ Mediator

 ①번의 State는 객체의 상태가 변경될 때마다 별도의 행위를 지정해야 되는 객체를 정의 및 조직화하는 방법을 제공하는 패턴이며, ③번 Visitor는 데이터 구조와 기능 처리를 분리하는 패턴이다. 마지막 ④번의 Mediator은 객체들 간의 상호작용을 분리하여 캡슐화 함으로써 상호작용의 유연한 변경을 지원하는 패턴이다.

2과목 프로그래밍 언어 활용

21 파이썬의 변수명으로 올바르지 않은 것은?

① signed　　　　② 3edc

③ PI　　　　　　④ ed_sp

 파이썬의 변수명은 영어 대·소문자, 숫자, 언더바로 구성하며 주의할 점은 첫 글자로 숫자 사용이 어렵다는 것과 키워드(예약어)의 사용도 불가하다.

22 다음 중 가장 결합도가 강한 것은?

① Data Coupling　　② Stamp Coupling

③ Content Coupling　④ Control Coupling

 결합도는 내용 결합도(Content Coupling) → 공통(공유) 결합도(Common Coupling) → 외부 결합도(External Coupling) → 제어 결합도(Control Coupling) → 스탬프(검인) 결합도(Stamp Coupling) → 자료 결합도(Data Coupling)순으로 낮다. 결합도가 낮을 수록 좋은 설계 모델이다.

23 시스템 기능이나 설계 및 구현 단계의 문제로 시스템에 발생하는 보안 취약점을 가리키는 용어는?

① Vulnerability　　② Security

③ Dependability　　④ Reliability

 ②번의 Security는 경비, 보안이라는 의미로 정보보안 등을 지칭, ③번의 Dependability는 의존성 ④번의 Reliability는 신뢰성을 나타내어 문제에서 말하는 보안 취약점과 관련이 없다.

24 다음 C 언어 프로그램이 실행되었을 때의 결과 값은?

```
#include <stdio.h>

void func(int* p) {
    *p = *p-5 ;
}
void main() {
    int a = 13 ;
    func(&a);
    printf("%d",a) ;
}
```

① -5

② 3

③ 8

④ 13

 a의 값이 13이고 func(&a)의 수행으로 -5가 처리되어 결괏값으로 8이 출력된다.

정답　19:② 20:② 21:② 22:③ 23:① 24:③

25 특정 모듈에 대해서 존재하는 처리 요소들 간의 기능적 연관성을 의미하는 것으로 입력이나 에러 처리 같은 유사한 기능을 행하는 요소끼리 하나의 요소로 묶는 응집도의 종류는?

① 교환적 응집도 ② 순차적 응집도
③ 논리적 응집도 ④ 절차적 응집도

> **해설** ①번의 교환적 응집도는 동일한 입·출력을 사용해 서로 다른 기능을 수행하는 구성 요소가 모인 응집도이며, ②번의 순차적 응집도는 모듈 내에 하나의 활동에서 나온 출력 데이터를 그 다음 활동의 입력 데이터로 사용하는 응집도이다. ④번의 절차적 응집도는 모듈이 관련된 다수의 기능을 가질 때 모듈 안의 구성 요소들이 그 기능을 순차적으로 수행하는 응집도이다.

26 C 언어에서의 변수 선언 방법으로 올바르지 않은 것은?

① int a, b = 10;
② char c;
③ unsigned long d = 2;
④ unsigned double e = -3.14;

> **해설** double 자료형은 부동 소수점 숫자(실수)를 저장하기 위한 자료형이므로 부호를 지정하지 않습니다. ①번의 int a, b = 10;이라는 코드는 a와 b를 int형 변수로 선언하고, b만 10으로 초기화하는 구문이며, ②번의 char c;는 char 형의 변수 c를 선언하는 코드이다. ③번의 unsigned long d = 2;는 unsigned long(부호가 없는 정수형으로, 0 또는 양수만을 저장) 자료형의 변수 d를 선언하고, 2라는 값을 초기화하는 코드이다.

27 정보 보안의 3대 요소에 해당하지 않는 것은?

① 휘발성 ② 기밀성
③ 무결성 ④ 가용성

> **해설** 정보보안의 3대 요소에는 정보의 비밀을 유지하고(기밀성), 비인가된 변경으로부터 정보를 보호하며(무결성), 필요 시 언제든 사용할 수 있는(가용성) 요소가 있다.

28 다음 중 C 언어에서 반드시 정수를 사용해야 하는 연산자는?

① % ② /
③ * ④ +

> **해설** ①번의 % 연산자는 오직 정수형 데이터에만 사용할 수 있으며, 나눗셈의 나머지를 계산하고 주로 짝수와 홀수 판별 및 주기적인 계산 등에 사용된다.

29 HTML이 호출될 때 자바스크립트를 이용하여 안내 문구를 전달하고 싶은 경우 사용할 수 있는 메소드는?

① alert ② prompt
③ input ④ scan

> **해설** ②번의 prompt는 팝업 창을 띄워 사용자로부터 문자열을 입력받는 기능이며, ③번의 input은 웹 페이지에 사용자로부터 데이터를 입력받을 수 있게 해주는 기능이다. ④번의 scan 함수는 자바스크립트에 없다.

30 자바 프로그램의 조건문에 삼항 조건 연산자를 사용하여 올바르게 나타낸 것은?

```
If (a > b)
        max = a;
else if (a <= b)
        max = b;
```

① max = (a > b) ? a : b;
② (a > b) ? max = a : max = b;
③ max = (a <= b) ? a : b;
④ (a <= b) ? max = a : max = b;

> **해설** ①번의 max = (a > b) ? a : b;는 삼항 연산자를 사용해 a와 b 중 더 큰 값을 max에 할당하는 간결한 방식이다.
> 문법: variable = (condition) ? value_if_true : value_if_false;

31 객체 지향 개념에서 이미 정의되어 있는 상위 클래스(슈퍼 클래스 또는 부모 클래스)의 메소드를 비롯한 모든 속성을 하위 클래스가 물려 받는 것을 무엇이라 하는가?

① Abstraction　　　② Method

③ Inheritance　　　④ Message

 ①번의 Abstraction(추상화)는 공통 성질을 추출하여 슈퍼 클래스로 구성하는 것이며, ②번의 Method는 객체의 행위로 클래스로부터 생성된 객체를 사용하는 방법이다. ④번의 Message는 객체들 사이에서 정보를 교환하기 위한 수단이다.

32 API(Application Programming Interface) 중 누구나 무료로 사용할 수 있도록 공개된 API를 무엇이라 하는가?

① Free API　　　② Java API

③ SUS　　　④ Open API

해설 Open API(Open Application Programming Interface, Open API, 공개 API) 또는 공개 API는 개발자라면 누구나 사용할 수 있도록 공개된 API를 말한다. ①, ②, ③번은 없는 용어이다.

33 다음 Java 프로그램이 실행되었을 때, 실행 결과 값은?

```
public class Main {
  public static void
main(String args[]){
      int a, b, c, d;
      a = b = 5;
      c = --a % --a;
      d = b++ * b++;
      System.out.printf("%d, %
d", c, d);
      }
}
```

① 0, 25　　　② 1, 25

③ 0, 30　　　④ 1, 30

해설 C 값은 4 /3 = 1, d 값은 5*6으로 30이다.

34 다음 C 언어가 실행 되었을 때 실행 결과는?

```
#include <stdio.h>

int main() {
  int arg[4] = { 70, 80, 90, 100 };
  int* p = arg + 1;
  printf("%d", p[2]);
  }
```

① 70　　　② 80

③ 90　　　④ 100

해설 4개의 정수 값({ 70, 80, 90, 100 })을 사용하여 배열 인수를 정의한다. 포인터 p는 배열의 두 번째 요소(arg + 1)인 80을 가리킨다. 그런 다음 p[2]에 액세스하는데 이는 *(p + 2)와 동일하다. 그리하여 p[0]은 80(arg의 두 번째 요소)을 가리키고, p[1]은 90(arg의 세 번째 요소)을 가리킨다. 마지막으로 p[2]는 100(arg의 네 번째 요소)을 가리킨다.

35 시스템을 설계할 때 필요한 설계 지침으로 두 모듈 간의 상호 의존도 또는 두 모듈 사이의 연관 관계를 나타내는 것은?

① 결합도　　　② 응집도

③ 신뢰도　　　④ 종합도

해설 ②번의 응집도는 해당 기능을 수행하기 위해 모듈 내부가 얼마만큼의 연관된 책임과 아이디어로 묶여 있는지 나타내는 정도이며, ③번의 신뢰도는 서로 신뢰할 수 있는 여부이고, ④번의 종합도는 전체에 대한 부분의 역할 등을 나타낸다.

36 예외 처리에 대한 설명으로 옳지 않은 것은?

① C++에서는 try, catch, finally를 이용하여 예외 처리를 수행한다.

② 예외가 발생했을 때 프로그래머가 해당 문제에 대비해 작성해 놓은 처리 루틴을 수행하도록 하는 것을 예외 처리라고 한다.

③ catch 블록에서 선언한 변수는 해당 catch 블록에서만 유효하다.

④ try ~ catch 문 안에 또 다른 try ~ catch 문을 포함할 수 있다.

해설 C++에서는 try, catch, throw를 이용해 예외 처리를 수행한다.

37 HTML5의 〈input〉 태그에서 반드시 입력되어야 하는 필드를 만들 때 사용하는 속성은?

① essential
② required
③ expected
④ fill

> **해설** ②번의 required는 필수 입력 필드를 지정한다. 이외에 ①, ③, ④번의 essential, expected, fill 태그는 존재하지 않는다.

38 자바에서 두개의 논리 값을 연산하여 참(true)을 반환하는 "and"의 의미를 가진 연산자는?

① ==
② &&
③ ||
④ +=

> **해설** ①번의 ==는 왼쪽에 있는 값이 오른쪽에 있는 값과 같으면 참(True)을 반환하고, 그렇지 않으면 거짓(False)을 반환한다. ③번의 ||는 양쪽 중 하나 이상이 참이면 참으로 연산한다. ④번의 +=는 왼쪽 값에 오른쪽 값을 더해서 넣는다.

39 추상 클래스에 대한 설명으로 틀린 것은?

① 자식 클래스에서 구현하려는 기능들의 공통점만 모은 것이다.
② 인스턴스 생성이 불가능하다.
③ 부모 클래스에서 상속받아 구체화 한다.
④ 자식 클래스의 인스턴스를 생성하는 방식으로 사용한다.

> **해설** 추상 클래스는 부모 클래스로 상속을 받아 구체화할 수 없다.

40 다음 중 JavaScript의 프레임 워크가 아닌 것은?

① Angular
② React
③ Ember
④ Django

> **해설** Django는 파이썬으로 만들어진 무료 오픈소스 웹 애플리케이션 프레임워크(web application framework)이다.

41 다음 이진 트리에 대한 Preorder 운행 결과는?

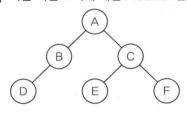

① A B C D E F
② D B A E C F
③ D B E C F A
④ A B D C E F

> **해설** 전위(Preorder) 순회는 루트 → 왼쪽 → 오른쪽으로 순회하는 방식으로 운행 결과는 A → B → D → C → E → F 순서이다.

42 뷰(View)에 대한 설명으로 틀린 것은?

① 뷰 위에 또 다른 뷰를 정의할 수 있다.
② DBA는 보안성 측면에서 뷰를 활용할 수 있다
③ 사용자가 필요한 정보를 요구에 맞게 가공하여 뷰로 만들 수 있다.
④ SQL을 사용하면 뷰에 대한 삽입, 갱신, 삭제 연산 시 제약 사항이 없다.

> **해설** 논리적인 구성만으로 존재하는 뷰에 물리적인 데이터를 대상으로 하는 인덱스를 생성할 수 없으며, 뷰의 내용에 대한 삽입, 삭제, 변경이 불가능하다.

43 다음 질의문 실행 결과는?

```
SELECT 가격 FROM 도서가격 WHERE 책번호 =
  (SELECT 책번호 FROM 도서 WHERE 책명 ='
운영체제');
```

〈도서〉

책번호	책명
1111	운영체제
2222	세계지도
3333	생활영어

〈도서가격〉

책번호	가격
1111	15,000
2222	23,000
3333	7,000
4444	5,000

① 5,000
② 7,000
③ 15,000
④ 23,000

44 학생(STUDENT) 테이블에서 어떤 학과(DEPT) 들이 있는지 검색하는 SQL 명령은?
(단, 결과는 중복된 데이터가 없도록 한다)

① SELECT ONLY * FROM STUDENT;

② SELECT DISTINCT DEPT FROM STUDENT;

③ SELECT ONLY DEPT FROM STUDENT;

④ SELECT NOT DUPLICATE DEPT FROM STUDENT;

해설 중복값을 제거하는 명령어는 DISTINCT를 사용해, STUDENT 테이블에서 중복된 DEPT를 제거하는 명령어는 SELECT DISTINCT DEPT FROM STUDENT;이다.

45 제1정규형에서 제2정규형 수행 시 작업으로 옳은 것은?

① 이행적 함수 종속성 제거

② 다치 종속제거

③ 모든 결정자가 후보 키가 되도록 분해

④ 부분 함수 종속성 제거

해설 제1정규형(1NF)에서 제2정규형(2NF)으로 진행 시 수행하는 작업은 부분 함수 종속성 제거이다.
비정규 → 1NF: 도메인 원자값
1NF → 2NF: 부분적 함수 종속성 제거
2NF → 3NF: 이행 함수 종속성 제거
3NF → BCNF: 결정자이면서 후보 키가 아닌 것 제거
BCNF → 4NF: 다치 종속성 제거
4NF → 5NF: 조인 종속성 제거

46 E-R 다이어그램에서 사각형이 의미하는 것은?

① 개체 타입   ② 관계 타입

③ 속성   ④ 기본 키 속성

해설 ②번의 관계 타입은 마름모(◇), ③번의 속성은 타원(○), ④번의 기본 키 속성은 밑줄 타원(○)을 사용한다.

47 데이터베이스 관리 시스템(DBMS)에서 필수 기능이 아닌 것은?

① 제어 기능   ② 조작 기능

③ 정의 기능   ④ 운영 기능

해설 데이터베이스 관리 시스템(DBMS)은 데이터 정의어(DDL), 데이터 조작어(DML), 데이터 제어어(DCL)로 구성되어 있다.

48 SQL에서 View를 삭제할 때 사용하는 명령어는?

① ERASE   ② KILL

③ DROP   ④ DELETE

해설 ①번의 ERASE는 파일을 삭제하는 명령어이고, ②번의 KILL은 운영체제에서 특정 시그널을 보내는 명령어이며, ④번의 DELETE는 데이터 조작어(DML)로 행 또는 튜플을 삭제하는 명령어이다.

49 n개의 정점으로 구성된 무방향 그래프의 최대 간선 수는?

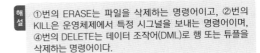

① $n(n-1)$ ② $\frac{n(n-1)}{2}$

③ $\frac{n-2}{2}$ ④ $n-5$

해설 n개의 정점으로 이루어진 무방향 그래프의 최대 간선 수는 $\frac{n(n-1)}{2}$ 이며,
n개의 정점으로 이루어진 방향 그래프의 최대 간선 수는 $n(n-1)$ 이다.

50 삽입(Insertion) 정렬을 사용하여 다음의 자료를 오름차순으로 정렬하고자 한다. 2회전 후의 결과는?

> 5, 4, 3, 2, 1

① 4, 5, 3, 2, 1　　② 2, 3, 4, 5, 1
③ 3, 4, 5, 2, 1　　④ 1, 2, 3, 4, 5

> 해설
> 삽입 정렬은 두 번째 자료를 시작으로 그 앞의 자료들과 비교해 삽입할 위치를 지정한 후 자료를 뒤로 옮기고 정렬하는 알고리즘이다.
> 초기 데이터 : 5, 4, 3, 2, 1
>
> 1회전 : 5, 4, 3, 2, 1 → 4, 5, 3, 2, 1
> - 두 번째 값 '4'를 첫 번째 값 '5'와 비교하여 첫 번째 자리에 '4'를 삽입하고 '5'를 뒤로 이동한다.
>
> 2회전 : 4, 5, 3, 2, 1 → 3, 4, 5, 2, 1
> - 세 번째 값 '3'을 첫 번째 값 '4'와 두 번째 값 '5'와 비교하여 '4'의 자리에 삽입하고 '4'와 '5'는 뒤로 이동한다.

51 가장 나중에 삽입된 자료가 가장 먼저 삭제되는 후입선출(LIFO: Last In First Out) 방식으로 자료를 처리하는 자료 구조는?

① Queue　　② Graph
③ Stack　　④ Tree

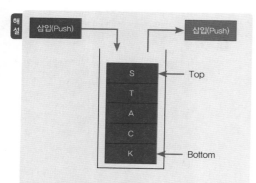

> 해설
> 그림과 같이 마지막에 삽입된 자료가 가장 먼저 삭제되는 것은 스택(Stack)이다. ①번의 Queue는 반대로 가장 먼저 들어온 자료가 먼저 처리되는 선입선출(FIFO:First In First Out)방식이다. 나머지 ②번과 ④번은 문제의 설명과 관련이 없다.

52 트랜잭션은 자기의 연산에 대하여 전부(All) 또는 전무(Nothing) 실행만이 존재하며, 일부 실행으로는 트랜잭션의 기능을 가질 수 없는 특성은?

① Consistency　　② Atomicity
③ Isolation　　④ Durability

> 해설
> ①번의 Consistency는 트랜잭션 실행 전과 후 동일하게 오류가 없어야 하는 특성이며, ③번의 Isolation은 트랜잭션 실행 중 다른 트랜잭션의 영향을 받지 않아야 하는 특성이다. ④번의 Durability는 트랜잭션의 결과는 항상 동일하게 보존된다는 특성이다.

53 데이터 조작문의 유형으로 올바르지 않은 것은?

① SELECT ~ FROM ~ WHERE ~
② INSERT ON ~ VALUES ~
③ DELETE ~ FROM ~ WHERE ~
④ UPDATE ~ SET ~ WHERE

> 해설
> ②번의 INSERT 문장은 INTO를 작성한다. 정리하면 INSERT INTO ~ VALUES ~ 가 올바른 표현이다.

54 데이터 제어어(DCL)의 기능으로 옳지 않은 것은?

① 데이터 보안
② 논리적, 물리적 데이터 구조 정의
③ 무결성 유지
④ 병행수행 제어

> 해설
> DCL(Data Control Language)은 데이터 관리자가 접근 통제(데이터 보안), 병행 제어, 무결성, 회복 등을 관리하기 위해 데이터베이스 관리자가 사용하는 제어용 언어이다.
> ②번의 논리적, 물리적 데이터 구조를 정의하는 것은 데이터 정의어(DDL)이다.

55 다음 중 SQL 정의어에 포함되지 않는 명령어는?

① CREATE　　② SELECT
③ ALTER　　④ DROP

> 해설
> ②번의 SELECT는 INSERT, UPDATE, DELETE와 같이 데이터 조작어(DML)이다.

56 학생 테이블에서 학번이 "20244038"인 학생의 학년을 "2"로 수정하기 위한 SQL 질의어는?

① UPDATE 학년 ="2" FROM 학생 WHERE 학번 ="20244038";

② UPDATE 학생 SET 학년 ="2" WHERE 학번 ="20244038";

③ REPLACE FROM 학생 SET 학년 ="2" WHERE 학번 ="20244038";

④ REPLACE 학년 ="2" SET WHERE 학번 ="20244038";

> **해설** UPDATE 구문은 다음과 같다.
> UPDATE Table_name SET column = value [WHERE 조건]
> Table_name: 학생
> column: 학년
> value: 2
> 조건 : 학번 = "20244038"
> → UPDATE 학생 SET 학년 = "2" WHERE 학번 = "20244038";
> REPLACE는 DML이 아닌 문자열 함수로 주어진 문자열에서 특정 문자 또는 문자열을 다른 문자열로 교체하는 기능을 하며 다음과 같이 문법을 사용한다.
> REPLACE(original_string, search_string, replace_string)
> · original_string: 검색할 대상 문자열
> · search_string: original_string에서 찾을 부분 문자열
> · replace_string: search_string을 대체할 문자열이다.

57 관계 데이터 모델에서 하나의 애트리뷰트(Attribute)가 취할 수 있는 모든 원자값들의 집합을 무엇이라고 하는가?

① 도메인   ② 스키마
③ 튜플   ④ 엔티티

> **해설** ②번의 스키마는 데이터베이스의 구조를 정의하는 것으로 데이터베이스 내의 테이블, 뷰, 인덱스, 관계 등을 설계하는 메타데이터의 집합이라고 볼 수 있다. ③번의 튜플은 관계형 데이터베이스에서 "행(row)"을 의미하는데 관계(Relation) 내에서 특정한 데이터의 집합을 나타내는 한 개의 레코드를 뜻한다. 마지막 ④번의 엔티티는 데이터베이스에서 다루는 객체 또는 실체를 의미하는데 예를 들어 학생 관리 시스템에서 학생, 교수, 과목과 같은 것이다.

58 데이터베이스 설계 단계 중 물리적 설계 단계와 거리가 먼 것은?

① 저장 레코드 양식 설계

② 스키마의 평가 및 정제

③ 레코드 집중의 분석 및 설계

④ 접근 경로 설계

> **해설** 물리적 설계 단계에서는 저장 레코드 양식 설계, 레코드 집중 분석 및 설계, 파일 조작 방법과 저장 방법 그리고 파일 접근 경로를 설계한다. 또한 목표 DBMS에 맞는 물리적 구조로 변환 수행, 물리적 환경 조사분석, 트랜잭션 세부 설계를 한다. 스키마의 평가 및 정제는 논리적 설계 단계에서 한다.

59 STUDENT 릴레이션에 대한 SELECT 권한을 모든 사용자에게 허가하는 SQL 명령문은?

① GRANT SELECT FROM STUDENT TO PROTECT;

② GRANT SELECT ON STUDENT TO PUBLIC;

③ GRANT SELECT FROM STUDENT TO ALL;

④ GRANT SELECT ON STUDENT TO ALL;

> **해설** GRANT는 권한을 부여하는 명령어로 다음과 같이 설정한다.
> GRANT 권한1, 권한2 ON 객체명 TO 권한부여_계정 [WITH GRANT OPTION]

60 릴레이션 R의 튜플의 개수가 4, 릴레이션 S의 튜플의 개수가 5일 때, 두 릴레이션을 카티션 프로덕트(Catesian Product)한 결과 릴레이션의 카디널리티는?

① 1   ② 9
③ 20   ④ 40

> **해설** 카티션 프로덕트의 카디널리티는 두 릴레이션 튜플 수의 곱이다.
> 즉, 정리하면 카디널리티(R)×카디널리티(S)=카디널리티(R×S)이고, 카디널리티(R×S)=4×5는 20이다.